编审委员会

Awarded Papers Collected on Judicial Forum for Integrated Development of Yangtze River Delta. Volume 1

长三角一体化发展

司法论坛获奖论文集

（第一辑）

最高人民法院第三巡回法庭
华东政法大学
组编

法律出版社 LAW PRESS · CHINA
北京

图书在版编目(CIP)数据

长三角一体化发展司法论坛获奖论文集. 第一辑 / 最高人民法院第三巡回法庭, 华东政法大学组编. -- 北京 : 法律出版社, 2024

ISBN 978-7-5197-8756-1

Ⅰ. ①长… Ⅱ. ①最… ②华… Ⅲ. ①长江三角洲—司法协助—文集 Ⅳ. ① D927.5-53

中国国家版本馆 CIP 数据核字(2024)第 014453 号

长三角一体化发展司法论坛获奖论文集(第一辑)
CHANGSANJIAO YITIHUA FAZHAN SIFA LUNTAN HUOJIANG LUNWENJI(DI-YI JI)

最高人民法院第三巡回法庭
华东政法大学
组编

策划编辑 朱 峰
责任编辑 苗 婕
装帧设计 贾丹丹

出版发行 法律出版社
编辑统筹 辞书·融出版编辑部
责任校对 王晓萍 王语童
责任印制 吕亚莉
经　　销 新华书店

开本 710 毫米 ×1000 毫米 1/16
印张 27.25 **字数** 415 千
版本 2024 年 1 月第 1 版
印次 2024 年 1 月第 1 次印刷
印刷 北京虎彩文化传播有限公司

地址:北京市丰台区莲花池西里 7 号(100073)
网址:www.lawpress.com.cn
投稿邮箱:info@lawpress.com.cn
举报盗版邮箱:jbwq@lawpress.com.cn

销售电话:010-83938349
客服电话:010-83938350
咨询电话:010-63939796

书号:ISBN 978-7-5197-8756-1
定价:128.00 元

凡购买本社图书,如有印装错误,我社负责退换。电话:010-83938349

序　　言

长三角一体化发展是习近平总书记亲自谋划、亲自部署、亲自推动的重大国家战略。党的二十大报告深刻指出，要坚持以推动高质量发展为主题，深入实施区域协调发展战略。

2021 年，经最高人民法院政治部批准，最高人民法院第三巡回法庭（以下简称三巡）在华东政法大学设立长三角一体化发展司法研究中心（以下简称研究中心）。2022 年，研究中心举办“推动长三角一体化发展司法理论与实践”主题征文活动，吸引了法院系统、国内高校众多专家学者踊跃参与，共计收到投稿论文 300 余篇。论文主题覆盖民商法、知识产权法、刑法、行政法、诉讼法等部门法，有力促成法律职业共同体在长三角一体化发展司法领域的对话与互动。2023 年 6 月，第一届长三角一体化发展司法论坛在上海举办，上百名长三角地区法院和高校的专家学者、论文获奖作者参加论坛。

为推动长三角一体化发展，践行习近平法治思想“推动法学教育与法治实务相互融合”，促进司法理论发展与实践进步，集中展示人民司法推动长三角一体化发展的最新研究成果，三巡与华东政法大学联合出版《长三角一体化发展司法论坛获奖论文集（第一辑）》，收录此次征文活动的部分一等奖、二等奖论文。

本书的出版，离不开三巡、长三角地区人民法院、华东政法大学、研究中心以及关心研究中心工作的各单位、院校的大力支持，在此衷心表示感谢！囿于时间、学识有限，不足之处在所难免，诚望谅解。

编审委员会

二〇二三年七月

目　录

一　等　奖

新《反不正当竞争法司法解释》视域下商业标识及其保护之研究　季善豪 / 003

系统论视域下小额诉讼程序的困境突围与价值重塑　胡天昊 / 040

深层链接行为的著作权法规制　江璐迪 / 070

计算机软件案件知识产权法律问题研究
——以促进软件产业创新发展为视角
江苏省高级人民法院知识产权庭（民三庭）课题组 / 096

"非必要财产保全"及其法律应对措施研究　汪　军　施啸波 / 123

从重大损失认定出发的刑法解释二元体系构建
——以全国65例侵犯商业秘密罪裁判文书为样本　李红俊 / 147

二　等　奖

《民法典》视角下自甘风险规则的法律适用研究　崔祯珍　侯思宇 / 167

数字时代"活冻结"制度的构建与运用
——以银行账户中生活必需费用保留为例　邹林堃　朱浩梁　郑博文 / 184

假冒注册商标罪中"基本无差别"商标的司法认定
——从《关于办理侵犯知识产权刑事案件具体应用法律若干问题的解释（三）》对认定标准的修改切入　郁明明 / 198

长三角市场监管投诉举报行政案件疑难问题研究
——以长三角137件市场监管投诉举报行政案件为分析样本
娄正涛　孙焕焕　苏琬越 / 214

知识产权惩罚性赔偿制度分析　王梓婷　崔汪卫　周雨楠 / 237

反思与重构:民法典视域下自甘风险的解释论　吴振宇　吉雨馨 / 254

论证券公益诉讼制度的建构及其进路
——以构建中国特色证券群体诉讼机制立体化格局为视角　练彬彬 / 269

法官应当如何运用案例　汤雨婷 / 282

帮助信息网络犯罪活动罪"明知"含义廓清及推定适用　张　雯 / 298

公平何以体现:个人独资企业与投资人个人合并破产探析
——以企业债务与个人债务平等清偿为视角　沈东连　臧士衡 / 325

总括意外伤害保险的法律结构
——以共享单车保险的个案分析为例　李　飞 / 340

区块链在"同案同判"目标建设中的辅助应用与路径探索　刘　婷 / 359

合议庭审判责任制改革的困境反思与进路探究
——以合议庭共同责任与成员个人责任的厘定廓清为切入　马晨贵 / 376

人工智能生成物可保护性的哲学思考　刘　恒 / 394

自甘风险条款的适用现状审视与规则解读
——基于法教义学视角下的实证研究　陈　露 / 407

数字经济下商业秘密条款的适用探讨
——以数据的商业秘密构成三要件为角度　江　怡 / 418

一　等　奖

新《反不正当竞争法司法解释》视域下商业标识及其保护之研究

季善豪 *

摘要: 新《反不正当竞争法司法解释》将商业标识认定为未注册商标,极大限制了《反不正当竞争法》第 6 条的可适用性。商标法因“商标注册取得制”无法保护未注册商标,而非商标法之不足。商标固有显著性与获得显著性存在判断标准、考量因素、功能实现路径与功能实现效果上的不同。具有一定影响力与驰名的未注册商标属于《反不正当竞争法》第 6 条调整的商业标识,商标法仅提供防止恶意抢注在先权利的保护。商业标识的本质是由标志与商誉构建的商业符号,商誉是与认识客体有关的商业信息,认识客体存在商品、经营者和宣传内容之分,与之对应的商誉为商品商誉、经营者商誉和宣传商誉。商誉与标志对商誉的识别性均产生于认识客体的经营活动,识别性的作用原理在于“联想”。根据商业标识的知名度不同,联想分为直接联想、间接联想与驰名联想,前二者受“防误认”的同类保护,后者受“反淡化”的跨类保护。误认、淡化产生的原理分别为“联想的泛化”与“联想的人为泛化”,二者以攀附或损害他人商誉为目的,均造成对商业标识识别性的破坏。识别性是商业标识所承载的核心利益,但商业标识利益损害只是认定不正当竞争的前提,行为不正当才是判断标准。

关键词: 商业标识　为注册商标　商誉　识别性　符号联想

---

* 季善豪,华东政法大学知识产权学院博士研究生。

商誉保护到底是商标法未尽之职责，还是商标法不能承受之重？

2019年4月23日《商标法》与《反不正当竞争法》修订时未能妥善协调商标保护与《反不正当竞争法》第6条商业标识保护的关系，在司法层面上造成了商业标识保护不平衡的问题。为此，最高人民法院于2022年3月20日出台《反不正当竞争法司法解释》，其中第4条至第14条均为关于适用《反不正当竞争法》第6条的规定。其意义在于明确《反不正当竞争法》第6条的内容从而解决其适用问题，确定《反不正当竞争法》第6条作为商标保护之补充的地位。其主要内容包括：《反不正当竞争法》第6条是商业标识保护的"母法"，[①]"商业标识具有一定知名度以及商品来源识别功能"[②]，"具有一定知名度的判断因素"[③]，"商业标识使用是在商业活动中识别商品来源"[④]等。通过比对可知，《反不正当竞争法司法解释》对商业标识的界定在很大程度上参照了商标法的有关规定及理论，将商业标识定义为具有一定影响力的"未注册商标"。[⑤]这与我国不少学者、法院的观点一致，[⑥]《反不正当竞争法》的商业标识保护本质是商标保护，[⑦]商业标识的基本功能在于商品或服务来源的识别性（以下简称来源识别性）。[⑧]《反不正当竞争法司法解释》与学界希望围绕商标法构建商业标识的保护体系。然而，商标法目前仍面临诸如地理标志、声音商标、作品名称等新类型

---

① 《反不正当竞争法司法解释》第13条。

② 《反不正当竞争法司法解释》第4条第1款。

③ 《反不正当竞争法司法解释》第4条第2款。

④ 《反不正当竞争法司法解释》第10条。该规定与《商标法》第48条关于"商标的使用"的规定完全一致。

⑤ 《反不正当竞争法司法解释》第4条对《反不正当竞争法》第6条"标识"的认识以及《反不正当竞争法司法解释》第10条对《反不正当竞争法》第6条"使用"的认识，均表明了这一态度。

⑥ 杜颖：《商标概念的调整与非传统商标的保护（一）》，载《中华商标》2019年第11期；刘维：《论混淆使用注册商标的反不正当竞争规制》，载《知识产权》2020年第7期；李雨峰：《未注册在先使用商标的规范分析》，载《法商研究》2020年第1期；广东省高级人民法院民事判决书，（2019）粤民终477号；《反不正当竞争法》第6条第2项所保护的企业名称以有一定影响、能产生商品来源识别作用为前提，而并非泛指一切企业名称。

⑦ 王太平、袁振宗：《反不正当竞争法的商业标识保护制度之评析》，载《知识产权》2018年第5期。

⑧ 周樨平：《商业标识保护中"搭便车"理论的运用——从关键词不正当竞争案件切入》，载《法学》2017年第5期。

"商标"的保护难题，它们本质上是关于"商标法保护什么""商业标识是什么"的问题。

《反不正当竞争法》与商标法有着两种不同的立法、制度目的。① 从商品流通市场角度认识和定义商业标识，《反不正当竞争法司法解释》没有意识到市场竞争秩序并不仅仅由商品或服务（以下统称商品）交易所体现。《反不正当竞争法》所禁止的不正当竞争至少还包括"不当谋取交易机会或者竞争优势"②"虚假宣传和虚假交易"③"损害竞争对手的商业信誉或商品声誉"④"夺取本应属于他人的交易机会和潜在客户"⑤ 等。而利用他人具有一定影响力的"商业标识"实施的上述不正当竞争行为，均属于《反不正当竞争法》第 6 条的规制范围，且并非必然涉及对商品来源的混淆。

目前，我国商标制度拥有基于注册的"商标注册取得制"（以下简称注册取得制）与基于使用的"使用取得驰名保护规定"（以下简称使用保护规定），但却因无法对诸如《商标法》第 32 条中"具有一定影响力的未注册商标（以下简称一定影响商标）"提供保护而为学界所不满。⑥ 商标注册取得本位导致商标法无法构建商业标识保护体系，而只能在注册制的基础上对商标使用给予一定的关注，⑦ 或基于价值判断仅为驰名商标提供基于使用的强保护。⑧ 商誉保护只是商

---

① 《商标法》第 1 条规定商标法的宗旨在于"加强商标管理，保护商标专用权"等；《反不正当竞争法》第 1 条规定《反不正当竞争法》的宗旨在于"鼓励和保护公平竞争，制止不正当竞争行为"等。

② 《反不正当竞争法》第 7 条第 1 款规定："经营者不得采用财物或者其他手段贿赂下列单位或者个人，以谋取交易机会或者竞争优势：（一）交易相对方的工作人员；（二）受交易相对方委托办理相关事务的单位或者个人；（三）利用职权或者影响力影响交易的单位或者个人。"

③ 《反不正当竞争法》第 8 条第 1 款规定："经营者不得对其商品的性能、功能、质量、销售状况、用户评价、曾获荣誉等作虚假或者引人误解的商业宣传，欺骗、误导消费者。"

④ 《反不正当竞争法》第 11 条规定："经营者不得编造、传播虚假信息或者误导性信息，损害竞争对手的商业信誉、商品声誉。"

⑤ 湖南省长沙市中级人民法院民事判决书，(2020) 湘 01 民终 34 号。

⑥ 王莲峰：《我国商标权利取得制度的不足与完善》，载《法学》2012 年第 11 期；郭修申：《以"实际使用"为核心构建商标保护制度》，载《中华商标》2009 年第 10 期；冯晓青：《商标法第三次修改若干问题》，载《中华商标》2007 年第 4 期。

⑦ 如《商标法》第 11 条第 2 款规定，获得显著性的标志可以作为商标注册。

⑧ 在《巴黎公约》和社会主义市场经济的推动下，人们逐渐意识到商标注册取得制无法满足现实的商标保护需求，遂为具有极高声誉的未注册商标提供保护，这被学界普遍称为"驰名商标特殊保护"。

标法的特殊价值判断，却引导学界生成了“商标权客体是商誉”“商标法保护的本质是商誉”的观点。2001年我国加入世界贸易组织，商标法在《反不正当竞争法》商业标识保护缺位的情况下，引入了诸如“获得显著性”“驰名商标保护”“一定影响商标”等与“使用”密不可分的商标保护规则，其中“获得显著性”破坏了商标注册取得制的稳定，“驰名商标保护”导致了商标概念的转变，“一定影响商标”使商标法饱受批评。直到2017年《反不正当竞争法》第6条出台，商标保护理论又进入《反不正当竞争法司法解释》影响《反不正当竞争法》商业标识保护。

实际上，我国注册商标保护不以使用和商誉为前提，但以使用并产生、发挥识别性为目的，[①] 以“使用”为目的不等于以“使用”为保护条件。商标法并不提供专门针对商誉的保护，经使用取得一定影响力的商标由《反不正当竞争法》基于其影响力提供保护。标识商标只是商业标识的一种，商业标识本质上是一个由使用者构建的“商业符号”，联想理论是商业标识“防误认”“反淡化”保护的理论基础，同时是商标间接混淆与反淡化保护的依据。《反不正当竞争法司法解释》与学界对“商业标识是未注册商标”的理解并不可取，本文试从商标法对标识商标保护的剥离入手，消除商标理论对《反不正当竞争法》第6条理解的影响，揭示商业符号产生及其功能发挥的本质，最后就商业标识保护作出符合《反不正当竞争法》规定与符号学理论的解释。

一、商标法仅保护商标专用权之回归

目前，商标法对“注册商标”与“未注册商标”的划分构建了人们关于“商标”概念的话语体系。与之相对应的商标保护模式为“注册取得制”与“使用保护规定”。据此，学界关于商标权客体存在“来源识别性”[②] 与“商誉”[③] 的观点分

---

① 孔祥俊：《商标的标识性与商标权保护的关系——兼及最高法院有关司法政策和判例的实证分析》，载《人民司法》2009年第15期。

② 邓宏光：《商标混淆理论的扩张》，载《电子知识产权》2007年第10期。

③ 杨叶璇：《商标权的客体应当是商标所承载的信誉——对未注册驰名商标的保护》，载《中国发明与专利》2007年第3期；冯晓青：《未注册驰名商标保护及其制度完善》，载《法学家》2012年第4期；吴伟光：《商标权注册取得制度的体系性理解及其制度异化的纠正》，载《现代法学》2019年第1期。

歧。注册取得制是商标法本位，"商标权客体是商标来源识别性（显著性）" 为学界主流观点；而 "商标权客体是商誉" 的论断与使用保护规定并不相符。《商标法》第 32 条仅为一定影响商标提供阻却他人抢注的保护，[①] 表明一定影响商标应受保护，但无法适用商标使用保护规定。但是，根据 "商标权客体是来源识别性" 的观点，一定影响商标通过使用已经具备识别商品来源的显著性，应当获得保护。而根据《商标法》第 3 条规定，只有注册商标才能获得商标专用权保护，所以 "商标权客体是来源识别性" 的观点与注册取得制亦不完全吻合。究其根本，《商标法》第 8 条规定的区分能力 [②] 与主流观点中的来源识别能力并不相同，尽管二者均被称为 "显著性" 且发挥区分商品的作用。对 "显著性" 的认识错误引发了关于《商标法》下 "商标" 概念的误解，最终导致学界关于商标权客体认知的改变。

（一）显著性：类别区分性与来源识别性

显著性，是商标注册审查的实质要件，[③] 也被许多学者认为是《商标法》所主要保护的对象。[④] 但人们所讨论的商标首要功能 "识别商品来源" 与一般商标注册所要求的 "显著性" 之间存在根本区别，二者在商标法上表现为《商标法》第 11 条第 2 款 "获得显著性" 与第 9 条 "固有显著性" 之间的差异。然而，《商标法》第 9 条与第 11 条均以 "显著性特征" 来描述二者，言下之意为，尽管二者在理论上存在称谓差异，但并无本质区别。这表明缺乏固有显著性的标志必须获得这一特征才达到商标注册的最低门槛，而其他标志天然地具备这一特征。因此，有观点认为商标的显著性问题实际上是一个程度强弱的问题。[⑤] 虽然缺乏显著特征的标志可以通过使用获得 "显著性特征"，但在获得显著性前后，其外

① 王莲峰：《我国商标权利取得制度的不足与完善》，载《法学》2012 年第 11 期。

② 《商标法》第 8 条规定："任何能够将自然人、法人或者其他组织的商品与他人的商品区别开的标志，包括文字、图形、字母、数字、三维标志、颜色组合和声音等，以及上述要素的组合，均可以作为商标申请注册。"

③ 《商标法》第 9 条第 1 款规定："申请注册的商标，应当有显著特征，便于识别，并不得与他人在先取得的合法权利相冲突。"

④ 王迁：《知识产权法教程》（第 7 版），中国人民大学出版社 2021 年版，第 489 页；张玉敏：《注册商标三年不使用撤销制度体系化解读》，载《中国法学》2015 年第 1 期。

⑤ 参见黄晖：《商标法》（第 2 版），法律出版社 2016 年版，第 57 页。

观并无任何改变。商标法释义指出,获得显著性指标志通过使用,已经能够使消费者识别商品的来源。[①] 可见,"获得显著性"与"固有显著性"所具备的显著性特征是不同的,前者获得的是一种识别商品来源的能力,是后者所不具备的。对两者特征进一步区分如下:

第一,商标固有显著性必须结合商品类别进行讨论。《商标法》第 11 条规定了缺乏显著性的各类标志,归纳可知,标志与其所指代商品之间的联系是认定商标是否具有固有显著性的重要判断因素。[②] 标志本身的意义与其所指代商品之间联系越密切,则显著性越弱,如"苹果"标志无法将新疆苹果与宁夏苹果进行区分,而标注"茶杯"的苹果则能够与标注"椅子"的苹果进行区分(即使此时"茶杯"和"椅子"无法识别商品来源),而"树另又壳"标志既可以区分苹果,也可以区分茶杯和椅子。可见,为人们已知或未知的标志,其固有显著性是不同的;并且已知标志的固有显著性也会随着商品类别的改变而变化。这就是王迁教授所说的"相关公众的认知"对显著性的影响。[③] 实际上,"固有显著性"指的是标志能够将商品与其他同类商品进行区分的"类别区分性",这种区分性源于标志自身作为文化符号的所指与商品类别之间的差异性。《商标授权确权司法解释》对此进行了明确。[④] 所以"臆造商标"的显著性最强,因为对社会大众而言,该商标的符号所指完全空白,与任何商品类别均存在差异。《商标法》第 11 条第 1 款第 1、2 项所规定的"通用标志""描述标志"所提供的信息直指商品类别本身,缺乏固有显著性、不能作为商标注册,但不排除其在其他商品类别上作为商标注册的可能。

第二,"获得显著性"指即使商标本身无法将其商品与其他同类商品进行区

---

① 全国人大常委会法制工作委员会编:《中华人民共和国商标法释义》,法律出版社 2013 年版,第 30 页。

② 王迁:《知识产权法教程》(第 7 版),中国人民大学出版社 2021 年版,第 504-511 页;彭学龙:《商标显著性新探》,载《法律科学(西北政法学院学报)》2006 年第 2 期。

③ 王迁:《知识产权法教程》(第 7 版),中国人民大学出版社 2021 年版,第 504 页。

④ 《商标授权确权司法解释》第 7 条规定:"人民法院审查诉争商标是否具有显著特征,应当根据商标所指定使用商品的相关公众的通常认识,判断该商标整体上是否具有显著特征。商标标志中含有描述性要素,但不影响其整体具有显著特征的;或者描述性标志以独特方式加以表现,相关公众能够以其识别商品来源的,应当认定其具有显著特征。"

分，但却可以使消费者清楚地知道商品来源于特定经营者，从而与同类商品进行区分的“来源识别性”。《礼记》早有记载：“物勒工名，以考其诚，工有不当，必行其罪，以究其情。”[①] 即使商品不使用商标或商标无法帮助消费者区分同类商品，消费者只需要确保商品来源于特定经营者，同样可以买到品质保证的商品。尽管类别区分性与来源识别性最终均实现了将其商品与其他同类商品进行区分的效果，但其实现路径与实现效果迥异：其一，在实现路径上，类别区分性利用标志本身文化内涵与商品类别的差异性将其商品与“同类商品”区分，来源识别性则利用标志对商品来源信息的示明将其商品与“其他商品”区分；其二，在实现效果上，类别区分性无法向相关公众提供特定商品的信息，相关公众仅知晓该商品与其他同类商品不同，而来源识别性根据影响力的强弱能够为相关公众提供有关商品来源、商品质量等信息，相关公众有理由信赖所购买商品的质量。

总之，获得显著性并非指相关标志的显著性达到了“固有显著性”的强度，相反，无论注册与否，商标均须通过使用才能获得来源识别性，并且标志在具备“获得显著性”之后依然可能缺乏“固有显著性”。两种显著性判断的标准、因素均存在差异：其一，类别区分性不考虑使用因素，只存在核定商品的相关公众，所以商标审查只能采“‘商品’相关公众标准”对“标志文化内涵”与“商品类别信息”进行“差异性”比较；其二，来源识别性以使用为前提，拥有对商标及其商品进行过消费和体验的相关公众群体，考察的是“‘商标’相关公众标准”下“标识识别信息”与“被标识的商品”之间的“一致性”（参见表 1）。因此，固有显著性不是来源识别性。而商标的影响力或知名度就取决于相关公众的认知，商品的销售范围越广，相关公众对商品的消费越频繁，则相关公众对商标、商品的认知越充分，商标与商品的影响力越大，商标所能够识别的信息就越多。

---

① 大意为：商品上需要加印制造者的姓名，若商品存在质量问题，可以由此追究责任。

表1 两类商标显著性判断表

分类	判断主体	比较对象	判断标准
类别区分性	（商品） 相关公众	a. 标志文化内涵 b. 商品类别信息	差异性
来源识别性	（商标） 相关公众	a. 标识识别信息 b. 被标识的商品	一致性

因此，商标法中“获得显著性”“具有一定影响力”均指“具有来源识别性”，这符合《商标授权确权司法解释》第9条第3款①的规定，源于商标使用取得制。但仅具有类别区分性的标志经注册即受商标专用权保护，而具有来源识别性的标志非注册不受保护，这与主流观点“商标权客体是来源识别性”不符。我国商标法以商标注册制为本位，“显著性”是商标法保护最基础的概念，然而指引“显著性”理解与注册商标保护的却是来源于“商标使用取得制”的理论，受此影响最大的莫过于“受商标法保护的商标是什么”。

（二）“商标”：标志还是标识的概念厘清

在汉语表达中，“商标”一词具有双重含义，既可作“标志（zhi）”解，也可作“标识（shi）”解。“标志”同记号，仅关注记号本身；“标识”同符号，有标记、识别之意，关注的是由记号所传递的信息。由于商标法没有谨慎区分“显著性”，学界在使用“商标”概念时往往讨论的是标识，②仅将“显著性”作“来源识别性”解。③如有学者认为，商标的基本功能是识别商品来源，④只有通过使用，商标识别商品或服务来源的基本功能才能实现。⑤该观点预设了“注册商标均具有识别性”。如有观点指出：“赋予注册商标专用权的基本目的是通过注册建立特定商

① 《商标授权确权司法解释》第9条第3款规定：“第一款所称标志经过长期或者广泛使用，相关公众能够通过该标志识别商品来源的，可以认定该标志具有显著特征。”

② 黄晖：《商标法》，法律出版社2016年版，第1页。王莲峰：《论商标的使用及其认定——基于〈商标法〉第三次修改》，载《公民与法（法学）》2011年第3期。

③ 曹世华：《商标类型扩展对商标注册规则的冲击及其应对》，载《电子知识产权》2007年第11期。

④ 杜颖：《商标法》，北京大学出版社2010年版，第13页。

⑤ 王莲峰：《论商标的使用及其认定——基于〈商标法〉第三次修改》，载《公民与法（法学）》2011年第3期。

标与特定商品之间固定的联系。"[①] 然而，注册只是在特定商品类型上为注册商标预留了使用空间，商标与商品的联系只能通过市场经营进行构建，注册不等于使用，更不等于识别性的获得。商标注册在美国也不会使得商标与商品的联系就此被固定下来。[②] 只有通过使用使标志与商品形成稳定联系才能发挥识别商品来源的作用，[③] 才会引导消费者认牌购物。[④] 识别商品来源必须是现实的功能产生，市场认可而非法律绑定才是唯一标准。

既然商标注册无法向标志提供来源识别性，那么认为"商标专用权的客体是来源识别性"就是错误的。《商标法》第 8 条明确规定，商标是"任何能够将自然人、法人或者其他组织的商品与他人的商品区别开的标志"，该定义仅具有类别区分性。因此有不少学者提出，仅注册的商标还不是真正的商标，商标概念存在"仅注册的商标"与"真正的商标"之分。[⑤] 前者是仅具有类别区分性的"标志商标"，后者是能够发挥来源识别性的"标识商标"。来源识别性（无固有显著性）仅与使用有关，而与标志是否具有类别区分性无关。因此，除法律明确规定禁止使用的标志外，《商标法》第 8 条规定的任何标志均能够通过使用获得来源识别性，且只能通过使用获得。获得来源识别性的标志就是标识商标，包含《商标法》中获得显著性的标志[⑥]、一定影响商标[⑦]、未注册驰名商标[⑧] 以及所

---

① 黄晖：《商标法》，法律出版社 2016 年版，第 113 页。

② 15 U.S.C. § 1057(b) Certificate as prima facie evidence. 美国商标注册证书只是注册商标效力与商标注册的初步证明。

③ 山东省高级人民法院民事判决书，(2021) 鲁民终 962 号；张玉敏：《注册商标三年不使用撤销制度体系化解读》，载《中国法学》2015 年第 1 期；深圳知识产权法庭发布十宗反不正当竞争典型案例之二：晋江力绿食品有限公司与广东喜之郎集团有限公司、深圳市人人乐商业有限公司擅自使用有一定影响商品特有包装、装潢纠纷案。

④ 任燕：《广告知识产权保护的困惑与对策》，载《河南师范大学学报（哲学社会科学版）》2011 年第 5 期。

⑤ 彭学龙：《商标法基本范畴的符号学分析》，载《法学研究》2007 年第 1 期；黄晖：《商标权利范围的比较研究》，中国社会科学院大学 2000 年博士学位论文，第 4 页；张玉敏：《注册商标三年不使用撤销制度体系化解读》，载《中国法学》2015 年第 1 期；彭学龙：《寻求注册与使用在商标确权中的合理平衡》，载《法学研究》2010 年第 3 期。

⑥ 《商标法》第 11 条第 2 款。

⑦ 《商标法》第 32 条。

⑧ 《商标法》第 13 条第 2 款。

有具有来源识别性的注册商标。但根据商标注册取得的规定，其中只有注册商标受商标专用权保护。

根据表 1 可知，尽管《商标法》第 9 条与《商标法》第 11 条第 2 款均属于商标注册取得制，但二者取得注册的依据不同，二者商标专用权的稳定性不同，二者的商标专用权保护范围也不同。来源识别性既然可以通过使用被获得，自然也容易被失去，但类别区分性是以商品相关公众的认知为考量因素，具有极强的稳定性。即使“优盘”论为存储设备的通用名称，其原有文化内涵“优良的盘子”依然与“存储设备”之间存在差异性，只是“优盘”因过于深入人心而获得了指代“便携式存储设备”的新文化内涵（沦为通用名称），在此意义上，“优盘”是缺乏固有显著性的。换言之，获得显著性的丧失是“标识”来源识别性的丧失；而固有显著性的丧失是“标志”文化内涵的丧失或更迭，意味着旧文化内涵的消退或新文化内涵的产生。同时，“获得显著性”的商标仅在其影响力范围内具有来源识别性，其商标专用权保护不应超出其影响力范围：若《商标法》第 11 条第 2 款要求获得显著性商标在全国范围内具有来源识别性，无异于要求获得显著性商标达到驰名的程度；若该条款仅要求在一定范围内具有来源识别性，那么为获得显著性商标提供覆盖全国的商标专用权保护，将违背商标法对获得显著性商标提供注册保护的依据。

因此获得显著性商标的引入损害了商标注册取得制的稳定。商标法为加强商标管理，确立了以商标注册取得制为核心的注册商标保护体系。根据对标志文化内涵与商品类别信息的比较，商标局对符合差异性的商标进行注册登记，确定注册商标权属，权利人得以核准注册的商标和核定使用的商品为限行使商标专用权。商标专用权的客体是注册商标，仅关乎标志商标的固有显著性，属于商标授权模式，不以使用为前提。依照《商标法》第 64 条的规定，即使注册商标三年未使用，法院在其被撤销前仍应作出侵权判决。而标识商标与使用息息相关，其本质上属于应受法律保护的利益。《商标法》依据第 11 条第 2 款授予的商标专用权，实际上是商标法对该法益的确认，无法益即无权利、无保护。在商标注册取得与使用取得制度中，“注册”对于商标保护的意义是不同的，但《商标法》第 13 条第 2 款以静态的商标注册取得制为动态的商业标识提供正当性评价，混淆了标识商标保护的“使用”基础与我国标志商标保护的“注册”基础。究其原因，我国于 2001 年 12 月 11 日正式加入 WTO，并在此前于 2001 年 12 月 1 日对《商标法》第 11 条进行修订，增添了关于“获得显著性”商标注册的规定，对应 TRIPS 协议第 15 条第 1 款，而此时《反不正当竞争法》并不存在商业标识保护条款（2017 年增加第 6 条）。然而，以使用为基础的标识商标保护显然不利于商标管理，并且《商标法》无法超出商标专用权为标识商标提供专门针对商誉的保护。

由于商标法无法为标识商标提供基于商誉的保护，所以《反不正当竞争法司法解释》第 5 条第 2 款明确获得显著性的商标可以受《反不正当竞争法》第 6 条保护，证明《反不正当竞争法》才是标识商标保护的法律依据。无论商标是否能够发挥来源识别性，商标法仅向“注册商标”提供商标专用权保护，这是不争的事实。因此，主流观点“商标权客体是来源识别性”中的“商标”指的是商业标识中的标识商标，而非注册商标。观点“商标权客体是商誉”中的“商标”指的也是标识商标，而非注册商标。两方观点中的“商标权”均为《反不正当竞争法》第 6 条提供的商业标识保护。一定影响商标受《商标法》第 32 条保护的正当性源于商标法对商业标识利益的尊重。注册商标与商业标识保护是两个完全不同的体系，注册商标在取得一定影响力后能够同时获得《反不正当竞争法》的“平行保护”。

然而，我国商标法中却存在以驰名商誉保护为核心的“使用保护规定”。学界普遍认为，使用保护规定为未注册驰名商标提供特殊保护的正当性在于，商誉是商标权受到保护的基础，[①] 驰名商标的知名度遍及全国，[②] 具有独特的保护价值，仅通过传统商标注册取得制度对驰名商标进行保护会导致不公平的结果。[③] 但仅保护驰名商誉的规定与商誉保护存在无法调和的逻辑矛盾：其一，《商标法》第 32 条“一定影响”的商誉受《反不正当竞争法》保护，而较之更强的

---

① 邓宏光：《我们凭什么取得商标权——商标权取得模式的中间道路》，载《环球法律评论》2009 年第 5 期。

② 黄晖：《商标法》，法律出版社 2016 年版，第 237 页。

③ 王迁：《知识产权法教程》，中国人民大学出版社 2021 年版，第 663 页。

“驰名”商誉却受商标法保护；其二，《商标法》第13条既以“驰名”提供保护，又以“注册”区别对待两类驰名商标的做法，自相矛盾。

（三）应剥离商标法保护标识商标之职能

自2001年《商标法》第13条、第32条分别引入“未注册驰名商标”“一定影响商标”开始，学界围绕“未注册驰名商标、一定影响商标是什么以及如何保护”的问题展开了长达二十年的讨论。不仅是关于未注册驰名商标保护存在模糊不清之处，[①] 商标法对所有未注册商标保护均没有给出明确规定。这在学界中引发了关于商标法中“商标注册取得制发生异化”“商标法律制度失衡”等话题的讨论，其核心议题均与“商誉”保护有关，只是有学者认为商标专用权因难以对商誉提供完整保护而存在不足，[②] 有学者认为商标注册取得制是片面的且无法规制不正当竞争行为，[③] 有学者认为商标法对商誉保护的扩张已经从根本上改变了商标权保护的根基和性质。[④] 观点“商标权客体是来源识别性”与“商标权客体是商誉”的提出表明“商标”概念已经脱离商标法“注册商标”向《反不正当竞争法》“商业标识”发生转移，导致商标法保护的扩张。这不禁令人反思，商誉保护到底是商标法未尽之职责，还是商标法无法承受之重？

多年前，“商标权客体是注册商标”仍是学界通说。[⑤] 随着商标法对未注册驰名商标保护的“完善”，商标权客体经历了从“商标”到“商标所承载商誉”的转变。[⑥] 如有观点认为，单纯经过注册的商标显然是不具有来源识别性的，也即商标注册实际上并不产生权利。[⑦] 但这种理论转向显然与商标专用权保护相

① 张玲玲：《论未注册驰名商标的司法认定与保护——兼评〈商标法〉第十三条及〈反不正当竞争法〉第六条第一项的适用》，载《法律适用》2019年第11期。

② 吴伟光：《商标权注册取得制度的体系性理解及其制度异化的纠正》，载《现代法学》2019年第1期。

③ 刘丽娟：《确立反假冒为商标保护的第二支柱——〈反不正当竞争法〉第6条之目的解析》，载《知识产权》2018年第2期。

④ 杜颖：《商标法律制度的失衡及其理性回归》，载《中国法学》2015年第3期。

⑤ 杨叶璇：《商标权的客体应当是商标所承载的信誉——对未注册驰名商标的保护》，载《中国发明与专利》2007年第3期。

⑥ 冯晓青：《未注册驰名商标保护及其制度完善》，载《法学家》2012年第4期。

⑦ 彭学龙：《商标法基本范畴的符号学分析》，载《法学研究》2007年第1期。

左，其目的在于为“注册与未注册驰名商标”保护提供理论支撑，①却产生了商标法保护无序扩张的结果。究其根本，由于《反不正当竞争法》缺乏商业标识保护条款，2001年《商标法》在TRIPS协议的推动下引入了《巴黎公约》对驰名商标保护的条款。②但根据文义解释，《商标法》第13条第2、3款仅禁止“恶意申请人”③就驰名商标取得商标权并进行恶意使用的行为，而没有为两类驰名商标提供在商标注册程序之外“得向他人主张侵权”的权利。对比《巴黎公约》第6条之二第1款可知，④《商标法》第13条未引入如下规定：“这些规定，在商标的主要部分构成对上述驰名商标的复制或仿制，易于产生混淆时，也应适用。”

反而是2002年《商标纠纷司法解释》第2条出台了有关规定⑤，法院得依据《商标法》第13条对未注册驰名商标提供禁止侵权的保护。这一解释在未注

---

① 孔祥俊：《论我国商标司法的八个关系——纪念〈商标法〉颁布30周年》，载《知识产权》2012年第7期。

② 1985年中国加入《巴黎公约》，该公约第6条之二规定了驰名商标保护，但我国商标法于1993年修订时未作出相应立法。而是在2001年12月1日实施的《商标法》第13条才增加了关于“驰名商标保护”的条款，该规定恰好是在中国正式加入WTO的十日前生效的，是依据国际公约的要求作出的相应立法。

③ 《商标法》第13条第2、3款中“复制、摹仿或者翻译他人未在中国注册的驰名商标”应属该法第45条中的“恶意注册”。《商标法》第45条第1款规定：“已经注册的商标，违反本法第十三条第二款和第三款、第十五条、第十六条第一款、第三十条、第三十一条、第三十二条规定的，自商标注册之日起五年内，在先权利人或者利害关系人可以请求商标评审委员会宣告该注册商标无效。对恶意注册的，驰名商标所有人不受五年的时间限制。”《商标授权确权司法解释》第25条规定：“人民法院判断诉争商标申请人是否‘恶意注册’他人驰名商标，应综合考虑引证商标的知名度、诉争商标申请人申请诉争商标的理由以及使用诉争商标的具体情形来判断其主观意图。引证商标知名度高、诉争商标申请人没有正当理由的，人民法院可以推定其注册构成商标法第四十五条第一款所指的‘恶意注册’。”

④ 《巴黎公约》第6条之二第1款规定：“本联盟各国承诺，如本国法律允许，应依职权，或依利害关系人的请求，对商标注册国或使用国主管机关认为在该国已经驰名，属于有权享受本公约利益的人所有、并且用于相同或类似商品的商标构成复制、仿制或翻译，易于产生混淆的商标，拒绝或撤销注册，并禁止使用。这些规定，在商标的主要部分构成对上述驰名商标的复制或仿制，易于产生混淆时，也应适用。”

⑤ 2002年《商标纠纷司法解释》第2条规定：“依据商标法第十三条第一款的规定，复制、摹仿、翻译他人未在中国注册的驰名商标或其主要部分，在相同或者类似商品上作为商标使用，容易导致混淆的，应当承担停止侵害的民事法律责任。”

册驰名商标保护实践中被奉为圭臬，[①]也是我国学者所拥护的实践依据。[②]为了落实上述规定对未注册驰名商标的保护，最高人民法院《涉驰名商标司法解释》第 9 条第 1 款、第 2 款分别为两类驰名商标提供了"间接混淆保护"与"反淡化保护"。[③]在司法解释的引导下，关于"商标保护的本质在于商誉""支持商标使用取得"的观点更加风靡。[④]这种观点强调商标的本质在于使用和商誉，无一例外地以"商标恶意抢注、囤积和无法保护未注册商标"攻击商标注册取得制度，[⑤]却忽视了商誉的不确定性与商标法设权性保护存在根本冲突。对此，有学者解释认为，商标注册取得制度是为了将商标权的客体、权利内容和边界加以固定和公示，以解决商誉本身的不确定性问题。[⑥]然而，商誉唯一能够确定的就是它的"不确定性"，驰名商标通过使用取得的也并非确定的商标专用权保护，商誉不可能以任何形式被固定下来。

反观《涉驰名商标司法解释》第 9 条，其第 1 款为未注册驰名商标提供了"防止来源混淆"与"间接混淆"保护，其第 2 款为注册驰名商标提供了"反淡化"保护。对此区别对待的唯一合理解释只有《商标法》第 13 条第 2、3 款在驰名商标抢注中以"注册与否"提供的不同保护。而"驰名商标保护制度的本意是在发生商标争议时，对为相关公众所熟知的商标提供特殊保护，以制止他人

---

① 广东省高级人民法院民事判决书，（2007）粤高法民三终字第 318 号；参见最高人民法院民事判决书，（2009）民申字第 313 号；北京市高级人民法院民事判决书，（2020）京民终 664 号。

② 王太平，袁振宗：《反不正当竞争法的商业标识保护制度之评析》，载《知识产权》2018 年第 5 期；冯晓青：《未注册驰名商标保护及其制度完善》，载《法学家》2012 年第 4 期。

③ 2020 年修正《涉驰名商标司法解释》第 9 条规定："足以使相关公众对使用驰名商标和被诉商标的商品来源产生误认，或者足以使相关公众认为使用驰名商标和被诉商标的经营者之间具有许可使用、关联企业关系等特定联系的，属于商标法第十三条第二款规定的'容易导致混淆'。足以使相关公众认为被诉商标与驰名商标具有相当程度的联系，而减弱驰名商标的显著性、贬损驰名商标的市场声誉，或者不正当利用驰名商标的市场声誉的，属于商标法第十三条第三款规定的'误导公众，致使该驰名商标注册人的利益可能受到损害'。"

④ 最高人民法院民事判决书，（2016）最高法民再 216 号："对于商标权的保护强度，应当与其应有的显著性和知名度相适应。"

⑤ 王莲峰：《我国商标权利取得制度的不足与完善》，载《法学》2012 年第 11 期；郭修申：《以"实际使用"为核心构建商标保护制度》，载《中华商标》2009 年第 10 期。

⑥ 吴伟光：《商标权注册取得制度的体系性理解及其制度异化的纠正》，载《现代法学》2019 年第 1 期。

复制模仿、傍名牌等不正当竞争行为”[①]。这种不正当竞争行为的危害不会因驰名商标是否注册而存在任何差异。已注册的驰名商标与未注册的驰名商标保护均基于其驰名商誉，[②]二者并没有本质区别。可见，《商标法》第 13 条第 2、3 款作出如此区别的目的并不在于界分两类驰名商标的不正当竞争保护。

因此本文提出，商标因驰名获得的保护也是基于使用取得的《反不正当竞争法》商业标识保护。凭借《反不正当竞争法》第 6 条，围绕一定影响商标、驰名商标引发的商誉保护问题能够得到系统的解决。出于鼓励商标注册、维护商标注册秩序的目的，《商标法》第 13 条第 2、3 款在防止恶意商标注册申请、恶意商标抢注方面对两类驰名商标进行区别对待，符合商标法宗旨。而关于商标恶意抢注、囤积的问题，“在注册主义商标权制度下，商标法一定程度上是鼓励商标抢注的”[③]。商标法通过这种方式督促和推动未注册商标使用人及时、迅速地进行商标申请注册，并且《商标法》通过第 4 条、第 49 条第 2 款、第 64 条第 1 款出台了关于商标恶意囤积的处理规定，表明《商标法》始终没有脱离商标注册制去过度强调使用对注册商标保护的影响。商标专用权首先保护的是权利人对注册商标的“专用”，确保权利人能够通过商业经营活动将“区分性”转换为现实的“识别性”，从而凭借商誉获得《反不正当竞争法》更进一步的保护，商标专用权就是在核定商品上使用注册商标的权利。商标保护本来就是作为不正当竞争法的形式起源的，[④]我国商标法在《反不正当竞争法》商业标识保护体系之外独立设置以注册取得制为本位的商标专用权保护体系，并不存在问题；将一定影响商标、驰名商标纳入《反不正当竞争法》第 6 条保护，亦不违反相关国际条约。

---

① 郎胜主编：《中华人民共和国商标法释义》，法律出版社 2013 年版，第 3 页。

② 田晓玲：《我国商业标识法律保护制度的协调与完善》，载《现代法学》2020 年第 4 期；冯晓青：《未注册驰名商标保护及其制度完善》，载《法学家》2012 年第 4 期；刘维、张丽敏：《未注册商标权益形成机制研究》，载《知识产权》2016 年第 7 期；王莲峰、曾涛：《国际视角下我国未注册驰名商标保护制度的完善》，载《知识产权》2021 年第 3 期。

③ 李扬：《我国商标抢注法律界限之重新划定》，载《法商研究》2012 年第 3 期。

④ See UNCTAD-ICTSD, *Resource Book on TRIPS and Development*, Cambridge University Press, 2005, p.232.

二、商业标识产生与发生作用的符号学基础

《反不正当竞争法司法解释》将商业标识界定为是未注册商标的根本原因在于:对商业标识及其核心利益缺乏认知。《反不正当竞争法》第6条中分四项规定的至少三类商业标识显然并非"未注册商标"所能涵盖。《反不正当竞争法》第6条规定,商业标识必须具有"一定影响",利用他人商业标识引起误认的混淆行为本质上属于不当利用他人商誉的行为。但"何为误认""误认如何发生"至今仍无定论,商标法亦缺乏对"混淆"的定义。这导致在司法实践中,法院不区分来源混淆与关联混淆保护的现象频发。① 商标专用权的客体是注册商标,商标混淆实际上只是"标志混淆",仅凭标志本身的相同或近似作出侵权认定;② 而商业标识的核心利益是识别性,商业标识误认指的是"商誉误认",标志相同或近似并不必然导致误认。《反不正当竞争法司法解释》第12条照搬商标意义上的直接与间接混淆保护,将加剧商业标识保护的不平衡现象。

早在2007年,彭学龙教授便提出"商标"实质上隐含着二元结构:能指即"商标",所指即商誉。③ 其中,前一个商标指的是标识,后一个商标指的则是标志。索绪尔将这种可识别载体与其意义的组合称为"符号"(sign),前者为"能指"(符形,signifier),后者为"所指"(符意,signified)。④ 美国对商标的保护便是法律对符号功能的认可。⑤ 在《反不正当竞争法》中,商业标识的本质是商业符号,由能够为感官察觉的标志(能指)与非物质的商誉(所指)组成(参见图1)。借助符号学理论,关于商誉产生、商业标识形成及作用方式的疑问将得到解答,商业标识的防误认与反淡化保护能够得到体系性的澄清。

---

① 杜颖、赵乃馨:《〈反不正当竞争法〉第6条第1项的理解与适用》,载《法律适用》2018年第15期。直接混淆,词源为商标保护理论、对应商标识别商品来源的功能,指误认为A的商品来源于B;间接混淆,即关联混淆,指误认为A或A的商品与B或B的商品之间存在某种关联。

② 《商标纠纷司法解释》第9条、第10条。

③ 彭学龙:《商标法基本范畴的符号学分析》,载《法学研究》2007年第1期。

④ See Ferdinand de Saussure, *Course in General Linguistics*, Charles Bally and Albert Sechehaye ed.McGraw-Hill Book Company, 1966, p.66-67.

⑤ See Mishawaka Rubber&Woolen Mfg.Co.*v*.S.S.Kresge Co., 316 U.S.203(1942), p.206.

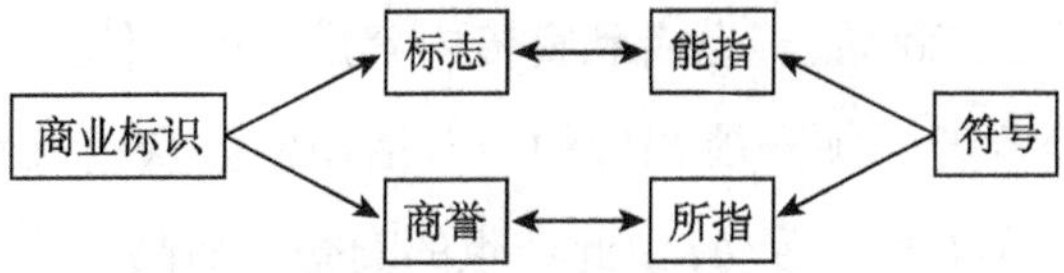

图 1　商业标识与符号结构的对应关系

(一)商誉产生于认识客体的经营活动

众所周知，使用是商业标识的生命，商誉是商业标识价值的体现。但由于商誉具有无体性，鲜有学者解释“商誉是什么以及如何产生？”“标志如何在使用中‘积累’商誉并形成商业标识？”最终导致《反不正当竞争法司法解释》第4条第2款以“标识知名度”替代“商誉”与《反不正当竞争法》第6条“一定影响”。实际上，“使用”在商业标识形成与商誉产生语境中的意义并不相同，标志自身不会孕育出商誉，而只是在使用中成为商誉的代表，商誉只能在经营主体对认识客体的“经营”中产生。

在符号研究中，索绪尔将所指称为“精神事实”(mental fact)，[①] 是在符号产生以前已经存在于脑海中的概念、思想、事实经验。[②] 所指是在符号中那个被表示、被指认的成分，不是实在的事物或对象，而是作为一定对象本质的观念意义。[③]“按照唯物主义反映论原则，意义具有客观性，是客体的信息内容在认识主体的观念、思维中的表现，作为观念、思维形式的内容而存在”[④]。所以商誉的产生必然涉及认识主体对认识客体进行认知的过程。根据标识对象的不同，商业标识分为识别商品(包括服务)、识别经营者主体(包括自然人与法人等)和识别

① See Ferdinand de Saussure, *Course in General Linguistics*, Charles Bally and Albert Sechehaye ed.McGraw-Hill Book Company, 1966, p.11.

② See Ferdinand de Saussure, *Course in General Linguistics*, Charles Bally and Albert Sechehaye ed.McGraw-Hill Book Company, 1966, p.65.

③ 张一兵:《不可能的存在之真:拉康哲学印象(修订本)》,上海人民出版社 2020 年版,第 162 页。

④ 夏甄陶:《关于认识的语言符号中介》,载《哲学研究》1994 年第 6 期。

宣传内容。[①]换言之，商品、经营者和宣传内容是认识客体。而为了使公众产生对客体的认知，经营者必须开展相应的经营活动使公众接触到认识客体，也即商品流通、市场竞争和宣传活动，由此产生的商誉为商品商誉、经营者商誉和宣传商誉，认识主体则为相关公众（消费者、竞争者等）。因此商誉不是认识客体，而是认识主体脑海中关于它们的认知和信息。关于商誉的具体内涵分析如下：

其一，商品商誉是为市场相关公众所认可的商品信息，是商品品质的体现，只能通过“商品流通”产生（参见图2）。商品流通的各个环节反映了商品商誉的“一生”：首先，商品生产决定了商品固有的品质；其次，商品销售界定了商品相关公众的范围；最后，商品消费（使用）引起相关公众对商品品质的认可，进而产生商品商誉，反之则商品为市场淘汰。商品商誉体现为商品的“市场认可度”，商品为相关公众所认可并持续购买是其具有一定影响力的证明；而“商品销售情况”是判断市场认可度的因素，如《反不正当竞争法司法解释》第4条第2款中所列举的“商品销售的时间、区域、数额和对象”，不能在商品消费前直接决定市场对商品的认可度，但在商品消费后受市场认可度所影响。换言之，广告语“怕上火喝王老吉”一经推出便引起市场轰动，吸引和促进相关公众对该凉茶进行消费，但这不代表相关公众对该凉茶“降火”品质的认可。若王老吉凉茶具有快速降火的功效，“怕上火喝王老吉”无疑会加速商品的商誉积累；若王老吉凉茶不具有降火的功效，“怕上火喝王老吉”空前的广告效应最终不会转化为现实的商品商誉。[②]因此，商品品质是商品商誉的根本保障，而经营者对商品品质的决定性影响的同时也使商品商誉与经营者商誉能够相互影响。

---

① 孔祥俊：《商业标识权利冲突司法处理的逻辑标准与政策标准》，载《清华法学》2007年第2期；王莲峰、刘润涛：《新反法第六条“有一定影响”的理解与适用》，载微信公众号“知产力”2017年11月29日，https://mp.weixin.qq.com/s/dTf7bJ4WHX9httUPvmHYSw。孔祥俊教授原文将商业标识分为“区分商品来源的标识”、“区分经营主体的标识”和“区分经营活动的标识”，并以“域名”作为第三类标识的代表，认为“企业的域名既展示经营主体，又展示其商品或者服务，是一种经营活动的虚拟场所，也是从事经营活动的重要渠道和窗口”。本文认为，教授观点中的“经营活动”实际上是以推广、宣传为目的的“宣传活动”，具有其特殊价值和作用，如网页、店铺装潢等。本文将这种经营活动称为“宣传活动”，从而区别于商品流通与经营者市场竞争，三者同属于商业经营活动。特此说明。

② 此即“宣传商誉的验证”。

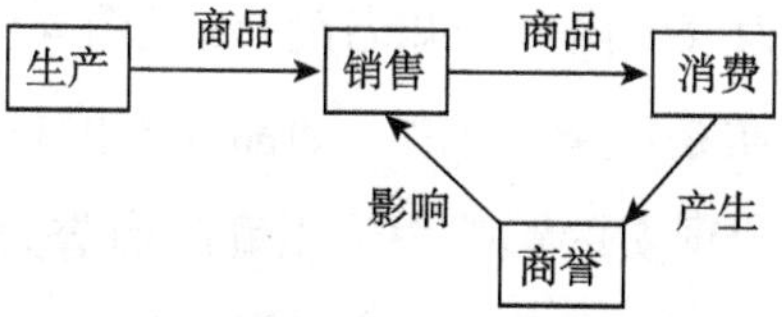

图 2　商品流通与商品商誉关系图

其二，经营者商誉体现为经营者对相关市场的影响力，只能通过“市场竞争”产生，财力和技术条件、经营者的市场份额等是经营者商誉的判断因素（参见图 3）。经营者以其财力和技术参与市场竞争，抢占市场份额并形成对相关市场中其他经营者与消费者的影响力，最终通过商品流通转化为现实的经济利益。然而，由于经营者对商品品质的决定性影响，商标来源识别性极易被误解为商标识别商品经营者的能力。尽管市场竞争的经济利益主要是通过商品流通获取的，但市场竞争还包括技术布局、投资并购、企业合作等同样决定经营者竞争能力的经营活动，且经营者往往并不只有一款商品。因此，经营者商誉包含与其商品相关的信息，但不等于商品商誉，具有独特的法律保护价值。世界知识产权组织曾发布文件指出：“凡在工商业活动中损害或可能损害他人企业的商誉或名声的行为或做法，无论此种行为或做法是否造成混淆，均应构成不正当竞争的行为。”[①]《反不正当竞争法》第 6 条第 2 项明确禁止的便是利用他人商业标识“盗用”他人经营者商誉或竞争优势的不正当竞争行为。然而《反不正当竞争法司法解释》第 4 条第 2 款并未规定关于经营者商誉的判断因素，限制了《反不正当竞争法》第 6 条的保护范围。

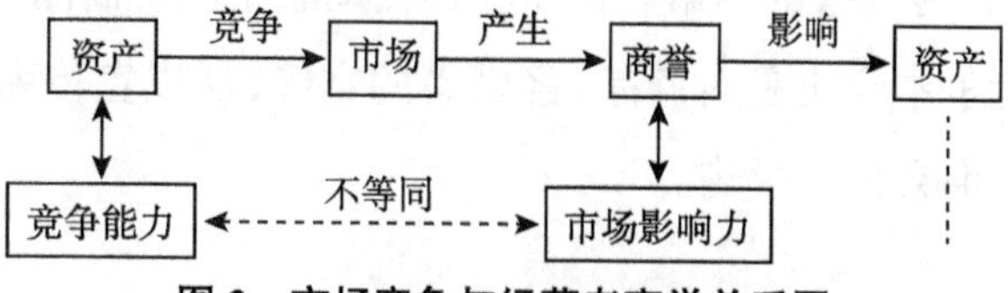

图 3　市场竞争与经营者商誉关系图

其三，宣传商誉指在“市场竞争”和“商品流通”环节之外，为推动企业市场竞争或促进商品消费而开展特定宣传活动所产生的商誉，是商品商誉和经营

---

① 世界知识产权组织：《关于反不正当竞争保护的示范规定：条款和注释》，世界知识产权组织出版社 1997 年版，第 64 页。

者商誉的催化剂，体现为宣传内容的知名度（参见图4）。市场是商誉的生命之源，竞争能力和商品品质是经营者商誉、商品商誉的核心，但若不为市场所认可，二者均不足以转化为现实的影响力。以商品商誉为例，商品消费的规模直接决定着商誉积累的速度，然而受商品流通影响的相关公众仅限于直接消费者（使用人），因此通过宣传活动吸引消费者无疑能够极大地推动商品消费和商誉积累。如广告语“怕上火喝王老吉”让王老吉凉茶家喻户晓、促销活动“蓝色风暴”在全国掀起了百事可乐风暴，均为商品创造了空前的销售纪录。然而，商品商誉取决于相关公众对商品品质的认可度，商品消费数量的提高不等于商品商誉的提高，如广告“今年过节不收礼，收礼只收脑白金”的火爆最终没能转化为商品商誉。但这些宣传活动打造的部分商誉却被保留在了宣传对象之中，无论商品凉茶、可乐、口服液是否通过宣传取得良好的商品商誉，标志“王老吉”“蓝色风暴”“脑白金”无疑享有极高的知名度，并且这种商誉与商品商誉是不同的。所以在“三鹿”奶粉三聚氰胺事件后，“三鹿”商标仍能以730万元在市场中成交。[①] 加多宝公司可以通过广告语“全国销量领先的红罐凉茶改名加多宝”收回原王老吉凉茶的商品商誉。[②] 因此有学者将宣传上为公众所知悉称为“形式化的知名”，而将商品流通而形成的良好的知誉度称为“实质性的知名”。[③] 不可否认，一个标志可以同时承载多个认识客体的商誉，且这些商誉在一定程度上可以被清晰界分。《反不正当竞争法司法解释》第4条第2款所列举的“中国境内相关公众的知悉程度”“宣传的持续时间、程度和地域范围”“标识受保护的情况”均为判断宣传商誉的因素。由于宣传活动总是围绕商品、经营者展开，商品流通与市场竞争本身也是对商品、经营者的宣传，所以宣传商誉与商品商誉、经营者商誉之间也会相互影响。

---

① 《三鹿牌及相关保护性商标整体打包以730万元售出》，载中国政府网，http://www.gov.cn/jrzg/2009-05/12/content_1312042.htm。

② 最高人民法院民事判决书，(2017)最高法民再151号。

③ 刘继峰：《反不正当竞争法中“一定影响”的语义澄清与意义验证》，载《中国法学》2020年第4期。

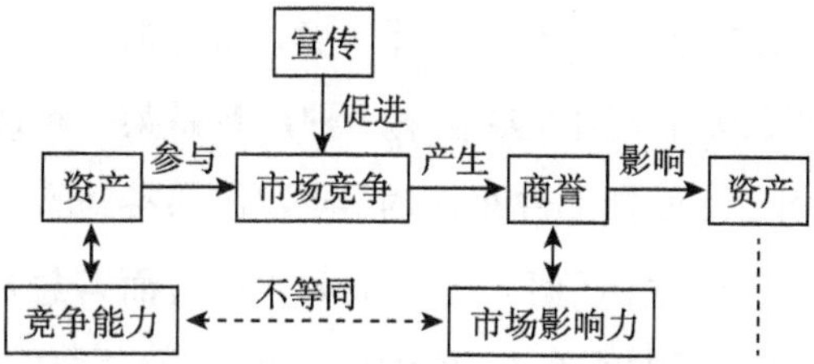

（a）宣传活动对经营者商誉的催化作用

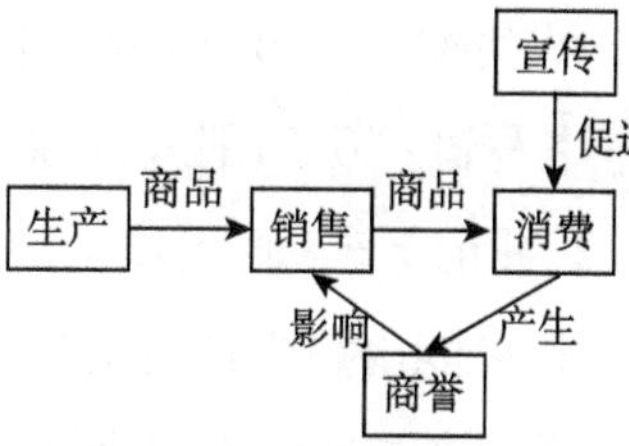

（b）宣传活动对商品商誉的催化作用

图4　宣传活动对市场竞争与商品流通的作用

总之，商誉产生的条件首先是存在认识客体，其次是将认识客体投入市场中与社会大众进行接触，最后在相关公众的认知中产生商誉。然而商誉是缺乏实体且庞杂的，这既不利于商誉的累积，也不便于利用商誉的价值。庆幸的是，人生而为符号的动物。“人类认识的最显著标志之一，在于它是人们借助于语言符号系统而进行的对客体的观念掌握。”① 即使眼前不存在商誉相关的认识客体，符号仍然能够唤起人们脑海中关于该事物的信息。标识就是商誉的感性物质存在形式，对事物及其商誉有一种指称关系。② 因此，商誉的形成总是伴随着商业标识、识别性的产生（参见表2）。

表2　商誉类型及其判断依据

认识客体	经营活动	直接表现
商品	商品流通	市场认可度
经营者	市场竞争	市场影响力
宣传内容	宣传活动	市场知名度

（二）联想理论对商誉与标志联系的构建

人类无法直接通过意识沟通，符号既是人类理解和认识事物的工具，也是信息产生与交流的工具。“一旦出现了社会，所有的用法、习惯都会转化成符号本身”③。为了便于沟通和指称，国家拥有名称、天体拥有代号、自然人拥有姓名，而商品、经营者、宣传内容乃至与之相关的商誉，也不能例外。但知晓名称并不代表知晓名称所指称的事物，认识事物与赋予该事物一个“名称”是两码

① 齐红：《语言符号系统是认识发生的中介》，载《上海交通大学学报（社会科学版）》1995年第1期。
② 夏甄陶：《关于认识的语言符号中介》，载《哲学研究》1994年第6期。
③ 彭学龙：《商标法基本范畴的符号学分析》，载《法学研究》2007年第1期。

事。人生而为符号的动物，但并非生而掌握各种符号。圣·奥古斯丁在《忏悔录》中写道："听到别人指称一件东西，或看到别人随着某一种声音做某一种动作，我便记下来：我记住了这东西叫什么，要指那件东西时，便发出那种声音。"语言只可能由整个社群的成员通过共识产生，任何一个成员对于语言而言总是处于学习者与使用者的地位。① 而商业标识的所有人，他的使命在于为相关公众创造一个商业符号，用能指（标志）来指称所有与之相关的所指（认识客体及其商誉），便于相关公众进行交流和决策。而能指能够在心理上传递对应所指的能力来源于二者之间的联系，这种心理现象被称为"联想"。②

"联想"在生物学上被叫作"条件反射"，"指的是某种动物以感受器所感知的其周围环境的无数动因与有机体一定活动的暂时神经联系"。③ 它主要存在四个发展状态：习得、泛化、分化、消退。如品尝柠檬后唾液腺因受刺激（非条件刺激）分泌大量口水并产生酸涩感受（非条件反应），这是由柠檬汁引起的一种与生俱来的神经联系，即"无条件反射"。随后，当人再次看到柠檬的时候，即使不用品尝也会流口水，并排斥这种水果带来的酸涩感受，亦如"望梅止渴"。将"椭圆粗糙的黄色水果（柠檬）"与"酸涩感受（柠檬汁刺激）"联系的过程被称为"习得"，是条件反射的最初阶段。④"形成条件反射的基本条件，是无关的刺激物与无条件反射同时发生一次或数次"⑤。同时根据主体认知能力的不同，无法被主体区分的相似刺激也会引起条件反射，如"一朝被蛇咬，十年怕井绳""画饼充饥"。这种由相似刺激引起条件反射的现象被称为"泛化"，并且刺激越相似，反射越强烈。⑥ 破解"一朝被蛇咬，十年怕井绳"的方法就在于用"井

---

① See Ferdinand de Saussure, *Course in General Linguistics*, Charles Bally and Albert Sechehaye ed.McGraw-Hill Book Company, 1966, p.9.

② ［瑞士］索绪尔：《普通语言学教程》，高名凯译，商务印书馆 1999 年版，第 32—33 页。

③ ［苏联］巴甫洛夫：《巴甫洛夫选集》，吴生林、贾耕、赵璧如、刘本鉴译，科学出版社 1955 年版，第 169 页。

④ ［美］菲利普·津巴多、罗伯特·约翰逊、安·韦伯：《津巴多普通心理学》（原书第五版），王佳艺译，中国人民大学出版社 2008 年版，第 207 页。

⑤ ［苏联］巴甫洛夫：《巴甫洛夫选集》，吴生林、贾耕、赵璧如、刘本鉴译，科学出版社 1955 年版，第 169 页。

⑥ ［美］菲利普·津巴多、罗伯特·约翰逊、安·韦伯：《津巴多普通心理学》（原书第五版），王佳艺译，中国人民大学出版社 2008 年版，第 209 页。

绳”不断去刺激认识主体使主体习得“井绳不咬人”，或强化“蛇”对主体的刺激，从而使主体将相似的刺激“井绳”与“蛇”区别开来。这种断开相似刺激与条件反射间联系的现象被称为“分化”。[①] 而当条件多次或长期没有发挥作用或得到强化，条件反射便会“消退”。可见，无条件反射是条件反射的基础，条件反射源于条件刺激与无条件刺激之间的关联。

而语言符号的介入使得条件反射更加复杂和有趣。有时即使不喝柠檬汁（无条件刺激）或不看柠檬（条件刺激）也会出现“流口水”的反应，如在汉语中人们将“椭圆粗糙的黄色水果”叫作“ning meng”，在品尝“椭圆粗糙的黄色水果”时往往会将其读作“ning meng”。长此以往，声音“ning meng”便成了“椭圆粗糙的黄色水果”的代表，人们只要提到“ning meng”就会想到“椭圆粗糙的黄色水果”并分泌口水、产生酸涩感受。最终“ning meng”成为“酸涩感受”的代名词，一度引发网友用“柠檬精”来指代“喜欢酸别人、嫉妒别人”的人。将条件反射与无条件反射称为传导性反射与接通性反射，可以使人更加容易理解条件与反应之间的关系，大脑神经可以借助旧的联系形成新的联系。[②] 无条件刺激（喝柠檬汁）能够作为桥梁将条件刺激（看柠檬）与无条件反应（流口水）进行接通，形成条件反射；在此基础上条件刺激（看柠檬）又可以作为桥梁将条件反应（流口水）与新条件刺激（声音 ning meng）进行传导，形成新的条件反射。这就是大脑对新条件刺激（声音 ning meng）、条件刺激（看柠檬）与无条件刺激（喝柠檬汁）的“联想”。因此，巴甫洛夫将人类神经活动划分为第一信号系统与第二信号系统，前者为现实的具体的刺激（如气味、声音和光等），后者为抽象刺激（如语言、文字），语言文字是人类特有的现实的第二信号系统，是第一信号的信号。[③]

本质上，商誉也是认识客体对认识主体的感受器进行刺激的结果，是主体

---

① ［美］菲利普·津巴多、罗伯特·约翰逊、安·韦伯：《津巴多普通心理学》（原书第五版），王佳艺译，中国人民大学出版社 2008 年版，第 209 页。

② ［苏联］巴甫洛夫：《巴甫洛夫选集》，吴生林、贾耕等译，科学出版社 1955 年版，第 118 页。

③ 苏彦捷：《〈条件反射：动物高级神经活动〉导读》，载［俄］巴甫洛夫：《条件反射：动物高级神经活动》，周先庚、荆其诚、李美格译，北京大学出版社 2010 年版，第 1 页。

脑海中关于认识客体的认知和信息。根据联想理论,认识客体(无条件刺激)刺激相关公众的大脑并产生商誉(无条件反应),在开展经营活动的同时用一个特定标志(条件刺激)共同作用于相关公众的大脑,就可以将认识客体作为“桥梁”建立标志与商誉的联系,使相关公众“习得”该标志(条件刺激),产生能够“识别认识客体及其商誉”的商业标识。有学者对此进行了鲜明的描述:能指与认识客体或所指之间不存在确定的一一对应关系,能指不指涉认识客体,相反,它指涉的是认识客体的缺席,以僵死的记号来填充我们对事物的活生生的经验。① 而关于标志与认识客体及其商誉之间的不确定关系,美国海关和专利上诉法院曾指出“字号当然也可以是商标、商号。关键在于,将字号或商号用作商标必须结合个案情形进行判断,并且其前提是字号是商号而不等于商标”②。换言之,字号、商标与商号可以使用完全相同的标志,但字号等于商号而不同于商标,字号和商号都指称经营者及其商誉,而商标指称的是商品及其商誉。

(三)使用方式对识别性发挥的决定作用

商誉是相关公众脑海中关于认识客体的信息,具有无体性,需要借助可感知的标志进行传递。符号的意义就在于构建不可感知所指与可感知能指之间的联系,③ 标志指称商誉的功能则为“识别性”。并且可感知“能指”是全然随意的,④ 这源于符号的“任意性”本质。⑤ 言下之意为,商业标识中的商誉与标志之间存在相对的独立性,⑥ 商誉能与任何可感知的标志组成商业标识,任意标志能同时承载多种商誉形成不同商业标识。前文已论证“商誉产生于认识客体的经营活动而与标志无关”,商誉与标志间的独立性源于商誉源头(认识客体)与标志的独立性,这也是 TRIPS 协议第 21 条规定“商标与该商标所属业务可以不

① 吴琼:《雅克·拉康:阅读你的症状》,中国人民大学出版社 2011 年版,第 334-335 页。

② See Application of Walker Process Equipment, Inc., 233 F.2d 329, p.917.

③ See Ferdinand de Saussure, *Course in General Linguistics*, Charles Bally and Albert Sechehaye ed.McGraw-Hill Book Company, 1966, p.112.

④ 曹意强:《图像与语言的转向——后形式主义、图像学与符号学》,载《新美术》2005 年第 3 期。

⑤ See Ferdinand de Saussure, *Course in General Linguistics*, Charles Bally and Albert Sechehaye ed.McGraw-Hill Book Company, 1966, p.67.

⑥ 《反不正当竞争法》第 11 条亦明确规定商誉的单独保护,与商业标识无关。

同时转让”的原因。[①] 标志只是一个记号，商业标识的差异化不过是差异本身的象征化，差异的是商誉。[②] 然而，无体的商誉与任意的标志均非商业标识可供外在察觉的差异。实际上，商标、网页、姓名等概念首先区分的并非各自的标志或商誉，而是标志的使用方式。以识别对象为区分，商业标识使用分为商品识别性使用、经营者识别性使用与宣传性使用。根据识别对象的不同，经营活动对标志的使用方式亦存在差异，商业标识使用又分为具体的商标性使用、字号性使用、网页性使用、装潢性使用等。使用是商业标识的生命，使用方式既是识别性的产生方式，也是识别性的发挥方式，是商业标识可供识别的外部特征。

首先，标志的使用方式应当迎合认识客体的经营活动。商誉产生于认识客体在经营活动中对认识主体的刺激，标志与商誉的联系产生于标志与认识客体的联想，认识客体的经营活动决定了标志的使用方式，不适当的使用方式无法构建标志与商誉之间的联系。如最高人民法院曾于“辉瑞公司伟哥案”中表示，只是对“伟哥”标志本身的宣传不等于商标性使用。[③] 假如公众都不认为“伟哥”被用作商标，那么“伟哥”便不产生对辉瑞公司商品“万艾可”及其商誉的识别性，更无法发挥识别性。所以《商标法》第 48 条于 2013 年修订时增添了关于“商标性使用”的规定，[④] 被视为商标侵权认定的构成要件之一。[⑤] 我国台湾地区有关商标的规定亦明确“商标之使用应足以使相关消费者认识其为商标”。而《反不正当竞争法司法解释》第 10 条不作区分地将“商业标识使用”解释为“用

---

① TRIPS 协议第 21 条：注册商标的所有权人有权将商标与该商标所属业务同时或不同时转让。

② 吴琼：《雅克·拉康：阅读你的症状》，中国人民大学出版社 2011 年版，第 340 页。

③ 最高人民法院民事判决书，(2009) 民申字第 313 号：“从以上事实可以认定，在当时辉瑞公司或辉瑞制药公司并无将‘伟哥’当作商标使用的意思和行为。他人对该标识所做的相关宣传等行为，由于未反映其将该标识作为商标的真实意思，加之辉瑞公司无使用该标识作为商标的行为，因此，不能认定该标识构成辉瑞公司的未注册商标，更不能认定其构成未注册驰名商标。”

④ 2013 年《商标法》第 48 条规定：“本法所称商标的使用，是指将商标用于商品、商品包装或者容器以及商品交易文书上，或者将商标用于广告宣传、展览以及其他商业活动中，用于识别商品来源的行为。”

⑤ 凌宗亮：《如何审理侵害商标权纠纷案件》，载微信公众号“浦江天平”2022 年 8 月 22 日，https://mp.weixin.qq.com/s/MHwWHuiPR_6D7Pv8HG5xBw。

于识别商品来源的行为”，① 忽视了字号、姓名、域名、网页等商业标识的特殊性。因学界对商标与商品包装装潢的讨论较多，本文以此为例说明。

有不少学者指出，包装装潢实际上是一个未注册商标，② 只要能够区分商品的来源，包装装潢就是未注册商标，③《反不正当竞争法》对包装、装潢的保护是商标法注册商标保护制度的补充。④ 然而，与商标的使用目的不同，商品使用包装装潢的目的在于美化商品、吸引消费者。并且包装装潢设计应当与商品内容一致，⑤ 往往透露出商品原材料、商品特色、商品工艺等信息。借用商标术语来说，包装装潢的“固有显著性”极低。这使浦东新区法院在“农夫山泉案”中认定，商品名称与商品装潢均具有一定影响力，但商品包装不具有一定影响力。⑥ 在现实情况中，由于包装装潢与商标总是被同时用于商品，⑦ 且相同商品的包装装潢设计具有相似性，消费者仅凭商标即可区分商品，并不认为包装装潢是商标。所以商标与包装装潢是截然不同的两个事物。⑧ 包装装潢本质上作用于商品宣传，具有相当知名度的包装装潢拥有独立的保护价值，是使用人应受法律保护的利益。总之，不同商业标识使用及其作用发挥方式应当符合商品流通、经营者市场竞争与宣传活动对标志使用的惯常认知。不同商业标识有其各自独特的定位，以商标性使用界定商业标识使用将导致商业标识保护失衡。

---

① 《反不正当竞争法司法解释》第 10 条规定：“在中国境内将有一定影响的标识用于商品、商品包装或者容器以及商品交易文书上，或者广告宣传、展览以及其他商业活动中，用于识别商品来源的行为，人民法院可以认定为反不正当竞争法第六条规定的‘使用’。”

② 李扬：《“知名商品特有包装装潢法律问题研讨会”在京召开》，载《知识产权》2012 年第 9 期。

③ 李明德：《“知名商品特有包装装潢法律问题研讨会”在京召开》，载《知识产权》2012 年第 9 期。

④ 姚鹤徽：《知名商品特有名称反不正当竞争保护制度辩证与完善——兼评〈反不正当竞争法（修订草案送审稿）〉》，载《法律科学（西北政法大学学报）》2016 年第 3 期。

⑤ 王莲峰：《商标法》（下），北京大学出版社 2019 年版，第 29 页。

⑥ 浦东新区人民法院民事判决书，(2019) 沪 0115 民初 79817 号：“农夫山泉公司‘17.5°’脐橙产品的名称及装潢系反不正当竞争法意义上的有一定影响的商品名称、装潢。但农夫山泉公司‘17.5°’脐橙产品的包装系长方形的普通盒体，并不具有区别于通常包装盒的显著特征，无法发挥识别商品来源的作用，并非反不正当竞争法意义上的有一定影响的包装。”

⑦ 王莲峰：《商标法》（下），北京大学出版社 2019 年版，第 29 页。

⑧ 郑胜利：《“知名商品特有包装装潢法律问题研讨会”在京召开》，载《知识产权》2012 年第 9 期。

其次，由于经营活动的多元化，单一使用方式可以产生标志对多种商誉的识别性，根据标志与商誉的联想方式，商誉存在直接商誉与间接商誉之分。尽管标志的使用方式具有单一性，如商标性使用以识别商品为目的，但经营活动是多元的。商品流通的目的在于通过商品消费积累商品商誉，但它同时也是商品宣传活动与经营者市场竞争的一部分。而商品一旦与经营者联系起来，经营者商誉同样也会影响商品商誉，如宁德时代公司在动力电池领域的技术水平是其全新“A 品牌”电池的品质保障，前三鹿公司奶粉制作工艺问题直接导致旗下奶粉产品退出市场。根据联想理论，使商品相关信息转化为特定经营者商誉的前提是“相关公众知道商品来源于该经营者而非其他经营者”，反之亦然。除在广告中直接表明商品源于特定经营者外，商品或商品包装“产品信息”一栏标注的经营者名称是对相关公众最直接的提醒，[①] 其通常位于商品或商品包装的背面、以区别于商标的不醒目方式被标注。所以在商品流通过程中，商标与商品直接刺激商品商誉的产生，构建了商标与商品商誉的直接联想，商品商誉是商标的直接商誉。但经过在商品上的共同使用，商标与经营者名称之间会通过商品构建起新的联想，使得商标能在一定程度上识别与商品有关的经营者商誉，此为间接联想，与商品有关的经营者商誉是商标的间接商誉。间接联想的本质是两个商业标识的直接联想互为对方的间接联想。而对于经营者名称而言，经营者商誉是直接商誉，与经营者相关的商品商誉是间接商誉（参见图 5）。

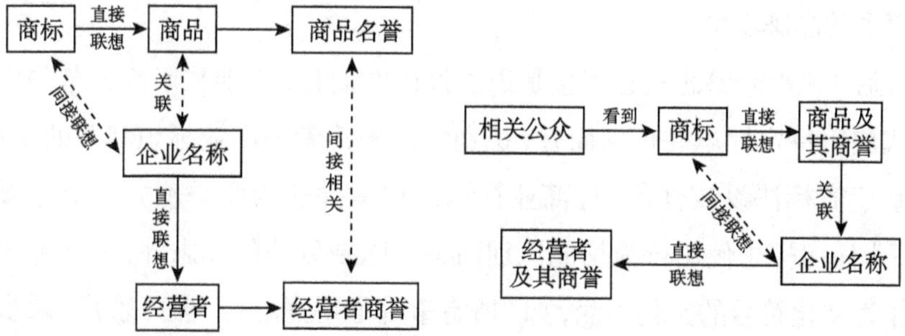

（a）商品上商标与企业名称的联系　　（b）相关公众通过商标对企业名称的联想

图 5　商业标识间接联想原理

---

① 《产品质量法》第 27 条第 1 款第 2 项规定，产品或者其包装上的标识必须真实，并有中文标明的产品名称、生产厂厂名和厂址。

可见，标志不仅能够接收并承载认识客体的信息，也能够向相关公众传递其本就承载的信息。如在汉语中，“四”与“死”同音、“六六八八”与“六六大顺、发财”同义，中国的经营者显然更愿意使用“六六八八”作为自己的商标，而消费者也不愿意购买以“四”为商标的商品。所以使用者才无所不用其极地通过标志向潜在消费者传递自己商品值得向往的品质。① 标志本身就是对商品、经营者最好的宣传，而宣传活动的目的就在于赋予标志一个“好的寓意”。将花、巧克力与浪漫关联在一起本质上也属于“符号”的创造。② 尽管宣传活动的内容总与商品或经营者有关，但其宣称的好品质、科研能力、技术水平等宣传商誉并不能直接转变为商品商誉或经营者商誉，而只能由用于指称商品或经营者的“标志”所承载，形成以宣传内容为核心的商业标识。当该标识被用于商品流通、经营者竞争时，能够暗示相关公众“标识所关联的商品或经营者拥有所宣传的优点”，进而实现对相关公众的吸引。美国联邦最高法院曾指出，商标是商品推销的剪影，它劝说消费者选择自己需要的或被引导着认为自己需要的商品。③ 若宣传商誉与大众对商品、经营者的认知相符，则转化为现实的商品或经营者商誉，或对既有的商品、经营者商誉进行强化；若宣传商誉与大众的认知不符，则标志所承载的宣传商誉会受到否定性评价而丧失。此即“宣传商誉的验证”，但宣传活动赋予标志的知名度始终由标志本身保留，商品流通与市场竞争本身也是一种宣传，商品商誉与经营者商誉也会反哺标志的宣传商誉，如劳斯莱斯雨伞的品牌溢价。

最后，商业标识的核心利益是识别性而非商誉，也即在影响力范围内以特定方式使用特定标志并识别商誉，识别性的构建者为商业标识利益的享有者。但区别于商标法设权性保护，商业标识的构建并非为商誉确立一个专属的标志，并非任何标志使用行为均能识别商誉。除新创作的标志外，任何标志均具有其作为文化符号的文化内涵，如“所有事都值得开心（百事可乐）”“珍贵的马

---

① See Mishawaka Rubber&Woolen Mfg.Co.*v*.S.S.Kresge Co., 316 U.S.203（1942）, p.206.

② ［美］菲利普·津巴多、罗伯特·约翰逊、安·韦伯：《津巴多普通心理学》（原书第五版），王佳艺译，中国人民大学出版社 2008 年版，第 207 页。

③ See Mishawaka Rubber&Woolen Mfg.Co.*v*.S.S.Kresge Co., 316 U.S.203（1942）, p.206.

(宝马)”,是社会文化的结晶,不得以任何方式限制公众对文化符号的使用。同时,一个标志可能被多个经营者用于经营活动,并产生由不同经营者享有的商业标识利益。当标志同时承载有文化内涵以及归属于不同主体的不同商誉时,对标志的使用将无可避免地对他人商誉进行“搭便车”,因此商业标识不适用于设权性保护。

三、商业标识适用《反不正当竞争法》保护之再解读

《反不正当竞争法》商业标识保护并不预先设定绝对的保护范围,而是在损害发生时由司法机关根据实际情况决定是否保护。《反不正当竞争法》第6条明确禁止的“混淆行为”应指“使用他人具有一定影响力的商业标识并引人误认”的不正当竞争行为(仿冒行为),其中“使用”指在经营活动中用于识别商品、识别经营者或内容宣传,而“混淆”只是对“误认结果”的强调。区别于注册商标设权性保护,商业标识不正当竞争判断应以“商业标识利益损害(误认结果)”为前提,以“行为不正当”为判断标准:市场竞争带来的损害不一定是不正当的,但无损害必然无不正当竞争。因此明确商业标识保护范围及其损害原理是调整仿冒行为的前提,这取决于对“一定影响力”和“误认结果”的理解。

(一)一定影响力指有一定范围的识别性

“一定影响力”是《反不正当竞争法》商业标识保护的实质要件,学界对此尚无定论,但通常将其理解为“声誉”或“商誉”。[①] 对此,《反不正当竞争法司法解释》第4条明确规定有一定影响是:具有一定的市场知名度并具有区别商品来源的显著特征,并于第5条沿用了《商标法》第11条与第12条的规定,认为标志的固有显著性等于获得显著性、是商标的基本功能。换言之,《反不正当竞争法司法解释》认为“具有一定影响力的”商业标识就是“具有一定知名度的”商标,将商业标识认定变成完全由法官自由裁量的知名度判断。这与“商业标

---

① 刘丽娟:《确立反假冒为商标保护的第二支柱——〈反不正当竞争法〉第6条之目的解析》,载《知识产权》2018年第2期;李士林:《商业标识的反不正当竞争法规整——兼评〈反不正当竞争法〉第6条》,载《法律科学(西北政法大学学报)》2019年第6期。

识的价值源于商誉积累”的观点一致，来自司法实践中“禁止搭便车”的朴素价值观。[①] 然而，商业标识经符号理论解构后表明，商誉与标志存在相对的独立性，商誉源于认识客体的经营活动，而商业标识的价值来源于识别性的构建。标志与商誉的联系是商业符号产生价值的基础，[②] 识别性具有区别于商誉的价值，是商业标识所承载的核心利益。“识别性”指商业标识在相关公众脑海中引发对特定认识客体及其商誉的联想，具有实际的市场知名度是商业标识发挥识别性的前提，[③] 具有识别性则可以通过识别性的发挥对相关公众在市场中的决策进行影响。在明确识别性并非标志的天然属性之后，一定影响力实际包含“识别性有无”的客观判断与“知名度大小”的主观判断：

其一，具有识别性是商业标识保护的门槛。《反不正当竞争法》第 2 条明确规定，生产经营活动应当遵循“公平、诚信”的原则，遵守“法律和商业道德”。商誉是通过经营活动积累起来的所有关于认识客体的商业信息，是其所有人应受保护的利益。《反不正当竞争法》第 6 条调整的便是借助他人商业标识恶意使用他人商誉的仿冒行为。而具有识别性是商业标识使用人得以因利益损害为由排除他人对标志进行特定使用的前提。识别性作用在于允许相关公众只是通过观察目标客体并将标识（signs）与认识客体已知的质量或特点联系起来作出商业决策，从而降低经营活动中的沟通成本。[④] 作为类型化了的不正当竞争行为，商业标识已经趋近于侵权法上的权益，需要具备“归属效能”、“排除效能”和“社会典型公开性”，[⑤] 为商业标识保护提供基本的“确定性”与“可预见性”。商业标识发挥识别性的同时也是对商业标识归属的宣示，商誉源于认识客体的经营活动，开展经营活动的主体便是商誉与商业标识的所有人。但根据符号学

---

① 周樨平：《商业标识保护中“搭便车”理论的运用——从关键词不正当竞争案件切入》，载《法学》2017 年第 5 期；王莲峰：《论我国商业标识立法的体系化》，载《法学》2007 年第 3 期。

② 张绍杰：《任意符号系统和自然符号系统——索绪尔与韩礼德语言哲学思想探索》，载《东北师大学报》2003 年第 2 期。

③ 孔祥俊：《论新修订〈反不正当竞争法〉的时代精神》，载《东方法学》2018 年第 1 期。

④ See UNCTAD-ICTSD, *Resource Book on TRIPS and Development*, Cambridge University Press, 2005, p.216.

⑤ 于飞：《侵权法中权利与利益的区分方法》，载《法学研究》2011 年第 4 期。因此商业标识保护只能被称为权益或利益，而非权利。

理论，这种确定性与可预见性仅限于商业标识的相关公众，只有相关公众明知该商业标识已为他人在先使用。所以相比于法定权利，商业标识保护仍具有较大的不确定性。①

其二，知名度决定商业标识在何种地域范围内受保护。除新创作的标志外，仅具有识别性的标志应受法律保护，其符号本质决定了识别性只能作用于相关公众，因此商业标识保护仅限于由经营活动决定的相关公众范围。②不知名则无识别，不知名则无影响力，更不驰名。最高人民法院曾指出，商标权的保护强度应与其显著性和知名度相适应，③说的就是商业标识保护应注意相关公众的范围及其对商业标识的认知程度。不应笼统地认定商业标识在多大范围内具有影响力，以及在多大程度上受到保护。④商业标识保护的地域范围与强度应采"个案认定"原则。同时知名度的提升也意味着识别性的强化，商业标识能够识别更多与认识客体相关的商业信息，此即商业标识保护强度与其显著性的适应性问题。这也印证了前文关于获得显著性注册商标的结论，其商标专用权保护应以该商标的知名度范围为限。

（二）误认与淡化是对标识识别性的破坏

《商标法》第 57 条第 2 项关于"混淆可能性"的规定确立了"混淆理论"的地位，但由于混淆与误认在汉语中的意思相仿，在《反不正当竞争法》第 6 条中同时出现的"混淆"与"误认"使得学界对此二者进行混用的情况频发。⑤商业标识识别性遵循符号联想功能的作用机理是相关公众在已知商业标识所指的情

① 孔祥俊：《论新修订〈反不正当竞争法〉的时代精神》，载《东方法学》2018 年第 1 期。

② 如 TRIPS 协议第 16 条第 2 款规定，驰名商标认定取决于相关公众的认知。

③ 最高人民法院民事判决书，(2016) 最高法民再 216 号。

④ 凌宗亮：《商品名称、包装、装潢法律保护的体系化解读》，载微信公众号"中国应用法学"2022 年 5 月 19 日，https://mp.weixin.qq.com/s/rYtg-eiQWWiWXxZO1EQMkQ。

⑤ 广东省深圳市福田区人民法院民事判决书，(2014) 深福法知民初字第 1147 号；邓宏光教授认为，注册商标保护应以"容易导致消费者发生混淆误认"作为其权利的保护边界；王莲峰教授认为《反不正当竞争法》商业标识以"是否容易导致相关公众的混淆或误认存在特定联系"为准。参见邓宏光：《注册商标保护应以"混淆误认"为边界》，载封面新闻百家号 2022 年 1 月 13 日，https://baijiahao.baidu.com/s?id=1721830081069618953&wfr=spider&for=pc；参见王莲峰、刘润涛：《新反法第六条"有一定影响"的理解与适用》，载微信公众号"知产力"2017 年 11 月 29 日，https://mp.weixin.qq.com/s/dTf7bJ4WHX9httUPvmHYSw。

况下，通过比对所指信息（认识客体及其商誉）与目标客体的"一致性"从而找到认识客体。这与注册商标对核定商品与同类商品的区分有所不同，故而应对商业标识误认与商标混淆作不同理解。

从字义上看，"混淆"意为"事物本身的界限模糊"，分不清A与B，如《商标纠纷司法解释》第11条关于商品或服务混淆的理解；[①]"误认"意为"错误认为"，误以为A是B。二者引发的结果均是认知上的错误，但认知的机制完全不同。商标混淆理论认为，商标直接混淆指误认为甲的商品来源于乙，《商标法》第57条第1、2项分别对应的是"推定混淆"与"混淆可能性"。[②]换言之，"混淆"是商标侵权认定标准，而商标相同或相似只是"混淆"的判断因素。但根据《商标纠纷司法解释》第9条与第10条，尽管学界不愿承认商标专用权的客体是注册商标，但所谓混淆认定就是标志的相似性认定，"混淆可能性"本质上也是基于商标相似的推定。所以商标法中的"直接混淆"指的是商品相关公众无法将相同或类似商品上的A标志与B注册商标区分开，进而将A商品与B商品混淆。而"误认"产生的前提是相关公众对商业标识事先存在一定认知，没有"正确认知"的情况下不存在发生"错误认知"的可能。而错误认知的结果便是仿冒客体无法带来与认识客体相同的"体验"，导致符号联想的"消退"。根据知名度的差异，相关公众对商业标识的认知存在"直接联想""间接联想""驰名联想"之分，分别适用"防误认"保护与"反淡化"保护：

其一，商业标识"直接误认"指的是对商业标识"直接联想"的破坏，是与认识客体存在特定联系的错误认识，利用了商业标识的直接商誉，由联想"泛化"所引起。由于D标志与C商业标识过于近似，在相关公众无法区分C与D的情况下，D标志同样能够引起对C认识客体及其商誉的"直接联想"，也即造成了相关公众关于"D仿冒客体就是C认识客体"或"二者存在某种联系"的

---

① 《商标纠纷司法解释》第11条第1款规定："商标法第五十七条第（二）项规定的类似商品，是指在功能、用途、生产部门、销售渠道、消费对象等方面相同，或者相关公众一般认为其存在特定联系、容易造成混淆的商品。"

② 参见北京知识产权法院民事判决书，(2018)京73民终2044号；广东省高级人民法院民事判决书，(2006)粤高法民三终字第91号。

错误认知。[①] 此即直接误认，本质上也属于由标志混淆导致的认知错误，但若就此认为其与注册商标直接混淆相同，便会得出“《反不正当竞争法》商业标识保护均不限于同类商品”[②] 的观点。假设 Christian 是华裔知名企业家，让一位非裔企业家自称 Christian 进行诈骗则会闹笑话。同理，将具有一定影响的香水商标用于家禽饲料，亦不会导致误认。

其二，商业标识“间接误认”指的是利用商业标识的“间接联想”对“间接商誉”产生的错误认知，商标间接混淆本质上属于间接误认。其之所以被称为“间接”，原因在于仿冒行为所使用的标志与所攀附商誉的对应标志不相同、不近似。如深圳中院认为，西科姆株式会社在传感器商品上拥有“secom”商标，深圳世强电讯有限公司将“secom”标志用于网站、宣传册、员工名片、公司门口指示牌等醒目位置，虽不会造成对原被告或二者商品的误认，但可能使相关公众误认为原被告之间存在特定关联。[③] 世强公司的行为属于将“secom”商标用作企业名称的仿冒行为，既不会造成对“secom”传感器的直接误认（认识客体不同），也不会造成对西科姆公司的直接误认（标志不同）。但“secom”标志与西科姆公司通过商品构建的“间接联想”，如“secom”是西科姆公司旗下品牌等关联，会导致相关公众对“secom”仿冒公司与西科姆公司的关联产生误认，足以攀附西科姆公司的经营者商誉。所以“间接误认”不是利用相似标志 E’引起对标识 E 认识客体及商誉的直接误认，而是利用 E 标识造成相关公众对与 E 认识客体关联的“F 商业标识的 F 认识客体及商誉”的间接误认，以 E 商业标识与 F 商业标识的间接联想为前提，同时发挥作用的是 E 标识的间接联想与 F 标识的直接联想。

相较于直接误认，间接误认保护要求 E 商业标识具有更高的知名度并具有间接联想能力，同时间接误认还利用了 F 商业标识的直接联想，这就要求对仿冒标志 E 的使用应当符合 F 商业标识认识客体的经营活动（参见图 6）。如将

---

① C 商业标识的商誉是否受到损害，与 D 标志使用行为的正当性无关，即使 D 客体的品质、竞争能力或宣传投入较 C 认识客体更佳。

② 王莲峰、刘润涛：《新反法第六条“有一定影响”的理解与适用》，载微信公众号“知产力”2017 年 11 月 29 日，https://mp.weixin.qq.com/s/dTf7bJ4WHX9httUPvmHYSw。

③ 深圳市中级人民法院民事判决书，(2008) 深中法民三初字第 424 号。

“secom”用作化妆品公司名称，既不会引起对“secom”传感器商品的直接误认，也不会引起对西科姆公司的直接与间接误认。同理，以不正当手段使用他人企业名称、宣传标识亦可能导致间接误认。如“海底捞”同时是商品标识、经营者标识与宣传标识，河北小放牛公司在宣传中使用“炒菜界的海底捞”被判侵权，[①]但该行为既不会使相关公众对被告商品产生“是原告商品或二者存在关联”的直接误认，也不会使相关公众误以为原被告存在某种联系，但却利用了“海底捞”的宣传商誉。可见，“误认”只限于“同类保护”而无“跨类保护”可能，[②]这意味着商业标识具有一定识别性，但该识别性仍不足以区分标志、认识客体上的细微差异。而“混淆只是联想的一种，即最极端的一种，并不是所有的联想都能导致混淆”。[③]由相同认识客体上的相同标志导致的“误认”就是“混淆”，此时识别性完全无法发挥识别假冒客体的作用，因此假冒商业标识是最恶劣的不正当竞争行为，经营者只能另外采取防伪标志、溯源码等手段来防止假冒。

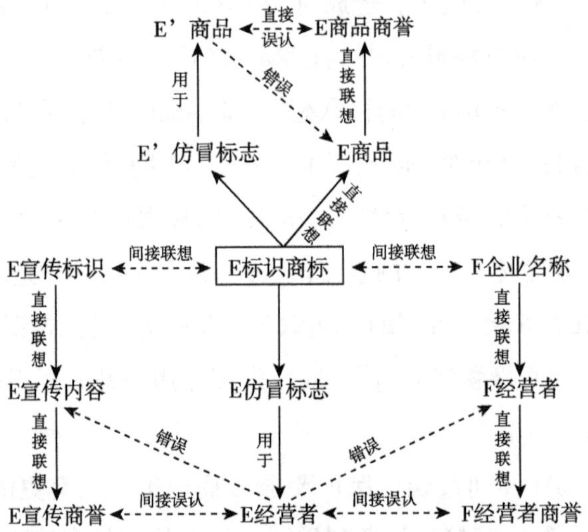

图 6　直接与间接误认原理图——以标识商标为例

① 闫永廉：《“海底捞”诉“小放牛”商标侵权及不正当竞争案宣判》，载微信公众号“京法网事”2022 年 5 月 13 日，https://mp.weixin.qq.com/s/96zDjZOAjKwmcwpfJIzTOQ。

② “同类”指与商品、经营者、宣传内容（认识客体）相关的相同或类似商品类别、行业领域、宣传主题。

③ 黄晖：《商标权利范围的比较研究》，中国社会科学院大学 2000 年博士学位论文，第 45 页。

其三，驰名联想指商业标识及其商誉均已为相关公众所熟知，相关公众能够识别区分类似客体与仿冒标志，不致发生误认，产生联想的“分化”效应。此时商业标识中标志与商誉之间的联想是独一无二的，不容易受相似标志的干扰。所以当商业标识知名度达到“驰名”时，“防误认”保护将转变为针对特殊联想的“反淡化”保护。“淡化”本质上也是构建一个新的“符号”，通过增加驰名标识所承载的商业信息，对属于驰名标识的识别性进行“淡化”。换言之，行为人将与驰名标识相同或相似的标志用于识别其他认识客体，从而构建新的商业符号，对驰名标识的联想进行“人为的泛化”，也即造成驰名标识识别性的“弱化”。而当新商业符号识别与驰名商誉相左的负面、消极信息时，淡化则被称为“丑化”。淡化也是通过符号的任意性本质实现的（参见图 7）。

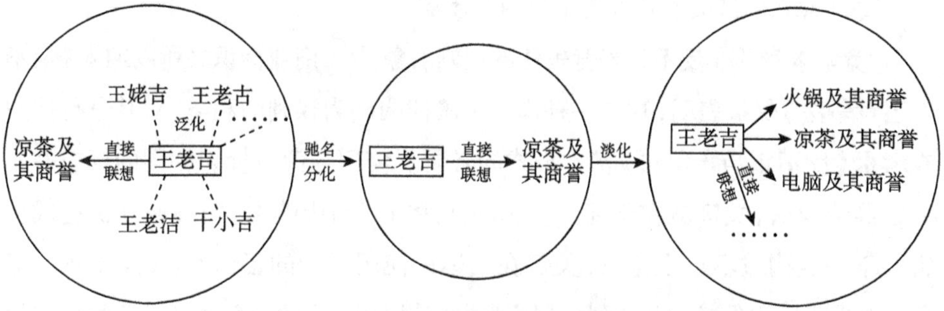

图 7　商业标识淡化原理图

正因为驰名标识具有极强的识别性，反淡化保护不以任何标志混淆、商誉误认为前提。美国 1995 年《联邦商标淡化法》将“淡化”定义为“不以竞争关系、混淆、误认为前提对驰名商标识别能力的减弱”。① 德国《商标法》第 15 条第 3 款规定，关于在全国范围内享有盛誉的商业标识，只要使用行为不正当地损害了该标识的识别性或商誉，就应当被禁止，且不以混淆为前提。② 同时，二者均没有将“反淡化”保护限于竞争关系或同类认识客体，这与 TRIPS 协议第 16 条第 3 款关于驰名商标跨类保护的规定一致。驰名商业标识能够享受跨类的“防误认”与“反淡化”保护。

---

① See Public Law 104–98—JAN.16, 1996, Sec.4.Definition.

② Vgl.Gesetz über den Schutz von Marken und sonstigen Kennzeichen，§ 15(3).

总之,误认与淡化均是针对商业标识识别性(联想)的破坏,目的在于攀附或损害商业标识的商誉,使用并具有识别性是商业标识保护的前提。而注册商标混淆保护仅关注标志本身的相似性,尽管 2013 年商标法新增的“混淆可能性”规定引发了学界关于“商标相似性、商品类似性”与“混淆可能性”间关系的探讨,[①] 但遗憾的是,解决该问题的前提是明晰“固有显著性”与“获得显著性”的差异。在商标法语境中,相同或类似商品中的商标近似或相同均不可能导致对识别性的“混淆”,[②] 就像人不可能失去自己不曾拥有过的东西。商标法为注册商标提供设权性保护,使得在核定商品上关于注册商标使用的任何可能性均由权利人独占。但根据《反不正当竞争法》法益损害中立性的法益观,[③] 对商业标识利益的损害只是认定不正当竞争行为的前提。

(三)商业标识反不正当竞争的判断步骤

“竞争本身并非反不正当竞争法的规制对象。”[④] 商业标识之所以纳入《反不正当竞争法》保护表明,这是一种尚未被法律明确为权利的利益,对其进行保护有考量《反不正当竞争法》基本范式的必要。使用与商业标识相同的标志并不一定导致误认,关键就在于商业标识的使用方式与影响力;对商业标识造成损害并不一定构成不正当竞争,关键在于标识使用行为的正当性。《反不正当竞争法》商业标识保护应以“利益损害”为前提,以“竞争行为不正当”为认定标准,应当极力避免将标志专有化、避免对公共资源利用与市场自由竞争造成阻碍,重视商业标识使用方式、影响力范围和强度、相关公众认知程度等因素对其保护范围的决定性影响。依据前文的论证,本文提出如下商业标识不正当竞争

① 王太平认为,2013 年修法将原本内化于相似性标准的混淆可能性标准成为商标侵权判断标准的独立内容,却并未明确规定相似性与混淆可能性之间的关系;姚鹤徽认为,相似性为前置性要件,混淆可能性为结果性要件;张今认为,将混淆确立为商标侵权的判断标准,厘清了相似性与混淆可能性的关系。参见王太平:《商标侵权的判断标准:相似性与混淆可能性之关系》,载《法学研究》2014 年第 6 期;姚鹤徽:《论商标侵权判定的混淆标准——对我国〈商标法〉第 57 条第 2 项的解释》,载《法学家》2015 年第 6 期;张今:《商标法第三次修改的几个重大问题解读》,载《中华商标》2013 年第 1 期。

② 《商标纠纷司法解释》第 9 条、第 10 条实际上已经将“识别性保护(混淆标准)”隐含在“相似性判断”中。

③ 孔祥俊:《论反不正当竞争的基本范式》,载《法学家》2018 年第 1 期。

④ 最高人民法院民事判决书,(2020)最高法民再 133 号。

判断规则：

1. 是否存在具有识别性的商业标识；

2. 确定涉案商业标识的影响力范围；

3. 被诉行为是否实际损害商业标识利益；

4. 被诉行为是否缺乏正当性。

四、结语

商标使用与注册取得制存在难以逾越的鸿沟，对使用因素的考量必然会动摇注册商标保护的根基。在缺乏法律支撑的情况下，商标法保护随着理论与司法解释不断扩张，乃至为人们描绘出足以吞并《反不正当竞争法》商业标识保护的幻象。超出商标专用权的商誉保护是商标法无法承受之重，应是为商标法减负的主要对象。符号理论清晰阐释了商业标识的本质、构建方式、作用发挥以及损害机制，用“显微镜”洞悉一直为迷雾笼罩的商业标识，拓展了人们关于“识别性”“商誉”的认知。本文以探析商业标识为主线，无法就期间指出的商标法与《反不正当竞争法司法解释》问题一一作答。但在明确注册商标与商业标识的差异之后，《商标法》与《反不正当竞争法》关于商业标识保护的协调还有很长的路要走。谨以此文抛砖引玉，以期引起对商标专用权客体与商业标识本质的关注。

系统论视域下小额诉讼程序的困境突围与价值重塑

胡天昊 *

摘要：我国对小额诉讼程序的探索与改革始终以程序操控者为基点，以解决人案矛盾为指引，而欠缺对民事诉讼系统整体性和层次性的考量。小额诉讼程序适用困境的破解不能只倚赖立法提高标的限额和引入合意适用型，对小额诉讼程序本身的结构性矛盾和价值目标设置失当的有效回应才是根治该程序固有顽疾，舒缓法官和当事人内心顾虑之良药。依据系统论原理，首先宜将程序的价值目标重新定位为以“便民”促“分流”，将目标指向由法院的“适用率”转向当事人的“认同度”。基于系统开放性、关联性和封闭性原理，通过强化科技嵌入，凸显程序的简易性与便利性；引入非诉调解前置主义，实现诉、调子系统的衔接；坚持“一审终审＋申请再审”的救济机制，以期突围小额诉讼程序的适用困境。

关键词：小额诉讼程序　一般系统论　繁简分流　诉源治理　一审终审

一、引言

从 20 世纪 20 年代贝塔朗菲提出一般系统论，到 20 世纪 70 年代前后发展为生态系统论，再到当代复杂系统理论，系统理论的发展与延伸有着丰富的内涵与启发。[①] 在一般系统论视角下，系统的动态性决定了任何系统在发展过程中都会朝复杂化发展的趋势，[②] 民事诉讼作为民事纠纷解决机制系统的子系统，同

* 胡天昊，华东政法大学诉讼法学专业硕士研究生。

① 胡学军：《系统论视角下“案多人少”的应对之道》，载《法治研究》2022 年第 3 期。

② 胡学军：《一般系统论视角下民事诉讼的系统特征》，载《理论月刊》2007 年第 2 期。

样适用这一原理。我国增设小额诉讼程序不仅是对“案多人少”矛盾的回应，[①]也是民事诉讼系统自身动态性、层次性和结构性的表现。但自小额诉讼程序进入我国民事诉讼法以来，在司法实践中长期遇冷。随后的司法改革的顶层设计将“完善小额诉讼程序”作为民事诉讼程序繁简分流改革试点工作（以下简称“试点”）[②]的一项重要内容，以助推民事诉讼制度再变革。但由于“试点”的时间不长，尤其是本由最高人民法院主导的“试点”又在自我评估下得出积极结论，很可能会存在“霍桑效应”[③]。[④]

2021年末，我国完成了对1991年颁行的《民事诉讼法》的第四次修订工作，本次修订的主要目的是将“试点”经验纳入立法轨道，但其可否解决小额诉讼程序的“适用困境”？是否有助于化解“案多人少”这一司法痛点？这都将引起我们对于小额诉讼程序前景的深思。试点方案对小额诉讼程序调整幅度不大，改革成效不太明显，相应地，2021年《民事诉讼法》修订条款变动亦较少[⑤]，这或许反映出改革还未找到小额诉讼程序的最佳发展方向。[⑥]一方面，新增4条法律条文，使小额诉讼程序操作具体化。具言之，规定小额诉讼程序的负面适用清单；简化程序的审理方式，倡导性规定法院“一次开庭审结并且当庭宣判”；强制性规定审理期限（2个月）以及规定程序转化机制和当事人程序异议权。另一方面，完善该程序的适用范围和方式：大幅度提高适用案件标的额

① 小额诉讼程序的创设是一项自下而上的立法活动。我国对小额诉讼的改革探索始于1996年至2010年部分基层人民法院自发的小额案件“速裁”机制试点，此类探索的背景是民事经济案件数量持续快速增长，导致法院审判工作面临“案多人少”的人案矛盾。地方的改革探索迅速引起了最高人民法院的关注。参见王德新：《小额诉讼的功能定位与程序保障》，载《江西社会科学》2022年第1期。

② 2020年1月，最高人民法院根据全国人大常委会于2019年12月作出的《关于授权最高人民法院在部分地区开展民事诉讼程序繁简分流改革试点工作的决定》印发了《民事诉讼程序繁简分流改革试点方案》（法〔2020〕10号）和《民事诉讼程序繁简分流改革试点实施办法》（法〔2020〕11号），此后组织了15个省（区、市）20个城市的105家法院开展民事诉讼程序繁简分流改革试点工作，通过《民事诉讼程序繁简分流改革试点实施办法》具化了“完善小额诉讼程序”这一抽象议题。

③ 霍桑效应（Hawthorne Effect），又被称作为“被试效应”，是指20世纪二三十年代美国研究人员在芝加哥西方电力公司霍桑工厂进行的工作条件、社会因素和生产效益关系实验中发现了实验者效应。所谓“被试效应”是指“由于实验对象对其被试身份的认知及态度而产生的实验偏差”。

④ 胡学军：《系统论视角下“案多人少”的应对之道》，载《法治研究》2022年第3期。

⑤ 对小额诉讼程序的规定从原来的1个条文增加为5个条文，即《民事诉讼法》第165-169条。

⑥ 左卫民、靳栋：《民事简易程序改革实证研究》，载《中国法律评论》2022年第2期。

上限；正式确立了合意适用模式。至此，形成了法定适用型小额诉讼程序（以下简称“法定适用型”）和合意适用型小额诉讼程序（以下简称“合意适用型”）[①]并行的二元适用模式。拓宽小额诉讼程序的适用范围客观上可能使更多的简单金钱给付民事案件适用该程序；赋予程序利用者以程序选择权可以避免对其造成程序上的不利益。然而，本次“试点”和修法对程序利用者的关照和程序价值目标的反思仍然不够；此外，企图通过小额诉讼程序解决“案多人少”是不现实的，因为人案矛盾的解决需要具备系统视角，尤其需要注重民事诉讼制度内部各程序群及民事诉讼与其他纠纷解决方式之间的相互关联。

从系统论视域来看，民事纠纷解决机制本身就是一个复杂的生态系统，而小额诉讼程序仅为其中的一个子系统。遗憾的是，在我国法学研究领域，系统理论较少被作为方法论加以使用。“法定适用型”适用率低迷等深层析问题尚未被解决，“合意适用型”也难达到预期。系统思维的成功应用将会使我们具有处理小额诉讼程序的适用困境中的复杂和动态变化的能力。[②]有鉴于此，本文以一般系统论为视角研究这一子系统内部出现的包括适用困境、价值目标和程序设计等在内的“运行危机”。

二、小额诉讼程序的“适用困境”及其成因剖析

我国对小额诉讼程序的探索与改革仍未终结。如果说“法定适用型”在司法实践中不受程序主宰者和利用者待见，那么“合意适用型”自然不会被程序利用者所接纳。这或许恰恰能够反映小额诉讼程序的困境突围并不能倚赖标的限额的提高和“合意适用型”的引入，对该程序或者说“法定适用型”存在的固

---

① 法定适用，又称“强制适用”，是指对诉讼到法院的民事案件，只要其符合法律规定的条件，法官就应当依职权主动适用小额程序进行审理，法官在适用该程序时无须经由原告申请也不需要征得被告的同意，当事人对适用小额诉讼程序提出异议后，除非经法院审查后认为异议成立，否则不能产生转换适用简易程序或者普通程序的效果。合意适用，又称“选择适用”，是指对于那些虽然请求给付金额超过法定小额案件标准，但本质上仍属于简单民事案件的，在一定金额限度内，允许当事人以协议的方式，选择适用小额程序。参见李浩：《繁简分流改革视域下完善小额诉讼程序研究——以 N 市与 S 市试点法院为重点》，载《当代法学》2021 年第 4 期。

② 林益：《一般系统论研究的过去、现在和未来（上）》，载《空军工程大学学报（自然科学版）》2001 年第 6 期。

有问题的有效回应才是根治小额诉讼程序固有顽疾，舒缓程序主宰者和利用者内心顾虑之良药，亦是本文探讨的主要问题。

（一）小额诉讼程序的"适用困境"

2012年《民事诉讼法》实施以来，小额诉讼程序的适用模式为强制（法定）适用，但所谓"强制"（法定标的额以下的小额案件强制适用该程序）只不过是"纸老虎"罢了。2014—2018年（"试点"前），学者们做的大量的实证研究结果显示小额诉讼程序的司法实践不尽如人意，①难以实现分流之效。即便数据可能存在偏差②，但仍无法动摇适用率低这一不争的事实。此外，即便适用该程序后，还可能存在程序不当转换和调撤比例过高等问题。本文将适用小额诉讼程序前、后存在的诸多问题统称为小额诉讼程序的"适用困境"。

---

① 据广东省高级人民法院的统计，2013年度广东省各基层法院适用小额诉讼程序审理的案件占同期受理民事案件总数的3.71%。参见廖万春等：《完善小额诉讼制度 规范程序救济途径——广东高院关于小额诉讼制度实施情况的调研报告》，载《人民法院报》2014年5月8日，第8版。重庆市六个基层法院的调研成果显示，2013年这六个基层法院适用小额诉讼制度审结的案件数量仅占适用简易程序审结案件数量的2.14%。参见唐力、谷佳杰：《小额诉讼的实证分析》，载《国家检察官学院学报》2014年第2期。2013年重庆法院以小额诉讼立案仅占民商事案件总量的5.23%，也仅占标的金额符合小额诉讼条件案件的6.98%。参见白昌前：《小额诉讼程序适用的现实困境及应对——以重庆法院为例》，载《西南政法大学学报》2015年第1期。据重庆市渝中区人民法院统计，2014年以小额诉讼程序结案的案件仅占民商事案件的6%。参见张乐跃：《小额诉讼程序适用的问题与对策》，载《人民法院报》2015年5月6日，第8版。据北京市顺义区人民法院的统计，2013-2015年北京市各法院小额诉讼程序的年平均适用率为12.5%。参见陆俊芳、牛佳雯、熊要先：《我国小额诉讼制度运行的困境与出路——以北京市基层法院的审判实践为蓝本》，载《法律适用》2016年第3期。针对J省八十个基层法院的调研数据显示，2013年至2016年全省基层法院适用小额诉讼程序审理的民事案件占年度一审案件总数的比例分别为0.51%、0.65%、3.33%、9.01%。参见李晓倩：《论小额诉讼制度适用的优化》，载《江汉论坛》2018年第6期。据辽宁省高级人民法院的统计，2016年度辽宁省各基层法院适用小额诉讼程序审理的案件占同期受理民事案件总数的5.08%。参见赵英伟等：《规范小额诉讼制度 彰显一审终审价值——辽宁高院关于小额诉讼程序适用的调研报告》，载《人民法院报》2017年11月23日，第8版。据四川省高级人民法院统计，新修改的《民事诉讼法》实施4年来全省各基层法院适用小额诉讼程序审结案件仅占同期基层法院审结一审民事案件总数的0.87%。参见王海萍：《适当扩大小额诉讼制度适用范围》，载《人民法院报》2017年8月19日，第5版。针对N省七个基层法院的调研成果显示，仅有两个法院受理的小额诉讼案件超过800件，大部分在5件以下，有两个法院从未受理过。参见王琦：《小额诉讼程序立法效果评价及前景分析》，载《法学杂志》2017年第12期。2013年1月1日至2018年年底，通过大数据检索，小额诉讼的适用率一直在3%以下。参见方颖：《福利型小额诉讼的渐进式扩张研究——以"诉源分流"为切入点》，载《法律适用》2020年第9期。

② 存在部分案件虽已审结但其裁判文书未能及时上网或相关裁判文书属于依法不公开的情况，故全国法院审结的案件数量可能与已上网公开的裁判文书所涉案件数量有一定出入。

小额诉讼程序的“适用困境”仍未被破解。2019年印发的《最高人民法院关于深化人民法院司法体制综合配套改革的意见——人民法院第五个五年改革纲要（2019—2023）》（法发〔2019〕8号）① 和“试点”始终围绕“积极完善小额诉讼程序”这一议题并务实地探寻促进该程序依法适用的策略。《民事诉讼程序繁简分流改革试点实施办法》（法〔2020〕11号，以下简称《实施办法》）除提高“法定适用型”的案涉标的额标准外，还确立了二元适用模式。至此，高级人民法院以规范性文件为载体，② 最高人民法院以全国性司法文件作为载体，在法典之外，超越比较法经验，在规范层面跃进式地对小额诉讼程序的合意适用范围予以扩张，③ 意欲通过当事人的合意机制来保障当事人的程序选择权和提高小额诉讼程序的整体适用率。“试点”期间，从学者的调研数据来看，小额诉讼程序的整体适用率（涵盖了合意适用率）有所提高④，同比上升了近6–8个百分点；全国看来，试点法院的小额诉讼程序的整体（平均）适用率从5.7%上升至19.3%，⑤ 处于王亚新教授提出的合理比率区间（10%–30%），⑥ 似乎改变了小额诉讼程序的“休眠”状态，但仍不及当初设想的30%，⑦ 更遑论实现程序的价值目标。在整体适用率达不到预期的情况下，“合意适用型”的效果或者说适用率只会让人大跌眼镜。“在改革试点中，当事人对合意适用的反应相当冷淡，司法

---

① 《最高人民法院关于深化人民法院司法体制综合配套改革的意见——人民法院第五个五年改革纲要（2019—2023）》第41条载明了“探索扩大小额诉讼程序适用范围”。

② 事实上，早于2016年，上海市、江苏省、浙江省和四川省等高级人民法院制定内部规则中亦不乏出现有关“合意适用型”的规定。虽然相关文件违反法律规定，其效力是不被认可的，但从司法实践需要的层面看，又具有积极的现实意义。参见谢鹏远：《我国地方法院小额诉讼程序设计差异性考察》，载《中国社会科学院研究生院学报》2014年第5期。

③ 刘加良：《小额诉讼程序适用的改进逻辑》，载《法学论坛》2020年第1期。

④ N市十三个基层法院法定适用率从改革试点前（2019年）的13.66%上升至2020年的20%；S市十个基层法院法定适用率从改革试点前（2019年）的10.61%上升至2020年的18.56%。参见李浩：《繁简分流改革视域下完善小额诉讼程序研究——以N市与S市试点法院为重点》，载《当代法学》2021年第4期。

⑤ 周强：《最高人民法院关于民事诉讼程序繁简分流改革试点情况的中期报告》，载《人民法院报》2021年3月1日，第1版。

⑥ 王亚新：《民事司法实务中适用小额程序的若干问题》，载《法律适用》2013年第5期。

⑦ 2012年杜万华（时任最高人民法院审判委员会专职委员）曾预估：“全国法院小额诉讼案件将占到全部民事案件的30%左右。”参见谢勇：《要认真做好小额诉讼实施准备工作》，载《人民法院报》2012年10月9日，第1版。

实务中很少出现合意适用的情形。”[①] 在诉讼实务中，双方当事人能够达成合意适用小额诉讼程序的情形极为罕见，这在2011年小额速裁试点工作（以下简称“2011年试点”）[②] 和“试点”[③] 中皆可瞥见。

为何在小额诉讼程序正式入法和“试点”这两个时间节点后，小额诉讼程序始终未形成自运转的体系？既有的“法定适用型”适用率低迷等深层次问题尚未被解决，又怎能苛责程序利用者没有主动选择“合意适用型”？数据的提升主要是靠法院领导的高度关注和强力推动。相似的情况也曾出现在“2011年试点”。出于业绩宣传的考量，试点法院普遍将小额诉讼程序推广适用与业绩评价直接对合，营造出程序的“繁荣表象”，故无法保证“试点”结束后程序适用率能维持在一个较高的水平。[④] 质言之，小额诉讼程序的固有顽疾未被治愈，更无须提“合意适用型”的“司法盛况”。

（二）“适用困境”的成因剖析

在剖析整体适用率低的成因时，“合意适用型”的“贡献”几乎可以忽略不计。因为两类适用模式“立法热、司法冷”的怪象都可以归咎于小额诉讼程序本身的结构性矛盾和价值目标设置的失当。原来的程序设计难以得到程序主宰

① 李浩：《繁简分流改革视域下完善小额诉讼程序研究——以N市与S市试点法院为重点》，载《当代法学》2021年第4期。

② 当事人选择适用小额诉讼程序的比例较低。上海4家试点法院前三个月，选择比例为22.5%。参见全国人大常委会法制工作委员会民法室编：《民事诉讼法立法背景与观点全集》，法律出版社2012年版，第98页。自2011年5月1日开展试点以来，湖北省4家小额速裁试点基层法院共受理一审民事案件12423件，其中符合小额速裁受理条件案件3356件，当事人选择适用小额速裁案件694件，占比20.68%。其中，标的额1万元以下的549件，1万元至5万元的145件，5万元以上的0件。参见胡新桥：《湖北仅两成符合条件案小额速裁法官建议：赋予法院小额速裁程序启动权》，载《法制日报》2012年5月7日，第5版。

③ 以J省两地法院为例，在2020年N市和S市合意适用小额诉讼程序的案件分别仅占全部适用小额诉讼程序案件数的2.92%和3.13%。参见李浩：《繁简分流改革视域下完善小额诉讼程序研究——以N市与S市试点法院为重点》，载《当代法学》2021年第4期。

④ 为配合《民事诉讼法》的修改，2011年4月最高人民法院在13个省、直辖市的部分法院进行过小额速裁改革试点，改革也取得良好的成绩，成为2012年立法机关增加小额诉讼规定的实践依据。但出乎人们意料的是，《民事诉讼法》（2012年）实施后小额程序的适用状况与改革试点期间相对照竟然呈现天壤之别。参见李浩：《繁简分流改革视域下完善小额诉讼程序研究——以N市与S市试点法院为重点》，载《当代法学》2021年第4期；严仁群：《小额诉讼程序移植困境之省思》，载《江苏行政学院学报》2015年第3期。

者、程序利用者和当事人诉讼行为能力的补强主体的青睐,2021年《民事诉讼法》存在的修法缺憾甚至加剧了法官不敢用、当事人不愿用的问题。

1. 程序本身的结构性矛盾

首先,小额诉讼程序“一审终审”的特性可能让人“望而却步”。从小额诉讼程序救济渠道的角度来看,“一审终审”的程序设置使程序主宰者和利用者对该程序的适用可能持消极、谨慎态度。

小额诉讼程序减轻了二审法院的审判压力,但与此同时增加了基层法院的审判风险。具言之,单一审级虽能够避免一审判决被撤销、被改判,但由于小额诉讼程序没有常规救济途径亦即上诉的缺失,以及内部绩效考核的重压,年轻法官常常对小额诉讼程序持观望态度,用惯了简易程序和普通程序的年纪稍大的法官则不愿打破常规。[①] 这也是基层法官乐忠于促使当事人和解、调解和撤诉以回避判决的缘由之一。

程序利用者对“法定适用型”避而远之,更谈何主动选择“合意适用型”?广东省高级人民法院调研显示:近69.23%的普通网民对小额诉讼程序一无所知,31.21%的诉讼当事人明确表示不能接受1.5万元以下的金钱给付类案件法定适用小额诉讼程序;[②] 从北京市基层法院调研结果来看,被告知小额诉讼实行一审终审后,受访的原告中有62%表示不愿意适用,理由是相对于程序的便捷性,其更多考虑的是裁判的公正性。[③] 可知,当事人不愿、不敢适用小额诉讼程序除了对程序缺乏了解,更多的是顾虑单一审级下的审判质量。换言之,常规救济途径的缺乏使当事人对小额诉讼程序的公正性持观望态度。“法定适用型”实务中,作为程序主体的当事人为保障程序救济权贸然违反诚实信用原则,在诉讼中滥用权利以阻碍甚至架空“法定适用型”的情形已屡见不鲜:原告诉前有意虚增诉讼请求的数额或非财产类诉讼请求;被告诉后行使程序异议权以

---

① 石春雷:《小额诉讼程序的分流困境及其破解》,载《北方法学》2021年第6期。

② 廖万春:《完善小额诉讼制度 规范程序救济途径——广东高院关于小额诉讼制度实施情况的调研报告》,载《人民法院报》2014年5月8日,第8版。

③ 陆俊芳、牛佳雯、熊要先:《我国小额诉讼制度运行的困境与出路——以北京市基层法院的审判实践为蓝本》,载《法律适用》2016年第3期。

规避“法定适用型”。这也能够间接解释司法实务中为何较少出现合意适用的情形了。此外，作为当事人诉讼行为能力的补强主体对小额诉讼程序持排斥态度，尤以律师和基层法律服务工作者为代表。为了潜在的二审代理费，其有意促使符合法定适用条件的小额案件远离小额诉讼程序，更谈何合意适用。这也就间接影响被代理人对小额诉讼程序的理解和认可度。

其次，对小额诉讼程序的“强制适用”难免使人“畏手畏脚”。有学者对部分法院的调研数据显示，出于再审或信访的压力，超过3/4的基层法官会或可能会放弃对一些符合条件的简单金钱给付民事案件适用小额诉讼程序。① 据笔者了解这种情况在全国也较为普遍。当事人能够采取上述手段规避“法定适用型”，为何法官亦能规避应当适用的情形且毫无后果？

对“法定适用型”不当转化之法律后果的规定付之阙如以及二审法院的监督缺位或许能够解答上述疑问。2017年《民事诉讼法》虽然没有规定程序转化机制，但《最高人民法院关于适用〈中华人民共和国民事诉讼法〉的解释》（法释〔2020〕20号）第281条载明当事人享有程序异议权；作为“简易程序中的小额诉讼”可以适用简易程序的规定，2017年《民事诉讼法》第163条又规定了基层法官享有程序转化的自由裁量权。这两方面规定致使所谓的“强制适用”仅停留在立案阶段。而2021年《民事诉讼法》第169条直接规定了当事人的异议权和程序转化机制，这可能会加剧程序不当转化之势，再度架空小额诉讼程序。此外，作为程序监督者的二审法院长期不作为，近乎使“法定适用型”的适用失去了审判监督。具言之，二审法院对基层法院应当适用而不适用“法定适用型”的情形视而不见抑或熟视无睹，使该情形未得到诸如发回重审等的否定性评价。②

最后，小额诉讼程序立法上的“程序规则”亦缺乏“比较优势”。小额诉讼程序规则“简而不简”。2021年《民事诉讼法》未实现小额诉讼程序与简易程序的分立，小额诉讼程序内嵌于简易程序，未独立成“章”。新增的条文杯水车

---

① 唐力、谷佳杰：《小额诉讼的实证分析》，载《国家检察官学院学报》2014年第2期。

② 刘加良：《小额诉讼程序适用的改进逻辑》，载《法学论坛》2020年第1期。

薪,未能凸显小额诉讼程序相较于简易程序的独立特征,即简化的程序规则。换言之,程序高度混同的问题始终存在。虽然 2021 年《民事诉讼法》在一定程度上对小额诉讼程序削繁就简,试图脱离简易程序的束缚,但除审级规定和适用范围之外,两个程序最大的区别在于审限和是否“一次开庭审结并且当庭宣判”。这样的程序设计实则不容乐观。

小额诉讼程序作为诉讼机制的子程序,其特征就是更注重公正,而不可能有比较效率优势。① 压缩审限和“一次开庭审结并且当庭宣判”以进一步提升效率可能存在难度,甚至引发新的矛盾。具言之,一方面,缩短审限的可行性有待检验。3 个月的审限规定早已饱受诟病。有学者认为过短的审理期限(3 个月)不利于对案情较复杂之案件事实的查明,② 但 2021 年《民事诉讼法》却在此基础上减少了 1 个月的审限。实际上,试点法院是通过自我加压的方式提升了审判速度。实务中送达环节就可能耗费一大半的审限,③ 但难以想象的是,“试点”中适用小额诉讼程序审结的案件的平均审理期限却近乎是适用简易程序审结的案件的一半。④ 这可能造成两种后果:其一,案件审理不尽或审理遗漏直接影响审判质量;⑤ 其二,加剧基层法官对小额诉讼程序的抵触心理,使该程序再度被打回“冷宫”。另一方面,诸如“一次开庭审结并且当庭宣判”这种简化审判环节的做法不仅平添了法官审理案件的压力,让法官在单位时间内承受更大的审判压力,也无法让当事人感受到小额诉讼程序对简案的速裁和便民效果。简化审判环节就是在控制诉讼行为时间,而有研究表明,“等待时间”占比超过七成,“诉讼行为时间”只占三成左右。简言之,减少“诉讼行为时间”并不会对审判

---

① 胡学军:《系统论视角下“案多人少”的应对之道》,载《法治研究》2022 年第 3 期。

② 肖建国、刘东:《小额诉讼适用案件类型的思考》,载《法律适用》2015 年第 5 期。

③ 廖万春:《完善小额诉讼制度 规范程序救济途径——广东高院关于小额诉讼制度实施情况的调研报告》,载《人民法院报》2014 年 5 月 8 日,第 8 版。

④ 李浩:《繁简分流改革视域下完善小额诉讼程序研究——以 N 市与 S 市试点法院为重点》,载《当代法学》2021 年第 4 期。

⑤ 林剑锋:《论我国小额诉讼中“一次开庭审结”的实现》,载《法治研究》2022 年第 3 期。

周期造成明显影响，[①]那么当事人自然也无法感受到高效和便利，最后可谓“两头吃力不讨好”。

“便民利民”的具体程序操作的阙如是小额诉讼程序尤其是“合意适用型”不受当事人待见的首要原因。双方当事人都对纠纷的解决持有同样兴趣的情况比较少见，通常由感到自己权利受到侵害的一方当事人主动采取要求救济的行为而开始的纠纷解决过程，往往意味着一方当事人的权利实现和另一方的义务履行。[②]在程序设计具有“便民利民”的比较优势时，预期能够获得利益一方可能是愿意适用小额诉讼程序的，但对丧失利益一方是相反的，因为适用该程序除了在相对短的时间内履行义务似乎没有其他益处。事实上，我国小额诉讼程序目前不具备“便民利民”以及“效率”的比较优势；况且，在法律实务中即便是简案也难保绝对稳赢，所以面对一审终审的“一锤子买卖”连所谓的“利益获得方”鉴于潜风险的存在也会望而却步，更别提被告了。这也就能够解释小额诉讼程序为何得不到“利益获得方”的青睐以及“合意适用型”的稀缺性了。

2. 程序价值目标设置的失当

失当的立法目的更会实质性地决定立法的质量，因为它会使立法偏离应有的方向。[③]“适用困境”之根源在于失当的价值目标，上述的结构性矛盾也只是其产物。在我国，小额诉讼程序的价值目标经历了从“分流司法压力”向形式上“多元价值目的和复合功能”的转变，实际上无视对程序利用者的激励效果。回顾中国早期关注小额诉讼程序的社会背景，法院对追求诉讼效率的要求异常迫切，形式上小额诉讼程序的出现是为了适应司法改革和法治建设的需要，为

---

① “审判周期＝诉讼行为时间（法院诉讼行为时间＋当事人独立诉讼行为时间）＋等待时间”。其中“法院诉讼行为时间”包括立案庭的立案时间、书记员负责的送达耗费时间、办公室的排期开庭耗费时间、审查卷宗、询问及举证指导、开庭及宣判、诉讼调解、调查取证、合议庭评议、撰写法律文书等工作时间，这一阶段在审判周期中占比为2.36%；“当事人独立诉讼行为时间”是指答辩时间和调查取证时间，这一阶段在审判周期中占比为27.54%；“等待时间”为上述诉讼行为时间之外的时间，在审判周期中占比为70.1%。参见庞小菊：《审判周期构成理论引导下的审判迅速化》，载《法商研究》2018年第1期；左卫民、靳栋：《民事简易程序改革实证研究》，载《中国法律评论》2022年第2期。

② ［日］棚濑孝雄：《纠纷的解决与审判制度》，王亚新译，中国政法大学出版社2004年版，第102页。

③ 严仁群：《小额诉讼程序移植困境之省思》，载《江苏行政学院学报》2015年第3期。

了提高诉讼的效率。[①] 各界企图通过小额诉讼程序的设立与运行化解“人案矛盾”，所以这一程序在我国诞生之初就被赋予其难以承受的价值目标，即分流压力或分解司法压力，这与“弥补正式司法在满足民众接近司法的需求方面存在的缺陷”分道扬镳。[②] 虽然早在二十年前学界就对这种误读和价值定位进行过澄清和批评，[③] 然从十年余载的司法实践、“试点”的主要目标和第四次《民事诉讼法》修订工作来看，对效率的畸形追求仍未被立法机关所纠正。形式上看，小额诉讼程序的程序设计是出于程序主宰者和利用者双方考量的——在“效率”的基础上对小额诉讼程序施以了更加多元的价值功能期待，如“充分保障人民群众合法诉讼权益；有效降低当事人诉讼成本；满足人民群众多元、高效、便捷的纠纷解决需求”等。但实质上，从前者视角的考虑远远大于后者。正是这种目标定位的偏差造成程序设计至少难以满足程序利用者的需求，所以早就注定了该制度的失败、破产。

三、系统论原理下小额诉讼程序价值目标之重塑

对小额诉讼程序价值目标的研究存在理论争议与实践困惑。民事诉讼作为法律系统或者说民事纠纷解决机制系统的一个子系统，其核心即整体性，这就要求从整体的视角分析、解决纠纷。但我国在民事诉讼系统认识上整体性观念的欠缺是毋庸赘述的。[④] 这在小额诉讼程序价值目标的设定上体现得淋漓尽致——将具体繁杂的程序规定置于民事诉讼法典，但这些规范之间相互孤立，难以整体、统一地实现“分流”“便民”的价值目标。立基于此，亟须将民事诉讼作为一个完整的系统进而遵从系统规律，并按照系统方法来认识和破解小额诉讼程序的“适用困境”。

---

① 范愉：《小额诉讼程序研究》，载《中国社会科学》2001 年第 3 期。

② 傅郁林：《小额诉讼与程序分类》，载《清华法学》2011 年第 3 期。

③ 范愉：《小额诉讼程序研究》，载《中国社会科学》2001 年第 3 期；傅郁林：《小额诉讼与程序分类》，载《清华法学》2011 年第 3 期。

④ 胡学军：《一般系统论视角下民事诉讼的系统特征》，载《理论月刊》2007 年第 2 期；胡学军：《系统论视角下“案多人少”的应对之道》，载《法治研究》2022 年第 3 期。

（一）诉源治理机制对民事诉讼系统的启示和引领

“当比较 A 和 B 两系统时，如果 A 系统运行比 B 系统好，那么，A 必然具有某些担负其好性能的特征。”[①] 系统的整体性是由系统的有机关联性，即系统的内部诸因素之间以及系统与环境之间的有机联系加以实现的。[②] 诉源治理机制正是遵循上述系统规律的典型代表。一方面，同为民事纠纷解决机制子系统的诉源治理机制有助于唤醒民事诉讼的系统特征，如整体性和有机关联性。意欲实现民事诉讼母系统“便民”“分流”的整体性价值目标，民事诉讼母系统内部各程序群及其与其他纠纷解决方式之间应当相互关联、相互作用，然事与愿违。与《最高人民法院关于进一步推进案件繁简分流优化司法资源配置的若干意见》(法发〔2016〕21 号)同年提出的“诉源治理”改革方案[③] 不仅拓宽、延伸了“多元化纠纷解决机制”的广度、深度，更是构成了一种满足社会主体多种解纠需求的程序体系和调整系统，是系统整体性机制的典型运用。司法的客体是纠纷，内容或者说主要目标是化解纠纷。而“诉源治理”的主体不仅涵盖了司法主体，还包括其他社会个体及机构；客体也不限于已有纠纷，还包括潜在纠纷；内容除化解纠纷外，更加重视预防纠纷。几乎相同的要素联系着两个民事纠纷解决机制子系统，实质上“诉源治理”这种宽泛的系统已经覆盖了司法整体流程。更为重要的是，诉源治理机制以整体的视角跳出具体问题的狭小视野，采取具备有机关联性的联合行动，并强调三层次递进预防、化解纠纷：其一，深化社会基层治理，避免和减少纠纷的发生；其二，减少纠纷进入诉讼案件量；其三，通过诉非衔接的渠道化解已形成诉讼的纠纷。[④] 这为民事诉讼系统重拾“整体性”“有机关联性”等特征提供了成功经验。

---

① 林益：《一般系统论研究的过去、现在和未来(上)》，载《空军工程大学学报(自然科学版)》2001 年第 6 期。

② 胡学军：《一般系统论视角下民事诉讼的系统特征》，载《理论月刊》2007 年第 2 期。

③ 诉源治理改革方案最初也是为了舒缓“案多人少”的司法困境，由四川成都市人民法院在吸收“枫桥经验”的基础上创设，在最高人民法院印发的《最高人民法院关于深化人民法院司法体制综合配套改革的意见——人民法院第五个五年改革纲要(2019—2023)》《关于建设一站式多元解纷机制一站式诉讼服务中心的意见》等文件中被高层所认可并加以推广。

④ 郭彦：《共建共赢 内外并举 全面深入推进诉源治理》，载《人民法院报》2016 年 12 月 28 日，第 8 版。

另一方面，小额诉讼程序融入诉源治理机制具备合法性基础。就民事诉讼系统而言，要将“诉源治理”的思路贯穿到“所有法院、所有案件、所有流程”。① 这既是诉源治理机制的自身要求，也是完善民事诉讼系统性的潜在路径。开展诉源治理工作的重要举措之一是“有序分流，实现顺畅对接”，对内要求法院要做好案件的繁简分流。② 而小额诉讼程序作为民事诉讼程序之一，承载着分流司法压力的使命，是诉源治理在司法维度的具化表现。综上，破解小额诉讼程序的“适用困境”是民事诉讼系统繁简分流的要求，更是法院基于自身的审判职能而承担第三层面的诉源治理的重要举措。

（二）我国小额诉讼程序价值目标的重新定位

价值目标决定了程序设计乃至司法实践之成效，倘若不当易引发异化之风险。小额诉讼程序作为民事诉讼系统的重要子系统究竟为何设置、运作？换言之，小额诉讼程序应然的价值目标为何？“分流”和“便民”在逻辑上能否实现耦合？有关此类问题的探讨不仅被视为该程序的逻辑起点，亦是破除“适用困境”的关键，应当先于程序设计并置于民事诉讼系统整体性和有机关联性的架构下进行考量。

首先，我国民事诉讼母系统对小额诉讼程序子系统的价值目标设定失衡。“分流”“便民”都可以作为小额诉讼程序这一子系统的价值目标，但这两大价值相互处于对立的紧张关系，究竟何者是决定小额诉讼程序运作方向的根本价值？民事诉讼系统的整体性要求各子系统亦即各程序在价值目标上保持整体的统一。故应然层面上，分流司法压力需由民事诉讼系统内部诸多程序（因素）共同加以实现，绝非小额诉讼程序的主要价值目标。实际上，各个因素在民事诉讼系统内部不单是相互独立的子系统，更是组成母系统的有机成员，简言之，子系统有机关联是实现“整体大于各独立部分之和”之前提。作为缓解法院“案多人少”办案压力逻辑下的“试点”，其目标之一正是优化司法资源配置，而小额诉讼程序只是整体框架的一部分，故意欲促使该子系统作为分流司法压力的

① 四川省成都市中级人民法院课题组、郭彦：《内外共治：成都法院推进“诉源治理”的新路径》，载《法律适用》2019 年第 19 期。

② 郭彦：《内外并举全面深入推进诉源治理》，载《法制日报》2017 年 1 月 14 日，第 7 版。

"主力军"显然是不适宜的。当下亟须破除这一根深蒂固的错误观念。

针对小额诉讼程序被司法寄予过高期待的问题，必须具备全局观、整体观，在系统论指导下解决问题。价值设定失衡是民事诉讼系统有机关联性缺失的"毒果"。据此，如何实现各程序之间的有机关联成为关键。诉讼外分流机制与诉讼内繁简分流共同服务于民事纠纷解决机制系统的总目标——纠纷解决。前已言及，诉源治理机制覆盖了司法整体流程，主要还是集中在司法裁判与纠纷解决领域。"试点"和"诉源治理"机制的提出都在于疏缓人案矛盾和满足人民群众的司法需求，二者的思路与理念具有统一性。但相较于"试点"，诉源治理机制注重整体性和有机关联性，统筹了诉讼机制和非诉讼机制，更加强调纠纷解决方式的层次性、注重多部门协同运作，使人案矛盾可以向多维度疏解。所以，诉源治理不仅可以重整资源力量组合实现诉源分流，更加重要的是其涵盖了民事司法改革的已有成果和未来规划。[①] 质言之，系统论下，通过民事纠纷解决机制系统的多项子系统的有机关联能够有效避免司法压力过多侵蚀小额诉讼程序。当前小额诉讼程序子系统已然承受了"不能承受之重"，诉源治理机制的引入显然有助于小额诉讼程序从过分强调"分流"的歧路上回归到"便民"的应然定位。

其次，在民事诉讼系统的统筹下，小额诉讼程序的"便民"价值目标可以归全返真。相对于其他民事纠纷解决子系统，小额诉讼程序的价值目标尤为特殊、显著，其高举"便民"的旗帜。严格意义上的小额诉讼制度滥觞于美国，在世界范围内产生了深远的影响。20 世纪初，美国司法体制呈现专业化，但在民众看来诉讼程序"冗长、缓慢、诉讼成本高昂"，立基于此，"方便民众接近且可能得到广泛利用的司法服务"应运而生。[②] 简言之，小额诉讼主要的价值目标是方便一般民众接近司法、接近公平正义。"就算世界上有一种最完美的法律制度，如果公众无法利用这种制度，那么这种制度再好也是没有多大用处的。"[③] 小

---

① 曹建军：《诉源治理的本体探究与法治策略》，载《深圳大学学报（人文社会科学版）》2021 年第 5 期。

② 李俊、王晓婧：《论美国小额法庭制度及其启示》，载《甘肃社会科学》2013 年第 6 期。

③ ［英］阿蒂亚：《法律与现代社会》，范悦等译，辽宁教育出版社 1998 年版，第 67 页。

额诉讼程序作为解决私人纠纷的技术工具,使之得以有效运转的前提是以程序利用者的利益和行为便利为原点,继而保障普通人面对小额金钱纠纷时可以获得迅速、便捷和经济的诉讼程序以实现自己的权利。相反,绝不能再度深陷“效率”“扩张适用范围”的泥潭难以自拔,即小额诉讼程序不能作为化解诉讼案件平缓增长的利器。

“系统层次愈协调、结构愈合理,则系统整体的功能就愈优化。”① 当前小额诉讼程序现况可谓“既要马儿跑得快,又要马儿不吃草”,既要小额诉讼程序发挥独有的价值目标,又不赋予其独立的程序地位或设置“便民”的程序操作。这也就导致了民事诉讼系统内部不同质态的子程序之间出现一定程度的混乱。简言之,系统的层次性匮乏,这势必会影响系统的结构性。然而这并不能影响对小额诉讼程序应然价值、独立价值的设定或者期待,因为功能的病态会导致系统结构的进一步恶化甚至是崩溃。

再次,小额诉讼程序应以“便民”促“分流”,其中“便民”的成功实现是实现“分流”的逻辑前提。欲破解“适用困境”,小额诉讼程序立法首先需要有正确的价值目标作为支撑,这是激活该程序的基本条件。那么摒弃过往研究的惯性思维是妥当理解小额诉讼程序的价值目标的关键。笔者认为,以“便民”促“分流”是在贯彻“便民”理念的同时分流小额案件,从而为司法减负。即便“便民”和“分流”可能存在内在的冲突,鉴于系统诸要素之间的有机关联,不妨碍通过基本功能的实现促使附带功能的跟进。民事诉讼制度的所有运作,并不是单纯地由一个最高绝对价值所支配,② 小额诉讼程序的运作亦同。意欲准确把握“以‘便民’促‘分流’”,绝不能做单一维度的片面理解,将小额诉讼程序限定在单一的价值或目标上,如方便民众接近司法;也不能将其简单地等同于双重价值目标。

民事诉讼的各项制度和程序都有自身的基本功能,也会在运行过程中产生其他一些附带功能。方便民众接近司法、接近公平正义理应是小额诉讼程

① 胡学军:《一般系统论视角下民事诉讼的系统特征》,载《理论月刊》2007年第2期。

② [日]新堂幸司:《新民事诉讼法》,林剑锋译,法律出版社2008年版,第7页。

序的基本功能，而“分流司法压力”仅作为程序运行过程中自然产生的附带功能。不能将“分流”异化为基本功能，进而完全背离小额诉讼程序的应有定位，最终导致功能紊乱、关系错位。[①] 如果单纯为了解决人案矛盾、盲目追求适用率的提高而过度扩张小额诉讼程序的适用范围，就会实质上抹杀小额诉讼程序原生的、基本的“便民”价值，使其沦为分流司法压力的附庸，导致“便民”基本功能和“分流”附带功能二者关系的失衡。故应当厘清“便民”与“分流”的关系，矫正以往对“分流”的过分期待，通过“便民”功能的实现，自然而然、附带地实现“分流”功能，即“分流”只是小额诉讼程序良性运行后顺理成章的结果。

最后，作为基本价值的“便民”是源于程序之内核，而“分流”则涉及小额诉讼域外成例与本土实践之间的关系。不可否认的是，我国本土实践对“分流”功能是有所期待的。虽然域外国家设立小额诉讼程序的初衷往往是“便民”且目标单一，但小额诉讼程序在我国的确立是兼具法律移植和法律本土化双重属性的。[②] 每个国家都有其特殊的法律文化背景，这意味小额诉讼程序的建构绝非简单或者机械地“直接照搬”。从制度生成背景上看，我国普通程序（更不用说简易程序）并没有表现出如同西方普通程序那样复杂、延缓、昂贵等问题，所以程序设计者基于“分流司法压力”的初衷设立小额诉讼程序固然可以被理解；从“试点”的重点方向来看，我国对“分流”这一附带功能仍是具有特殊期盼的。同时，考虑到小额诉讼程序作为民事诉讼机制的一个子系统，是要服从于大系统化解人案矛盾这一目标的。但我们应当有理性的认知：“分流司法压力”仅作为附带功能不能再喧宾夺主，相反应当优化制度规则进而弥补对程序利用者的关怀。这就要求程序设计者回归程序运作的机理，摒弃以往的形式上的双视角，切实有效的关注当事人的利益诉求，形成程序利用者和主宰者双视角的良性互动。

---

① 潘剑锋：《“基本”与“其他”：对〈民事诉讼法〉相关制度和程序修订的体系化思考》，载《法学评论》2022年第2期。

② 刘仲屹、王保民：《小额诉讼程序及其在我国民事诉讼法修改中的完善》，载《比较法研究》2012年第5期。

（三）目标指向由法院的“适用率”转向当事人的“认同度”

功能主义视角下的意愿社会行动理论认为，行为主体的行动是由目标来指引的。在目标达成之前，发生的适应性活动则是实现这一目标的手段，可能存在被期望的中间环节被误认为最终目标。① 对小额诉讼程序而言，程序适用率应只是实现价值目标的中间环节，但长期以来却被误认为是终极目标。提高适用率仅是实现其价值目标的手段选择，最终的目的则是：面对小额金钱纠纷，诉讼制度都能保障普通民众接受司法裁判权；长此以往提高民众的法律意识甚至是整个国家的法治水平。②

立法与司法实践存在的鸿沟不应由政治操作来填补，适用率不应作为考核法院的指标。部分高级人民法院曾下发通知强制要求省内基层人民法院小额诉讼制度的适用率达到 80%；③ “试点”仍以适用率为量化指标，出于政绩的考量，各试点法院纷纷将精力投入小额诉讼程序的改革举措上，试图使试点的成效看上去很好，而非冷静地考察和反馈实际状况。对此，数据能否真实、客观反映“试点”成效是有待考证的；同时，数据难以反映普通民众是否真正感受到小额诉讼程序的简易和便民。实际上，程序愈加便民、利民，其适用率愈加可观；但适用率的提高并不能直接得出程序便民、利民的积极结论。有鉴于此，程序设计者和主宰者的关注焦点不应再是适用率，相反应当立足“便民”，使小额诉讼程序在“以‘便民’促‘分流’”的理念下形成自运转的、受到各方认可的程序。

四、系统特性下小额诉讼程序“适用困境”的突围

程序的正义必须反映在现实采取的程序之中，为了实现实体的正义必须不断地改善程序。④ 以系统思维优化小额诉讼程序的制度设计需要运用到多方面的系统原理。除上述系统内部诸因素的有机关联外，有机关联性还强调系统同外部环境的有机关联，这就涉及民事诉讼系统另一个重要特征——开放性，即

---

① 吴明军、王梦瑶：《诉源治理机制下法院的功能定位》，载《行政与法》2020 年第 7 期。

② 洪冬英主编：《民事诉讼法学通论》，北京大学出版社 2020 年版，第 280-281 页。

③ 李晓倩：《论小额诉讼制度适用的优化》，载《江汉论坛》2018 年第 6 期。

④ ［日］谷口安平：《程序的正义与诉讼》，王亚新译，中国政法大学出版社 2002 年版，第 3 页。

民事诉讼系统能够同外界进行物质、能量和信息的交换；与之相对立的则是阻止自身与环境交换的属性——系统封闭性。①

小额诉讼程序必须按系统思维规律运作。有机关联性、开放性和封闭性都是系统的重要特征。首先，坚持系统的开放性，通过制度改革和科技变革推动小额诉讼程序数字化、智能化；其次，坚持系统的有机关联性，实现诉讼和非诉两种不同性质的民事纠纷解决机制子系统的衔接；最后，坚持系统的封闭性，不能抹杀小额诉讼程序“一审终审”的程序属性。

（一）系统开放性：科技嵌入凸显程序的“简”“便”性

系统开放性的运用能促进民事诉讼系统与社会巨系统所提供的现代科技要素发生联系。“互联网司法”包括与互联网技术深度融合的审判模式和体现互联网特点的在线诉讼制度的内涵，② 本文以小额案件智能识别和在线审理为主要载体和沟通渠道，让法官和当事人感受到小额诉讼程序应有的简易性与便利性。

1. 智能识别小额案件

小额诉讼程序受理方案应当采取智能识别。当下“立案识别障碍”普遍存在，即符合小额诉讼程序适用条件的小额案件得不到有效识别，又无审级监督。这势必造成“分流”之价值目标的落空，“法定适用型”或将失去起码的保障。“法定适用型”采取“双轨制”，须同时满足：数额是“小额”，即争议的标的额小；性质是“简案”，即简单的民事案件。在当事人诚信的前提下，“小额”较好识别，司法实践之难点在于如何把握“事实清楚、权利义务关系明确、争议不大”这一抽象的“简案”标准。目前大多采取人工识别，其不仅低效、不便，且这种定性化的适用要件易导致裁量化和裁量结果的偏主观化。不同法院之间适用标准不统一；不少法院甚至“做实”乃至“拔高”后一标准而较少适用小额诉

---

① 胡学军：《一般系统论视角下民事诉讼的系统特征》，载《理论月刊》2007年第2期。

② 赵颖：《推动司法审判模式划时代转型升级 访最高人民法院司改办副主任刘峥》，载《法治日报》2022年3月10日，第3版。

讼程序。[①]故提高“简案”识别的客观性尤为必要。以智能识别[②]的实践探索为例,“主要根据案件性质、主体、证据等基本因素,案件风险等关键因素及参考因素,系统打分、自动推送”。[③]这种新进的识别方式不仅能够防止“人为规避‘法定适用型’”在司法实践中发生,而且人工智能技术的运用有助于提高诉源治理的效率。但鉴于现阶段技术水平的限制,“简案”之识别不能完全倚靠智能识别,还需人工识别辅助。

2. 在线化小额诉讼程序

2021年,在线诉讼首次进入民事诉讼法,其“便民利民”的原则与小额诉讼程序“便民”的价值目标高度契合。但小额诉讼程序不宜采取全程化在线诉讼,当前起诉阶段应当以线下起诉为主。在线民事诉讼的规范有两个基本特点:等效原则和同意规则。[④]这意味线上民事诉讼活动的效果等同于线下民事诉讼活动;针对小额案件,只要双方当事人同意即可适用在线小额诉讼程序,但小额诉讼程序在线化并不意味着全部诉讼环节都要在线完成。起诉立案作为诉讼的最初阶段,该阶段实现在线化不仅最能体现在线诉讼,也能极大便利小额案件当事人行使诉权,但现阶段起诉立案环节难以实现在线化。因为缺乏法律知识和诉讼经验的当事人对在线诉讼程序和在线诉讼技术手段更是缺乏了解;加之,小额案件的当事人一般不会委托诉讼代理人,据此怎能苛责当事人无法迈入在线诉讼的第一步呢?故当前小额诉讼程序全程在线化尚属天方夜谭,过于机械地追求全流程在线化不但违背诉讼规律,也会阻碍程序便利性和亲民性的实现。然这并不妨碍采取其他路径简化起诉环节,如学者普遍呼吁的诉答文书采取格式化文本,原、被告只需要按照要求和提示填写格式化的起诉状和答辩状。

---

① 王亚新等:《中国民事诉讼法重点讲义》(第2版),高等教育出版社2021年版,第314页。

② 所谓智能识别,指的是法院以案件数据分析为基础,提取影响民事案件之繁简度的关键要素,系统据此自动确定简案并推送给速裁团队。参见刘加良:《小额诉讼程序适用的改进逻辑》,载《法学论坛》2020年第1期。

③ 王益华、韩振君:《64.7%的民商事案件速裁结案——山东高密法院分调裁机制改革快速化解纠纷》,载《人民法院报》2017年11月13日,第4版。

④ 张卫平:《在线民事诉讼的法律规制——基本框架与思路》,载《法学评论》2022年第2期。

在线开庭审理应成为小额诉讼程序在线化的主要表现形式。“简案”性质和非复杂性等无一不在说明小额案件适宜采取在线方式审理。具体地讲，法院在告知当事人适用在线诉讼的权利义务、法律后果和操作方法等基础事项的同时，可以倡导而非强制当事人后续诉讼环节在线化，如电子送达、庭前程序和在线庭审等。倘若只有部分当事人同意适用线上诉讼的，根据《人民法院在线诉讼规则》(法释〔2021〕12号，以下简称《在线诉讼规则》)第4条的规定，相应诉讼环节可以采取同意方当事人线上、不同意方当事人线下的方式进行。同时，线上诉讼和线下诉讼相互转换的问题不能忽视。小额诉讼程序在线化显然是有利于提高诉讼效率，但当事人主观认为在线化并不方便或客观条件发生变化后，无论是出于“便民”的价值目标抑或《在线诉讼规则》第5条的规定，都应当尊重当事人正当行使的程序变更权，开放式地实现线下诉讼和线上诉讼的灵活、及时转换。将来，随着在线诉讼的发展，当事人逐步适应在线诉讼活动后，小额案件由法院依职权采用在线形式进行审理可能是一种可行的思路。①

（二）系统关联性：实现非诉调解前置程序与小额诉讼程序的对接

小额案件可能涉及小额诉讼程序与调解机制的运作序列以及不同性质的子系统的对接问题，为避免扭曲二者的运作理念和性质，特别需要系统有机关联性加以指导。小额案件的“简案”特征给了调解制度大展身手的好机会，甚至连《关于部分基层人民法院开展小额速裁试点工作的指导意见》(法〔2011〕129号)也曾规定过小额速裁应当贯彻调解优先原则。在某地法院成立小额诉讼审判法庭的两个多月来，案件调撤率竟达100%。② 既然诉讼调解能替代小额诉讼程序便捷、高效地处理小额案件，那又为何多此一举设立小额诉讼程序？这显然是没有理顺小额诉讼程序与调解的关系。宜将非诉调解前置程序设置为小额案件的前置程序，借此破解小额诉讼程序高调解结案率的怪象，同时完善多元解纷举措以期为诉源治理体系建设提供助益。最终通过系统有机关联性具

---

① 林剑锋：《论我国小额诉讼中“一次开庭审结”的实现》，载《法治研究》2022年第3期。

② 邵晓艳：《小额诉讼：崂山法院“简易中的突破”》，载《人民法院报》2013年5月25日，第4版。

体化、深刻化民事诉讼系统和民事纠纷解决机制系统的整体性。

1.“非诉调解前置主义”及其适用范围

立案前非诉调解前置在2012年离入民事诉讼法仅有咫尺之遥。伴随着世界性ADR浪潮的发展,越来越多的国家要求在特定类型纠纷进入诉讼程序之前必须先经过调解程序解决,[①] 该调解方式被称为“非诉调解前置主义”[②]。实际上2012年《民事诉讼法》修改时“先行调解”曾试图冲破“合意才能启动非诉调解”之惯性思维的束缚,[③] 其与非诉调解前置主义最大的区别在于性质:先行调解是自愿调解;非诉调解前置主义则属于强制调解,即启动上的强制,并不包括调解的过程与结果。从适用范围上看,先行调解的判标由地方法院根据案件情况具体掌握。[④] 虽然小额案件在先行调解的范围内,但仍需纠纷双方的同意。那么是否可将小额案件纳入非诉调解前置主义的适用范围,通过形式分流和实质分流的双重方式推进案件分流,[⑤] 以期实现司法资源的最优利用?

非诉调解前置程序的适用范围当然不限于小额案件,其与小额诉讼程序的适用范围存在高度重叠或交集。非诉调解前置主义的适用兼具法定性和限定性,只能由法律作出规定,地方法院无权以任何名义削弱甚至剥夺当事人的权

---

① [澳]娜嘉·亚历山大主编:《全球调解趋势》,王福华等译,中国法制出版社2011年版,第26页。

② “非诉调解前置主义”系指特定类型的民事纠纷在法院立案前不经非诉调解程序,法院不能裁定受理,类似于劳动争议仲裁前置程序,在当事人行使诉权前设置了前置性的程序。亦可称为“诉前强制调解”“法定前置性调解”“强制调解”“强制调解前置程序”“法定调解前置”等。参见刘加良:《非诉调解前置主义的反思与走向》,载《政法论丛》2020年第5期。强制调解作为民事调解的特殊形式,与强迫调解、先行调解及调解前置具有本质的区别,其要求特定类型的案件必须先进行调解,在调解宣告失败后,才能进入诉讼审判程序。参见李昌超、詹亮:《强制调解制度的理论证成及制度实现》,载《理论导刊》2018年第11期。

③ 刘加良:《非诉调解前置主义的反思与走向》,载《政法论丛》2020年第5期。

④ 江伟主编:《民事诉讼法》(第5版),高等教育出版社2016年版,第260-261页。

⑤ 强制调解制度能够通过双重方式推进案件分流,实现对有限司法资源的最优利用:一则,对案件进行形式分流。强制调解要求特定类型案件必须先经过调解程序,并取得调解失败证明才能进入诉讼程序。二则,对案件进行实质分流。强制调解的适用范围基本界定为“能够调解或者具有调解可能的案件”,此即决定进入强制调解程序的大部分案件都能通过斡旋协调等过程在案件进入诉讼程序前得以化解。同时,虽然调解程序因强制而启动,但调解的进行及调解协议的达成确系当事人合意的结果,此即降低了案件的上诉率、申诉率和强制执行率等。

利。[①] 我国学界普遍认为小额案件可被纳入非诉调解前置主义的适用范围：小额案件满足了“争议标的额”“多发案由”这两个理论上确定非诉调解前置主义适用范围的主要因素；[②] 凡是可以适用简易程序的案件，除另有规定外，均可以适用非诉调解前置主义，[③] 应将诸如小额案件等生活中常见的简单纠纷纳入调解前置程序的受案范围之中。[④] 此外，在众多实行“诉前强制调解”的国家和地区，小额财产纠纷普遍被纳入其适用范围，如德国和我国台湾地区。[⑤]

2. 小额诉讼程序引入非诉调解前置主义的必要证成

小额案件显然是一种适宜调解的纠纷，相较传统的诉讼调解，在小额案件立案受理前为其设置非诉调解前置程序是极其必要的。首先，理顺小额诉讼程序与调解的关系。针对小额诉讼程序的高调解结案率，从调解的共性价值层面看，调解能避免审判花钱费时和“一刀两断式”判决的局限性，充分发挥其简易迅速和根据纠纷的实际情况灵活多样地加以解决的作用；[⑥] 但诉讼调解无疑泯灭了小额诉讼程序的独立价值。在如此矛盾的境地中，非诉调解前置主义的引入能够发挥判决和调解的双重作用——避免诉讼调解挤占小额诉讼程序作用空间的同时，又能最大限度地发挥诉前调解的功效。其次，规避调审合一的缺陷。诉讼调解难免会带上职权主义的色彩，法官“以调压审”屡见不鲜，这极易架空法院调解的自愿原则。退一步而言，即便不会影响自愿性，但也可能影响裁判的公正性。因为调审合一模式下调解纠纷和审理案件的主体都是同一法官，鉴于法官扮演过调解员的角色，倘若诉讼调解失败，由同一承办法官作出的裁判之公正性亦存疑。再次，替代审判程序。作为诉讼外纠纷解决机制的非诉

---

① 徐炳煊、庄治国：《调解前置：多元化纠纷解决机制的优化路径选择》，载《延边大学学报（社会科学版）》2017年第5期。

② 刘加良：《非诉调解前置主义的反思与走向》，载《政法论丛》2020年第5期。

③ 汤维建、齐天宇：《民事诉讼法全面修改的若干重点研判及立法建议》，载《苏州大学学报（哲学社会科学版）》2012年第3期。

④ 参见徐炳煊、庄治国：《调解前置：多元化纠纷解决机制的优化路径选择》，载《延边大学学报（社会科学版）》2017年第5期。

⑤ 王阁：《小额诉讼中诉前强制调解的建构》，载《郑州大学学报（哲学社会科学版）》2015年第5期。

⑥ ［日］棚濑孝雄：《纠纷的解决与审判制度》，王亚新译，中国政法大学出版社2004年版，第46页。

调解前置主义可以将部分小额案件加以分流，大致相当于一个审级。小额案件大多具有日常生活性和非法律性，处理过程中需要运用的往往是调解思维而非审判思维，相较于专业的法官，调解员更能加以胜任。质言之，在司法社会化趋势下，非诉调解前置不失为一种替代审判的程序；此外，诉源治理理念支配下的多重程序设计可以降低审判错误的概率，且多层次的纠纷解决机制能消解当事人的不满情绪，继而提高小额诉讼程序一审终审的接受度，此即降低案件的再审率。最后，有学者提出“调解不成进入诉讼中就不再调解”，① 笔者并不认同。非诉调解前置不仅是为了矫正小额诉讼程序与调解的关系，还为了实现诉源治理。无论是诉讼外调解还是诉讼调解，都是诉源治理机制下多元化纠纷解决机制的形式，因此不能因为非讼调解前置的先行直接剥夺诉讼调解的机会；若调解失败、进入小额诉讼程序后，只是不再建议奉行“大调解”的原则，但这并非意味着立案受理后就绝对排斥诉讼调解了。

3. 非诉调解前置程序的规程设计

当下诉调对接中心建设如火如荼，非诉调解前置主义已先于法律文本变相存在于我国的司法实践中，对其操作规程进行合理设计系理性之选。一方面，以委派调解作为实现非诉调解前置主义的载体。非诉调解前置主义在性质上属于诉前调解，根据最高人民法院《关于进一步贯彻“调解优先、调判结合”工作原则的若干意见》（法发〔2010〕16 号）第 8 条规定，诉前调解的主体是非诉讼调解组织，故应排除法官、法官助理和书记员等法院内部人员作为纠纷解决的参与者、主导者甚或决策者，但可由其发挥“合理引导、适度指导、必要监督和充分保障”的作用。② 实际上，在一个成熟的纠纷解决机制生态系统里，法院不可能垄断纠纷的解决。国家与社会应当尽可能为主体提供多样化的选择。③ 在司法实践中，全国各地法院均存在将诉前调解委派人民调解机构或其他负有解决纠纷职能的机构等做法，即诉前调解采用委派调解已是普遍现象。④ 缘于此，

① 郭雪慧：《调解视角下的小额诉讼创新》，载《山东社会科学》2014 年第 2 期。
② 旷凌云：《关于委托调解的适用范围之探讨》，载《河北法学》2011 年第 10 期。
③ 胡学军：《系统论视角下“案多人少”的应对之道》，载《法治研究》2022 年第 3 期。
④ 李德恩：《先行调解制度重述：时间限定与适用扩张》，载《法学论坛》2015 年第 2 期。

当下可由委派调解而非委托调解[①]作为非诉调解前置主义的实现载体。

另一方面，非诉调解前置程序结束后存在两种诉调对接径路，即司法确认调解协议或转轨小额诉讼程序。需要有序协调民事纠纷解决机制系统内部的各个子系统。调解成功，司法确认赋能。非诉调解前置主义的效力性问题关系到能否有效发挥该制度的功能。然经非诉调解前置程序达成的调解协议仅具有普通民事合同之效力，故有必要赋予其强制执行力。目前主要有"诉前调解＋司法确认裁定书"和"诉前调解＋民事调解书"[②]两种模式。"诉前调解＋民事调解书"扭转了非诉前置调解主义的性质，牺牲了当事人的经济利益，抹杀了司法确认程序的重要价值。有鉴于此，为符合程序运作的正常机理以及保障当事人获得成本更低的程序利益，法院应当采取"诉前调解＋司法确认裁定书"模式；"诉前调解＋民事调解书"模式仅作为例外情况适用且实行免费激励。调解失败，小额诉讼程序的快速跟进，无须重新起诉。具体做法上可以运用立案预登记制度。[③]非诉调解前置程序和立案预登记制度的耦合并不矛盾、冲突。虽然立案预登记制度中的先行调解要求当事人自愿，但鉴于非诉调解前置主义本身就蕴含了强制性、前置性的矛盾纠纷多元化解机制先行，所以立案庭有权依职权将案件交付有资质的调解机构并且进行立案预登记。这能化解因非诉调解前置程序的先行致使诉讼时效届满而产生诉讼时效抗辩权的问题。质言之，法院对纠纷立案预登记的时间视为其受理当事人起诉的时间，进而产生受理的实体法

---

① 《最高人民法院关于建立健全诉讼与非诉讼相衔接的矛盾纠纷解决机制的若干意见》(法发〔2009〕45号)第14条对于立案之前使用的词语是委派调解以区别于第15条的委托调解，因为"委托"意味着将自己的事务托付他人管理，只有在立案之后，人民法院才取得对纠纷的专属管辖权，可以行使审判权解决纠纷。参见李德恩:《先行调解制度重述：时间限定与适用扩张》，载《法学论坛》2015年第2期。

② "诉前调解＋民事调解书"的模式是通过法院立案再对诉前调解协议进行审查，实质上将非诉调解转化为诉讼调解。鉴于该模式下当事人需要缴纳一半的案件受理费，故难以受到当事人的青睐。但法院可能会偏爱该模式，因为该模式不仅能疏减法院的讼压，而且还为其在后续的程序衔接中谋取更多的自身利益(会使得法院获得相当可观的案件受理费，拉升一审民事案件的调解结案率、缩短一审民事案件的平均审理天数等)。

③ 立案预登记指的是人民法院对于当事人起诉至法院的案件，根据案件类型，在征得当事人的同意后，暂缓立案，将案件转由相关调解组织、仲裁机构或者行政机关先行解决，在规定期限内无法解决或者中途放弃解决的，则由人民法院及时立案。参见程琥:《依托立案预登记打造矛盾纠纷多元化解机制升级版》，载《人民法院报》2015年12月23日，第8版。

律效果。

（三）系统封闭性：坚持“一审终审 + 申请再审”

“一审终审”是小额诉讼程序的本质特征，应当发挥系统的封闭性以维护小额诉讼程序的本位属性和民事诉讼系统层次结构的多样性。上述程序补强措施基于系统运作的诸如开放性和有机关联性的内在机理，缓解了程序的价值目标与程序设计之间的张力，弥合了畴昔的冲突，是小额诉讼程序转向便民利民的关键。

1. 小额诉讼程序救济机制之争

“调整、强化当事人程序救济权”的观点甚嚣尘上。在我国，作为非常规救济方式的再审[①]不仅在启动上秉持克制的立场，适用条件非常严格；而且裁定驳回再审申请的案件占比较大。[②]有学者从比较法视阈考察了小额诉讼程序的救济制度并发现多数国家对小额诉讼救济既肯定又限制，但都赋予当事人不同形式的救济途径。例如，美国多数州所设计的救济途径是对小额诉讼案件进行重新审判；[③]日本禁止控诉，但采取“异议 + 原审法院适用通常程序继续审理”；[④]英国小额诉讼在特定情形下可以申请撤销判决或重新审理；[⑤]韩国小额裁判在

① 再审由于突破了既判力理论和程序终局性原理的拘束，属于例外性、特殊性的救济机制。

② 南京市江宁区人民法院的一个课题组对小额案件申请再审的实证研究结果显示，驳回再审申请的案件、启动再审的案件和以终结审查、不予受理、不予审查、移送原审法院审查等方式结案的分别占88.50%、5.16%和6.34%。参见严忠琴等：《聚焦权利保障 完善救济程序——江苏南京江宁区法院关于小额诉讼程序当事人权利保障情况的调研报告》，载《人民法院报》2020年12月31日，第8版。

③ 美国康涅狄格州、夏威夷州、密歇根州、北达科他州、南达科他州等5个州的小额诉讼程序的相关法律明确规定“不允许上诉或复审”。除上述5个州外的45个州及华盛顿特区均允许小额诉讼程序的当事人提出上诉，设置了类似上诉的救济机制。根据上诉申请所提交的法院不同，可以分为向作出判决的小额诉讼法庭所在法院申请重新审判和向上一级法院申请重新审判两种情形。参见汪静：《美国小额诉讼程序的误读与澄清》，载《江西社会科学》2018年第12期。

④ 对于小额诉讼判决的不服，日本禁止控诉，但是当事人能在判决或者替代判决书笔录送达之日起2周的不变期间内提出异议申请。当事人的异议不适法且无法予以补正时，法院可以直接作出驳回异议的判决；异议适法时，诉讼恢复到口头辩论终结前的状态，法院应当以普通程序予以审理裁判。参见[日]新堂幸司：《新民事诉讼法》，林剑锋译，法律出版社2008年版，第688页。

⑤ 《英国民事诉讼规则》第27.11条规定，在小额诉讼开庭审理时当事人没有出庭也没有委托代理人的，或者法院未向当事人送达开庭通知的，当事人有权在判决送达后14日内向法院申请撤销判决或者重新审理。原先规定在第27.12条和第27.13条的针对小额裁判严重违反法定程序或适用法律错误可以提起上诉的规定后来被废止。参见《英国民事诉讼规则》，徐昕译，中国法制出版社2001年版，第138–139页；石春雷：《小额诉讼程序的分流困境及其破解》，载《北方法学》2021年第6期。

限制条件下可以提起上诉。[①] 缘于此，我国学界普遍认为救济缺位或者救济方式不当是程序主要参与者法官和当事人不愿意适用该程序的主要原因，故研判新的救济机制，譬如允许当事人申请重新审理[②]；“异议+重审”[③] 等。

然上述救济方式有架空一审终审、解构小额诉讼程序预设功能和特有优势之嫌。一方面，上述“拆了东墙补西墙”的做法不符合我国本土实践。小额诉讼程序的“简便性”不止体现在一审程序的设计上；在我国本土化实践中“简便性”早已涵盖了审级，亦即取消上诉以发挥小额诉讼程序简便、裁判高效等独有优势。因为小额诉讼程序的双重属性也应当具体体现到诸如救济途径等程序设计上。不仅要考察被认为较好的外国救济途径在它原来的国家是否已经受考验证明是满意的；还要考察它是否真的适合于我国，[④] 而不能因外国设置了不同形式的救济途径就数典忘本我国本土实践赋予小额诉讼程序的“一审终审+申请再审”。另一方面，不当的救济方式最终会减损制度的应有功能或阻碍原有优势的发挥。[⑤] 上述救济方式与小额诉讼程序“便民”“分流”的价值目标背道而驰。虽能缓解程序主要参与者主观的抵触心理，但相应的小额诉讼程序也会变得漫长从而耗费更多的司法资源。此外，若小额诉讼程序可以上诉，则变相混同于简易程序，实属两大程序部分功能相互重叠的“反系统”的情形，会削减民事纠纷解决机制系统的整体功能。

2. 坚持“一审终审+申请再审”

救济途径上不向外部寻求价值指导是为了发挥、遵循小额诉讼程序的具体功能、自身优势和运作原理。以科学划定小额诉讼程序的适用范围为前提，只

---

① 《韩国小额案件审判法》第3条规定，在以下两种情况下允许当事人提起上告或再抗告：一是当事人认为判决适用的法律、命令或者规则违反宪法规定时；二是当事人认为法院的判决违反了大法院的先例。参见[韩]孙汉琦：《韩国民事诉讼法导论》，陈刚审译，中国法制出版社2010年版，第531页。

② 如果当事人申请重新审理，则重新审理后的裁判应被视为再审裁判，不应再被允许申请再审。参见王德新：《小额诉讼的功能定位与程序保障》，载《江西社会科学》2022年第1期。

③ 不设前置的审查程序，在当事人提出异议后直接由原审法院组成合议庭进行审理，但审理的对象不再是已作出的裁判在事实认定与法律适用上是否正确，而是对该案件适用普通程序重新进行审理。参见李浩：《小额诉讼程序救济方式的反思与重构》，载《法学》2021年第12期。

④ [德]K. 茨威格特、H. 克茨：《比较法总论》，潘汉典等译，法律出版社2005年版，第24-25页。

⑤ 潘剑锋：《论建构民事程序权利救济机制的基本原则》，载《中国法学》2015年第2期。

要案件特征符合规定,那就应当严格依照预设的程序规则,如此便不会牺牲当事人的程序权益。

“一审终审”是我国小额诉讼程序不可动摇的本质特征。一方面,小额诉讼程序“便民”的价值目标而非“分流”证成一审终审的程序特色。“法定适用型”实行一审终审取决于小额案件自身的内在要求;“合意适用型”则取决于当事人的程序选择权,都并非基于程序的“分流”价值而弃程序保障不顾。简易程序(更不用说普通程序)给双方当事人展开对抗提供了程序保障和保障机制——允许上诉,二审终审,这是一种“重装备”。[①]倘若小额案件遵从“重装备”,可以说显得颇为累赘烦琐,徒增当事人的成本负担,甚至会羁绊当事人通过司法救济途径维护权利。另一方面,经“费用相当性原理”衡量,一审终审的程序特色是科学、合理的。纠纷解决程序制度的设计和运作要服从经济原则,无论是当事人利用程序还是法官运作程序,都不应遭受超过期待可能的浪费和利益损失,否则该程序就缺乏合理性。[②]这就要求程序制度设置要同案件的具体情况相匹配,尤其是“简案”不可浪费本就有限、稀缺的司法资源。况且,数额不大的纷争和零星权利受侵害这类问题占整个社会纷争问题的绝大部分。[③]倘若这类简单案件同其他案件一样适用“重武装”,不亚于“杀鸡用牛刀”。[④]

“申请再审”作为小额诉讼程序救济机制的具体形成与适用该程序的案件性质、程序的预设功能和特有优势是相一致的。并非把程序保障搞得越是森严壁垒就越好,[⑤]但任何程序不能至少不应该否定当事人对不当裁判的抗争。小额诉讼程序没有僭越“有权利必有救济”的基本法理,立法在阻断上诉途径的同时赋予其“申请再审”的抗争形式,有效避免了过分的救济阻碍小额诉讼程

① 王亚新:《对抗与判定——日本民事诉讼的基本结构》(第2版),清华大学出版社2010年版,第284页。

② 邱联恭:《司法之现代化与程序法》,台北,三民书局1992年版,第272页。

③ 邱联恭:《司法之现代化与程序法》,台北,三民书局1992年版,第262-263页。

④ 作为程序保障和保障机制“重武装”也是其成本负担的。上诉具有纠正裁判错误的意义,故一方面最好有更多的机会;另一方面,如果上诉途径过于扩大,则会加重法院的负担,当事人也会因此付出大量的时间与费用。因此,在何种限度内允许上诉,是一个涉及诉讼制度整体的立法政策性问题。[日]三月章:《日本民事诉讼法》,汪一凡译,台北,五南图书出版公司1997年版,第515页。

⑤ [日]谷口安平:《程序的正义与诉讼》,王亚新译,中国政法大学出版社2002年版,第286页。

序的高效运行。但仅鉴于“难抗争”又折回“重武装”无疑会使救济成本超出救济收益，这可能是对该程序最大的贬损与误解。

“合意适用型”虽突破了“小额”标准，但当事人的处分行为赋予了“一审终审＋申请再审”以正当性。当事人不仅是民事诉讼程序制度的利用者，也是私法主体，故有必要考虑当事人关于程序的选择意愿，这是程序选择权的法理基础。“合意适用型”立基于程序选择权理论，纠纷发生前后双方当事人可以达成选择适用小额诉讼程序的合意，此合意包含了对程序异议权和上诉权的放弃，这对双方当事人产生了贯穿程序始终的约束力。所以将“合意适用型”的稀缺性的矛头指向“一审终审”进而主张程序保障是失之偏颇的。相关的研究表明，由于担心一审败诉后无上诉机会，所以当事人一般都不愿意约定合意适用，① 这也是上述重构救济途径的观点在学界盛极一时的缘由之一。然笔者不敢苟同。上述观点动摇了小额诉讼程序的制度根基，侵蚀了程序的独特性。程序选择权存在的前提之一是处理同一纠纷具有可资利用的不同程序。亦即选择权是以不同的程序之间存在着差异为前提的，差异和不同的存在使“选择”成为必要、有实际意义。② 既然“合意适用型”为当事人提供了选择程序的契机，这就决定了其是异于普通程序抑或是简易程序的不同程序，那么其独特性体现在何处？就当下的程序构建看来，毋庸置疑是“一审终审＋申请再审”。

3. 程序适用应保持谦抑性

对小额诉讼程序之适用应保持谦抑性。针对“法定适用型”，唯有诉至法院的案件同时符合“小额”和“简案”时，限制乃至取消上诉才具有正当性。③“货真价实”的小额案件是“一审终审＋申请再审”的前提和基础，无谓地填补程序救济只会背离程序的设立初衷，加剧程序同质化问题。虽然本次修法提升了“小额”标准，但没有突破程序适配性原理，因为社会对“小额”的认识

① 绵阳市中级人民法院小额诉讼调研课题组：《小额诉讼的运行现状及其完善——基于绵阳市小额诉讼的调研》，载《西部法学评论》2015 年第 4 期。

② 李浩：《民事程序选择权：法理分析与制度完善》，载《中国法学》2007 年第 6 期。

③ 李浩：《小额诉讼程序救济方式的反思与重构》，载《法学》2021 年第 12 期。

和判断受社会经济的发展水平或者说工资收入的影响。“小额”标准较好识别，不会产生较大争议；智能识别破解立案阶段识别“简案”之难题后，在审理过程中，法院可以启动程序转化机制，当事人可以行使异议权。也就是说，只要案件不宜适用“法定适用型”或程序审理违反法律规定，就应当及时转化程序，这就剔除了不适宜适用小额诉讼程序的案件，确保了适用该程序的案件是真正符合“简案”标准的。据此，适用“法定适用型”的案件同时满足了“小额”和“简案”就应当遵从“一审终审＋申请再审”的规定。

针对“合意适用型”，必须是基于当事人的理性考量。目前“合意适用型”之所以没有成为当事人的必要，不是“合意适用型”匮乏适用空间，也不是一审终审的程序架构引人忌惮，而是程序的比较优势不够突出，程序的价值目标没有得到应然的发挥。从当事人处分行为来看，“合意适用型”的程序运作机理是双方当事人在“程序便利”和“程序保障”间选择了前者。据此，程序认可度低也可以说合意适用率低的缘由不在于程序保障，而是程序便利。具体程序的落地不够“便民”，当事人又怎会达成放弃上诉之合意？故消弭合意的稀缺性最好方式莫过于基于“‘便民’促‘分流’”的价值目标，摒弃合意适用率的指标（实质上，连“法定适用型”都不该强调适用率）；着力增加当事人的诉讼福利，即小额诉讼程序的比较优势，继而激发当事人的选择意愿。此外，从司法实务来看，绝大多数的当事人并不具备作出选择所需要的程序法方面的知识，所以无论当事人是主动抑或是被动达成选择之合意，法院应当给予必要的指导和告知，如程序特点和诉讼风险等。①

五、结语：从为法院减负到满足当事人司法需求

将“立法天平倾向法院一方”的举动使小额诉讼程序的实施前景充满未知与风险。② 在实行立案登记制和法官员额制的背景下，程序设计者对以小额诉讼程序为代表的民事程序采取了“极简主义”以及扩张了适用范围，主要目的

---

① 马德天：《我国小额诉讼程序选择权初探》，载《山西财经大学学报》2014 年第 S1 期。
② 安晨曦：《小额诉讼程序“低频适用”现象的制度史考察》，载《湖北社会科学》2020 年第 1 期。

是为法院减负，功能论上其无不充斥着对效率的追求。这在一定程度上能够提高诉讼效率和降低诉讼成本，然司法实践表明其无法得到程序利用者的普遍认同，甚至也并未得到程序主宰者的支持。行文至此，宜转变“适用率”这一司法政绩观，以当事人的“认同度”作为评价小额诉讼程序的标准。至于“案多人少”这一复杂的系统工程，则交由民事纠纷解决机制系统的多项子系统予以应对，即诉讼内外形成合力，立法、行政、司法共同发力。①

① 张卫平：《“案多人少”困境的程序应对之策》，载《法治研究》2022 年第 3 期；胡学军：《系统论视角下“案多人少”的应对之道》，载《法治研究》2022 年第 3 期。

深层链接行为的著作权法规制

江璐迪*

摘要：非跳转型的深层链接行为能够使用户在设链网站直接获得被链作品，损害了著作权人的预期市场利益，未能促进作品创作且在促进作品传播的效果上可被跳转型链接等同替代，对社会福利的增进有限。服务器标准"一刀切"地否定所有链接行为构成信息网络传播行为的可能，不考虑设链行为的目的和效果，拘泥于技术事实而忽视了著作权法的规范价值，违反了WCT的技术中立原则。对设链行为的认定应考察不同链接利用行为的经济效果，区分技术中介行为与作品提供行为。以作品提供为目的设链行为所产生社会福利主要源于著作权人，应构成信息网络传播行为。默示许可制度与合理使用制度的互动关系能有效调节因信息网络传播权扩张带来的不良影响，实现网络空间的互联互通。

关键词：深层链接　信息网络传播权　服务器标准　作品提供行为　技术中介行为

一、问题的提出：能否以信息网络传播权规制深层链接行为

在动态的网络环境中，技术的进步和商业模式的变革可能会随时对网络作品市场的利益格局产生影响。面对"风云变幻"的网络作品市场，著作权法作为一项以静态的权利规制模式确认、分配作品市场化利益的制度正持续面临挑战。在此背景下，以"深层链接"技术为核心的聚合设链行为在理论界与实务

---

* 江璐迪，中南财经政法大学知识产权学院博士在读。

界引起广泛热议。

一方面，不同学术观点层出不穷，包括“服务器标准”①“用户感知标准”②“实质替代标准”③“实质呈现标准”④“提供标准”⑤“实质提供标准”⑥“新公众标准”⑦“法律标准”⑧“间接提供标准”⑨等。另一方面，针对性质相同的聚合设链行为，不同法院的判决结果截然不同，有的法院认为构成直接侵权，⑩有的法院认为构成间接侵权，⑪还有的法院认为不构成侵权。⑫

聚合设链行为是链接技术发展和商业模式变革的共同产物。链接是互联网领域的核心技术，⑬发挥着促进信息传播、实现互联互通的作用。在网络发展初期，普通链接的主要功能在于整合信息资源，并为用户提供信息渠道，降低了用户在海量信息中的搜寻成本。随着链接技术的发展，嵌入链接、加框链接等技术推动着商业模式的更迭，通过链接在设链网站或其应用软件上直接呈现源

---

① 王迁：《论提供“深层链接”行为的法律定性及其规制》，载《法学》2016年第10期；刘家瑞：《为何历史选择了服务器标准——兼论聚合链接的归责原则》，载《知识产权》2017年第2期。

② 吕长军：《简析深度链接、加框链接与盗链——以信息网络传播权视角》，载《中国版权》2016年第2期。

③ 石必胜：《论链接不替代原则——以下载链接的经济分析为进路》，载《科技与法律》2008年第5期。

④ 崔国斌：《得形忘意的服务器标准》，载《知识产权》2016年第8期。

⑤ 刘银良：《信息网络传播权的侵权判定——从“用户感知标准”到“提供标准”》，载《法学》2017年第10期；张金平：《信息网络传播权中“向公众提供”的内涵》，载《清华法学》2018年第2期。

⑥ 蒋舸：《深层链接直接侵权责任认定的实质提供标准》，载《现代法学》2021年第3期。

⑦ 范长军：《加框链接直接侵权判定的“新公众标准”》，载《法学》2018年第2期。

⑧ 孔祥俊：《论信息网络传播行为》，载《人民司法》2012年第7期；王艳芳：《论侵害信息网络传播权行为的认定标准》，载《中外法学》2017年第2期。

⑨ 万勇：《深层链接法律规制理论的反思与重构》，载《法律科学（西北政法大学学报）》2020年第1期。

⑩ 北京市海淀区人民法院民事判决书，(2015)海民(知)初字第40920号；上海市浦东新区人民法院民事判决书，(2015)浦民三(知)字第595号；北京知识产权法院刑事判决书，(2015)京知民终第1874号。

⑪ 上海知识产权法院民事判决书，(2018)沪73民终432号；北京知识产权法院刑事判决书，(2015)京知民终字第00476号。

⑫ 上海知识产权法院民事判决书，(2017)沪73民终165号。

⑬ 链接能够实现从一个网页指向一个目标的功能，该目标可以是另一个网页，也可以是图片、音视频等媒体格式的文件甚至是应用程序，各目标都具有一个网络地址，即“统一资源定位符(URL)”地址。参见吕长军：《简析深度链接、加框链接与盗链——以信息网络传播权视角》，载《中国版权》2016年第2期。

于其他网站的信息成了一种普遍的商业实践，链接技术所产生的效果也从提供信息渠道转变为提供信息内容本身。[①] 这类以不跳转的方式直接呈现内容的链接之所以引发广泛的争议，是因为该行为具有双重属性：一方面，该类链接仍然发挥着信息整合、检索的功能，用户因链接所整合的内容能够更高效、便利地获取作品；另一方面，该类链接发挥了作品提供功能，以链接的方式直接呈现作品的行为将等同替代将作品上传至服务器的行为，设链者能够无偿地分享作品传播所带来的利益，对著作权人的利益市场造成严重损害。

需要注意的是，与技术意义上的“深层链接”不同，法学界在讨论深层链接行为的定性问题时，其所要规制的“深层链接”并非纯粹的技术意义上的深层链接，而是指特定条件下的深层链接行为。“特定条件”的考察依赖不同的技术和商业环境中特定链接行为所产生的经济效果。在技术原理上，“深层链接”与普通链接的差异在于链接对象的不同，该技术实质之所以在“深层链接”诞生之初对法律争议的解决具有实际意义，是因为在当时的商业模式下，链接对象的差异会产生截然不同的经济效果。但随着该项技术的升级以及商业利用方式的转变，技术原理所强调的链接对象的差异不再是该技术引发法律争议的关注焦点，取而代之的是，“深层链接”促使作品在设链界面直接呈现的效果才是核心争议焦点。因此，在当前的技术和商业环境下，依据链接行为对作品呈现效果的影响分类“深层链接”将更有助于法律问题的探讨。对此，本文根据用户能否通过链接在设链网站上直接下载或呈现作品的效果，将“深层链接”分为跳转型链接与非跳转型链接。前者在于指示作品的渠道，需要跳转至作品的来源网页方可欣赏或下载作品；后者则直接提供作品，用户可以直接在设链网页欣赏或下载作品，包括嵌入链接[②]

① 杨明：《聚合链接行为定性研究》，载《知识产权》2017 年第 4 期。

② 嵌入链接一般为“深层链接”，链接所指向的目标对象一般为媒体文件。通过设置嵌入链接，用户能在不改变网页背景的情况下，直接在设链网站上打开被链接的图片或视频等内容文件。网页中的内容呈现与所编写的网页代码有密切关系，以链接图片为例，设链者在编写网页代码时会以“img src=”开头，其他网站中的 JPEG 或 GIF 等图像（被链对象）能够直接显示在设链网页中。参见维基百科，https://en.wikipedia.org/wiki/Copyright_aspects_of_hyperlinking_and_framing，2023 年 6 月 10 日访问。

和部分加框链接[①]。非跳转型链接是本文讨论的重点。

在著作权法中，对“深层链接”行为的定性关乎网络环境中著作权人与网络服务商之间的利益平衡。服务器标准作为定性深层链接行为的主流标准，“一刀切”地将所有设链行为排除在信息网络传播权的规制范畴。在当前的技术和商业环境下，为了规制聚合设链行为，服务器标准开始面临被摒弃与修正的困境。本文将首先探究服务器标准为何在当前的网络环境中不再具有可适用性；其次讨论在抛弃服务器标准后，应当以何种标准界定信息网络传播行为，规制特定条件下的深层链接行为；最后分析著作权法中的其他制度能否限制因信息网络传播权的扩张而对公共福祉所带来的损害。

二、服务器标准之辨

（一）对服务器标准的拒绝和改革

服务器标准仍然是当前司法实践中的主流标准。[②] 新传播源理论是服务器标准的底层逻辑，该理论认为著作权法意义上的“传播行为”应当以客观形成“传播源”[③] 为要件，区分初始传播行为与后续传播行为的关键在于是否形成有

---

① 加框链接可能是“深层链接”，也可能普通链接，其是指在设链网页形成多个不重叠的窗口，每个窗口通过设置不同的超链接，以实现在一个界面上呈现多网页内容的效果。因此，用户点击链接后被链网页或其他文件虽然被完全打开，但由于设链网页的一部分仍然在屏幕上予以保留，其以形成“框”的形式覆盖部分被链网页的其他内容（如广告、网站标识等），达到多个网站融为一体的状态。参见维基百科，https://en.wikipedia.org/wiki/Copyright_aspects_of_hyperlinking_and_framing，2023 年 6 月 10 日访问。

② 在当前司法实践中较为普遍的做法是，在形式上采用服务器标准，在程序上采用“实质呈现标准”。参见北京知识产权法院民事判决书，(2021) 京 73 民终 3678 号；北京知识产权法院民事判决书，(2015) 京知民终字第 1444 号；天津市高级人民法院民事判决书，(2021) 津民终 1209 号；天津市高级人民法院民事判决书，(2021) 津民终 1109 号；上海知识产权法院民事判决书，(2022) 沪 73 民终 172 号；上海知识产权法院民事判决书，(2021) 沪 73 民终 755 号；广州知识产权法院民事判决书，(2021) 粤 73 民终 5842-5845 号；广东省深圳市中级人民法院民事判决书，(2021) 粤 03 民终 28802-28806 号；广州知识产权法院民事判决书，(2021) 粤 73 民终 4719 号。

③ 主张新传播源理论的学者王迁教授并未对“传播源”作出一般性的概念界定，其仅以举例的方式对“传播源”的内涵进行了描述，“‘传播源’的形成是显而易见的：以声音或形象展现作品内涵的表演者，带有扬声器或屏幕的播放设备以及发射塔等信号传输装置都是‘传播源’”。王迁：《网络著作权专有权利研究》，中国人民大学出版社 2022 年版，第 249 页。

别于初始"传播源"的另一"传播源"。[①] 对交互式传播行为来说，只有将作品上传到服务器的行为形成了有别于初始"传播源"的新"传播源"，构成信息网络传播行为。[②]

链接技术的换代更新引发了网络作品市场中经济模式的变革，面对多元的设链行为，服务器标准否定所有设链行为构成信息网络传播行为的可能，使著作权人在网络环境中对作品传播的控制显得力不从心。如今，服务器标准的诞生地美国开始在个案的司法判决中拒绝适用服务器标准，我国法院以程序法的形式对服务器标准的适用予以修正。

1. 美国法院对服务器标准的拒绝

在国外司法实践中，一直坚持服务器标准的美国法院，也因为数字网络环境下作品传播方式的变革，转而否定该标准是判定向公众提供作品的唯一标准。例如，在 2014 年"美国广播公司诉 Aereo 案"（以下简称"Aereo 案"）中，美国联邦最高法院确立了功能性标准，从传播效果而非技术细节界定传播行为。法院指出：第一，不能从技术的差异性角度来考察一行为是否构成作品传播行为，以此判断是否构成直接侵权；第二，从市场角度来看，如果一种传播行为损害了权利人对作品的传播本应享有的利益，就应当予以规制。[③] 随后，在 2018 年发生的"Goldman 诉 Breitbart 公司案"中，纽约州南区法院直接援引了上述裁判观点，并指出"Aereo 案"强有力地支持了"法律责任承担与否不应当依赖于公众难以察觉的技术过程"这一观点，即应当从技术中立的角度，根据法律所规定的行为特征来认定是否构成侵权。纽约南区法院进一步指出，"Aereo 案"的判决直接否定了服务器标准的成立前提，从美国版权法的法律文本和规范意旨来看，构成作品的展示行为并不要求传播者一定拥有作品的复制件。被告设置嵌入链接的行为已经使公众能够在推特平台上直接欣赏涉案作品，构

---

① 王迁：《著作权法中认定传播行为的"新公众标准"批判——兼论"新传播源标准"》，载《当代法学》2022 年第 1 期。

② 王迁：《论提供"深层链接"行为的法律定性及其规制》，载《法学》2016 年第 10 期。

③ American Broad.Cos., Inc.v.Aereo, Inc., 573 U.S.431（2014）. 在 2014 年"Aereo 案"中，Aereo 将电视广播节目转化为数字信号并通过互联网向公众提供，但每一次提供时 Aereo 限定了只有一个注册用户接收到该信号，其他注册用户想要接收到同一节目的电视信号，Aereo 则通过另一天线单独提供。

成直接侵权。[①] 再如，在“Leader’s Institute 公司诉 Jackson 案”[②] 和“Free Speech Sys. 公司诉 Menzel 案”[③] 中，法院也以类似理由拒绝适用 Perfect 10 案中所确立的服务器标准。

通过上述案件可以看到，随着链接技术和商业模式的变革，服务器标准只能规制极为有限的作品传播行为，从而使著作权人在网络环境的救济空间不断缩限。对此，为了有效保障著作权人的利益，美国法院开始拒绝适用服务器标准，转而从效果层面界定交互式传播行为。

2. 我国法院对服务器标准的改革

为了有效规制视频聚合行为，我国法院当前的主流做法是在形式上采用服务器标准，在程序上采用“实质呈现标准”。在分配证明责任时为设置链接的人设定负担，从而调整因适用服务器标准所导致的利益失衡，使设链人实际承担直接侵权的责任。具体来说，原告只需要提供初步证据证明涉案作品能够在被告的网站上直接播放或下载，由被告举证证明其所提供的仅是链接服务。在审查被告的证据时，法院会苛以较为严格的证明责任，并通常以证据不足为由否认被告仅提供了链接服务，要求被告承担直接侵权的责任。如上海知识产权法院指出，“爱奇艺公司已举证证明涉案作品在禄吉公司网站上可正常播放，且未见网页跳转或链接到其他网站的任何证据，此时，举证责任发生转移，应由禄吉公司对其是接到其他网站而播放，其系搜索、链接服务提供者，但并未提供相应的证据加以证明，故应承担相应的举证不能之责任”。[④] 北京知识产权法院指出，“武汉瀚星灿聚公司对其主张应当提供充分的证据予以证明。本案中涉案作品播放过程中，播放界面未发生跳转，武汉瀚星灿聚公司仅凭播放页面标注的视

---

① See Goldman v.Breitbart News Network, LLC., 302 F.Supp.3d 585(S.D.N.Y.2018). 在“Goldman 诉 Breitbart 案”中，高曼偷拍了篮球经纪人汤姆·布莱迪在街区的照片，然后他将照片上传到社交网站“阅后即焚”(Snapchat)平台上。这张照片被推特的用户下载并上传到推特平台。被告是新闻网站，通过该照片臆想了一段报道(布莱迪有望帮助凯尔特人队挖到当红球星凯文·杜兰特)，并通过深度链接的方式把在推特上的这张照片嵌入其报道中。一言以蔽之，被告并没有在自己网站上存储涉案照片，但通过深度链接导致用户在阅读其网站该则报道时可以看到该照片。

② See Leader’s Inst., LLC v.Jackson, No.3: 14-CV-3572-B, 2017 WL 5629514(N.D.Tex., 2017).

③ See Free Speech Sys., LLC v.Menzel, 390 F.Supp.3d 1162(N.D.Cal.2019).

④ 上海知识产权法院民事判决书，(2019)沪 73 民终 119 号。

频来源不能证明其所主张的提供搜索链接服务的事实,故本院对其此项上诉主张不予采纳"。[①] 北京中级人民法院在"央视国际诉百度案"中指出,以被告现有证据无法证明其仅提供链接服务,判定加框链接行为成立直接侵权。[②]

笔者通过实证研究发现,在该类情形中,法院主张被告证据不足的理由五花八门,具有滥用民事诉讼的高度盖然性标准之嫌,被告凭视频画面所呈现的水印、[③] 利用解码软件抓取资源的证据、[④] 涉案网站或软件说明的信息以及从其他渠道购买资源库接口的聊天记录[⑤] 均不能证明其仅从事了链接行为。因此,被告推翻推定事实的难度是极大的,甚至是"不可能完成的任务"。由此可见,司法实践通过举证责任的分配以及证据证明力的要求为网络服务提供者设定了较重的证明责任,在一定程度架空了"服务器标准",使其仅发挥着彰显的功能。[⑥]

有的法院则直接抛弃服务器标准,转而关注设链行为的性质。通过作品实质呈现效果区分单纯的技术链接与具有内容提供性质的非跳转型链接,认为非跳转型链接不同于单纯的链接服务,具有内容提供的目的,构成信息网络传播权直接侵权。如北京知识产权法院指出:"涉案'逗点影视'所提供涉案电视剧信息行为,已不同于通常意义上的搜索链接服务,并不适用《信息网络传播条例》规定中的'避风港'原则……应当认定其构成侵害信息网络传播权的行

① 北京知识产权法院民事判决书,(2021)京73民终3678号。

② 北京市第一中级人民法院民事判决书,(2013)一中民终字第3142号。

③ 如在"央视国际网络公司诉北京豆果公司等案"中,法院指出,"涉案节目播放视频画面显示了'搜狐视频'的水印,仅凭该水印并不足以证明涉案节目系链接自'搜狐视频'"。北京知识产权法院民事判决书,(2015)京知民终字第1444号。类似的案件还包括北京知识产权法院民事判决书,(2021)京73民终3678号;上海市浦东新区人民法院民事判决书,(2015)浦民三(知)字第595号。

④ 如在"上海千杉公司与深圳市迅雷公司案"中,被告证明其利用"Wireshark网络分析器"软件对涉案的影片资源进行了抓取,以此来证明其并未在服务器上存储影视资源,法院对比了原、被告的证据,以被告所提供的软件与原告的软件不同以及被告播放涉案影片中所显示的不同播放来源,指出被告未能证明其是否真实地链接第三方网站,从而否定被告仅提供链接服务。参见上海知识产权法院民事判决书,(2018)沪73民终432号。

⑤ 如在"天津酷米公司与上海新创华公司案件"中,法院否认了被告与乐视员工的聊天记录以及所提供的软件信息。参见上海知识产权法院民事判决书,(2020)沪73民终580号。

⑥ 张玲玲:《深度链接服务提供者侵犯著作权的司法实践与思考》,载《苏州大学学报(法学版)》2018年第3期。

为。"[①] 又如上海知识产权法院指出:"涉案作品各章节的内容系由神马公司从不同网站获得后直接提供给用户，上述作品在'神马搜索'上的传播是神马公司基于自己的意志主动选择的结果。神马公司的行为使公众可以在自己选定的时间和地点通过信息网络在'神马搜索'上直接获取涉案作品，符合前述司法解释规定的通过信息网络向公众提供作品的行为特征。"[②]

在当前的技术和商业环境中，若严格适用服务器标准，著作权人仅能够获得有限的保护，因此我国法院通过调整举证责任的方式变相地避开服务器标准，转而关注设链行为的实质效果，规制特定条件下的深层链接行为。但这种做法仍然是值得反思和警惕的，法律应当是社会公众的行动指南，当设链者依据服务器标准行事，原以为可以免于承担违法责任，但在诉讼中，法院却对其苛以严格的证明责任，使其承担举证不能的法律责任，这样的判决可能会使"无辜"的当事人大跌眼镜，法效力的可预见性荡然无存。

综上所述，基于服务器标准在当前商业和技术环境中的不适应性，美国法院和我国法院均开始了对服务器标准的反思。其实，这种由技术变革所推动的版权法制度的变革，在《世界知识产权组织版权条约》(以下简称"WCT")缔约之时已经被预见到，因此才会以技术中立的方式规定向公众提供权，从而使该条款不仅包括将作品上传至服务器的行为，还包括其他可能对著作权人利益产生实质影响的作品利用行为。

(二)服务器标准拘泥于技术事实而忽视了规范价值

新传播源标准是服务器标准的底层逻辑，因此，本文对服务器标准的批判主要围绕新传播源标准展开，若新传播源标准是不合理的，那么服务器标准也就不攻自破了。

新传播源标准是学者为解释国际公约中传统传播权所提出的理论标准，[③] 所依据的是 WCT 以及相关立法背景文件。新传播源标准认为著作权意义上的"传播行为"应当以客观形成"传播源"为要件，"传播源"是区分传播行为与非

---

① 北京知识产权法院民事判决书，(2015)京知民终字第 296 号。

② 上海知识产权法院民事判决书，(2020)沪 73 民终 51 号。

③ 王迁:《论提供"深层链接"行为的法律定性及其规制》，载《法学》2016 年第 10 期。

传播行为、初始传播行为与后续传播行为的“金钥匙”。[①] 在网络环境中，“服务器”是唯一能够发射载有作品内容信号的“传播源”，交互式传播行为仅限于将作品上传至服务器的行为。

关注行为方式与手段的新传播标准以传播的物理学原理为根基，建构了“传播源”[②] 的概念。[③] 但遗憾的是，提出该标准的学者并未充分论证为何应当以“传播源”要件界定著作权意义上的“传播行为”，这样的概念建构仍然停留在对传播行为的本质追寻，而忽视了著作权法的规范目标。正如有学者指出，相对于第一性的客观事实，法是第二性的，它是根据人的需要建构的，法只选择它能够调整的事物、采用它能够实现的手段进行调整，而不是对社会现实的简单描摹。[④] 与客观事实不同，“法律事实”是以规范的内在价值为尺度对客观事实进行裁剪后所形成的。因此，对法律概念的建构必须考虑设立该概念的目的或实现的价值，并以其作为重要指引。[⑤] 逻辑圆满不是法学概念的唯一追求，法学概念须担负规范功能。[⑥]

“著作权法是‘利益之学’，而非‘技术之规’。”[⑦] 如何有效地促进作品市场的创新与发展，鼓励作品创作是著作权制度运行的内在价值，对信息网络传播行为的界定应当以该目的为指引，不能将物理世界的传播行为直接等同于著作权法意义上的“传播行为”。

具体来说，著作权法的规范目标在于鼓励作品创作，促进作品市场的有序发展，并以此增进公共福祉。为实现上述目标，著作权法作为确认、分配作品市

---

① 王迁：《著作权法中认定传播行为的“新公众标准”批判——兼论“新传播源标准”》，载《当代法学》2022 年第 1 期。

② 事实上，主张新传播源理论的学者并未对“传播源”进行一般性的概念界定，仅以举例说明的方式罗列了各类传播行为中的“传播源”。王迁：《著作权法中认定传播行为的“新公众标准”批判——兼论“新传播源标准”》，载《当代法学》2022 年第 1 期；王迁：《论提供“深层链接”行为的法律定性及其规制》，载《法学》2016 年第 10 期。

③ 孙栋：《著作权法中的传播行为界定研究》，华东政法大学 2018 年博士学位论文，第 49 页。

④ 李琛：《法的第二性原理与知识产权概念》，载《中国人民大学学报》2004 年第 1 期。

⑤ 黄茂荣：《法学方法与现代民法》（第 5 版），法律出版社 2007 年版，第 66 页。

⑥ 李琛：《法的第二性原理与知识产权概念》，载《中国人民大学学报》2004 年第 1 期。

⑦ 熊文聪：《司法裁量中的价值取舍与修辞技艺——以著作权法为例证》，载《知识产权》2012 年第 11 期。

场化的利益的有效工具，通过赋予作者以专有权利的方式，给予作者以适当的创作激励。因此，如何及时地介入失灵的作品市场，优先保护作者利益是解释"信息网络传播权"时所要厘清的价值目标。在极其活跃的互联网环境，技术和商业的变革随时可能引发作品利用方式的更迭，若依据传统著作权的静态权利界定模式，以行为方式和手段界定"信息网络传播行为"将使该条款面临僵化的困境。再加之网络环境中，作品复制和传播的边际成本几乎为零，作品的交互式传播行为关乎著作权人的重大利益，若著作权人未能在现有的法律框架内获得及时的救济，将损害著作权法的规范价值。基于此，WCT 第 8 条规定的向公众提供权未使用任何互联网技术特征界定"提供行为"，而是采用"making available"（使……可获得）的效果要件。该条款的立法原意是，以技术中立为原则，涵盖所有可能的交互式传输行为。①

以新传播源理论为逻辑起点所建构的服务器标准仅在技术层面关注设链行为，认为只有将作品上传至服务器的初始提供行为构成信息网络传播行为，这种附加技术限制的行为界定虽然符合产权边界清晰的要求，但却为了追求逻辑的圆满而忽视"向公众传播权"的规范目的。在动态的网络环境中，以行为要件界定信息网络传播行为会天然形成著作权保护的"避难所"，由此催生了滥用设链技术的作品提供行为，②从而对著作权人的利益造成毁灭性的打击。一旦著作权人允许将作品上传至网络空间，其他网站便能通过设置"深层链接"在自己的网站上直接向公众提供该作品，实质替代了著作权人的作品提供行为，剥夺作品市场化利益。正如有法院鲜明地指出，"如果仅从涉案作品是否存储在神马公司的服务器上这一技术角度来判断其行为是否构成网络提供行为……在硬件水平不断提升、云技术不断发展的今天，将很轻易地被服务商规避"。③

---

① 世界知识产权组织：《世界产权组织（WIPO）管理的版权及相关权条约指南以及版权及相关权术语汇编》，第 164 页。

② ［匈］米哈依·菲彻尔：《版权法与因特网》，郭寿康等译，中国大百科全书出版社 2009 年版，第 743 页。

③ 上海知识产权法院民事判决书，（2016）沪民终字第 146 号。

法律主要调整的是人的行为,价值判断和目标取向的规范需求是法律定性的本质,因此,法律认识通常需要源于事实又高于事实。[①] 新传播源理论所界定的"传播行为"是对客观物质世界的本质探寻,认识客观事实只是法律定性的前提,根据规范目标在客观事实裁剪出特定的法律事实,才是解决法律问题的关键。由于法律所直接调整的对象是社会关系而不是技术,对一个行为定性也不能依据技术标准,而应当根据法律规范的内在价值判断行为的客观表现和人的主观状态。[②] 正如有法官指出,"作为一项技术,链接并不违法,也不会构成侵权,但是链接技术不违法不等同于掌握链接技术即设链人的行为便不会违法或不会构成侵权"。[③]

综上所述,传播行为的界定应当以著作权法的规范目的为锚点,基于网络环境的流动性,弹性的信息网络传播权条款能够在市场失灵的情况下,及时地介入作品市场,为作者分配重大的作品利益。设置非跳转型链接的行为将对著作权人的利益造成实质的影响,在 WCT 及其相关立法文件中没有一处明示传输行为必须要形成传播源的情况下,将新传播源标准直接用于解释信息网络传播行为,极大缩限了该条款的适用空间,有违"向公众提供权"的规范目的,[④] 不是对条约的严格的文义解释,[⑤] 忽视了法的第二性特征。

(三)服务器标准未充分考虑交互式传播行为的特性

新传播源理论是区分现场传播行为与远程传播行为,界定非交互式传播行为的有效标准,但并不意味着该标准能够被一以贯之地用于界定信息网络传播行为。

首先,交互式传播行为未能适应前网络时代划分著作权财产权的标准。正

---

① 王艳芳:《论侵害信息网络传播权行为的认定标准》,载《中外法学》2017 年第 2 期。

② 侍孝祥、崔国斌、刘军华等:《网络内容聚合服务的法律问题探讨》,载《知识产权法研究》2017 年第 1 期。

③ 许旭涛:《网络深度链接之侵权界定》,载《人民司法》2010 年第 20 期。

④ 为了有效规制因技术进步所产生的各类作品提供行为,WCT 第 8 条后半段在规定向公众提供权时,采用了技术中立原则,"以无线或有线的方式向公众提供"的表述能够涵盖所有可能的作品提供行为,其中包括以设置"深层链接"提供作品的行为。

⑤ 《维也纳公约》第 31 条规定:"条约应依其用语按其上下文并参照条约之目的及宗旨所具有之通常意义,善意解释之。"

如对 WCT 的权威解释指出，交互式传播行为是一种复合型的行为，既有复制行为的特性，也有类似非交互式传播行为的性质。在数字技术出现之前，著作财产权可以被分为两大类型，分别是与复制有关的权利以及与复制无关的权利（第三种权利类型演绎权与本主题无关）。两者的主要区别在于著作权人向公众提供作品的行为与公众感知作品的行为是否同时发生，复制有关的权利包括发行权、出租权，是向公众提供复制件的行为，公众欣赏作品与著作权人提供作品的时间是有错位的，是典型的"延期"使用行为。与之对应，非交互式传播行为则并不具有"延期"使用的性质，公众仅能够在作品被提供时直接感知作品。互联网技术的出现混淆了两类行为的边界，以边载边播的作品欣赏为例，一方面，公众能够通过电子信号的传输，在服务器提供作品的同时即刻欣赏作品；另一方面，公众能够获得作品的复制件来"延期"使用。① 正是基于交互式传播行为的复杂性，WCT 第 8 条在规定"向公众提供权"时，采用了伞形解决方案，允许各国成员自行选择相应的专有权利予以执行，从而避免了对交互式传播行为的"性质"或"本质"进行争论。②

此外，交互式传播行为与非交互式传播行为虽然均属于传播行为，但两者在效果上存在显著差异，交互式传播行为能够在相当程度上代替对作品有形载体的购买，而非交互式传播难以达到这一效果。③ 由于作品交互式传播对著作权人所造成的影响要远大于非交互式传播行为，美国于 1995 年通过的《录音制品数字表演法》对"交互式"与"非交互式"数字传播给予不同待遇。"非交互式"的服务提供适用法定许可，而对"交互式服务"来说，服务提供者必须就每首录音制品从制作者处获得单独授权。④ 美国众议院在对该法的报告中指出，"交互式服务极有可能对传统唱片的销售产生重大影响，由此对那些靠传统唱片销售

① Mihály Ficsor, *The Law of Copyright and the Internet——The 1996 WIPO Treaties, Their Interpretation and Implementation*, Oxford University Press, 2002, p.498–500.

② ［匈］米哈依·菲彻尔：《版权法与因特网》，郭寿康等译，中国大百科全书出版社 2009 年版，第 725 页。

③ 王迁：《网络著作权专有权利研究》，中国人民大学出版社 2022 年版，第 364 页。

④ Digital Performance Right in Sound Recordings Act of 1995, Public Law 104—39.NOV.1, 1995, 109 Stat.343.

的收益为生的产业将产生巨大的威胁”。[①]

由此可见，交互式传播行为和非交互式传播行为诞生于不同的技术环境，前者是交易成本较低且较为活跃的网络技术环境，后者是具有一定的信息传播门槛且相对稳定的传统技术环境。基于此，一方面，交互式传播行为的方式和手段具有一定的流动性，其随时可能会因为数字技术和商业模式的变革而发生转变；另一方面，交互式传播行为的性质有其特殊性，具有复制行为与非交互式传播行为的双重属性。因此，能否将用于解释非交互式传播行为的新传播源理论一以贯之地用于界定交互式传播行为，令人怀疑。此时，服务器标准的学者可能会主张，两者之所以均要满足“传播源”的要件是因为两者均是传播行为，那么此时仍然需要进一步追问，应当如何界定著作权意义上的“传播行为”？正如前文所提到的，新传播源标准对“传播源”概念的构建基于客观事实的“传播行为”，未考虑著作权的规范目标，是一种较为典型的技术决定论思维。

其次，关于初始传播行为与后续传播行为的因果关系，新传播源理论在分析交互式传播行为与非交互式传播行为时得出自相矛盾的结论，这一点也反映出新传播源理论只能用于界定非交互式传播行为。在界定非交互式的广播行为时，新传播源标准认为，初始传播是否存在并不是认定转播是否形成传播源的必要条件。也即在转播行为的场合，即使初始的无线广播信号突然消失了，仍然不会影响转播者形成新的传播源。[②]这是在说，只要发生了转播，初始传播是否存续，与作品是否被公众接收到没有因果关系。然而，到了“深层链接”的场合，新传播源标准认为，如果没有服务器中提供的作品，即使设置了“深层链接”，公众仍然无法欣赏到作品，这就相当于在“深层链接”的场合承认了初始传播行为（笔者注：上传服务器的行为）与作品是否被公众接收到有了因果关系。在交互式传播中承认初始传播与公众欣赏作品的因果关系，却转而在广播行为中否认这种因果关系，很难说新传播源理论能够无差别地适用于界定交互式传播行为。

---

① House of Representatives Report（H.R.Rep.），No.104-274，at 14.

② 王迁：《论提供“深层链接”行为的法律定性及其规制》，载《法学》2016年第10期。

综上所述，交互式传播行为同时具有复制行为与非交互式传播行为的双重属性，是一种在数字技术时代下所诞生的复合行为。与传统的作品利用行为不同，交互式传播行为的方式和手段不是单一且静态的，其会随着技术和商业环境的变革而发生转变。在作品传播的边际成本几乎为零的网络环境中，交互式传播行为关乎著作权人的重大利益。依据新传播源理论解释"交互式传播行为"不仅会产生自相矛盾的观点，也会僵化信息网络传播权条款的适用，为著作权人提供极为有限的保护，有违著作权法优先保护作者利益的规范目标。

三、"深层链接"行为的定性应当区分技术中介行为与内容提供行为

（一）信息网络传播权的扩张是著作权利益再分配的结果

"深层链接"行为定性所引发的关于信息网络传播行为界定的讨论本质上是在问应当如何确定著作权法的保护范围。正如有学者指出，"事物的起源和演变是个从简单到复杂的过程，只要把这个过程讲清楚，不仅事物表面上的复杂性可以迎刃而解，事物的深层结构也能随之暴露出来"。[①] 基于此，本文首先将遵循"还原"的理念，从著作权法的历史演进中探寻著作权扩张的历史逻辑，以此探究著作权法的规范目的。其次通过对比现实环境与网络环境的差异，立足于著作权法的规范目的，探讨以效果要件在动态中界定信息网络传播权的合理性。

1. 不同作品利用行为所产生的经济效果决定了著作权权利边界的划定

著作权法的演变史亦是一部技术变革史和商业竞争史，书商们的利益诉求是推动著作权制度发展的动力起源。[②]17 世纪末期，活字印刷术的发明和图书商品市场的发展共同建构了以复制权为核心的著作权体系。在资本主义的市场经济的推动下，图书逐渐成为资本市场的交易对象，但由于印刷技术的发展极大程度地降低了作品复制的成本，书商们在作品市场失去了原有的先占优势。面对市场环境的变革，书商们为了能够继续维持图书交易秩序，起初通过游说

① 桑本谦：《法律简史——人类制度文明的深层逻辑》，生活·读书·新知三联书店 2022 年版，第 157 页。

② 黄海峰：《知识产权的话语与现实——版权、专利与商标史论》，华中科技大学出版社 2011 年版，第 1 页。

的方式设立了特许出版制度。在该制度被废除后，书商们开始重新为其权利寻找新的源头，《安妮女王法令》由此诞生，该法案是著作权法的雏形。由此可见，著作权法的制度功能在于通过限制竞争的方式，维系书商在市场中的竞争优势，以此调节市场失灵的现象，以此弥补作者的创作成本以及商人的投资成本，从而激励持续的创作和投资。

随着技术变革，信息传播的边际成本不断降低，以作品为交易对象的市场从特定地域扩展到全球范围，复制和传播作品的行为主体从具有技术和资金支持的商人扩张到一般公众，著作权的权利内容也从单一的复制权发展到如今冗长的权利清单。概言之，科学技术的进步相伴着著作权扩张的历史步伐。17 世纪末，活字印刷术的发明使作品的复制成本大幅降低，但由于作品的复制和传播仍然需要一定的技术和资金支持，只有有限的主体能够实施作品的复制和传播行为，此时著作权的权利条款只有复制权。在 20 世纪中期，录音录像技术、广播、电视被相继发明，作品复制和传播的边际成本进一步降低，公众能够以较低成本实施作品的复制和传播行为，著作权法的保护开始介入私人领域。在这一时期，为了有效调和著作权法保护与私人行动自由的紧张关系，著作权法采用多元的手段以回应技术的变革，或是设置扩张著作权设置新的权利，如表演权、出租权、广播权、转播权等，或是设置强制许可机制的方式，如录音制度的法定许可等，以此弥补市场利益变革对著作权人所产生的不利影响，但始终遵循一个原则，即著作权的扩张并不介入公众对作品的终端消费行为。① 如今，以互联网为龙头，由信息技术所带动的第三次革命又对著作权带来新的冲击，在网络环境中，作品复制和传播的边际成本几近为零，任何掌握上网技术的用户都能够实施作品的传播行为，以作品为交易对象的市场和公共行动自由的空间浑然一体，著作权法保护与私人行动自由的紧张关系使著作权法的实效性面临着严峻的考验。② 如何在不过度介入私人领域的同时保证著作权人的利益，成了著作权法面临的重大挑战。由于网络环境下信息的边际传播成本几乎为零，为

---

① Lawrence Lessig, Code: version 2.0, Basic Books, 2006, p.173.

② 李扬：《著作权法的四次浪潮及其司法回应》，载《人民论坛》2019 年第 28 期。

保障著作权人在网络环境中的利益，著作权将面临新一轮的扩张，不介入终端消费行为的理念被打破，权利用尽原则不再适用信息网络传播权。在该时期，著作权法逐渐以信息网络传播权为核心，并承认著作权人所采取的技术保护措施、点击生效合同等私力救济措施。

纵观著作权法扩张的历史逻辑，基本遵循如下思路：技术进步不断降低作品复制和传播的边际成本，假设在完全竞争的市场环境中，作品的价格将趋于作品传播和复制的边际成本，为了保障作者在作品市场中收回其创作作品的固定成本和投资者在作品市场中投资成本，著作权法通过权利的扩张来进一步限制作品市场的竞争，使著作权人能够具有一定的“垄断地位”，以合理的定价获得市场利润，从而激励作品创作和传播。① 换言之，著作权制度是应对市场失灵的有效补救措施，在作品市场未能有效配置资源时及时介入市场，确认、分配作品市场化的利益。② 优先保护著作权人的利益是著作权扩张的历史逻辑，因为在著作权的框架下，作品市场的可持续发展应当以保护著作权人的利益为前提，通过赋予作者专有权利激励作者创作，以此抵消著作权制度所带来的社会成本。因此，在著作权法的理论框架下，作者、作品市场运营者的利益与公众的利益是一致的，因为有序、稳定的作品市场才能以合理的价格持续地向公众提供新作品，满足公众欣赏作品的需求，③ 同时可预见的回报能够激励更多作品市场运营者向作品市场投资，鼓励作品的创作，随后产出更多优质的作品反哺公众，

---

① Richard A.Posner, *Intellectual Property: The Law and Economics Approach*, 19 Journal of Economic Perspectives 57(2005), p.72-73.

② 市场失灵主要有两类情形，分别是“市场障碍”(market malfunction)和“市场限制”(market limitation)。第一，市场障碍是指市场机制能够在该领域进行资源配置，但是由于缺少必要的市场条件而导致市场机制无法发挥作用情况；第二，市场限制指的是市场机制本身未能提供解决争议的适当标准(即使市场条件是完美的)的情况，即在该领域市场无法达到资源的有效配置。在存在市场障碍或市场限制时，人们不能依靠市场来分配资源，法律必须对市场进行一定程度的介入，以弥补市场的不足。著作权的权利扩张一般基于“市场限制”；而著作权法中的其他措施，如法定许可，则是基于“市场障碍”。See Wendy J.Gordon, Excuse and justification in the law of fair use: commodification and market perspectives, The Commodification of Information: Social, Political, and Cultural Ramifications(Neil Netanel and Niva Elkin-Koren, eds.)(Kluwer International, 2002), p.2.

③ See Jaszi.Peter, *Toward a Theory of Copyright: The Metamorphoses of Authorship*, 1991 Duke Law Journal 455(1991), p.501.

如此形成一个良性循环。

综上所述，技术革命与著作权法的演进具有大致相同的历史脉络，著作权法与作品经济市场具有内在联结。著作权扩张的历史逻辑在于以保护著作权人的利益为前提，在出现市场失灵时及时介入市场，确认、分配作品市场化的利益。著作权的权利边界的划定取决于利用作品行为所产生的经济效果，当某个作品利用行为所产生社会福利主要源于著作权人，且由著作权人控制该行为不会产生高昂的交易成本时，该作品利用行为应当纳入著作权专有权的范畴。

2. 网络环境下的内容提供行为应当纳入著作权专有权利的控制范畴

19 世纪中期，互联网技术的发展开创了一个全新的场域，网络环境和传统技术环境的差异使两个版权市场呈现不同的特征：首先，著作权扩张的方式不同。在网络时代之前，技术的发展使作品的传播不断延伸至新的领域，新利益的出现关乎权利的确认，增设新的权利是著作权扩张的主要方式。与之对应，网络环境下著作权问题的重点不在于权利的认可，而在于权利的实现，[①] 即如何在信息流动的网络空间中有效控制作品的利用，使著作权人能够从作品的传播中获得相应的利益。由此可见，传统技术环境下，作品利用行为的方式和手段是相对固定的，当产生一项新技术时，往往会衍生出新的作品利用行为，增设新的权利内容是著作权制度适应特定的技术和社会环境的方式。在网络环境中，交互式传播行为的方式和手段会因技术和商业环境的变革而发展出新的样态，为实现著作权的规范目标，著作权制度的自我调节机制需要依赖弹性的信息网络传播权才能予以实现。

其次，作品传播主体的差异。传统技术环境下的作品传播成本相对较高，传播作品需要有相应的技术与资金条件，因此只有有限的主体能够进行公开传播。此外，受到交易成本的限制，著作权的扩张始终遵循不控制终端消费的原则。因此，著作权制度对私人行动自由的干预较为有限。但在网络环境下，作品传播的主体是复杂且庞大的，包括网络服务提供商、用户、作品运营商等。[②]

---

① 李琛：《著作权基本理论批判》，知识产权出版社 2013 年版，第 50 页。

② Lemley, Mark A.&Weiser, Philip J., *Should Property or Liability Rules Govern Information?*, 85Texas Law Review 783 (2007), p.803.

网络环境中作品的交易成本极大降低，著作权人能够依靠技术手段以精细化的方式为多样化作品利用行为定价，如歌曲的在线播放服务与下载服务的费用可能是不同的，用户可以根据需求与交易系统进行谈判，支付相应的价格。相较于在传统技术环境下，著作权人只有一次机会从特定复制件的销售中获得收入，网络环境中差别定价的好处是避免了单一定价的无效率，从而能为用户提供更低廉、合理的作品价格。[①]但这也意味着，在网络环境下，著作权将会进一步扩张从而涉及私人行动自由的领域。

最后，作者与市场运营者的关系不同。在传统的版权市场，作品能否进入市场要受到出版商、唱片公司、有线广播电视台等作品市场运营商的限制。但互联网环境为作者提供了更低廉的作品发行渠道以及更巨大的市场前景，作者能够直接在网络空间上传作品，与终端的消费用户进行交易，不再受地域限制的作品市场向世界范围予以扩张。[②]因此，在网络环境下，市场运营者的干预是相对有限的，作者和网络服务提供商之间的关系将更为直接，著作权的扩张意味着作为利益之源的作者将享有更广泛的利益。

通过上述的差异比较可以看到，无论是著作权制度应对外部的技术和商业环境的自我协调机制，还是网络作品市场的传播主体和利益结构，都体现了在活跃的网络空间下，创设弹性的权利条款比传统的静态权利规制模式更加符合现实需求。具体来说，若同类纠纷经常发生，比起司法的个案判定，通过立法提前预见特定的法益，依靠场景原则制定具体的规制，将使制度的运行更为高效。与之对应，若同类纠纷相对较少，且未来可能出现的情形较难预测，那么此时制定弹性的规则，在司法中进行个案判定则是更为有效的。[③]在网络环境中，交互式传播行为的方式和手段不是单一且静态的，其随时可能因为技术和商业模式的变革而发展出新的样态，动态的网络作品市场不再具有适用场景原则的正当

---

① ［美］保罗·戈斯汀：《著作权之道：从谷登堡到数字点播机》，金海军译，北京大学出版社 2008 年版，第 202 页。

② ［美］劳伦斯·莱斯格：《思想的未来》，中信出版社 2004 年版，第 128–140 页。

③ ［日］田村善之：《田村善之论知识产权》，李扬等译，中国人民大学出版社 2013 年版，第 136 页。

性。因此,为了避免僵化权利条款损害对作者创作作品的激励和从作品市场中获取利益的机会,著作权法应遵循以保护作者利益为前提的逻辑,通过建构弹性的信息网络传播权,"将所有具有或者可能具有重大的经济或实际重要性的作品利用方式,保留给作者"。①

对设置"深层链接"的行为来说,该行为对著作权人所造成的利益损害是有目共睹的。② 非跳转型链接的设链者能够以几乎为零的成本在其网站上向公众提供作品,从而实质替代著作权人及被许可人对作品内容的提供行为,从中获取作品传播的利益。③ 该行为便是因技术和商业环境变革所产生的新的作品利用行为,在效果上既严重损害了著作权人的利益,又破坏了版权市场的秩序,且对社会福利的增加极为有限的情况下,法律应当及时介入,及时遏制该类行为对版权市场所带的不良影响。

(二)采取必要措施是"向公众提供权"的题中应有之义

由于我国对"信息网络传播权"的规定直接来源于 WCT 第 8 条④ 的后半段,因此在国际条约中如何解释"向公众提供权"直接影响着国内立法对信息网络传播权边界的确定。⑤《基础提案》第 10.10 目对向公众提供行为的解释"相关行为是通过提供对作品的访问途径(by providing access to it)而使作品进入可以获得的状态"。⑥ 由此可见,"向公众提供行为"要满足两个要件:在行为上提供有效的作品访问路径,在结果上使公众获得作品。

WCT 草案的第 3 条和第 10 条在涉及交互式向公众提供行为时采用了相

---

① [匈]米哈依·菲彻尔:《版权法与因特网》,郭寿康等译,中国大百科全书出版社 2009 年版,第 408 页。

② 我国对"深层链接"行为的分歧不在于是否要追究其法律责任,而是在于如何追究。由此可见,对设置"深层链接"行为的不法性和可责性是达成一致意见的。

③ 石必胜:《论链接不替代原则——以下载链接的经济分析为进路》,载《科技与法律》2008 年第 5 期。

④ WCT 正式文本的第 8 条所对应的是 WCT 草案的第 10 条。

⑤ 张建华主编:《信息网络传播权保护条例释义》,中国法制出版社 2006 年版,第 6–7 页。

⑥ See WIPO, Doc.CRNR/DC/5, Basic Proposal for the Substantive Provisions of the Treaty on Certain Questions Concerning the Protection of Literary and Artistic Works to be Considered by the Diplomatic Conference, para.10.10.

同的表述，[①] 根据体系解释，WCT 草案第 3 条所提到的“交互式提供行为”和第 10 条所涉及的“向公众提供权”应当具有相同的内涵。换言之，《基础提案》对 WCT 草案第 3 条的解释也同样可以用来理解 WCT 草案第 10 条。

首先，根据《基础提案》第 3.12 目对“作品提供行为”的正面解释，有效的作品提供行为应当采取“必要措施”，即要求因提供作品访问路径所实施的技术手段要与作品提供效果之间具有直接关联。《基础提案》第 3.12 目指出，行为人“对作品采取了必要措施使其进入公众可获取状态……‘必要措施’术语是为了强调这些步骤对公众获得作品是必不可少（conditio sine qua non）的条件。仅仅是链接或者提供路由的行为是不够充分”。[②] 根据该解释，“必要措施”要件不仅在事实层面上考察了所实施的技术手段，同时关注利用技术手段的行为与作品提供效果之间的关系。只有当采取该技术手段对促成公众获得作品的作用力足够明显时，该技术手段才构成“必要措施”，这就要求利用该技术手段的主要目的在于向公众提供作品。

其次，为促进作品传播而提供信息存储、定位服务等技术中介行为的，不满足“必要措施”的要件。根据《基础提案》第 10.10 目对“提供对作品访问路径”的解释，“有意义的是使作品被公众获得的初始行为，而不是单纯提供服务器空间、通讯连接或为信号的传输或路由提供便利的行为”。[③] 该条目以列举的方式将纯粹地为作品传播提供便利的技术中介行为予以排除，指出该类行为并不属于“提供作品访问路径”的有效行为。此外，WCT《议定声明》第 8 条第 1 句也表达了相同的意思。[④] 由此可知，技术中介行为促进了作品的传播，为公众获得

① WCT 草案第 3 条规定了交互式向公众提供作品构成已出版作品，WCT 草案第 10 条规定了应当用向公众提供权规制交互式向公众提供行为。

② See WIPO, Doc.CRNR/DC/4, Basic Proposal for the Substantive Provisions of the Treaty on Certain Questions Concerning the Protection of Literary and Artistic Works to be Considered by the Diplomatic Conference, para.3.12.

③ See WIPO, Doc.CRNR/DC/4, Basic Proposal for the Substantive Provisions of the Treaty on Certain Questions Concerning the Protection of Literary and Artistic Works to be Considered by the Diplomatic Conference, para.10.10.

④ WCT《议定声明》第 8 条第 1 句指出：“不言而喻，仅仅为促成或进行传播提供实物设施不致构成本条约（WCT）或《伯尔尼公约》意义下的传播。” See WIPO, Agreed Statements concerning the WIPO Copyright Treaty adopted by the Diplomatic Conference on December 20, 1996, p. 2.

作品提供了帮助,但由于其能够增进网络空间中信息传递的效率,不构成传播行为。为了防止不合理地增加该类技术中介服务商的审查义务,从而保障信息传播的便利与自由,各国著作权法采取的统一做法是,只有在网络服务提供商具有主观过错且存在直接侵权行为的情况下,认定其提供的技术中介行为构成间接侵权。

对技术中介行为与作品提供行为的划分是为了平衡网络服务商与著作权人之间的利益,实现社会总福利的增进。技术中介行为旨在为作品的传播提供支持和技术帮助,该行为能够实质促进作品传播的效率,对社会福利的增进发挥积极作用,公众最终获得作品只是基于该技术支持被动形成的结果。① 基于此,提供技术中介服务的网络服务提供商仅需要承担间接侵权责任。与之对应,作品提供行为旨在促进公众获得作品,作品的市场化利益源于公众对作品的消费,是作者获得创作激励的主要渠道。因此,市场中具有较大利益的作品利用行为都应当被视为作品提供行为,未经许可实施作品提供行为的构成直接侵权行为。当一个行为兼具作品提供和技术中介的双重性质时,应当首先考察其中的技术中介功能是否在促进作品传播上是微不足道的或具有其他可替代的方案;若答案是肯定的,那么该行为对社会福利的促进主要源于公众对作品的消费,即作品提供行为,该行为应当获得著作权人的许可。

综上所述,在网络环境中,判断某一利用技术手段的行为是否满足"必要措施"的要件,构成"作品提供行为",关键在于考察利用该技术手段的目的及效果,技术中介行为以提供安全顺畅的信息服务为目标,作品提供行为以提供丰富优质的内容资源为根本。② 前者对内容和传播方式的干预程度较低,构成间接侵权;反之,后者对内容和传播方式的干预程度较高,构成直接侵权。

(三)现行法所提供的免责事由是网络互联互通的实现径路

主张服务器标准的学者认为,以效果要件界定信息网络传播行为将误伤许多利用链接技术的正当行为,阻碍以链接技术为核心的商业模式创新,不利于

① 刘文杰:《信息网络传播行为的认定》,载《法学研究》2016 年第 3 期。

② 黄汇、刘家会:《网络聚合平台深层链接著作权侵权责任的合理配置》,载《当代法学》2019 年第 4 期。

建构未来开放的互联网环境。[①] 对此，笔者认为，一方面，弹性的信息网络传播权条款并不意味着该条款的适用范围能够被无限扩张，仍然要以著作权法的规范目标为指引，考察深层链接行为的经济效果，界定信息网络传播行为。另一方面，现行法中的免责事由，包括基于网络实践的默示规制和合理使用制度，能够在一定程度上限制信息网络传播权的扩张，协调网络空间中信息的自由流通。笔者将聚焦于现有制度下的免责空间，探寻网络空间中互联互通的实现径路。

首先，默示许可制度是实现网络环境下利益平衡的有效机制。该机制所采用的是一种“选择退出”机制，即在著作权人将作品上传至网络空间，且未声明禁止他人传播或设置相关技术措施的情况下，推定其默示同意作品在网络空间被自由利用。[②] 这一机制以效率原则与信赖理论为核心，将网络环境中所形成的行业惯例、常识性理念作为指引，有效契合网络环境下的作品使用方式，使海量作品的复制和传播都无须经过著作权人的明确授权即可在网络环境中被自由传播，保障了网络空间作品传播的开放性、自由性。

一方面，默示许可机制能够使网络空间中的作品利用行为更具有可预期性，更符合网络版权市场的商业现实。默示许可机制依托于技术的发展与商业惯例的形成，因此该制度的诞生就意味着其已经建立了一定的技术支持和社会共识，有效地保障了该制度的运行。目前，默示许可机制已经成为搜索引擎行业的惯例与产业标准，[③] 较为典型的默示许可机制包括“Robot 排除协议”[④]、元标记（meta-tags）[⑤] 等，著作权人、被许可人能够基于自己的意愿选择其作品在网络环境中被利用的方式，并有效率地将该信息向搜索引擎的服务商传达。另一方面，默示许可制度关注著作权人的意图，能够使著作权人根据自己的意愿

① 王迁：《论提供“深层链接”行为的法律定性及其规制》，载《法学》2016 年第 10 期。

② 李捷：《论网络环境下的著作权默示许可制度》，载《知识产权》2015 年第 5 期。

③ 吕炳斌：《网络时代的版权默示许可制度——两起 Google 案的分析》，载《电子知识产权》2009 年第 7 期。

④ 网站可以创建一个名为“robots.txt”的文件告知搜索引擎允许网站中搜索的部分，可适用整个网站。

⑤ 网站可以在每个页面上加入元标记告知搜索引擎可以如何使用此页，仅适用于单个网页。

行使权利，有助于实现网络版权市场的利益平衡。数字化的作品在网络空间中能够以不减损质量的方式被广泛复制、传播，著作权制度的排他性、封闭性在网络空间中面临前所未有的挑战，著作权人的利益也受到广泛的影响。默示许可制度能够让著作权人自由地选择是否参与默示许可机制，给予了著作权人根据市场衡量是否发放免费许可的空间，当作品广泛传播的利益远大于著作权人仅通过自己的渠道传播作品所获得受益时，著作权人自然会发放更多的免费许可，从而有效保障了网络版权产业的利益诉求。

其次，合理使用的“适当引用”条款是对默示许可制度的有益补充。如果说默示许可制度能够使用户转发部分作品的行为免于著作权侵权责任，并排除符合行业惯例、产业标准、以提供搜索引擎服务为主要目的设链行为，那么合理使用的“适当引用”条款能够涵盖网络环境中以“戏仿”为代表的诸多用户二次创作行为，从而使用户能够在特定情形下自由地利用作品，充分的作品利用有益于增进社会福祉。此外，有学者通过解释论的视角将“转换性使用”的抽象规则嫁接到适当引用条款之上，并结合“三步检验法”的基本原则，从而有效地扩张了我国封闭的合理使用体系。①“转换性使用”规则的本土化极大地扩展了“思想”市场自由利用的空间，当公众的作品利用行为并未替代原作品的市场，且该作品利用行为所带来的价值超过对著作权人所造成的损害时，该行为就构成“转换性使用”。②可见，对转换性使用的考察仍然植根于某一利用行为所产生的经济效果。

“转换性使用”制度的建构以维护言论自由、社会公益等公共政策为目标，能涵盖多样的作品利用行为。在“Campbell 诉 Acuff-Rose Music 案”中，2 Live Crew 乐队想要改编歌曲 *Oh Pretty Woman*，便向该歌曲著作权人阿库夫·罗斯音乐公司提出许可使用的授权，但却遭到该公司的拒绝。随后，2 Live Crew 乐队仍然创作了该歌曲的说唱版本，该版本借用来源曲的部分旋律，并以戏仿的

---

① 熊琦：《著作权转换性使用的本土法释义》，载《法学家》2019 年第 2 期。

② ［美］克里斯蒂娜·博翰楠、［美］赫伯特·霍温坎普：《创造无羁限：促进创新中的自由与竞争》，兰磊译，法律出版社 2016 年版，第 190 页。

方式改编了歌词的内容，形成了讽刺原曲浪漫情调的效果。① 在该案中，美国联邦最高法院指出，一些以“促进科学和实用艺术的进步”为目的的版权材料的利用行为应当构成合理使用。② 此外，由于交易成本过高所导致的市场失灵情形也能由“转换性使用”规则予以涵盖，以“Estate of Smith 诉 Cash Money Records 案”为例，该案中，被告 Drake 在未经授权的情况下，在他 2013 年发表的歌曲 *Pound Cake* 中复制了 *Jim Smith Rap* 里的一段音乐，这一私人复制的行为未被法院认定为侵权，理由是 Drake 在其歌曲中引用这段音乐的目的与原作创作目的截然不同，构成“转换性使用”。③ 在这一情形中，虽然被告具有获得原告许可的可能，但由于私人复制若需要一一获得许可，将会导致极高的交易成本，法院将该情形认定为合理使用。

当“转换性使用”的规则被“适当引用”条款所吸收时，“适当引用”条款在网络空间便具有了广泛的应用场景。一方面，能够利用该条款限制专有权利以此实现言论自由、社会公益等价值。在该条款下，无论是“介绍、评论某一作品或者说明某一问题”的外延，还是“适当”引用的要求都具有自由裁量的解释空间。只要作品利用行为有利于社会总福利的增长，大量涉及公众行动自由的行为便能够在该条款下被予以涵摄。因此，当用户基于免费分享、引用说明或表达观点等目的，以设置非跳转链接的方式传播作品时，法院便能够依据该条款所蕴含的言论自由的价值，豁免公众“引用”整部作品的行为。另一方面，当某一使用作品的行为具有较高的交易成本时，该行为也可以根据“适当引用”条款予以豁免。

需要注意的是，“适当引用”条款虽然能够豁免大量用户基于言论自由而设置非跳转链接的行为，但由于我国合理使用制度所采用的封闭模式，仅有“适当引用”条款的合理使用制度是远远不够的，在未来仍然有必要对合理使用的具体情形予以扩展，甚至可以建构一般性的合理使用条款，以此涵盖多样的合理

---

① See Campbell v.Acuff–Rose Music, Inc., 510 U.S.569, at 583.

② See Campbell v.Acuff–Rose Music, Inc., 510 U.S.569, at 575.

③ See Estate of Smith v.Cash Money Records, Inc., 253 F.Supp.3d 737, 2017 Copr.L.Dec.P 3 1105 (S.D.N.Y.2017).

使用情形。服务器标准的学者“因为合理使用提供的免责范围不足而限缩直接侵权的范围，这相当于为了固守一个错误而犯下另一个错误”。①

综上所述，推翻服务器标准，以效果要件界定信息网络传播权并不会损害网络环境的互联互通，基于商业实践的默示许可规则和合理使用制度能够制约信息网络传播权的过度扩张，协调著作权制度的排他性、封闭性与网络的开放性、自由性之间的紧张关系，保障信息的有序流通和公众的行动自由。

四、结论

对深层链接行为的定性关乎网络环境中作品市场的利益分配，因此，不能“一刀切”地否定所有以深层链接技术为核心的作品利用行为构成著作权直接侵权的可能，而应当结合具体的商业环境和技术手段在动态中考察特定条件下的深层链接行为。当深层设链行为给著作权人的预期市场利益带来实质损害，未能促进作品创作和传播时，在缺乏任何免责事由的情况下，应当由著作权直接侵权予以规制。

一方面，以效果要件界定信息网络传播行为更能满足动态网络环境中的现实需求。与传统的版权作品市场不同，在动态的网络环境中，交互式传播行为的方式和手段不是单一且静态的，其会随着技术和商业环境的变革发展出新的样态。因此，基于著作权法的规范目标，在动态中界定信息网络传播行为能够及时为著作权人提供救济，将那些对著作权人利益有实质影响的作品传播行为纳入信息网络传播权的范畴，从而激励作品创作和传播。这也是 WCT 采用技术中立原则设定“向公众提供权”的原因。

另一方面，以信息网络传播权条款规制深层链接的行为并不会阻碍网络环境的互联互通。虽然大量交互式传播行为是由公众实施的，涉及私人行动自由的领域，但是现行法的其他制度、商业实践惯例的默示许可规则和合理使用制度，能够限制信息网络传播权的过度扩张，保障网络空间中公平有序的作品流转秩序，也为行动自由保留了空间。

① 蒋舸：《论著作权法的“宽进宽出”结构》，载《中外法学》2021 年第 2 期。

就当前的网络作品市场来说，根据公众能否直接在设链网站上获得作品，"深层链接"可以分为跳转型与非跳转型两类，设置跳转型链接的行为并不会对著作权人的作品市场产生实质替代效应，不构成著作权直接侵权行为。反之，设置非跳转型链接的行为损害了著作权人的预期市场利益，未能促进作品创作，且在促进作品传播的效果上可被跳转型链接等同替代，对社会福利的增进有限，在没有其他免责事由的情况下，该行为应当构成信息网络传播权的直接侵权。

计算机软件案件知识产权法律问题研究

——以促进软件产业创新发展为视角

江苏省高级人民法院知识产权庭（民三庭）课题组 *

“数字经济是全球未来的发展方向”。近年来，以数字技术和数据要素为核心的数字经济以其高创新性、强渗透性、广覆盖性，成为现代经济体系中不可或缺的一部分，对促进经济高质量发展产生重大影响。习近平总书记多次就数字经济发展和全球数字治理提出倡议。软件行业作为数字经济领域的领头羊，增速已经赶超互联网行业，随着“网络强国、数字中国”等国家信息化战略部署的深入推进，软件行业对经济社会高质量发展的支撑引领作用日益凸显。2020年，全国软件和信息技术服务业规模以上企业40308家，累计完成软件业务收入81616亿元，共登记计算机软件著作权1722904件，登记总量连续四年均增长超过20万件。其中，江苏省软件业务收入和软件著作权登记量均居全国第三，占全国软件行业总收入的比重为13.3%。① 近年来，江苏法院审结了一批在全国有影响的涉计算机软件案件，对于明确软件著作权侵权认定思路，规范软件交易秩序，提升软件开发质量，推动产业振兴等发挥了积极作用。为进一步充分发挥审判职能，梳理总结裁判规则，提升涉计算机软件案件审判质量，推动高价值软件创新，助力“卡脖子”技术攻关，促进产业规范、高质量发展，开展本课题调研。课题组由省法院知识产权庭、南京知识产权法庭、苏州知识产权法

---

* 课题组成员：汤茂仁，江苏省高级人民法院知识产权庭庭长；袁滔，江苏省高级人民法院知识产权庭副庭长；顾正义、张长琦、唐静，江苏省高级人民法院知识产权庭法官；刘方辉，南京知识产权法庭副庭长；赵瑞琪，南京知识产权法庭技术调查官；李昕玥，苏州知识产权法庭法官助理。

① 江苏省软件行业协会编：《江苏软件与信息服务业年鉴（2021卷）》。

庭法官及法官助理联合组成。课题组查阅了立法现状、全省法院近五年的涉计算机软件案件以及最高人民法院和广东、北京等地法院审结的相关案件，至江苏省软件行业协会与协会人员及部分软件企业进行座谈走访，了解软件行业发展现状、软件企业的司法需求及困惑，经对上述调研素材综合分析研究后撰写完成本研究报告。

一、江苏法院计算机软件案件概况及特点

2017 年 1 月，南京、苏州知识产权法庭成立，跨地区集中管辖包括全省涉计算机软件案件[①]在内的技术类案件。五年来，两法庭审理涉计算机软件案件共计 1342 件，除 2020 年因受疫情影响受理案件数量略有下降外，整体呈逐年递增趋势。其中，2021 年为 409 件，同比增长最多，为 56.7%（参见图 1）。

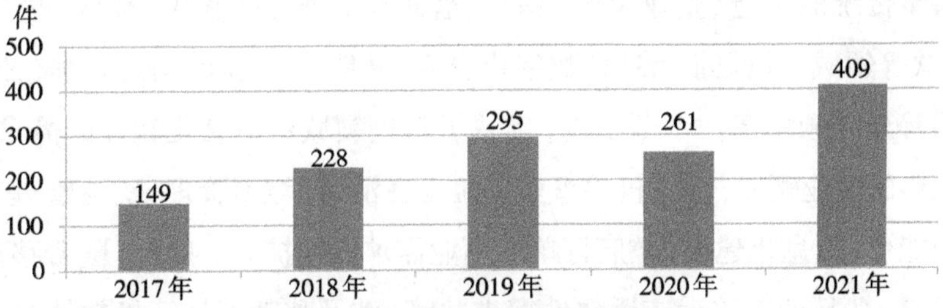

图 1　近五年计算机软件案件年度分布

审结的涉计算机软件案件多以调解、撤诉方式结案。其中，准予撤诉及按撤诉处理 503 件，调解 302 件，判决 356 件，裁定驳回起诉或移送其他法院处理 26 件。以调解和撤诉方式结案的案件共有 805 件，占比达 68%（参见图 2）。当事人调解意愿较高，侵权人往往通过与权利人达成一揽子调解或正版化采购协议解决争端。

---

① 此次调研主要是以南京和苏州两个知识产权法庭跨区域集中管辖审理的计算软件案件为样本，未包括部分江苏省其他法院受理的名为技术合同纠纷，实为计算机软件合同纠纷案件。

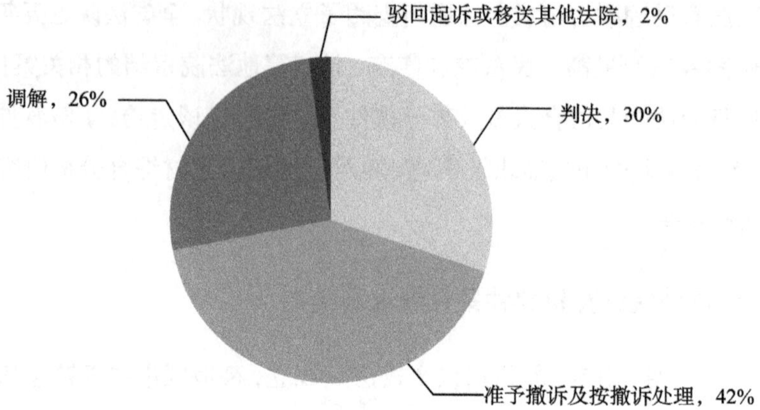

图 2　计算机软件案件结案方式

涉计算机软件案件呈现以下特点：

1. 从领域来看，涉新兴领域案件不断增长。近年来涉计算机软件案件已不再局限于传统的制造（企业生产、销售、管理等）、服务（家政、教育、物流）、零售、餐饮等领域，涉医药、游戏、数字化农业、新能源、生命科学、光学、云计算、物联网等新兴领域案件不断出现，反映了新兴领域对信息化软件的需求上升。除了纯粹的商业领域，部分机关事业单位也在消防、城市管理、交通管理等领域展开智能化、信息化建设，政府订单的商业需求不断扩大。此外，随着移动互联网的发展，各行业对移动应用软件需求井喷，涉及移动端计算机软件合同纠纷明显增长。通过案件发现，新能源充电桩 App、数字化农业 App、光学仪器实验 App、居家养老综合性 App、智能健身房模块、社区综合服务管理信息化平台、智慧教育教师服务空间平台等促进数字化场景融合应用的人工智能技术和通用软件开发在不断加快推进。

2. 从地区来看，案件主要集中于南京、苏州两地。知识产权案件作为地区经济发展的“晴雨表”，案件数量和类型与地区经济发展状况、科技创新能力等紧密相关。软件产业蓬勃发展也导致本地涉计算机软件案件数量不断增加。2020 年江苏共有 5768 个软件产品通过评估，数量位居全国第一，其中过半软件产品出自南京[①]。南京已形成以“一谷两园”等国家级园区为重点，以徐庄、建

① 江苏省软件行业协会编：《江苏软件与信息服务业年鉴（2021 卷）》。

邺、鼓楼高新区等省级软件园、互联网产业园为支撑的集聚发展格局。同样，苏州经济发达，科技创新能力较强，软件产业发展迅速，涉计算机软件案件占比较大。五年内南京知识产权法庭新收涉计算机软件纠纷案件 843 件，占技术类案件 19.8%；苏州知识产权法庭新收涉计算机软件纠纷案件 499 件，占技术类案件 10.9%（参见图 3）。

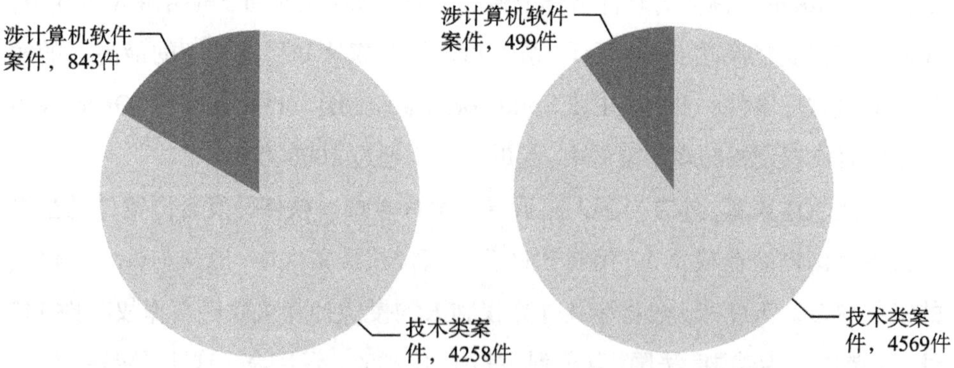

（a）南京知识产权法庭　　（b）苏州知识产权法庭

图 3　计算机软件案件在技术类案件中的占比

3. 从类型来看，主要以软件开发合同和软件著作权侵权纠纷为主，开发合同纠纷增长迅速、占比大。两法庭审理涉计算机软件开发合同案件 928 件，占全部计算机软件类案件的 69.2%，反映出基于传统产业智能化升级改造，各地产业数字化转型升级中存在巨大工业软件需求，引发软件开发相关纠纷频发。更为重要的是，以上案件的争议焦点主要集中于完成的开发功能是否达到验收标准的争议，需要查明的功能点数量通常较多。例如，在苏州知识产权法庭审理的某企业管理系统开发合同案[①]中，双方当事人争议的功能点多达 126 项，包括合同内需求 94 项，合同外需求 32 项。在该法庭审理的涉 BI 系统开发合同案[②]中，当事人提出的系统报错问题共计 39 项，每一项均需要进行细致、专业的分析和鉴定，案件审理难度大。

4. 从标的额来看，大标的额案件上升趋势明显。大标的额案件的不断增

① 江苏省苏州市中级人民法院民事判决书，(2019)苏 05 知初 1220 号。
② 江苏省苏州市中级人民法院民事判决书，(2019)苏 05 知初 507 号。

加反映了当事人知识产权保护意识增强,客观上也符合创新要素高度活跃所应匹配的高保护需求。2017年以来,立案标的额为100万-500万元的案件204件,500万-1000万元的案件41件,1000万元以上的案件18件。其中,2020年及2021年两年大标的额案件增长态势尤为显著,各标的范围区间案件均大幅增长。从案件类型来看,大部分的软件开发合同案件的标的额在100万元以下,高标的额的案件多为软件著作权侵权案件。如在《传奇》网络游戏案件中,权利人起诉金额高达9900万元,系苏州知识产权法庭目前受理的最高标的额的计算机软件案件。此外,在涉Solidworks系统、HyperMesh软件、Genesis系列软件著作权侵权的多起案件中,起诉金额均超过1000万元。

5. 从主体来看,外方当事人起诉侵权案件较多。软件开发合同案件的当事人大多为国内企业或个人,但在软件著作权侵权类案件中,原告为外方当事人的案件较多。五年来,全省涉及外方权利人的侵害计算机软件著作权案件117件,主要国家为美国、法国、以色列、韩国、比利时、芬兰等。这些"涉外"当事人普遍拥有国际领先技术或相应市场支配地位,足以利用其所建立的供应网络、销售网络遏制其他同业竞争者的经营活动。所涉软件除Windows等办公软件外,其他为工业应用软件,被告均为制造业企业。涉及的软件主要有美国企业中MSC公司的Nastran、Patran、Marc、Adams、Dytran等系列软件,澳汰尔公司的HyperWorks软件,欧特克公司的Autodesk 3ds Max,西门子产品生命周期管理软件有限公司的NX系列软件,芬兰企业Trimble公司的Tekla Structures系列软件,瑞士企业奥德富公司的AutoForm系列软件,法国企业达索公司的CATIA,以色列企业锋铼公司的Genesis系列软件,瑞典企业AVEVA公司的Tribo系列软件等,涉及交通工程建设、汽车、模具、印刷电路板、造船、电力等诸多领域,且上述软件在相关行业内具有不可替代性,形成对国内制造业企业严重的"卡脖子"。同时,前述大标的额案件的原告七成以上为外国权利人,亦反映出我国工业软件自主研发程度较低,企业正版化意识薄弱等问题。

6. 从性质来看,涉开源软件的新类型纠纷大量涌现。开放、平等、协作、共享的开源模式加速软件迭代升级,促进产用协同创新,推动产业生态完善,已成为全球软件技术和产业创新的主导模式。因软件开源极大程度上提升了供给和需求两侧产品的技术创新能力，开源生态已经成为软件产业国际竞争的战略制高点。由于我国目前尚未形成较具规模的开源社区和较权威的开源软件行业自律组织，软件使用者对于开源规则不了解、掌握不深入或漠视等原因，权利人以软件使用者违反开源协议中的著作权声明义务为由提起诉讼的案件数量在近两年呈现爆发趋势。如长沙米拓信息技术有限公司以网站所有者使用其建站软件代码，但未按照其《最终用户授权许可协议》保留版权标识和权利人网站链接在全国范围提起大规模诉讼。同时，开源的实质虽然是技术资源的免费开放共享，但是开源软件并不直接等同于免费软件。如从2020年下半年开始，商派软件有限公司以网站登记经营者未经授权以营利为目的使用其商城软件源代码为由提起大量诉讼。在南京知识产权法庭审理的计算机软件开发合同案件中[①]，曾发现受托方在软件开发过程中大量使用未经授权的开源软件源代码，并作为开发成果提交委托方，如果委托方使用该软件系统，存在巨大的侵权风险。因此，开源软件给软件产业带来发展机遇的同时也带来了新的法律风险，值得关注。

二、涉计算机软件案件审理反映的问题

（一）案件审理中存在的法律问题

1. 侵权纠纷

（1）举证难度大。软件案件所涉证据具有技术性强、涉及面广、极易消失等特性。对原告而言，“举证难”主要体现在侵权主体认定及损害赔偿额确定方面。对于侵权主体“举证难”，一方面，权利人很难发现终端用户的侵权使用行为；另一方面，终端用户商业性使用盗版软件，在接到诉讼材料后通常会第一时间关停被诉侵权网站、注销ICP域名备案，甚至部分网站在建立之初即未进行ICP域名备案，导致侵权主体难以确定。对于侵权赔偿额“举证难”，主要体现在由于侵权行为隐蔽，权利人难以掌握侵权人经营场所内盗版软件的实际使用

① 江苏省南京市中级人民法院民事判决书，(2018)苏01民初1616号(江苏拉肤丽医疗美容股份有限公司诉上海点诚数码设计有限公司计算机软件开发合同纠纷案)，一审判决已生效。

情况、安装套数等具体信息。对被告而言,“举证难”主要是对于侵权认定及法律责任主体的确定,被告难以提供有效抗辩证据。尤其是在商业建站软件批量案件中,被告往往自身无建站能力,多委托他人建站或通过网络平台购买建站服务,因涉及金额不大,大多不会签署正式合同并开具发票。因此,部分被告在诉讼中无法举证有效的建站主体身份、交易记录、委托合同等证据,导致在侵权认定及责任主体判定时不得不承担举证不能的后果。

(2)侵权判定规则尚不明确。就目前司法实践而言,“接触+实质性相似”仍是软件著作权侵权判定普遍适用的原则。即原、被告的计算机软件表达相同或实质相似,并且有证据能够证明被告具备接触原告软件代码的可能性,则可以认定被告存在软件著作权侵权行为。但在司法实践中,一些具体的侵权判定标准依然较为模糊,如关于“实质性相似”的判定标准问题,目前我国现行法律法规及司法解释并无明确指引。又如关于核心源代码的抄袭问题,当核心源代码的数量在整个软件全部源代码中的占比不高但是对实现软件功能起关键性作用时,如何判断被抄袭的部分源代码的侵权问题,在审判实践中仍是一大难题。若单纯按照代码行数判断比例而忽略了代码的本质,对软件权利人极不公平。尤其是在刑事案件审判中,如何满足刑事案件入罪标准仍有待法律或司法解释进一步明确。再如关于开源软件二次开发问题,部分软件基于基础开发包进行了二次开发,基于公知代码开发出具有独创性的核心代码,若简单适用常规的侵权比对方式,则可能会出现关键技术实质性相似的软件仅因为代码语言表达形式不同而被认定为不构成实质性相似。在此情形下,是否应当认定两者构成实质性相似及如何处理思想与表达的区分,仍需进一步研究明确。

(3)诉前证据保全对赔偿额的确定未能充分发挥有效作用。由于计算机软件侵权行为具有隐蔽性强、固定难度大的特点,软件权利人诉前常常会申请证据保全,且大多会以诉前证据保全结果作为索赔依据。诉前证据保全的主要目的是固定侵权证据,实践中往往采用抽样方式,随机挑选被诉侵权企业办公场所内的若干台电脑,从而确定安装侵权软件的数量。权利人在主张损害赔偿数额时,一般会根据抽样调查结果按比例推算侵权数量。此时,被诉侵权企业大多以不应按抽查比例推算实际安装数量为由提出抗辩,法院也并非一律以诉前证据保全的抽查数量作为计算损害赔偿的依据。如在苏州知识产权法庭审理的涉 HyperMesh 系统侵权纠纷案[①]中，法院认为涉案的 HyperMesh 软件售价较高，权利人并未能举证中小规模企业存在购买十余套软件的实际需求，根据诉前证据保全查到的安装数量乘以其正版软件单价的计算方式缺乏现实合理性，故未支持权利人主张的赔偿计算依据。又如在涉 Solidworks 系统侵权纠纷案中，法院同样以权利人未就与德尚公司性质及规模相类似企业对涉案软件的实际需求数量进行举证为由，未采纳诉前证据保全结果。可见，诉前证据保全除了固定侵权事实之外，在确定损害赔偿额方面未能有效发挥作用。

2. 合同纠纷

（1）事实查明难。计算机软件的开发一般包括用户需求、方案设计、软件开发、测试、安装、迭代更新等环节。在签订计算机软件开发合同时，委托方提出的需求往往比较笼统和概括，约定的软件功能属于框架性标准，开发过程中不断变更需求，对阶段性产品提出修改，具体的开发标准通常处于“边开发、边确定”的状态，导致软件开发标准的细化和变更贯穿于整个合同履行期间。而且，当事人履约过程中的沟通一般通过即时聊天工具和电子邮件，需要通过审查大量的电子证据才能确定合同具体的约定内容和开发标准。更有甚者，因未能固定沟通的证据，案件事实难以完全还原。同时，由于计算机软件的易灭失性和易修改性，在诉讼时某一方认为软件已被修改，并非当时部署的软件，或者因软件部署环境资源到期回收导致部署的软件被删除，委托方不认可开发方提供的备份软件，最终难以确定开发成果的具体内容。上述原因导致计算机软件合同类案件审理中事实还原程度低，需要法官从大量琐碎的电子证据中提取有效信息，并根据逻辑推理，结合商业交易习惯和日常生活经验法则，适用高度盖然性证明标准，认定事实。

（2）验收标准不明确。由于软件开发合同的交付标的具有抽象性，即使将软件安装在委托方指定机器上，也不代表开发方已经按照合同约定完整地履行了合同义务，需要通过运行软件才能判断是否符合合同约定的软件功能。实践

---

① 江苏省苏州市中级人民法院民事判决书，(2018)苏 05 民初 1671 号。

中，合同往往对产品的功能、性能或者验收标准没有约定，或约定较为模糊，在此情况下，如何认定交付的软件是否符合合同约定成为判断难题。同时，软件故障在计算机软件开发中不可避免，软件故障是否影响软件功能的实现以及软件故障在完成情况中所占的比例，亦无具体标准。南京知识产权法庭作出判决的软件开发合同纠纷中，有 80% 的案件存在事实查明困难；有 60% 的案件即便查明了基本事实，仍存在功能标准模糊问题，这两点是导致举证、庭审不断反复，诉讼被拖延的主要原因。

（二）案件反映出的软件行业发展问题

（1）软件行业被“卡脖子”问题较为严重。工业软件是指工业领域内应用的软件，作为工业制造的“灵魂”载体，已渗透和广泛应用于各工业领域和环节。在“中国制造 2025”的大背景下，工业企业转变发展模式、加快两化深度融合成为趋势，工业软件以及信息化服务的需求继续增加，工业软件市场规模持续快速增长。工信部指导发布的《中国工业软件产业白皮书（2020）》数据显示，2020 年工业软件产品实现收入 1974 亿元，增长 11.2%，为支撑工业领域的自主可控发展发挥重要作用，而且在生产控制、经营管理、运维服务这三个工业制造环节，国产工业软件在中国国内市场份额已分别达到五成、七成、三成。但我国工业软件市场规模占全球比重仅为 6.6%，在研发设计环节，海外软件占比仍高达 95%。可见，我国工业软件行业仍处于管理软件强、工程软件弱，低端软件多、高端软件少的阶段。核心工业基础软件以西门子、达索等欧美企业研发的软件为主导，国产工业软件长期缺位，被“卡脖子”问题较为严重。

我省审理的涉计算机软件案件反映出软件产业被“卡脖子”呈现如下特点：一是不可替代软件是“卡脖子”的高发领域。在高端设计、仿真软件领域，大部分软件权利人为国外企业，且具有一定的集中性，这导致我国的相关企业及科研机构很容易被国外企业在软件上“卡脖子”。以 Hyperworks、Genesis、HyperMesh、Solidworks、Adams、Nastran、Tekla Structures 等软件为代表，这些软件在国内无实质性可替代，权利人均为国外大型公司，在国内提起大量诉讼。美国 MSC 软件公司作为虚拟产品开发 VPD 技术提供商，是 Adams（机械系统动力学自动分析软件）系列和 Nastran 系列计算机软件的著作权人，其先后对省内同行业 3 家企业提起诉前证据保全，对 4 家企业提起侵害计算机软件著作权纠纷。因美国 MSC 公司系列软件应用于汽车制造领域，已经被全世界各行各业的数百家主要制造商采用，其起诉的被告都是以新能源汽车公司、大学汽车研究院为代表的具有汽车研发能力的企业或科研机构。澳汰尔工程公司是 HyperWorks 系列计算机软件的著作权人，其先后对省内同行业 8 家企业提起诉前证据保全。美国磊若软件公司以 Serv-U FTP 服务器软件著作权人身份三年内起诉 26 家被告侵害其计算机软件著作权。二是被"卡脖子"的主体多样。除了国内部分正版化意识较弱的中小企业，部分高校研究院所认为其系事业单位不以营利为目的，使用他人的软件不构成侵权，因此频被国外软件"卡脖子"。如在美国 MSC 软件公司与某大学苏州汽车研究院、苏州某汽车技术公司侵害计算机软件著作权纠纷一案中[①]，原告美国 MSC 公司起诉两被告侵犯其 Adams 和 Nastran 软件，被告某大学汽车研究院系某大学开办的事业单位法人，被告某汽车技术公司为某大学汽车研究院下属孵化企业。经现场证据保全，被告 8 台电脑中有 6 台安装了原告的软件。被告某大学汽车研究院以其系事业单位，非营利性机构主张不侵权抗辩。

软件行业被"卡脖子"的核心原因在于：一是基础研究能力薄弱，核心技术受制于人。习近平总书记指出，我国面临的很多"卡脖子"技术问题，根子是基础理论研究跟不上。工业软件的设计和生产是系统性工程，涉及材料、机械、微纳工艺、微电子、计算机等多方面，而我国从事基础研究的复合型人才匮乏，常常出现"懂工艺的不懂软件，懂软件的又不懂工艺"的窘境。而工业软件技术难度大、资金投入高、研发周期长、市场有限，导致多年来国内的产学研生态不佳，大部分工业软件核心技术掌握在国外厂商手中。企业过度依赖国外工业软件，国产软件产业架构仍未建立，虽有部分自主研发的软件在特定范围得到应用，但远未能形成规模化效应。二是研究资金监管缺位。近些年来，政府加大了对基础研究和科研项目的扶持力度，但却面临着政府资金缺乏有效监管的问

① 江苏省苏州市中级人民法院民事判决书，(2016)苏 05 民初 560 号。

题。在某智慧养老 App 开发合同纠纷案中[①]，原告系苏州市一家从事互联网+智慧养老服务的公司。2017 年，该公司大股东兼高管蒲某明获评“苏州高新区科技创新创业领军人才”，并以“基于智能可穿戴设备监测生命体征的养老云平台研发”项目获得苏州市高新区创业领军人才项目 100 万元资助。蒲某明作为该项目负责人，在取得资助款项几个月后，以同一技术成果与案外人玉某某在沈阳另设企业，开展与原创业领军人才项目相同的业务，且带走了原告公司的研发人员，致使原告公司无法完成对创业领军人才项目的研发。截至 2020 年，该公司就创业领军人才项目研发停滞，项目烂尾，政府对企业的资助目的完全落空。该案体现出政府未建立对人才和项目的双重管理机制，缺乏对专项资助资金的全流程监管制度，导致政府扶持的科技创新项目最终失败。

（2）企业软件开发中风险意识欠缺。软件定制开发需求的激增促使大量软件创业公司涌现。与此同时，由于开发方与委托方在专业知识、技能等方面的不对等性，合同对开发需求约定不明、交付成果的内容和时间无法确定、对相应功能的开发内容未进行具体描述等问题出现，导致在纠纷发生后的诉讼程序中无约可循。如苏州知识产权法庭审理的某自动售货机监控管理软件开发合同纠纷[②]中，双方矛盾产生的根源即在于口头合同内容存在诸多不确定性。在部分计算机软件开发合同案件中，合同相对方对于合同履行进展、功能要求变更、阶段性成果交付等重要节点未进行动态跟踪和证据固定，缺乏规范的留痕意识，致使在诉讼中承担举证不能的法律后果。此外，合同双方安排的项目对接人员对于合同履行过程中需要确认的问题及需要测试的开发成果，应当及时响应、配合或者反馈。但从部分案件审理中发现，一旦项目对接人员出现更换、调整，通常成为合同双方矛盾纠纷的导火索。上述问题表明，无论是软件的委托方还是开发方，均应当对软件开发中的规范性要求明确认知，或者由政府指导部门或行业协会提出具体的规范要求，这样才能更好地指导软件开发工作，促进行业发展，减少因工作不规范导致的争议及诉讼风险发生。

---

① 江苏省苏州市中级人民法院民事判决书，（2019）苏 05 知初 779 号。

② 江苏省苏州市中级人民法院民事判决书，（2017）苏 05 民初 1149 号。

(3)争议解决机制尚不完善。软件著作权侵权案件发生大多与企业正版化意识薄弱有关。对于部分中小企业来说，使用专用软件成本较高，变向驱使其使用盗版软件。该类案件当事人调解意愿普遍较高，侵权人往往通过与权利人达成一揽子调解或正版化采购协议解决争端。目前计算机软件行业协会的职能大多仍停留在版权登记、管理层面，在对中小企业软件使用过程中的风险提示、为企业解决纠纷提供沟通渠道等方面存在缺位。此外，在合同类案件中，缺乏行业自律和争端解决机制。绝大部分案件当事人表示，在合同履行过程中没有注意是否存在可以提供帮助记录合同履行过程的第三方平台；纠纷产生后，寻找不到较为专业的第三方主体帮助解决纠纷。因此，双方约定的软件开发功能是否实现主要依靠合同主体自身的技术能力判断，囿于部分企业技术水平的不足，导致判断可能出现偏差，纠纷难以有效化解，亟须有第三方主体就技术问题作出专业、中立的判断。

三、促进软件产业振兴的对策建议

针对调研中发现的问题，结合现行法律、法规、司法解释和审判经验，调研组提出如下对策和建议：

（一）司法层面：正确厘清审理思路，进一步激励高价值软件开发，推动行业规范发展

1. 侵权纠纷

法院要通过计算机软件著作权侵权案件的审理，保护软件著作权人的创新利益，制止损害进一步扩大，以进一步激励软件开发创新；通过侵权认定、保护范围和保护强度确定等裁判思路，促进软件开发企业进一步提高创新质量，让更多高质量软件涌现，推进软件企业努力攻坚“卡脖子”技术，实现科技自立自强；引导开源软件使用人、后续开发者等主体尊重行业规则，维护合法、正当开发生态；此外，还应当保护公众对软件的正当、合理使用权益。

(1)关于权利主体身份的确定。软件著作权权利主体的认定与一般作品权利主体认定的思路基本一致。原告提交的软件著作权登记证书、软件源代码可以作为权属认定的初步证明。在一些权属争议较大的案件中，可以通过比对原

告提交的涉案软件源代码和版权中心登记的软件源代码,结合署名信息等进一步确认权利归属。如省法院审理的某嵌入式软件侵权纠纷案中,原告在版权中心登记的软件源代码仅为该全部源代码的部分内容,无法进行全面对比;且原告产品中使用的嵌入式软件为二进制代码,与源代码分属软件的不同表现形式,在技术上无法进行直接对比。针对上述问题,法院首先将版权中心登记的部分源代码与原告自身提供的完整电子版源代码的相应部分进行对比;在确认两者一致的基础上,又将原告提供的完整电子版源代码编译成二进制代码,再与其产品中软件的二进制代码进行对比。最终,根据两者一致的结论,确认原告权利主体身份。

(2)关于侵权事实的固定。首先,侵权证据的取得。如上文所述,软件侵权案件存在取证难问题,权利人可以通过诉前证据保全最大限度固定侵权事实,确定侵权数量和规模。在诉讼中应当引导权利人积极举证侵权企业规模及实际需求,在实际需求与诉前证据保全结果基本符合,且侵权企业在保全过程中未就抽样检测提出异议的,可以采纳保全结果,并据此计算损害赔偿数额。如涉及 Solidworks 软件侵权案中,诉前证据保全现场实施过程有侵权企业研发部人员协助在场见证,其对清点电脑及检查过程均未提出异议,现场保全中亦未对保全中采用的抽查方式提出异议,故法院结合侵权企业规模等因素慎重考量后,采纳了诉前证据保全结果。其次,应当合理分配举证责任。在权利人已穷尽举证手段,初步证明待证事实成立的情况下,可以适当转移举证责任,责令侵权人提供相反证据。依法适用证据披露和举证妨碍制度,责令持有证据的被告提供相关证据;对于无正当理由拒绝提供或提供虚假证据,提供证据不完整甚至毁灭证据的,积极适用举证妨碍制度,根据案件情况作出对其不利的事实推定。此外,可结合计算机软件侵权隐蔽性强的特点,创新调查取证方式,依法支持运用现代技术保全或获取的证据。计算机软件权利人使用时间戳、区块链等方式保全证据,采用远程登录 Telnet 命令等技术取得的证据,如果符合证据条件的,应当依法予以认定。

(3)关于实质性相似的认定。司法实践中,对实质性相似的认定,主要有以下四种方法:一是源代码比对。将责令被告提交、被告主动提交等获得的被告源代码与原告提交的源代码进行比对是最有效、最直接的内容比对方法，但诉讼中直接获取被告源代码的可能性极小。二是目标代码比对。被告的目标代码通常可以通过证据保全获得，在被告没有提供相证据的情况下，目标代码实质性相似且有其他证据予以佐证时，可以认定双方软件构成实质性相似。如省法院审理的某嵌入式软件侵权纠纷案中，被诉侵权软件和权利人软件的源代码分别采用汇编语言和C语言编写，不具备进行直接对比的条件，法院通过比对二者的二进制代码即目标代码，最终认定二者构成实质性相似。三是综合比对。以软件的组织结构、处理流程、所用数据结构、产生的输出方式、要求的输入形式等方面①的相似来综合判定。该比对方法主要适用于最终用户计算机软件著作权侵权纠纷，即企业安装标准化的盗版软件著作权侵权情形。比对的主要内容包括比对存储原、被告软件的光盘内容，软件安装过程的屏幕显示内容，软件安装后的目录以及其中的文件等。如在某建站软件侵权系列纠纷案中，部分被告拒不提供源代码，法院根据二者在软件界面、运行参数、数据库结构等方面相同或实质性相似，被告的软件存在与原告软件路径一致、名称一致的文件，且被诉侵权软件保存有原告的权利管理信息、署名信息，据此认定二者构成实质性相似。换言之，在被告无正当理由拒绝提供源代码或目标代码的情况下，应当充分考虑此类案件原告举证的客观困难，结合双方提交的证据，合理推定原、被告软件是否构成实质性相似。四是缺陷性特征比对。在无法比对双方源代码，也无法获得被告目标代码的情况下，根据双方软件运行过程存在的共同缺陷性特征，推定双方软件构成实质性相似。如省法院审理的涉某S型线切割机床单片机控制器系统软件侵权纠纷案中，法院根据原、被告软件均出现相同缺陷性特征，结合二者在加工运行时存在相同的特征性情况、软件的使用说明书基本相同、控制器的整体外观和布局基本相同等相关事实，在被告无正当理由明确表示拒绝提供源代码的情况下，认定被控侵权软件与原告软件构成实质性相似。

---

① 冯刚：《〈侵害著作权案件审理指南〉条文解读系列之十一》，载知产力公众号2018年8月10日，https://www.sohu.com/a/246532641_221481。

在根据上述方法认定双方软件构成实质性相似，特别是将源代码和目标代码比对时，两者相似度达到多少即可以认定双方软件构成实质性相似，目前实践中仍无明确统一的规则，也无相关规定。有鉴定专家曾表示，在排除合理来源的情况下，若两个软件之间的相似度达到 80%，那么认定实质性相似是非常合理的；若相似度只是在 70%—80% 之间，就其实质性相似问题可能还需要其他方面证据进行佐证；若相似度低于 70%，则需要提供更多的证据予以证明，才能初步认定实质性相似；若相似度低于 60%，基本不应当认定为实质性相似，但这并非一成不变的规则。北京市海淀区人民法院曾经利用鉴定机构报告确定 20% 相同的比例认定被告软件侵权。因此，在确定相似度时，仍需结合个案具体情形作出判定。同时，可以对不同功能的代码赋予不同的相似系数，如接口库的代码、开源的代码等部分可以赋予其小于 1 的相似系数；而对于实现软件核心功能、由权利人完全独立开发的代码赋予其大于 1 的相似系数；再通过将整个软件中不同功能代码的比例乘以其相似系数后相加，得到两个软件代码的最终相似程度。通过此种比对方式，可以使最终比对结果更加符合实际，对最终裁判结果也更具有参考性。

此外，实质性相似判断中的一个难点问题，就是前文提到的关于核心源代码的保护问题。主要有两种情形：一是计算机软件的核心源代码在整个软件代码中仅占较小比例，但却起到关键性作用，这种核心源代码被抄袭后如何进行认定？二是被控侵权方仅是借鉴了核心源代码的原理或者技术方案，但通过其他表达方式对相关功能进行了重现，这种情形下是否可以认定两者构成实质性相似？如何对权利人的权利进行相应的保护？对此，课题组认为，针对第一种情形，可以适用前文所提及的相似系数方式，通过计算结果确定相似程度。针对第二种情形，如果被控侵权方仅是借鉴了核心源代码的原理或者技术方案，通过其他的表达方式进行了重现，这种情形下不宜认定构成著作权侵权。《计算机软件保护条例》第 6 条规定，“本条例对软件著作权的保护不延及开发软件所用的思想、处理过程、操作方法或者数学概念等”。因此，著作权法仅保护表达不保护思想的基本原理在软件著作权侵权认定中应当予以遵循。这种情形之下，权利人的核心源代码可以考虑通过其他方式予以保护。其一，采取黑盒方式实现核心源代码功能，将核心源代码的功能通过加密函数、加密动态链接库的方式实现，减少他人通过反编译等方式得到核心源代码的可能。其二，通过申请专利的方式对核心源代码或软件方案进行保护。目前世界各国均对软件专利的申请条件给予一定程度的放宽，且通过专利可以非常全面地保护计算机软件中的核心技术方案。我国《专利审查指南》目前对涉及计算机程序的专利申请区分两种情况加以处理：一是如果仅利用计算机程序这一手段实现了某种数学计算方法和规则，则该程序实际上是智力活动的规则和方法的一种表现形式，不能被授予专利权。二是如果涉及计算机程序的发明专利申请的解决方案执行计算机程序的目的是解决技术问题，在计算机上运行计算机程序从而对外部或内部对象进行控制或处理，所反映的是遵循自然规律的技术手段，并且由此获得符合自然规律的技术效果，则这种解决方案属于专利保护的客体。例如，某人针对便携式计算机、手机等移动设备存储容量较小的技术问题，设计了一种利用虚拟设备文件系统来扩充移动设备的存储容量的方法，使移动设备能够将服务器上的大容量存储空间用于存储本地数据。该设计方案实现了对设备存储容量的扩充，是利用自然规律的技术方案，属于专利法保护的客体，可以对该计算机程序授予专利权。

（4）关于最终用户侵权责任的认定。“最终用户”在相关法律规定中并无统一定义，《计算机软件保护条例》第 30 条表述为“软件的复制品持有人”，而《最高人民法院关于审理著作权民事纠纷案件适用法律若干问题的解释》第 21 条则称为“计算机软件用户”。最终用户侵权模式主要表现为在自身商业活动中使用计算机软件，但并未改变原告计算机软件的内容，也未向公众提供原告计算机软件。如其非商业性使用权利人软件，则可以豁免侵权；同时，在商业性使用的前提下，如其系主观上无过错的“善意”用户，则一般不承担赔偿责任，但应当停止使用侵权软件。因此，实践中对于最终用户主观过错的认定成为确定是否承担侵权责任的关键，即被告作为最终用户主观上对于软件属于侵权复制品是否“明知”或“应知”。具体判断时可以考虑：最终用户购买软件支付的价款是否合理；是否从合法的软件销售商处购得；最终用户对软件的认知能力等。如苏州知识产权法庭在涉 HyperMesh 计算机软件著作权侵权案[①]中，考虑到被诉侵权企业高管人员系相关领域内的专业人士，对盗版软件的甄别能力相对较强，据此对其苛以较高的注意义务。此外，也有专家认为，如被告虽未复制权利人软件，但知道他人为其复制软件，且该计算机软件的使用属于被告正常商业经营活动范围，则可以认定被告与该他人共同侵害了原告计算机软件的复制权。[②]

（5）加大损害赔偿力度，提高企业正版化意识。一是坚持从源头打击和遏制侵权。在苏州知识产权法庭审理的国内某商用开源软件批量维权案件中，合理分配举证责任，对网站经营者与建站主体确定不同力度的损害赔偿金额。在侵权人能够初步举证被诉侵权网站的建站主体时，合理确定侵权人应当承担的法律责任，充分体现制止和打击从侵权网站的建设环节即源头环节侵权行为的价值导向，防止出现越起诉侵权主体越多的情形，及时制止侵权行为持续，防止侵权损失加剧。二是妥善适用法定赔偿。合理运用法定赔偿制度具有的补偿权利人损失、惩罚侵权行为的双重功能。为此，需要结合在案证据及侵权情节，妥善确定赔偿数额。如在涉 Nastran、Adams、Patran 系列计算机软件侵权纠纷案[③]中，法院重点考虑被诉侵权企业的经营规模以及对于所涉软件的实际需求，以此作为确定著作权人因丧失交易机会而实际遭受的损失数额或者被诉侵权企业因逃避著作权许可而实际获取的收益数额的计算基础，并参考被诉侵权企业的行业属性、注册资本、公司人员以及年经营额等基础数据，采信权利人举证的具有一定可比性的企业实际使用软件数量等证据作为侵权数量的计算依据，结合正版软件价格、侵权情节、被诉侵权企业实施软件正版化采购需求进度等因素，酌情确定损害赔偿金额为 135 万元。三是积极适用惩罚性赔偿制度。注重惩罚导向，从严惩治恶意侵权、重复侵权、以侵权为业等严重侵权行为，显著提高侵

① 江苏省苏州市中级人民法院民事判决书，(2018)苏 05 民初 1671 号。

② 冯刚：《〈侵害著作权案件审理指南〉条文解读系列之十一》，载知产力公众号 2018 年 8 月 10 日，https://www.sohu.com/a/246532641_221481。

③ 江苏省苏州市中级人民法院民事判决书，(2018)苏 05 民初 1409 号。

权成本。如涉 HyperMesh 计算机软件侵权纠纷案[①]中，结合被诉侵权企业在所述领域内的专业化程度以及诉前证据保全中确定至少有 11 台电脑含有涉案软件安装信息，认定其系明知侵权而大量安装、使用 HyperMesh 软件以及权利人的其他软件，属于侵权情节恶劣，据此依法适用两倍的惩罚性赔偿。

（6）涉开源软件纠纷审理中的几个问题。目前，开源软件已成为各行业信息系统的重要组成，全球各领域应用开源软件占比逐渐增长。2020 年，物联网行业 89% 的代码库中包含开源代码，生产制造和网络安全领域开源代码占比均为 84%，移动应用软件、教育技术、医药健康以及营销技术行业开源代码占比均为 82%。[②]由此，涉开源软件的知识产权纠纷逐渐增多。在审理涉开源软件案件中，应当注意以下几点：

一是开源协议具有明显的双务性，行使权利的同时应当承担相应义务，否则会导致权利终止。开源软件通常指授权人根据相应开源协议，将其源代码向公众公开，并允许用户在开源协议约定的条件内自由使用、修改和分发。开源软件的授权人将其享有的著作财产权和部分人格权授予用户，作出一定让渡，其目的是创设一种自由开发、使用或传播的环境，推动软件开发创新和产业蓬勃发展。开源协议已经成为业内共同认可和遵守的契约文本，是有效平衡软件专有权与公众使用权的重要依据，履行相关协议义务也是诚实信用原则的体现。只有信守开源协议所附条款，才能推动开源软件正当有序传播和使用，让社会公众能够享有开源软件带来的便利与发展成果。开源软件强调自由，但不意味着否认知识产权的存在，而是依赖于现有著作权法律体系。因此，开源软件及其衍生软件或修改版本的著作权仍然存在，且权利类型并未缺少。开源软件的著作权人仍享有复制权、发表权、修改权、署名权、保护作品完整权、获得报酬权等权利，其只是通过许可的方式将其中的某些权利如复制权、修改权等授权给不特定公众，系授权人在享有著作权的情况下，将权利有条件地让渡。软件使用人如果违反开源协议，则其行为构成违约的同时，亦构成著作权侵权。

---

① 江苏省苏州市中级人民法院民事判决书，（2018）苏 05 民初 1671 号。

② 《"开源"如何为数字经济提供基础"养料"》，载经济日报新闻客户端，https://m.gmw.cn/baijia/2022-02/28/1302824652.html。

在济宁市罗盒网络科技有限公司诉福建风灵创景科技有限公司、北京风灵创景科技有限公司、深圳市腾讯计算机系统有限公司侵害计算机软件著作权纠纷案[①]中，法院认为，GPL3.0 协议是一种民事法律行为，具有合同性质，可认定为授权人与用户间订立的著作权协议，属于我国《合同法》调整的范围。若用户违反 GPL3.0 协议的使用条件来复制、修改或传播受保护的作品，其通过 GPL3.0 协议获得的授权将会自动终止。本案中被告本应当遵循 GPL3.0 协议向公众无偿开放源代码，但因被告拒不履行 GPL3.0 协议规定的使用条件，根据 GPL3.0 协议第 8 条自动终止授权的约定及《民法总则》第 158 条的规定，被告通过该协议获得的授权已因解除条件的成就而自动终止。被告对原告权利软件实施的复制、修改、发布等行为，因失去权利来源而构成侵权。

二是开源并非不侵权的必然抗辩理由。在涉开源软件侵权案件中，被告往往以原告软件代码包含开源协议代码内容，应当依照开源协议的规定承担开源义务进行不侵权抗辩。被告的抗辩能否成立，关键在于原告主张权利的软件是否受开源协议的约束。就 GPL 开源协议来说，涉及协议的"传染性"及其阻断问题。目前司法实践中，法院采用 GPL 协议规定的"单独程序"原则来判断原告主张权利的软件是否受该协议的约束，作为"传染性"阻断的依据。在不乱买电子商务（北京）有限公司诉北京闪亮时尚信息技术有限公司侵害计算机软件著作权纠纷案[②]中，最高人民法院在终审判决中对 GPL 协议的"传染性"给出了认定："GPL 协议的'传染性'，应当是指 GPL 协议的许可客体不仅限于受保护程序本身，还包括受保护程序的衍生程序或修订版本，但不包括与其联合的其他独立程序"。最高人民法院认为，前端代码与后端代码可以分别独立打包、部署。因此，前端代码与后端代码在展示方式、所用技术、功能分工等上均存在明显不同，不能因前端代码与后端代码之间存在交互配合就认定二者属于一体。该案中，虽然原告认可其前端代码中使用了 GPL 协议下的开源代码，但其主张权利的是后端代码，其后端代码独立于前端代码的其他程序，并不受

① 广东省深圳市中级人民法院民事判决书，(2019)粤 03 民初 3928 号。

② 最高人民法院民事判决书，(2019)最高法知民终 663 号。

GPL 协议的约束，无须强制开源。在数字天堂（北京）网络技术有限公司诉柚子（北京）科技有限公司、柚子（北京）移动技术有限公司侵害计算机软件著作权纠纷案[①]中，法院根据 GPL 协议的例外条款，认定原告软件整体未受 GPL“传染”，其著作权不受开源的限制，最终支持原告诉请。法院判决认为，对于原告涉案三个插件而言，在其所处文件夹中并无 GPL 开源协议文件，而 HBuilder 软件的根目录下亦不存在 GPL 开源协议文件的情况下，尽管 HBuilder 软件其他文件夹中包含 GPL 开源协议文件，但该协议对于涉案三个插件并无拘束力。据此，涉案三个插件并不属于该协议中所指应被开源的衍生产品或修订版本，被告认为原告软件为开源软件的相关抗辩不能成立，被诉行为构成对著作权人复制权、改编权及信息网络传播权的侵犯。由此可见，虽然对 GPL 开源协议“传染性”的阻断需要根据个案的情况进行判断，以正确划定法律边界，但上述两个案件也提供了一般性的判断准则，即“单独程序”原则。

三是开源软件使用者不应当违反开源规则。从 2021 年开始，软件权利人以软件使用者违反开源协议中的著作权声明义务为由提起诉讼的案件大量增长。在涉长沙米拓信息技术有限公司系列案件中，长沙米拓信息技术有限公司以网站所有者使用其建站软件代码，但未按照其最终用户授权许可协议保留版权标识和权利人网站链接在全国范围提起大规模的诉讼。据长沙米拓信息技术有限公司在诉讼中反映，其已在全国提起类似诉讼千余件。最高人民法院在判决中认定，软件著作权人免费提供可由不特定用户免费下载使用的建站软件，在用户协议中明确要求免费使用软件的用户须保留著作权人的版权标识和有关链接信息，用户免费下载使用该建站软件时去除版权标识和有关链接信息，其行为侵害计算机软件著作权人的署名权，应当依法承担停止侵害、赔偿损失的责任。[②]

2. 合同纠纷

法院要通过涉软件合同案件的审理，依法认定合同效力，尽可能维持合同

---

① 北京知识产权法院民事判决书，(2015) 京知民初字第 631 号；北京市高级人民法院民事判决书，(2018) 京民终 471 号。

② 最高人民法院民事判决书，(2021) 最高法知民终 1547 号。

有效；依据诚信原则，尊重商业惯例，认定并惩治违约行为，尤其是让恶意违约方付出高昂代价，推动合同依约履行；充分考量合同主体履约过程中的资金投入、技术创造、技术服务等付出，公平合理地确定违约责任及合同解除后的法律责任；引导软件开发、转让、服务等相关主体规范、完善合同内容，减少争议发生。

（1）关于开发成果验收合格的认定。软件开发成果验收是否合格是计算机软件开发合同纠纷案件审理中最常见的争议问题，委托方通常以开发成果未验收合格为由主张付款条件未成就。主要争议包括：一是开发成果是否验收；二是交付的成果是否符合验收标准。关于开发成果是否验收，需要根据双方在履约过程中的具体行为表现认定。如在某阅卷平台软件开发合同纠纷案[①]中，合同约定双方需出具书面验收合格文件，但实际履行过程中，双方仅通过邮件沟通验收事项，没有书面文件。法院认为，根据开发方在邮件中向委托方发送了项目验收申请报告，正式提出验收申请，此后双方存在长达三个多月的沟通过程，委托方对涉案阅卷平台软件多次进行了测试和验收，后双方又签订验收及代码交接协议明确承诺就验收阶段付款。因此，虽然委托方未按软件开发合同约定出具书面验收合格文件，但其在经过多次测试及验收后签订验收及代码交接协议，结合软件开发合同对验收款定义、付款条件的约定，应视为委托人以其行为表明对阅卷平台软件验收合格。关于交付成果是否符合验收标准，需要注意以下几点：一是委托方主张的技术问题是否属于合同约定的开发范围。合同就相关功能问题的描述通常较为抽象和笼统，而委托方主张的技术问题涉及具体功能。此时判断验收是否符合标准需要确定委托方主张的技术问题是否属于合同约定的功能需求。如在某健康监护 App 软件开发合同案[②]中，委托方主张开发方未完成合同内需求 50 项，开发成果验收不合格。法院通过分析合同约定以及软件代码，结合终端的展示情况，综合判定上述 50 项功能需求中有 38 项属于合同外需求，不应当予以评判。二是合同履行过程中双方是否就新功能

---

① 江苏省苏州市中级人民法院民事判决书，(2020)苏 05 民初 269 号。

② 江苏省苏州市中级人民法院民事判决书，(2020)苏 05 民初 541 号。

的开发达成了合意。囿于软件开发合同交付标的的抽象性，加之双方在计算机知识、行业认知等方面的差距，软件开发合同签订过程中，双方通常仅约定总体开发目标，具体的功能需求通常在开发过程中通过补充协议、邮件往来、即时聊天、会议磋商等方式明确和完善。审理中应当对上述事实及证据进行审查，判断委托方是否在合理的时间和范围内明确需求，所提需求是否符合合同的总体目标。如在某应急救援虚拟教学训练系统软件开发合同案①中，双方确认的第一阶段开发成果的验收纪要中添加了增加场景展示模块要求，法院认为上述新要求应视为双方就第二阶段开发所作的补充约定，具有合同效力。

（2）关于合同目的是否实现的认定。判断合同目的是否实现是认定委托方是否享有法定解除权、开发方是否有权要求合同继续履行的关键。审查要点包括：一是软件主体功能是否开发完成。如软件主体功能已经开发完成，仅有个别功能缺失或者存在瑕疵，则不能认定合同目的无法实现，亦不能据此主张解除合同。如在某在线试衣 App 开发合同案②中，开发成果在商户端、试衣间等功能上具有缺失和不完善，开发方提出该些功能系难以避免的 Bug 且属于软件交付后可以改进的内容。法院则认为，尽管在合同履行中有进行软件功能补丁的可能和必要，但该开发成果尚不能实现合同约定的 App 软件开发的主要目的，显然应当确定为合同主要义务未完成，而非软件补丁的合同后续义务，据此驳回开发方要求继续履行合同的诉讼请求。而在某健康监护 App 软件开发合同案中，法院参照软件开发合同中约定的功能描述，认定委托方主张的未开发完成事项属于可以及时进行修复的 Bug，不影响软件需要实现的主体功能，不足以致使合同根本目的无法实现，据此驳回委托方解除合同的诉讼请求。二是开发方是否完成合同附随义务。由于软件的后期维护、Bug 修复、版本升级等具有较强专业性，如合同约定此属于开发方的附随义务，开发方虽未履行，但不影响开发成果主体功能实现的，则可能仅是需要承担违约责任的问题；如影响主体功能的实现，则可能导致开发方根本违约，委托方可以解除合同。

---

① 江苏省苏州市中级人民法院民事判决书，（2018）苏 05 民初 998 号。
② 江苏省苏州市中级人民法院民事判决书，（2017）苏 05 民初 157 号。

（3）关于合同解除后的处理。合同解除后，应当审慎适用恢复原状规则。技术合同解除后已经履行的部分并非当然恢复原状，而是应当根据履行情况和合同性质加以权衡。软件开发合同解除后应否恢复原状，特别是开发方先期收取的开发款应否返还，需综合考量软件开发合同自身特点、开发方实际履行情况、开发方有无过错及过错大小、开发方实际投入的工作量及已完成的成果等多种因素，秉持诚信原则和公平原则加以判断。软件开发合同解除的原因如不应当归责于开发方，则开发方在开发过程相应阶段收取的款项并不失去继续保有的正当性①。

3. 审理机制方面

法院在审理涉计算机软件纠纷案件过程中，应当充分考量案件本身专业性较强、侵权行为隐蔽、证据难以收集等特性和维权难度，切实采取有效措施，减轻权利人维权负担，并充分发挥技术调查官优势，努力解决技术事实调查难题。

（1）积极运用证据规则，努力破解“举证难”。一是充分发挥诉前证据保全的制度效能。如苏州知识产权法庭成立诉前证据保全组，积极受理、及时审查计算机软件案件诉前证据保全申请，并出台《诉前证据保全审查实施指南》，统一审查标准。该法庭成立以来共新收计算机软件纠纷诉前证据保全案件 94 件，实施 90 件。在澳汰尔工程公司、达索系统公司等多个计算机软件案件中实施诉前证据保全措施，成为权利人收集侵权证据、破解举证难题的关键。二是合理把握民事诉讼的证明标准。计算机软件开发合同案件中，当事人大多通过即时聊天工具沟通交流软件开发等各项具体事宜，在诉讼中亦多以聊天记录、电子邮件作为证明开发标准等证据。在审理过程中，法官提取大量聊天内容中的有效信息，通过逻辑推理，结合商业习惯和日常生活经验法则，依据民事诉讼高度盖然性证明标准，认定案件事实。

（2）发挥技术调查官优势，精准查明技术事实。计算机软件著作权案件事实复杂，技术问题与法律问题交织。尤其是软件开发合同纠纷，用户体验部分涉及技术事实较多，是否达到合同约定的技术标准及成因亦需要由专业技术人

---

① 最高人民法院民事判决书，（2021）最高法知民终 617 号。

员评价和查明。而开发合同交付标的的抽象性和履行结果的不确定性，开发方与委托方之间的合同也通常未约定验收标准和交付条件，导致在此类合同纠纷中对开发软件的验收成为履行过程中主要的争议焦点之一。因此，面对计算机软件案件专业性强的特点，可以充分发挥技术调查官制度的优势确定技术事实。如在涉 DPK750 打印件软件案中，技术调查官对合同内外共 126 项需求功能的完成情况及责任划分情况进行了明确，并出具详细的技术分析报告，为案件的后续审理提供了积极、有效的技术辅助。

（二）政府和行业层面：加强全链条保护，促进软件产业创新发展

1. 完善司法保护与行政执法衔接机制，进一步激励软件创新。一是完善司法保护与行政保护相衔接的工作机制。在省数字经济工作领导小组领导下成立涉软件、芯片等相关产业管理、司法、行政执法等部门参加的工作机构，建立工作机制，就软件产业发展、"卡脖子"攻关、知识产权保护等重大问题集中会商，协调行动。二是发挥工作合力，提高综合效能。健全软件开发创造、运用、管理、保护机制，加强知识产权保护、运营服务、维权援助、仲裁等工作合力，鼓励和支持企业运用知识产权参与市场竞争，打造一批拥有知名品牌和核心知识产权的优势企业。工信部门加强 ICP 备案审核管理，对未备案网站及时清理和处罚。三是开展联合调研、业务研讨及常规性业务联络。统一证据采信、侵权认定及惩治处罚的标准。四是强化矛盾多元化解。充分发挥政府机关、行业组织等在协调、处理矛盾纠纷中的职能作用，建设涉软件多元纠纷化解机制。

2. 完善工作机制，努力突破软件行业"卡脖子"问题。一是深入认识软件基础研究的价值。以国家重大需求为导向，制定国家基础研究指导战略，集中破解软件领域关键基础理论课题。大幅度提升基础研究投入，营造有利于基础学科发展的大环境。二是改善学科评估评价体制。加强复合型人才培养的学科设置，要培养既有软件理论基础，又有工业实际技能的复合型人才。对从事基础研究的学科评价应当区别于技术应用，结合基础学科的特点，重在理论创新、引领作用和对应用学科的推动作用。三是加强科创企业主体培育。紧紧牵住自主创新"牛鼻子"，攻坚突破工业软件领域核心技术的"卡脖子"瓶颈，实现从跟跑向并跑、领跑转变。加强跨区域合作，扩大开放创新，促进科创要素自由流

动，为企业突破关键核心技术营造良好创新环境。四是加大国产工业设计软件在企业及研究机构中的使用范围。通过行政要求或项目补贴方式，鼓励企业及研究机构更多使用国产设计软件，并畅通使用机构与国产软件开发企业之间的沟通渠道，通过及时反馈沟通促进国产软件不断更新、质量不断提高，进一步降低与国外软件之间的差距。

3. 加强企业内部知识产权管理，推动软件行业规范健康发展。一是增强法律风险意识。加大针对软件开发以及著作权相关法律法规、典型案例等宣传教育，提高企业的合同意识、知识产权意识，不断加强法律风险防范、化解能力，避免在合同履行和软件使用过程中产生不必要的纠纷。企业尤其是中小企业应当结合自身实际，建立企业内部的知识产权管理机制，确定专门人员负责企业知识产权工作。二是增强履约规范意识。软件开发企业在合同签订时，应就权利义务、开发功能需求、交付方式、验收标准、违约责任等与委托方详细约定，并由专业人员审核。合同履行中，双方应当建立良性沟通机制，对无法在合同签订之时全部固定的开发细节，及时以签订补充协议等方式加以明确。安排专门对接人员，对合同履行过程中需要调整的功能、需要测试的开发成果应当及时反馈和响应。同时，双方应当对软件功能修改、阶段性测试、交付使用等关键性节点做好证据固定工作，确保在纠纷发生后有据可依。三是增强正版化意识。对于企业拟购买或使用的软件进行必要的著作权审查，并通过正规渠道或者统一招标采购正版软件。定期检查企业计算机中所使用的软件，防止员工擅自下载安装盗版软件。积极应对侵权投诉，经审查确有侵权情形的，应当积极与权利人沟通协商，通过购买正版软件等形式寻求和解。

4. 发挥软件行业协会自治作用，探索建立计算机软件开发提存和鉴证的第三方平台。一是进一步发挥软件行业协会的自治作用。明确其除目前主要负责版权登记、管理等工作外，还可以通过召开行业内企业大会，共同商讨行业发展规划，确定行业规则，化解纠纷，引导软件企业合法经营、诚信经营。如可以召集行业内大部分软件企业共同研讨探讨确定软件开发合同中应该包括哪些条款，将目前不容易在合同中明确的内容具体化、细致化。二是充分发挥行业协会的专业能力。对部分简单的开发合同案件进行协调处理，化解矛盾。行业协会可以代表会员企业一起洽谈购买正版软件，降低企业正版化成本。三是建立提存和鉴证的第三方平台。政府或行业协会应与大型软件企业协商，发挥大型软件企业领头羊作用，通过技术优势建立计算机软件合同履行情况提存和鉴证的第三方平台，固定合同履行事实，有效快速解决合同当事人之间的纠纷。实践中，大部分中小软件企业的软件开发合同纠纷中都会出现租用的服务器到期，导致无法明确软件交付情况等问题，如果有权威的第三方平台以供中小企业提存履行情况，对企业维权举证、案件事实查明和权益保障等有极大帮助。即便出现纠纷，也可以通过第三方平台专业的独立评估，找出问题及时纠正，或者由第三方平台在行业协会协调下化解纠纷。

5. 紧跟开源软件发展态势，掌握开源规则，做好风险防控。我国虽然是一个软件大国，但并非强国。开源软件的存在极大助推了我国计算机软件产业的发展，但目前国际上主流的开源协议多为欧美国家设立，是外文原版，缺乏统一的中文译本。国内一些软件使用者不了解或不主动去了解开源协议的具体规定，将开源软件直接等同于免费使用软件，很容易使自己成为被控侵权人。因此，国内软件企业一方面要紧跟关注开源软件的发展情况、使用规则及前沿问题，并加强研究；另一方面也要完善企业内部开源软件管理流程，规范企业使用开源软件，降低因不合规使用开源软件带来的知识产权风险；还需要关注所使用的开源软件的相关法律纠纷，建立风险预警机制，及时在产品中更换有风险的开源代码。对于“传染性”开源软件，企业应当合理“隔离”，以免泄露企业自身的商业秘密。

四、结语

数字经济当前正成为重组全球要素资源、重塑全球经济结构、改变全球竞争格局的关键力量，而软件产业发展对于发挥数字技术对经济发展的放大、叠加、倍增作用具有不可替代的推动作用。随着软件产业的蓬勃发展，涉计算机软件案件数量日益增多，软件行业的司法保护需求不断加大。加强软件行业领域知识产权保护，服务新领域新业态规范健康发展，是司法服务“国之大者”的结合点和切入点。本课题对于厘清计算机软件案件裁判思路，完善审判机制，激励高价值软件创新,规范软件成果流转和开源软件使用,加强软件产业全链条保护,助力解决软件行业“卡脖子”问题具有重要意义。需要说明的是,因我省涉开源软件协议案件较少,课题组对于不同开源协议的内容、性质的认定等方面问题仍需待今后进一步深入研究。

“非必要财产保全”及其法律应对措施研究

汪　军　施啸波*

摘要：当前司法实践中涌现出一系列“非必要财产保全”现象，已然给被保全人合法权益乃至经济社会发展造成了一定损害。究其成因，主要还是因为当前财产保全损害赔偿责任采取“过错归责”，未能在责任承担方面给予申请保全人以有效制约。为实现财产保全当事人之间的利益平衡，抵制“非必要财产保全”等不良诉讼现象，推动诚信诉讼体系建设，结合对《民事诉讼法》第108条立法含义的重新解读，可以考虑对财产保全损害赔偿责任采取“过错推定”归责，并对其具体适用结合实践情形予以明确。

关键词：非必要财产保全　财产保全损害赔偿责任　利益平衡　过错推定

一、民事诉讼“非必要财产保全”现象及其危害

（一）司法实践中“非必要财产保全”现象的显现

近年来，随着我国诉讼案件不断增多，当事人申请财产保全案件数量也呈现明显上升趋势。以裁判文书网刊载的数据为例，2014年“财产保全”相关案件仅有12.5万件，到2020年，这一数字则提高至89万余件。与此同时，司法实践中也涌现出一系列“非必要财产保全”现象，值得理论界和实务界重点关注。

---

* 汪军，最高人民法院民事审判第一庭二级高级法官；施啸波，上海交通大学凯原法学院博士研究生。

所谓“非必要财产保全”,是指背离了保障生效裁判得以顺利执行的财产保全制度功能的财产保全行为。其中,部分案件申请保全人并非以生效裁判得到顺利执行作为申请保全目的,甚至恶意申请财产保全为自身牟取不正当利益;部分案件申请保全人则是因未尽到谨慎注意义务或主观判断失误,导致保全标的物价值明显高于生效裁判支持的诉讼请求金额,超出必要的财产保全限度。

根据笔者观察,在当前的司法实践中,“非必要财产保全”现象频繁出现,并呈现一定的扩张态势。

其一,在大量涉及财产保全的案件中,法院最终都未支持申请保全人的多数诉讼请求。笔者于北大法宝网站检索2021年由高级人民法院审理的涉及财产保全的民事案件[①],总计有1273件。其中的427起案件,申请财产保全一方的诉讼请求超过半数未得到法院裁判支持,占比达到案件总数的33.5%。同时,前述427起案件总体诉讼请求金额高达260亿元,以此推算,每年全国因不必要的财产保全而被限制流动或处置的社会资金或将数以百亿计。

其二,在目前司法实践中,诸如申请保全人申请保全后无正当理由撤回起诉和保全,[②]以及在“被告财务状况良好、不存在可能影响案件执行的经济障碍”的情况下,原告仍然申请对被告采取财产保全措施[③]等诉讼现象常有发生。前述财产保全明显超出必要限度。

其三,近年来,被保全人提起的财产保全损害责任纠纷诉讼案件数量亦有显著增长。2016—2020年间,北大法宝网站上刊载的中院及以上层级法院审理的财产保全损害责任纠纷案件数量逐年上升,从2016年的574件上升至2020

---

① 检索日期:2022.8.15,检索关键词:保全费(全文)、民事(案由)、高级人民法院(法院级别)、2021(审结年份)、判决书(文书类型),检索结果数:1913。正文有关统计结果数,系在去除与财产保全无关案件,并将案情相似案件合并统计后得出。

② 以最高人民法院的裁判案例为例,(2020)最高法民申335号、(2020)最高法民申2320号、(2016)最高法民申2522号、(2020)最高法民终213号等裁判文书即涉及相关案情。

③ 例如,(2019)最高法民再129号判决书指出:“民事诉讼法设立财产保全制度的目的主要是保证案件的执行,振华公司向百货大楼支付2615万元弥补款并将剩余股权转让款支付给海泰公司的事实,在一定程度上表明振华公司具备履行合同的能力,海泰公司仍申请巨额财产保全,缺乏相关的必要性。”

年的1454件。[①] 在相关法院审理的财产保全损害责任纠纷案件中，超过六成申请保全人提出的多数诉讼请求金额并未获得法院最终裁判支持，其中不乏一定数量的被保全财产价值较大的案件（参见表1）。这同样反映出当前大量的财产保全申请本身合理性有待商榷。

表1 基础案件"诉讼请求未得到法院判决多数支持"案件统计

单位：件

法院名称	基础案件诉讼请求过半数未得到法院最终裁判支持案件数（占总案件数比例）	相关案件保全财产价值超过500万元案件数
最高人民法院	88（69.8%）	76
S直辖市某中院辖区法院	65（65.6%）	31
Z省某省会城市辖区法院	81（78.6%）	34
J省某地级市辖区法院	15（65.2%）	5

注：检索网站：北大法宝网站，检索日期：2022.6.1，检索关键词：财产保全损害责任纠纷（标题）。相关案件主要发生在2014年之后。

其四，"恶意保全"现象不断涌现。实践中，有的商事主体通过采取财产保全措施限制被保全人现金流或核心资产的使用，影响被保全人的商业决策或履约能力，借此于抢夺客户和订单中获得优势，抑或迫使被保全人于案外同意其不当请求，换取被保全财产的解封解押；有的当事人则通过虚构纠纷、夸大损失、提起另案诉讼和财产保全的方式，阻碍生效合同的履行或裁判的执行；[②] 少

① 检索日期：2023.3.20，检索关键词：财产保全损害责任纠纷（标题）。在此必须说明的是，因基层法院公开案例中夹杂诸多与财产保全无关案件，造成数据失真，故在此仅对中院以上层级法院受理相关案件数量进行统计；将北大法宝网站公开的特定年份审结裁判文书数与该年度《最高人民法院工作报告》报告的案件审结数进行对比，2018—2022年相关网站裁判文书公开率分别约为60.5%、59.5%、62.6%、43.8%和24.1%。其中，2021年后裁判文书公开上网率明显下降，或与之相关，2021—2022年有关网站刊载的财产保全损害责任纠纷案件数量亦较之前年份显著减少。由于特定年份的案件数据未必能够准确反映司法实践相关纠纷案件的真实情况，故在此暂不将其纳入数据统计范畴。

② （2022）最高法民终101号、（2019）浙01民终8351号、（2019）渝0105民初15525号等裁判文书。

数案件中，甚至存在着诉讼担保公司与诉讼代理律师之间形成利益勾兑，怂恿当事人提起财产保全，进而收取费用和回扣的现象。

（二）“非必要财产保全”现象的危害

首先，每年我国因“非必要财产保全”而无法得到充分利用的社会资金数额巨大，这意味着有大量的社会资源因“非必要财产保全”而被“浪费”。在此基础上，最新公布的《中华人民共和国民事强制执行法（草案）》第179条规定：“执行款在优先清偿执行费用和共益债务后，依照下列顺序进行分配：……（三）其他民事债权。前款第三项规定的民事债权，按照查封财产的先后顺序受偿……”伴随着未来财产保全申请被赋予实体法上的优先效力——在先申请财产保全者将会获得执行分配方面的潜在竞争收益，有更大的利益驱使诉讼当事人主动采取财产保全措施。可以预计，今后将有更多合法经营企业的财产会因不必要的财产保全乃至恶意保全而被限制使用。

其次，被保全人因有关财产被限制使用，蒙受了巨大损失，而司法实践中被保全人的财产保全损害赔偿诉讼请求并不能都被支持，导致被保全人最终只能自行承担前述损失。以笔者统计的“基础案件中诉讼请求部分得到法院支持”情形为例，在大量案件中，法院裁判支持金额与被保全财产价值之间相差达到500万元以上。此时即便不考虑保全时间，仅从被保全财产的价值来看，被保全人亦因财产被保全而蒙受巨大损失。而法院最终认定申请保全人承担赔偿责任的案件比例明显较低，这也意味着在“非必要保全”情形下，多数被保全人无法通过提起财产保全损害赔偿诉讼的方式，获得充分救济。

在此基础上，由于当前“非必要财产保全”情况日益严峻，部分财产保全行为已然对被保全人的正常生活和生产经营造成了严重不利影响。因财产被保全，被保全人或日常生活遭遇严重不便（如代步车辆被保全），或需额外负担相应费用（如借贷利息或设备租金被保全），或丧失一定的交易机会（如股票账户被保全），或陷入债务违约（如待履行合同标的被保全）乃至破产危机当中。在一些案件中，被保全人控诉因工程款被冻结，其只能通过借高利贷的方式去维系相关工程运作；又或者因数百套房屋被保全无法销售，导致房地产公司陷入经营危机当中，濒临破产；此外，也有公司因交易账户被冻结，致使资金链几乎断裂，无法正常经营和支付货款、归还贷款。

最后，不仅被保全人自身因“非必要财产保全”而陷入危机当中，诸如被保全人上下游企业、员工等关联群体也因此遭遇经营乃至生存困境。在不少案件中，有关公司账户或财产被保全，直接造成员工欠薪、债务违约、项目停工、违规高利贷丛生等一系列经济和社会问题。因此对“非必要财产保全”可能造成的社会危害，也应当予以高度警惕。

二、“非必要财产保全”问题的成因

导致前述财产保全问题产生的因素是多方面的，既有法律制度等宏观层面的原因，也有诉讼主体自身道德水平以及诉讼决策等方面的影响。考虑到个体的主观因素难以在理论层面进行系统回应，本文主要从民事诉讼制度层面，对其成因进行剖析。

（一）财产保全申请和实施阶段存在的现实障碍

财产保全制度大致可以分为保全申请、实施和事后救济三个阶段。在保全实施阶段，尽管也存在着准许被申请人提供反担保置换保全标的物、被保全人提出保全异议等救济方案，[①] 但前述理论方案的实际效果和对被保全人的保障力度，未必尽如人意。首先，实践中被申请人往往并无资力另行提供反担保，申请保全人和法院也常常因反担保“品质”等原因不同意置换请求。纵使法院最终裁定解除保全措施，但由于复议期间并不停止保全裁定的执行，此时被保全人的合法财产权益事实上已因财产保全而实际遭受损害。此外，现有的保全复议制度在复议审查主体（多为原裁定保全法官）、审查内容和形式、审查程序等方面同样存在缺漏，在理论和实务界一直饱受批评。[②] 有关举措也更多属于错误保全发生后采取的及时补救措施，无法真正从源头上抑制“非必要财产保全”

① 二者在我国现行法律体系下大致对应《民事诉讼法》第107条规定的“解除保全”以及第111条规定的“保全复议”制度，其与执行救济一道，被学者称为“财产保全救济程序体系”。考虑到提出担保和复议期间，财产保全尚未解除，为对相关概念进行区分，本文将此处的“财产保全救济程序”称为“保全实施阶段”的救济路径，将财产保全损害赔偿称为“事后救济”路径。参见刘君博：《财产保全救济程序的解释与重构》，载《清华法学》2018年第5期。

② 范卫国：《法院财产保全错误：发生机理与救济路径》，载《河北法学》2016年第8期。

申请的出现。

与前述保全实施阶段的救济方案相比,要想从根本上解决“非必要财产保全”问题,在制度层面可以采取两种路径:其一,从行为层面进行规制,亦即在保全申请阶段增加法院的审查义务,对不必要的财产保全从源头上加以制止;其二,从事后救济阶段的责任承担方面予以回应,即通过提升错误保全的赔偿比率来增加保全的潜在成本,倒逼当事人审慎作出保全决策。

1. 形式审查标准采用产生的影响

就财产保全申请阶段,法院对保全申请的审查,理论上主要存在形式审查和实质审查两类标准。对此,在比较法上,不少国家(如美国)法院采取的是实质审查标准,其主要原因在于“保护个人对财产的使用和占有不受专断的侵害”,“以使剥夺财产的实质性不公平或错误降低到最小限度”。相关国家主流观点认为,当政府或法院仅根据一方私人当事人的申请并为其利益而扣押物品时,这种实质不公正存在的可能性巨大。①

而目前我国司法实践采取的是形式审查标准,其理由主要是因为,一方面,财产保全程序并不解决当事人之间的实体纠纷,只是为了保障将来生效判决顺利执行,要求法院在案件尚未作出实体审理和判决前,对财产保全申请进行实体审查,显然过于苛刻。另一方面,由法院负担实质审查义务,也意味着其需承担相应的法律责任,采取形式审查标准也有利于法院降低赔偿风险。因此,在我国现有司法环境下,对财产保全申请采取形式审查标准,确有合理之处;不过,相比于实质审查标准,形式审查标准的采用,很大程度上也以牺牲财产保全本身的真实性与合理性为代价,对此也应当有充分认识。

2. 保全担保成本降低造成的后果

由法院进行实质审查的前提在于,申请保全人已经对保全申请理由及其合法性和必要性进行了释明。然而,在司法实践中,要求申请保全人释明其请求本身的原因及正当性,因取证不易等原因,往往颇为困难,因此比较法上不少国

---

① [美]斯蒂文·N. 苏本:《民事诉讼法——原理、实务与运作环境》,傅郁林等译,中国政法大学出版社2004年版,第90页。

家和地区立法均允许申请保全人通过提供担保的形式来代替释明，或以此降低法官对释明正当性的心证程度。①

与之相比，我国《民事诉讼法》第103条第2款虽然也赋予法院责令申请保全人提供担保的权力，但其制度目的主要仍在于避免适用财产保全给被申请人造成损失。② 然而，在我国司法实践中，该项制度在一定程度上也发生了功能"异化"：有的法院会以财产担保提供与否作为决定是否准许财产保全的主要审查标准。因此，与比较法类似，在我国司法实践中，保全担保的提供在一定程度上代替了法院对释明的审查，此时由于缺乏责任承担方面的约束（后文将详细讨论），存在产生"非必要财产保全"现象的风险。

不过，由于提供传统保全担保需负担的经济成本较高，申请保全人很难以此牟取特殊利益，因此在过去担保金额高、"保全不难担保难"的历史时期，前述因保全担保提供而产生的"非必要财产保全"问题在实践中尚不十分显著。但是当下，不仅担保金额明显降低，同时担保形式也在增加，保全责任（保证）险等收费低廉的方式已被广泛采用，③ 这就导致传统保全担保通过增加申请人经济成本来促使当事人"审慎保全"的制度功能，无法再得到充分发挥。此时由于缺乏相应的成本约束，当事人滥用保全措施的风险也在不断增加。

考虑到对不少案件当事人而言，其一方面存在着财产保全的急切需求，另一方面又无法负担高昂的保全成本，是故再度通过增加担保成本的方式来遏制前述"非必要财产保全"问题，必将以牺牲部分申请人的诉讼权利为代价，显然不可取。与之类似，在当下，要求当事人充分"释明"，并且法院对"释明"进行

---

① 吴从周：《论供担保代释明之假扣押》，载《全国律师》2010年第12期。比较法上（如德国和我国台湾地区）如此规定的重要理由在于，前述国家或地区对财产保全损害赔偿责任采取了"危险责任"抑或"无过错责任"的归责要件，因此即便缺乏必要的释明和保全审查，但由于无过错责任的成立以及担保的提供，也能很好地满足被保全人的利益损失，对申请保全人的恶意保全行为进行有效的震慑。

② 姚红主编：《中华人民共和国民事诉讼法释义》，法律出版社2007年版，第137页。由于我国财产保全损害赔偿责任仍以"过错归责"，因此在多数财产保全案件中，即便最终财产保全措施被解除，申请保全人也未必需要承担赔偿责任，保全担保的提供很难发挥类似比较法上"填补被保全人损失"的作用。

③ 庞申威：《财产保全制度的运行状况、实践困局和优化路径——基于法经济学的分析》，载胡云腾主编：《司法体制综合配套改革与刑事审判问题研究：全国法院第30届学术讨论会获奖论文集》，人民法院出版社2019年版，第1092页。

实质审查，同样也存在实施难度。因此在现阶段，面对因财产保全中担保制度“异化”而造成的“非必要财产保全”情形，只能在保全申请制度之外寻找解决方案。

综上，在保全申请阶段，现有的保全审查机制的“形式化”和保全担保机制的“异化”在一定程度上加剧了当事人滥用财产保全的风险，但由于法院工作负担、潜在责任风险以及部分申请保全人现实需求等方面原因，当下难以通过调整法院审查义务或增加担保成本的方式来有效遏制前述“非必要财产保全”问题的产生。考虑到保全申请和实施阶段所面临的种种现实难题，要想切实解决“非必要财产保全”问题，只能从保全事后救济阶段寻找路径和方案。

（二）财产保全损害赔偿责任归责要件的影响

尽管我国《民事诉讼法》第108条并未明确财产保全损害赔偿责任的责任属性，但由于《最高人民法院关于当事人申请财产保全错误造成案外人损失应否承担赔偿责任问题的解释》《民事案件案由规定》等规定明确将“因申请财产保全损害责任纠纷”归为“侵权责任纠纷”，适用侵权法；加之比较法上一般也认为，财产保全损害赔偿责任属于侵权责任范畴。目前我国理论界和实务界对于财产保全损害赔偿责任的侵权责任定性，已无太大争议。

侵权责任成立一般需满足“对民事权益的侵害”“因果关系”“归责”等要件。其中，财产保全损害责任纠纷案件于损失要件等方面，因主要涉及的是事实认定问题，相对来说争议不大；而归责要件则涉及法官的自由裁量，在司法认定上存在一定的不同意见，相关案件争议焦点往往也聚焦于此，值得重点关注。

1. 通说语境下的财产保全损害赔偿责任归责要件

当前，最高人民法院在“李正辉诉柴国生财产损害赔偿纠纷案”等四则公报案例[①]中，均已明确“财产保全损害赔偿纠纷，应采取侵权责任法规定的过错

---

① 李某辉诉柴国生财产损害赔偿纠纷案，《最高人民法院公报》2014年第3期；青岛中金渝能置业有限公司与青岛中金实业股份有限公司、滨州市中金豪运置业有限责任公司财产保全损害纠纷案，《最高人民法院公报》2018年第10期；宜兴市建工建筑安装有限责任公司与张某、张某山申请诉中财产保全损害赔偿责任纠纷案，《最高人民法院公报》2018年第9期；江苏中江泓盛房地产开发有限公司诉陈跃石损害责任纠纷案，《最高人民法院公报》2016年第6期。

责任归责原则”“判断申请财产保全是否有错误，不能仅看申请保全人的诉讼请求最终是否得到法院支持，还要看其申请保全是否存在过错”等裁判要旨。此外，通过对不同法院判例进行的实证研究，有关法院审理的多数财产保全损害责任纠纷案件中，法官或在判决说理部分，或在正文引用法条部分，采取“过错责任”的归责要件（参见表2）。据此，可以认为我国司法界对于财产保全损害赔偿责任适用“过错归责”已然达成一定共识。

表2 不同法院采取“过错归责”案件数及比例

单位：件

法院名称	检索结果数	有效样本数	法院明确采取过错归责案件数（比例）
最高人民法院	162	119	103（86.6%）
S直辖市某中院辖区法院	258	124	110（88.7%）
Z省某省会城市辖区法院	253	141	128（90.8%）
J省某地级市辖区法院	107	29	24（82.8%）

注：检索网站：北大法宝，检索关键词：财产保全损害责任纠纷（标题），检索截止日期：2022.6（后续表格数据来源同此处）。表格中，“有效样本”指法院主要审查是否满足保全损害赔偿责任归责要件，并以此决定申请保全人是否承担赔偿责任的相关案件；“法院未明确采取过错归责案件”包括以“申请有错误”作为归责要件、明确采用无过错责任、引用相关法条（如《侵权责任法》第6条、《民法通则》第106条）但未指明具体款项等情形，但不包括法院以起诉是否存在恶意、是否尽到合理注意义务等主观因素作为归责认定标准的案件。

而在学说层面，目前学界主流观点同样持“过错归责”立场，其理由大致包括以下方面：首先，财产保全损害赔偿责任属于侵权责任范畴，根据《民法典》有关规定，侵权责任采取“过错推定”①和“无过错责任”归责要件的，应当由“法律规定”。现有法律并未明确规定财产保全损害赔偿责任应采取“过错推定”或“无过错责任”归责，因此仍应以“过错责任”作为归责要件。

其次，财产保全损害赔偿责任不具备采取“过错推定”或“无过错责任”归

① “过错推定”实质上仅仅是认定过错的一种法律技术手段，其并非独立于过错责任之外的责任形态。

责的法理基础。“过错推定”归责主要是用来加强对无民事行为能力人、患者以及游客等弱势群体的权利保护，而在诉讼保全活动中，双方当事人诉讼地位相对平等，无须特别保护被申请人；而“无过错责任”中，危险责任主要适用于危险活动场合，替代责任则主要适用于责任人对加害人的行为具有控制力的场合，错误保全行为明显不符合前述法理。[①]

再次，比较法上也存在适用“过错归责”的立法例。如根据英国法律，即便被申请人在主诉中胜诉，该胜诉判决也不意味着准予被申请人的损害赔偿请求——在法院发布的数百乃至千件冻结令案件中，仅有少数几个案件中被申请人的损害赔偿请求获得了支持；[②] 澳门特别行政区《民事诉讼法典》第 335 条第 1 款也规定：“一、如有关保全措施被认为不合理，或因可归责於声请人之事实而失效，且声请人行事时缺乏一般应有之谨慎，则其须对声请所针对之人所造成之损害负责。”

最后，也有学者从保全制度的社会影响谈起，认为民事保全适用的频率越高，保全错误的可能性越高，这时无过错责任的适用空间就要扩张；但从我国当时的情况来看，适用保全比例不高，其发生损害的可能性也必然不高，因此适用过错责任有利于鼓励当事人积极行使申请财产保全的诉讼权利，更符合我国实际情况。[③]

2.“过错归责”对“非必要财产保全”问题的影响

根据实证研究，于“过错归责”前提下，当前司法实践中法院最终认定申请保全人满足归责要件和承担赔偿责任的案件相对较少，仅有三分之一左右（参见表 3）。前述统计结果一方面说明，在相关案件中，法院对归责要件的认定与最终判决承担赔偿责任的案件数量基本接近，归责要件的认定对最终赔偿责任的成立起到关键性作用；另一方面，也反映出申请保全人所需负担的司法成本

---

① 赵珂：《申请保全错误行为之司法认定——以案例为样本解读〈民事诉讼法〉第 105 条的适用》，载《法律适用》2021 年第 8 期。

② 周翠：《中外民事临时救济制度比较研究》，清华大学出版社 2014 年版，第 128 页。

③ 肖建国、张宝成：《论民事保全错误损害赔偿责任的归责原则——兼论〈民事诉讼法〉第 105 条与〈侵权责任法〉第 5 条的关系》，载《法律适用》2016 年第 1 期。

和责任风险相对较低。实践中多数法院会以“申请保全人不具有过错”为由，驳回被保全人的赔偿请求。

表 3 不同法院认定申请人承担赔偿责任案件数及比例

单位：件

法院名称	检索结果数	相关案件数	法院认定申请人满足归责要件数（比例）	法院认定申请人承担赔偿责任案件数（比例）
最高人民法院	162	126	46（36.5%）	43（34.1%）
S 直辖市某中院辖区法院	258	99	36.5（36.9%）	34.5（34.8%）
Z 省某省会城市辖区法院	253	103	38.5（37.4%）	38.5（37.4%）
J 省某地级市辖区法院	107	23	8（34.8%）	8（34.8%）

注：检索网站：北大法宝网站，检索日期：2022.6.1，检索关键词：财产保全损害责任纠纷（标题）。表格中，“相关案件”指法院主要审查案件事实是否满足财产保全损害赔偿责任成立要件，并以此决定申请保全人是否承担赔偿责任的案件（其中关联案件合并统计）；“法院认定申请人承担赔偿责任案件”包括法院酌定承担赔偿责任和仅支持部分赔偿请求的案件。其中一起案件，一审法院认定承担赔偿责任，二审法院改判不承担责任，故计为 0.5 件。

对诉讼财产保全保险进行考察，同样能印证前述判断。笔者检索到多份保险公司《诉讼财产保全保证 / 责任保险费率表》，相关表单费率表列明的保单基准费率仅在赔偿限额的 0.8%-1% 之间浮动；且当保险金赔偿范围在 10 万元以下时，保险金调整系数为 1.0-3.0，而当保险金赔偿范围在 5000 万元以上时，保险金调整系数则仅为 0.1-0.3。由此不难看出，一方面，当下申请保全人仅需支出少额费用即可获得保险公司提供的诉讼保全担保，成本已大幅降低；另一方面，根据保险精算法则，前述 0.8%-1% 的基准费率本身即表明，实践中法院支持被申请人赔偿请求的案件比率明显不高，以至于在保险公司看来，几乎不存在显著的赔偿风险。与此同时，关于保险金方面的调整系数随着保险金赔付金额的上升而下降，则似乎也意味着当涉及大额财产保全的损害赔偿责任诉讼时，申请保全人败诉（亦即保险赔付）概率明显较低，保险公司愿意在费率方面提供额外优惠。

总的来说，前述“过错归责”前提下的较低赔偿比例，不仅意味着被保全人因财产保全而遭受的损失无法得到充分救济，同时也反映出，申请保全人的责任风险乃至滥用保全程序的“违法成本”，并不是很高。从“成本 - 收益”的角度进行分析，这将反向激励诉讼当事人作出财产保全决策，使得已有的“非必要财产保全”问题进一步加剧。是故恰如德国学者所言，要求债权人承担损害赔偿责任，其目的在于防止债权人滥用保全措施；① 要想通过优化保全事后救济的方式来解决“非必要财产保全”问题，即有必要对现有的财产保全损害赔偿责任归责要件进行调整。

三、“过错推定”归责对“非必要财产保全”的矫正效用分析

(一)我国现有非“过错归责”理论方案存在的问题

事实上，我国理论界和实务界也有不少观点认为，财产保全损害赔偿责任不应以“过错归责”。对此，主要有如下探索和尝试：(1)认为应当以“无过错责任”作为财产保全损害赔偿责任的归责要件。②(2)认为应当区分不同情形，分别适用不同的归责要件(区分说)。例如有观点认为，当申请保全对象错误时，即适用无过错责任；而在申请保全的范围金额与最终判决结果差异达到显著不合理时，则适用过错推定责任；至于在其他情形下，则申请人承担责任应当以故意为必要。③(3)认为应当在侵权责任之外，配套采用公平责任以给予被保全人必要的补偿。该观点认为，只要申请人以保障日后生效裁判的实现为目的提出保全申请，并提供担保，且经法庭审查，便可认为申请人财产保全行为不具备违法性，不构成侵权责任；若被保全人的实体权利状态嗣后被证明与保全范围存在不合理差距，此时可认为存在“申请错误”，基于公平责任，申请人对该部分

① [德]奥拉夫·穆托斯特：《德国强制执行法》，马强伟译，中国法制出版社 2019 年版，第 285 页。

② 陈河：《论财产保全错误的损害赔偿责任》，载《湖北警官学院学报》2012 年第 2 期。

③ 阮忠良、玄宝玉：《保全申请错误所致损害赔偿责任的构成要件——兼析新〈民事诉讼法〉第 105 条的理解与适用》，载《上海政法学院学报(法治论丛)》2013 年第 4 期。

损失应该负担补偿责任。[①]

本文认为，前述观点尽管都基于一定的理论或实践考量，但其论据于法理与现实层面未必令人完全信服。首先，如果绝对地以无过错责任作为归责要件，同样有可能会在很多实践情形下造成不良后果。由于财产保全本身即对被保全人的权益造成了一定限制，就此而言，在资金账户被冻结等多数的财产保全情形下，无论法院最终是否支持当事人的诉讼请求，都可认为被保全人"遭受一定损失"，而在规范意义上的无过错责任语境下，这就意味着有关赔偿责任已经成立。在此基础上，即便以"法院最终裁判支持（部分）诉讼请求"作为其合法性抗辩理由，同样会面临一系列质疑。例如，并非所有财产保全损害责任纠纷案件都受到基础案件判决结果的影响，如在"错误保全案外人财产"类案件中，案外人与申请保全人之间往往并不存在直接的基础交易联系；且此时一旦生效裁判文书被再审撤销改判，将会导致当事人的权利义务被重新厘定，不仅增加当事人的诉累，更有损法律的权威，[②]对此在司法实践中已有例证。[③]此外，根据最高人民法院于公报案例中载明的观点（也是司法实践中多数法院的观点）："由于当事人的法律知识、对案件事实的举证证明能力、对法律关系的分析判断能力各不相同，通常达不到司法裁判所要求的专业水平，因此当事人对诉争事实和权利义务的判断未必与人民法院的裁判结果一致。"[④]因此在"基础案件法院裁判支持金额与保全财产价值相差无几"等情形下，绝对的以无过错责任作为归责要件，同样未必符合实体公正。

其次，就公平责任的采用，一方面，《民法典》第1186条修改了《侵权责任法》第24条关于公平责任的规定，明确要求公平责任的成立与承担需"依照法

---

① 何健宏：《论错误申请保全损害的弥补及标准——以补偿责任与赔偿责任的二分为视角》，载马世忠主编：《司法体制综合配套改革中重大风险防范与化解——全国法院第31届学术讨论会获奖论文集》，人民法院出版社2020年版。

② 王勇：《财产保全申请人承担赔偿责任应适用过错责任原则》，载《人民司法》2014年第16期。

③ 如（2017）最高法民再43号判决书即指出："二审法院再审改判支持潘阳的诉讼请求……表明一、二审判决认定潘阳申请对龙赢四海公司实施的诉讼保全措施客观上存在错误，失去了事实和法律依据。"

④ 宜兴市建工建筑安装有限责任公司与张某、张某山申请诉中财产保全损害赔偿责任纠纷案，载《最高人民法院公报》2018年第9期。

律的规定”。对此，相关论者认为，《民事诉讼法》第108条中的“赔偿”可以理解为补偿责任，进而有关条文“并非对一般侵权责任的简单重述”，而是可以作为公平责任采用的解释论依据。此处否认“侵权责任”定性的论证明显较为牵强，既不符合立法及相关法律规定内涵，也与理论和实践中的一般认识相悖。另一方面，“公平责任作为损失分担的一般规则，其着眼点不在于加害人的责任承担，而是以归责原则为基础的侵权责任无法救济受害人的情况下，就遭受严重损害的受害人所给予的社会法意义上的救济”。[①] 据此，仅有在侵权责任成立要件（特别是归责要件）等不满足的情形下，才有公平责任适用的可能。相关论者认为，只要申请人以保障日后生效裁判的实现为目的提出保全申请，并提出担保，经法庭审查，便可认为申请人行为不构成侵权责任，未免有些过于偏颇。如前文所述，目前我国法院对于财产保全申请采取的是形式审查，且申请保全人提供担保的成本也在不断降低，如果以法院审查等作为侵权责任成立的阻却事由，可以预见未来绝大多数的财产保全从形式上看，都将不满足侵权责任的构成要件。相关观点采用的最终结果实则是以“公平责任”替代“侵权责任”，但就对被保全人的保护而言，考虑到两种责任类型在赔偿范围等方面的差别，前者未必当然比后者更为有利。

最后，就“区分说”而言，笔者认可其区分不同情形分别处理的思路，因为通过“区分”能方便司法适用和理论总结。但与前段观点相似，有疑问的是，是否有必要将无过错责任作为具体情形下的“归责要件”。例如，就上文部分学者认为应当采用无过错责任的“错误保全他人之物”情形，司法实践中即存在大量认为不可归责的案例。[②] 其中，在涉及“一物二卖”或物权公示错误等情形下，法院最终认定申请保全人不具备归责要件确有一定合理之处。据此，如果将无过错责任作为“区分论”语境下的一类归责标准，即意味着对该类情形的界定必须要非常地精确，以至于足以排除所有可能出现的例外情形，但这同时也意

① 曹险峰：《论公平责任的适用——以对〈侵权责任法〉第24条的解释论研读为中心》，载《法律科学（西北政法大学学报）》2012年第2期。

② 采取类似观点的裁判文书有（2021）最高法民申1771号（保全种子）、（2021）最高法民申1025号（保全铁矿砂）、（2014）民申字第2172号（保全挖钻机）等。

味着此类“区分”因过于精确失去了作为类型划分意义上的价值。因此，本文同样不赞成在“区分”的基础之上，再以无过错责任作为某类具体情形的归责要件。

(二)“过错推定”归责的采用

考虑到通说观点及相关理论方案存在的不足，本文认为，应当采取“过错推定”归责的方式，来有效处理“非必要财产保全”问题。就“过错推定”归责而言，其不仅同样具备相应的规范解释依据，同时亦能满足现实需求，有效解决现实问题，进而实现财产保全当事人之间的相对利益平衡。具体而言，“过错推定”归责：

1. 符合立法机关释义书中关于财产保全损害赔偿责任归责要件的说明和例举

如前文所述，支持“过错归责”的主要理由即在于对《民法典》第1165条、第1166条的体系解释结论。在通说观点看来，《民事诉讼法》第108条不存在对归责要件的特别规定，因此应当准用《民法典》第1165条第1款关于过错责任的一般规定。但在本文看来，《民事诉讼法》第108条本身即规定了特殊的归责要件，通过对前述条文内容的解读，可以认为该条系采取的是“过错推定”归责要件。

立法机关于释义书中并未明确财产保全损害赔偿责任应当采取“过错归责”。释义书指出：“被申请人根据本条要求申请人赔偿损失的，应当满足以下条件：(1)因错误保全被人民法院裁定撤销；(2)被申请人的损害与申请人错误存在因果关系；(3)在诉讼时效期间内主张权利”“一旦出现错误，被申请人会因为其财产或行为被采取保全措施而遭受损失。在多数情形下，保全由一方当事人申请启动的，但因保全给对方当事人造成损失时，申请采取保全措施的一方应当赔偿被申请人因保全所遭受的损失”。[①] 据此不难发现，我国立法机关对于财产保全损害赔偿责任归责要件实则采取的是“错误保全”的表述；而对“错误

① 全国人大常委会法制工作委员会民法室编著：《中华人民共和国民事诉讼法解读(2012年最新修订版)》，中国法制出版社2012年版，第277–278页。

保全”的具体内涵存在相应的规范解释空间。

对此,在目前的司法实践中,即有相当数量的法院判决并非以“过错归责”,而是以“申请有错误”等作为判断申请人财产保全损害赔偿责任是否成立的归责要件。以最高人民法院的裁判为例,(2018)最高法民申5378号民事裁定认为:“申请人向被申请人赔偿损失应满足以下条件:1.申请人所申请保全的对象或数额存在错误;2.申请保全错误导致被申请人产生损失;3.被申请人的损失与申请人的申请错误存在因果关系。”(2019)最高法民申1619号民事裁定同样指出:“申请保全人是否存在错误,要根据其诉讼请求及所依据的事实和理由考察其提起的诉讼是否合理,或者结合申请保全的标的额、对象及方式等考察其申请财产保全是否适当……联系本案较为复杂的背景事实及成都久长公司的起诉金额,其申请财产保全的标的额、对象和方式具有合理性,不存在明显错误。”(2020)最高法民申2320号民事裁定则进一步认为:“《中华人民共和国民事诉讼法》第一百零八条适用的前提是申请保全人的申请有错误。”①

综上,通过对立法规定的重新审视,《民事诉讼法》第108条本身即可作为独立且完整的请求权基础规范,无须援引《民法典》过错责任的一般规定。是故通说所主张的规范依据未必准确。②在此基础上,立法机关释义书中对“申请有错误”的表述,以及对其内涵的例举式阐释(“法院最终判决驳回申请人起诉”“诉讼请求、申请保全的原因不存在”“诉前保全中,申请保全后未在法定期间内起诉或提起仲裁”等“可归责于申请人的原因导致保全裁定被撤销”③情形)表明,申请人实施“错误保全”行为本身即意味着其行为满足归责要件,只不过在“达成和解撤诉”等情形下,可例外地给予申请人以责任豁免。因此在本文看来,释义书中所载明的归责要件实际上更接近于“过错推定”的规范模式,亦即只要当事人做出“错误保全”行为,原则上即需承担相应的赔偿责任,

---

① 亦可参见(2017)最高法民再43号、(2020)最高法知民终521号等裁判文书。

② 其实围绕“过错推定”是否一定必须“法定化”,理论界也存在一定争议。有观点认为“过错推定”与否本身应交由法官自由裁量;而“法定化列举立法”可能会无法适应现实的需要,迫使法官从其他途径寻求体系外的造法。参见朱岩:《侵权责任法通论·总论》,法律出版社2011年版,第303页。

③ 全国人大常委会法制工作委员会民法室编著:《中华人民共和国民事诉讼法解读(2012年最新修订版)》,中国法制出版社2012年版,第277-278页。

除非其能够提出相应的抗辩理由。

2. 有利于司法实践中平衡当事人之间利益，遏制非必要财产保全现象

（1）被保全人：存在利益保护的特别需求

传统观点认为，财产保全是在一定期限内对当事人的权利进行限制，必然会给被保全人的权益带来减损。而基于对保全制度价值的认可，正当的保全措施并不以对被保全人的权益减损进行补偿为条件，其自然形成的对被保全人的不利益应被认为是必要的制度成本和正当的诉讼风险。[①]

然而，立法机关释义书则明确指出，《民事诉讼法》第 108 条之所以如此规定，其主要目的"既是对被申请人合法权益的保护，同时也要求申请保全的当事人承担一定的义务，防止权利滥用"。[②] 因此，在利益衡量上，财产保全当事人之间并不存在何者占优的问题，应当以财产保全当事人之间的利益平衡作为归责要件采用的重要判断标准。

财产保全作为临时性救济程序，具有紧急性、密行性特征，这就导致其对效率的追求大于实体上发现真实的要求，难免在追求程序效率的同时，牺牲实体的真实和公平。同时，由于我国法院并未采取实质审查标准，这就意味着被保全人面临不当财产保全的风险明显较高。而"过错归责"的采用，更加导致实践中多数被保全人的赔偿请求得不到法院的支持，只能自行承受因财产被保全而遭受的损失。从整个保全过程来看，不难发现现有财产保全制度，无论是在申请、实施还是救济环节，都缺乏对被保全人权益的有效制度保障，相比于保有潜在执行利益的申请保全人，被保全人的利益保护需求更加值得我们关注。因此，存在从制度层面对被保全人利益进行特殊法律保护的需求。

在部分行业领域，前述理念已被法律规范所肯认。例如，《全国法院民商事审判工作会议纪要》第 96 条规定："除信托公司作为被告外，原告申请对信托公司固有资金账户的资金采取保全措施的，人民法院不应准许。信托公司作为被告，确有必要对其固有财产采取诉讼保全措施的，必须强化善意执行理念，要严

---

① 李喜莲：《财产保全"申请有错误"的司法考量因素》，载《法律科学》2018 年第 2 期。

② 全国人大常委会法制工作委员会民法室编著：《中华人民共和国民事诉讼法解读（2012 年最新修订版）》，中国法制出版社 2012 年版，第 277-278 页。

格遵守相应的适用条件与法定程序，坚决杜绝超标的执行。在采取具体保全措施时，要尽量寻求依法平等保护各方利益的平衡点，优先采取方便执行且对信托公司正常经营影响最小的执行措施……”根据最高人民法院释义书的观点，制定该条规定的主要理由在于“防止因诉讼保全工作给信托公司的正常经营获得带来不必要的负面影响，切实防止因诉讼保全工作给个体信托公司带来危机而影响市场整体信心”。①

（2）申请保全人：潜在执行利益保有基础上的风险自担

在法院做出终局裁判之前，申请保全人的诉讼请求能否得到法院支持尚不确定，但此时申请人已享受了基于财产保全而存在的潜在利益，该潜在利益既包括潜在执行标的的保值利益，亦包含在特殊情形下可能产生的优先受偿的顺位利益；② 与此同时，被申请人的权利却因此受到了损害。就风险制造和利益归属的角度而言，理应由最终获利的申请人承担相应的风险。而法律之所以认可无过错责任等“自己责任”的例外情形，其最重要的理论依据即在于：由制造风险或享受收益的行为人，承担因其制造的风险或享受收益而造成的他人损失，被认为是符合公平理念的。③ 在司法实践中也存在类似观点，如（2016）京01民终785号民事判决即认为：“当事人到法院进行诉讼活动，就应当承担诉讼行为给自身所带来的风险，这种风险包括败诉的风险，以及衍生出的财产保全风险。”

事实上，比较法上也存在诸多并未采取“过错归责”的立法例。如德国《民事诉讼法》第945条规定：“假扣押或假处分的命令经判明自始为不合法时，或者依第926条第2款或第942条第3款发出的命令被撤销时，请求发出命令的

① 最高人民法院民事审判第二庭编著：《〈全国法院民商事审判工作会议纪要〉理解与适用》，人民法院出版社2019年版，第500页。

② 《最高人民法院关于适用〈中华人民共和国民事诉讼法〉的解释》第514条规定：“当事人不同意移送破产或者被执行人住所地人民法院不受理破产案件的，执行法院就执行变价所得财产，在扣除执行费用及清偿优先受偿的债权后，对于普通债权，按照财产保全和执行中查封、扣押、冻结财产的先后顺序清偿。”

③ 杨代雄：《一般侵权行为的无过错损失分担责任——对“无过错即无责任”的质疑及对“公平责任原则”的改造》，载《华东政法大学学报》2010年第3期。

当事人，对于对方当事人因执行该命令而受到的损害，或因免除执行或撤销处分而提供担保发生的损害，负赔偿之责。"[①] 据此，在出现财产保全命令自始不当或嗣后申请人未起诉等情形下，无论申请人是否具有过错，其都应当承担赔偿责任。究其法理，同样是基于当事人利益平衡和风险分配上的考量。德国学者指出，申请人通过扣押命令的作出和执行损害了对方当事人的权利，[②] 而采取假扣押措施仅仅是为了保全债权人的利益，因此申请人须自担风险。此时债务人享有的以"无过错责任"作为归责要件的损害赔偿请求权，一般被认为是危险责任或牺牲责任的重要体现。[③] 就此处责任性质，德国学界有"诉讼上的危险责任""风险责任""肇事者责任""保险责任""广义的侵权责任""牺牲责任"等不同观点。[④]

我国台湾地区民事诉讼相关规定同样区分保全裁定"因自始不当而撤销"与"因以后之情事变更而撤销"两类情形，前种情形下申请人无论是否具有过错，都应当承担赔偿责任；而后种情形下被申请人则"不得据以请求损害赔偿"。我国台湾地区"民事诉讼法"第531条规定："假扣押裁定因自始不当而撤销，或因第五百二十九条第四项及第五百三十条第三项之规定而撤销者，债权人应赔偿债务人因假扣押或供担保所受之损害。"究其理由，台湾地区学者有言："债权人声请撤销者，必自知其不应为该定暂时状态假处分之声请，始出尔反尔的声请撤销，其行为应罚，以儆效尤。"[⑤]

此外，如前文所述，当前司法实践中出现的财产保全问题，在一定程度上反映出保全制度在实践中的运行存在偏离其预期实现的制度目的，保障生效裁判

---

① 《德国民事诉讼法》，丁启明译，厦门大学出版社2016年版，第220、224页。在德国和我国台湾地区民事诉讼（强制执行）的相关规定上，"假扣押"和"假处分"大致对应我国的保全概念。另，德国《民事诉讼法》第926条规定："（1）本案尚未系属时，假扣押法院应依申请，不经言词辩论，命令申请发给假扣押命令的当事人在规定期间内起诉。（2）不遵从此项命令时，应依申请以终局判决宣布撤销假扣押。"第942条第3款规定："期间经过后而未起诉者，初级法院应依申请撤销假处分。"

② ［德］康拉德·赫尔维格：《诉权与诉的可能性 当代民事诉讼基本问题研究》，任重译，法律出版社2018年版，第53页。

③ ［德］弗里茨·鲍尔等：《德国强制执行法（下册）》，王洪亮等译，法律出版社2020年版，第389页。

④ 周翠：《中外民事临时救济制度比较研究》，清华大学出版社2014年版，第77-78页。

⑤ 姚瑞光：《民事诉讼法论》，中国政法大学出版社2011年版，第525页。

得到顺利执行的状况，其实质是以牺牲被申请人利益为代价，片面地换取申请保全人、诉讼代理人以及担保公司等的利益。因此，在当下“非必要财产保全”现象日益严峻的情势下，再度认可前述“降低归责标准以鼓励当事人积极行使申请财产保全的诉讼权利”等观点，似乎已无充分法理依据。

（3）实现财产保全当事人之间的相对利益平衡

从学理上看，在归责层面决定是否采取“过错推定”，主要涉及对“优先保护受害人”和“避免加害人责任过重”两项基本价值要素的衡量。于财产保全损害赔偿责任处，通过采取“过错推定”归责，赋予申请保全人归责层面的抗辩义务，能够在保障被保全人利益的同时，有效照顾实践中特殊情形的需要，给予申请保全人以一定程度的责任豁免，从而避免其负担过重的赔偿责任。

因此“过错推定”归责的采用，不仅能够保障被保全人的利益，促使申请保全人审慎申请财产保全，有效遏制恶意保全等不良诉讼现象的产生；同时也能避免矫枉过正，导致申请保全人因归责要件过于严苛而不敢申请财产保全、行使诉讼权利。其在一定程度上实现了财产保全当事人之间的相对利益平衡，符合财产保全制度预设的价值取向。

3. 有利于防范和化解财产保全制度可能产生的社会经济问题，推进诚信诉讼建设

前文所述案例及统计结果在一定程度表明，我国每年有大量的市场资源因为不必要的财产保全而被限制流动和处置，不能得到充分利用。因此，如果能通过“过错推定”归责，约束当事人审慎申请财产保全，将意味着每年能够有相当可观的社会资金投入我国市场经济活动当中，即通过被保全财产的释放来促进市场资本的融通，提升市场经济活力；同时这也有利于保障被保全人的合法财产和经营活动免受不当保全的袭扰，减少市场主体参与经济活动的运营成本和面临的潜在违约和破产风险。

此外，伴随新时代我国国民教育和社会建设步入更高阶段，诚信诉讼也早已成为国家和社会对公民和市场主体的基本道德和法律要求。基于诚实信用原则和诚信诉讼理念，也应当认识到，一方面，并非所有的诉讼案件都必须申请财产保全，鉴于财产保全可能给被申请人造成的损害，对其申请应当审慎；另一方

面，即便确有必要申请财产保全，对保全的方式、期限、范围等也应当保持克制。恰如法谚所言："极端的权利，最大的不法""因必要而要求之善事，如超出其必要限度，即不复为善事"。通过放宽财产保全损害赔偿责任的归责标准，将会促使当事人以更加审慎的态度去申请财产保全，是诚信诉讼的应有之义。

四、类型化视角下的"过错推定"归责适用

（一）"错误保全"行为的基本类型和具体情形

通过对"过错推定"归责具体情形予以列举、明确，将进一步便利司法实践中的法律适用。根据对司法案例的实证研究，以及参考《最高人民法院关于审理民事、行政诉讼中司法赔偿案件适用法律若干问题的解释》第3条[①]等规定内容，本文认为，可以将司法实践中的"错误保全"行为划分为以下四种类型（见表4），并分别对应不同的具体情形：

表4 财产保全"错误保全"行为基本类型和具体情形

基本类型	具体实践情形	特殊标准或例外情形
1.基础诉讼存在问题	（1）诉讼请求被全部驳回	
	（2）诉讼请求被部分支持	比例原则
	（3）虚假诉讼（包括明知无权利起诉或虚构事实恶意起诉）等	
2.保全范围、对象、方式存在问题	（1）超额保全	保全"不可分物"且被保全人无其他财产
	（2）错误保全他人之物或保全不必要的财产	误信物权公示状况而采取保全措施
	（3）对保全标的物未尽保管义务或不接受合理的置换被保全标的物请求等	

① 该条规定："违法采取保全措施，包括以下情形：（一）依法不应当采取保全措施而采取的；（二）依法不应当解除保全措施而解除，或者依法应当解除保全措施而不解除的；（三）明显超出诉讼请求的范围采取保全措施的，但保全财产为不可分割物且被保全人无其他财产或者其他财产不足以担保债权实现的除外；（四）在给付特定物之诉中，对与案件无关的财物采取保全措施的；（五）违法保全案外人财产的……"

续表

基本类型	具体实践情形	特殊标准或例外情形
3. 保全期限存在问题	(1)变更诉讼请求、败诉、和解等情形发生后,或(2)保全期限届满后,未及时解除相应财产保全	
4. 保全本身缺乏必要性	(1)法院裁定保全后,申请人撤回起诉或保全	(1)因和解、调解等方式结案而撤回保全;(2)在保全复议环节,经法院释明存在败诉风险后主动申请解除财产保全
	(2)非以本案判决得到执行作为保全目的	
	(3)向不同法院提起相同诉讼并重复进行财产保全	
	(4)本可通过抵销等方式获得债权清偿效果,或仅提起确认之诉,无须进行财产保全等	

依据“过错推定”法理,前述“错误保全”行为一旦作出,即可推定申请保全人具有一定过错。此时,申请保全人如欲证明其申请保全行为不具备相应过错,则需进一步举证反驳。

(二)“过错推定”规则的特殊标准及适用例外

在一些实践情形下,采取“过错推定”归责,可能会导致一定的实体不公正,抑或对申请保全人过于苛责。对此,可以通过设置一定的例外情形或适用额外标准,来缓解和纠正前述不足与缺漏。

第一,在1.(2)“诉讼请求被部分支持”情形中,采取“过错推定”可能会面临质疑:如果申请保全的金额与最终裁判支持的金额相差不大,此时认定申请人具有过错显然并不合理。毕竟当事人的法律知识和能力不可能完全达到法院的标准,申请保全金额与裁判结果存在一定差异属于正常司法现象。考虑到此时被保全财产价值和裁判支持金额可被量化,是故可以通过比例原则的采用作为推定当事人是否具有过错的重要手段。其中,由于被保全人的损失主要是因为其财产被保全而造成的,因此应当以实际被保全财产价值(而非诉讼请求金额)与最终裁判支持金额的比例作为判断依据。关于比例原则适用的具体标准，则可根据不同法院的审级抑或被保全人的收入、财产状况等进行灵活调整。

第二，在2.(1)"超额保全"情形下，如果当事人系保全"不可分物"且被保全人无其他财产时，则不应当认定其申请具有过错。此类情形的正当性理由在于，对"不可分物"进行分割并不符合经济理性。对此，《最高人民法院关于审理民事、行政诉讼中司法赔偿案件适用法律若干问题的解释》第3条第3项亦有类似规定，认为"保全财产为不可分割物且被保全人无其他财产或者其他财产不足以担保债权实现"的，不构成"违法采取保全措施"情形。

第三，在2.(2)"错误保全他人之物"情形下，若申请保全人系基于对物权公示状况的信赖，而错误申请财产保全，则不应当认定其申请具有过错。其理由主要在于，物权的公示产生公信力，申请保全人有理由相信此项公示方法所表彰的物权，法律也应当充分保护此种信赖。

第四，在4.(1)"法院裁定保全后，申请人撤回起诉或保全"情形下，原则上应当由申请保全人承担赔偿责任。然而，若申请人撤回起诉或保全，系因与相对人达成和解或经调解成功，则不应当认定其申请具有过错。因为案件的实体争议，已通过和解等方式终局性解决，当事人选择撤诉主要是为了在形式上结束诉讼程序，而非"出尔反尔"、违背诉讼诚信。对此，立法机关释义书亦明确指出，"由于达成和解而由申请人向法院申请撤销保全措施"不构成错误保全。[①] 同时，若申请保全人在财产保全裁定作出后的保全复议环节，[②] 经法院释明基础诉讼诉请未必会获得法院最终裁判支持、存在败诉风险时，及时、主动申请解除财产保全措施，前述行为充分反映出申请保全人采取财产保全措施的主要目的在于确保生效胜诉判决得到顺利执行，原则上也不宜推定其财产保全行为具有过错。

---

① 全国人大常委会法制工作委员会民法室编著：《中华人民共和国民事诉讼法解读（2012年最新修订版）》，中国法制出版社2012年版，第277–278页。

② 根据《最高人民法院关于适用〈中华人民共和国民事诉讼法〉的解释》第171条规定，当事人的保全复议申请应当在收到保全裁定书之日起五日内提出，法院也应当在收到复议申请十日内对复议事项进行审查。

至于在前述几类情形之外，是否存在其他的例外或豁免情形，尚有待实践的发现和充分的论证。在此也须说明的是，前述分类及例举本身即来源于实践总结归纳，是一个相对开放的体系，因此在坚持“过错推定”归责的基础上，亦可随着司法实践的发展而进一步补充完善。

从重大损失认定出发的刑法解释二元体系构建

——以全国65例侵犯商业秘密罪裁判文书为样本

李红俊*

摘要：掣肘于一元化刑法解释整体的客观缺陷，侵犯商业秘密罪审判实践在认定“给权利人造成重大损失”时，对法律规定进行法律解释时遭遇困境，一定程度上阻碍了刑事司法程序的启动，削弱了对商业秘密的刑事司法保护力度。通过对中国裁判文书网上公布的65份裁判文书的分析，发现侵犯商业秘密罪重大损失认定存在五个问题：程序启动困难、法条适用纷乱、认定方法多元、鉴定作用畸重、裁判结果多样。实践困境源自一元化刑法解释整体潜在的弊端，如原则把握不准、一元立场倾向、解释位阶无序、法律论证不足等。对此，需要以法哲学与法学方法论视角，从解释的原则、立场、方法、结构等体系要素出发，以体系思维分析“形式——实质”“解释——论证”二元构造解释体系理论的概念和正当性基础，着眼刑法解释体系之“形式与实质”的统一性、二元体系的基础性元素、“形式与实质”的具象性演变及“解释与论证”的回应性思维等，构建刑法解释二元体系，作为侵犯商业秘密罪重大损失认定的刑法解释突破困境之有效进路。

关键词：重大损失认定　刑法解释　二元体系　侵犯商业秘密罪

相比其他刑事案件乃至其他侵犯知识产权犯罪，侵犯商业秘密罪案件总量极小，刑事司法程序启动较难。其中，侵犯商业秘密罪的重大损失认定，法律

* 李红俊，安徽省合肥高新技术产业开发区人民法院审判委员会委员、明珠人民法庭庭长。

规定较为模糊,刑法解释还存在一些现实问题。为加强研究的实证性,笔者以2002年来全国65份侵犯商业秘密罪裁判文书为样本[①],剖析该罪重大损失认定的实践困局,归纳抽象背后的理论原因,继而提出刑法解释二元体系的理论,以期为类似法律解释进路提供参考。

一、实践困局:侵犯商业秘密罪重大损失认定的司法现状

(一)程序启动困难:刑事司法保护力度不够

侵犯商业秘密罪立法旨在实现刑法一般预防目的,加强对商业秘密的刑事司法保护。然而从中国裁判文书网公布的数字来看,该目的未能得以较好实现:相对于其他刑事案件的16405件、其他知识产权类犯罪的1075件,侵犯商业秘密罪案件数总量极小,仅为65件,刑事司法保护程序启动存在障碍。究其原因,该罪中损失事实较难认定是不容忽视的因素。

(二)法律适用纷乱:法律规定含义有待明确

目前,侵犯商业秘密罪的法律规定不多,主要为《刑法》第219条,《最高人民法院、最高人民检察院关于办理侵犯知识产权刑事案件具体应用法律若干问题的解释》(以下简称《解释》)第7条,《关于办理侵犯知识产权刑事案件具体应用法律若干问题的解释(二)》(以下简称《解释(二)》)第4条。法律条文不明而司法解释尚未或未予明确,使其含义较为模糊,法律适用纷乱。样本中,单独适用某一条文的有13例;适用其中两条的有5例;同时适用三条的有16例。此外,《最高人民检察院、公安部关于公安机关管辖的刑事案件立案追诉标准的规定(二)》(以下简称《追诉规定(二)》)对此也有涉及。

(三)认定方法多元:各种方法适用较为恣意

关于侵犯商业秘密罪重大损失的认定方式,法律规定没有明确,《解释》明确了认定重大损失的数额而未指明如何计算;《解释(二)》规定的为罚金判处;

---

① 案例选自中国裁判文书网中侵犯商业秘密罪全部裁判文书。

《追诉规定(二)》作为公安部门的解释,不宜作为行使司法裁判权的依据。[①] 对此,理论界众说纷纭:“损失说”“获利说”“价值说”;“非法获利 + 商业秘密价值方式”;以单一标准为基础的“综合量化分析学说”。[②] 陈兴良教授则认为,应以侵权行为种类及其对象、研发成本、转化和应用周期、前景预期、使用人规模和经济效益等综合认定实际损失,或以违法所得认定损失。[③] 样本中,裁判者适用的损失认定方式主要有:权利人损失、非法获利、不明确的认定方式、商业秘密价值、综合方法,具体分布样态杂乱无序(参见图 1)。

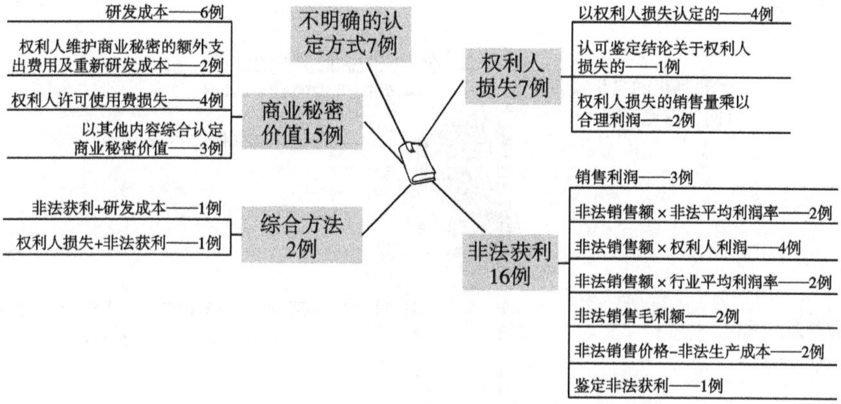

图 1 司法实践中侵犯商业秘密罪重大损失认定的适用方法

(四)鉴定作用畸重:评估结果左右事实认定

司法实践中,公安机关或法院通常会委托专业资产评估机构对侵犯商业秘密造成的损失进行评估,以评估报告作为证明重大损失的依据。[④] 在取证困难、证明责任限制的现实困境下,在法律规定含义不明而刑法解释进路差异的语境下,司法实践依赖鉴定认定重大损失,实属无奈之举。样本中,依据司法鉴定认定重大损失的有 37 例,占比高达 86%;对鉴定意见的认定方式和数额未予说明

① 李升军:《侵犯商业秘密罪之“重大损失”的刑事法律规定与计算》,载《中外企业家》2017 年第 2 期。

② 庄绪龙:《侵犯商业秘密罪危害结果认定标准新论——基于一种数学模型的考虑》,载《政治与法律》2010 年第 6 期。

③ 陈兴良:《侵犯商业秘密罪的重大损失及数额认定》,载《法律适用》2011 年第 7 期。

④ 范晓波:《侵犯商业秘密罪“重大损失”认定研究——以损失评估为中心》,载《知识产权》2014 年第 7 期。

而直接采纳的有 7 例。被告人方对此提出异议共 14 例。

(五)裁判结果多样:同类案件结果难以预测

样本中,65 份裁判出现了 6 种裁判结果(参见图 2)。其中,有罪判决的共 43 例,占 66.2%;4 例以证据不足不能排除合理性怀疑或数额无法认定为由作出无罪判决,占 6.2%;自诉案件以无证据证明作出无罪判决的有 1 例,占 1.5%;11 例自诉案件或刑事附带民事案件以证据不足为由驳回(自诉)起诉、不予受理、驳回申诉,占 16.9%;4 例发回重审,占 6.2%;公诉机关撤回上诉的有 2 例,占 3%。

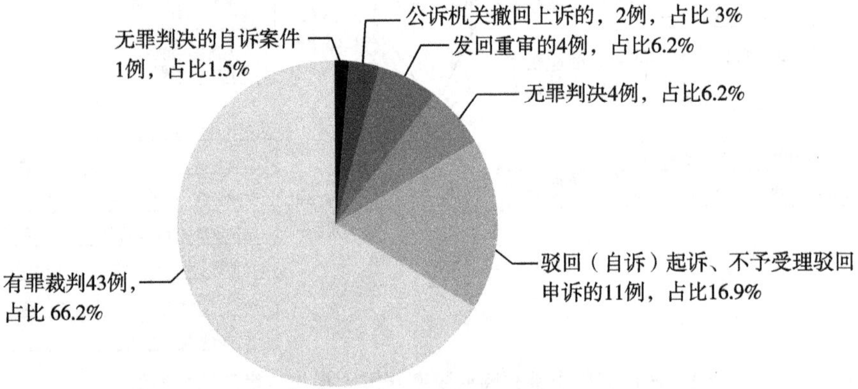

图 2 侵犯商业秘密罪的裁判结果

二、问题归因:实践窘境背后的一元化刑法解释之缺陷

“裁判者不得拒绝裁判”,刑法解释是法条语义不明的必然出路。即使法条明确,其抽象性内容与具体案件事实的冲突也决定了界定侵犯商业秘密罪重大损失的外延,须以刑法解释作出合法裁判。侵犯商业秘密罪中重大损失认定遭遇的现实困境,表象上源于认定方法争论,本质上系一元化刑法解释所致。所谓一元化刑法解释,指在解释刑法的过程中将各种法律解释方法结合或统一起来,将罪刑法定的形式侧面与实质侧面完全分离、形式解释与实质解释完全分离,法律论证从刑法解释中完全分离的刑法解释整体。

(一)原则把握不准:一元解释弹性大的主观表征

就解释原则而言,一元化刑法解释首要特征为罪刑法定形式侧面与实质侧面的完全分离。“没有法律就没有犯罪，没有犯罪就没有刑法。”罪刑法定禁止不确定刑，要求法条的明确性。[①]“重大损失”和“五十万元以上”作为侵犯商业秘密罪的罪量要件，其文义的核心含义明确为损失数额达到“五十万元以上”，但边缘含义是什么，何种方式认定的损失结果可以被核心含义与边缘含义涵摄，在实践中难以操作。受到绝对罪刑法定主义的影响，实践中，罪刑法定的形式侧面与实质侧面完全分离，表现为形式一元或实质一元。样本中13.85%的非罪判决，对重大损失认定较为困难的，简单出罪处理。

此外，与之息息相关的刑法谦抑性是否具有非罪化任务、司法阶段是否体现谦抑性之效用、宽严相济的刑事政策等不同认识，均不同程度影响着法律解释。

（二）一元立场倾向：缺失处罚必要性考量的思想根源

一元化刑法解释第二个特征系在解释立场上，形式解释与实质解释的完全分离。解释立场的一元化将裁判引入两难之境。形式解释论认为，刑法解释应忠诚于罪状的核心意义，在法条含义内进行形式解释，被解释的行为应包含在法条中，实质解释完全超越了法律文本。[②]实质解释论认为，刑法解释应以处罚必要性为出发点，以法益为指导，不能停留字面含义，应进行处罚必要性和合理性的实质解释。[③]前者主张解释的“合法性问题”，后者负责解释结果的“有用性问题”。[④]

“损失说”忠于“给权利人造成重大损失”的核心意义，结论易被接受；缺点是该损失一般不限于利润失去，还涵括市场份额、竞争能力的下降等，难以直接认定。“价值说”“获利说”的长处在于不局限于字面含义，以法益为指导，通过实质解释，以“开发成本”“商业秘密经济价值”“违法所得数额”等认定“重大损失”；其缺点是某些类型危害行为并不当然致使“开发成本”或“经济价值”

---

① 陈兴良主编：《刑法总论精释》，人民法院出版社2016年版，第40-43页。

② 陈兴良：《形式解释论的再宣示》，载《中国法学》2010年第4期。

③ 张明楷：《实质解释论的再提倡》，载《中国法学》2010年第4期。

④ 熊琦：《刑法解释中文本、法益与罪刑法定原则的博弈——兼论“解释熵值”在受贿罪中的应用》，载《法学》2017年第10期。

完全丧失，"违法所得"也不易排除被告人其他经营行为的合理贡献。

二者是解释立场一元化的代表，都令裁判者颇为为难。从判决无罪或上诉、自诉未获支持的判例来看，无法以"损失说"认定的，亦可从"价值说""获利说"等发现制罪依据。而从有罪判决来看，亦不乏因以权利人损失无法认定作出实质解释的。

（三）解释位阶无序：认定方法适用混乱的显性特征

在侵犯商业秘密罪司法实践中，一元化解释最显性的特征表现为重大损失认定方法适用较为混乱。归根结底，认识分歧引发实践混乱，混乱源自方法位阶争议。刑法解释方法有无顺序位阶？法条可能的语义不明确的先运用文义解释抑或目的解释？依据何种方法得出的解释结论具有优先性，相互间有无效力位阶？

具体到实践中，基于文义解释的"损失说"，基于法益保护的"获利说""价值说"，以及基于体系解释的以民推刑认定方式，在实践中究竟优先适用何种认定方式？相互冲突时，何种方式优先？实践对刑法解释最基本的元素——解释方法的效力位阶缺乏统一认识，使裁判者适用的恣意性较大。

（四）法律论证不足：解释结论尚欠正当的结构桎梏

侵犯商业秘密罪的裁判者在认定重大损失时，刑法解释活动表现为法律解释与法律论证的完全分离，将法律论证从解释整体中剥离出去，使整体结构呈现"有解释无论证"的一元化失衡结构。样本中，43 例有罪判决中裁判文书论证情况堪忧（参见图 3），裁判者对如何认定重大损失的阐明不多，更遑论具体认定方式在解释论上的法理论证和证立。首先，对如何确定重大损失边缘含义，如何将裁判采纳的非法获利直接认定、商业秘密价值等认定方式纳入边缘含义中，几无证立。其次，具体论证方式有效性不足，如在以证据不足或数额无法认定为由作出无罪判决中，缺少以司法三段论为基础的逻辑论证，在 37 例被告人就重大损失认定提出异议的判例中，缺乏对话论证平台的有效建构，辩护意见未被吸收。

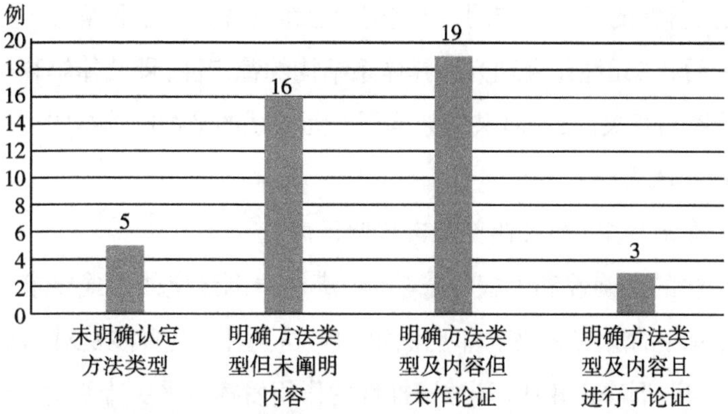

图 3　侵犯商业秘密罪裁判文书对重大损失认定的论证情况

实际上，法律论证是对法律命题的证立过程，裁判者必须基于法定根据和理由，来证成或正当化其裁判观点和意见，说明其正确性。[①] 单纯用某种解释方法认定重大损失都不足以提供不可反驳的结论，需法律论证使之正当化。

三、固本浚源：刑法解释二元体系理论的内涵界定与正当性基础

侵犯商业秘密罪重大损失认定的实践困局及其背后的法律解释问题，需以刑法解释二元体系理论加以解决。

（一）内涵界定

刑法解释二元体系指统一罪刑法定的形式侧面与实质侧面，融合形式解释论与实质解释论的相通性，肯定法律解释与法律论证的分离与相关性，遵循一定的法律解释方法位阶的，与一元化刑法解释整体相对应的刑法解释体系。刑法解释二元体系是解释原则、立场、方法、结构等要素相互融合的系统性、连贯性、完整性的要素系统，体现出各种要素的综合运用，而非单纯的杂糅主义。[②]

具体而言，刑法解释二元体系表现为系统要素的二元性。首先，二元性表现为解释原则的统一性，即刑法解释必须符合罪刑法定的形式侧面与实质侧面。其次，二元性表现为解释立场的相通性，运用法律方法论逻辑思维认识形式解释论与实质解释论，打通二者的相通性。再次，二元性表现为解释方法位阶的有序

① 陈金钊主编：《法律方法论》，北京大学出版社 2013 年版，第 139-140 页。

② 陈金钊：《用体系思维改进结合论、统一论——完善法治思维的战略措施》，载《东方法学》2018 年第 1 期。

性,肯定文义解释的基础性作用,尊重逻辑思维规律认识各种解释方法之间的位阶顺序。最后,二元性还表现为解释体系结构的稳定性,即法律解释与法律论证的关系是分离与相关的,二者共同架构了二元体系的平衡制约结构。

(二)正当性基础

1. 再论罪刑法定:形式侧面与实质侧面的统一

实现刑法的明确性和人权保障功能,满足罪刑法定的形式要求和实质化内容,是刑法解释的应有之义。罪刑法定的司法适用,更多涉及对刑法规范的解释问题。① 与罪刑法定相比,刑法谦抑性的作用发挥似乎更待明确。理解与适用关于侵犯商业秘密罪重大损失认定的刑法规定,应严格贯彻传统观点的刑法谦抑性,在惩罚预防犯罪和保障人权中保持平衡。但谦抑性过于宏大叙事,而有碍刑法微观调整机能的发挥,导致个案适用只能是理念指导而非具体个案的操作。② 因此,对谦抑性的不同理论定位影响侵犯商业秘密罪重大损失认定的解释进路,进而影响不同裁判者界定"重大损失"的可能语义边界。可以说,准确定位刑法谦抑性及合理框定其现实化路径,是指引刑事司法的内在标准之一。

2. 构建二元平衡:形式解释与实质解释的融合

审判实践对侵犯商业秘密罪重大损失认定的分歧,凸显出刑法解释论背后的形式与实质不平衡关系是从一元化解释出发来研究进路分歧与逻辑思维模式分歧(参见图4)。

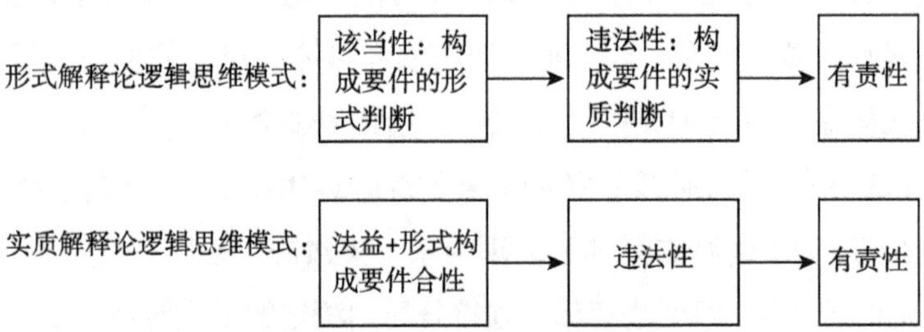

图4 形式解释论与实质解释论的逻辑思维对比图

① 陈兴良主编:《刑法总论精释》,人民法院出版社2016年版,第40—43页。

② 童春荣:《刑法不得已原则之提倡——与刑法谦抑性比较的抉择》,载《湖北社会科学》2015年第7期。

双方处理刑法有明文规定、缺乏处罚必要性的行为是相同的；处理刑法没有明文规定、具有处罚必要性的行为，似有分歧，实则不然（参见图 5）：如实质解释论者以“冒充军警人员抢劫”为例，将“冒充”解释为“假冒和充当”，实质上对“冒充”先以文义解释作形式之判断，再作处罚必要性的实质判断，对法条由核心语义向边缘语义过渡的部分是双方的分歧地带。[①] 刑事司法实践本应遵循该当性的形式判断——违法性实质判断的模式，对侵犯商业秘密行为是否符合构成要件该当性作形式判断，再作处罚必要性的实质判断。

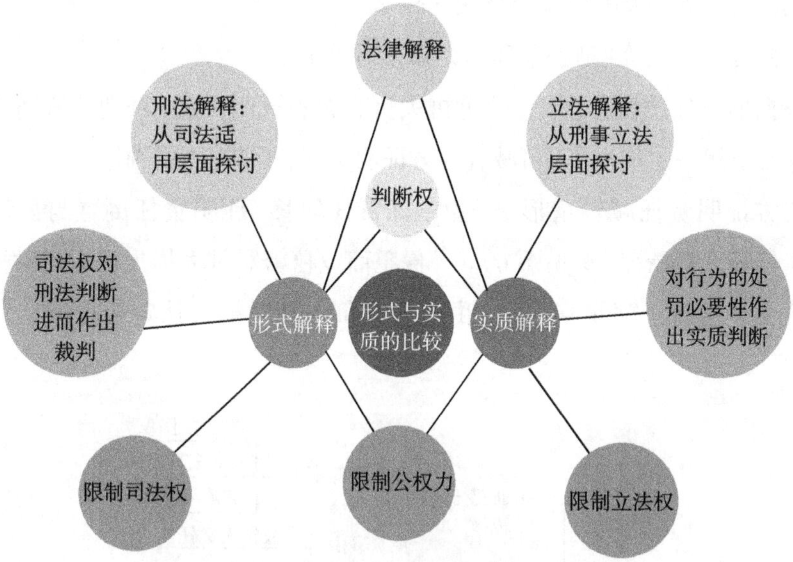

图 5　形式解释与实质解释的连接点及差异点

3. 消解位阶分歧：构建刑法解释体系的有序

法律解释方法是刑法解释体系的基本元素，构建刑法解释二元体系须消解刑法解释方法的位阶之争。拉伦茨认为，法律的各种解释标准并非可由解释者任意选择之一的，应具有一定的位阶。[②] 对此，耶赛克、鲍曼及我国学者陈金钊、苏彩霞等也持肯定观点。而萨维尼等认为刑法解释不存在位阶问题。周光权教授认为，文义解释处于解释的起点而非决定性位置，目的解释并非最高准则，复

① 何萍、李腾：《形式解释与实质解释之争及其出路》，载《法学》2017 年第 11 期。

② ［德］卡尔·拉伦茨：《法学方法论》，陈爱娥译，商务印书馆 2003 年版，第 200–222 页。

杂的司法判断决定没有确定次序。①

否定说不认可文义解释的绝对优位性，但不否定其作为解释起点的基础性作用，只是需要体系解释和目的解释的印证，解释是商谈、反复试错的过程，这与肯定说无本质上冲突。“损失说”“获利说”“价值说”背后的解释方法应遵从安定性优先、兼顾妥当性的价值目标，按文义解释、体系解释、目的解释的逻辑思维规律界定位阶；在效力等级上，文义解释具有“可能的文义”之界限点上的绝对优先性，发挥其在界定“可能的文义”范围上的基础性作用，目的解释是“可能的文义”界限内的“解释方法之冠”。②

4. 降低证明风险：刑法解释二元体系的稳定

根据刑事证明责任理论，公诉机关负有客观证明责任，否则法官当作出无罪判决。虽然一定情形下，可减轻控方证明责任，但有严格限制。③

控方证明责任减轻情形，分为举证责任转移、证明责任倒置与公诉机关说服责任降低等情况（参见图 6）。④ 侵犯商业秘密罪重大损失认定属对构成要件的证明不适用上述情形，不应由被告人负担其对损失认定合理怀疑的证明责任。

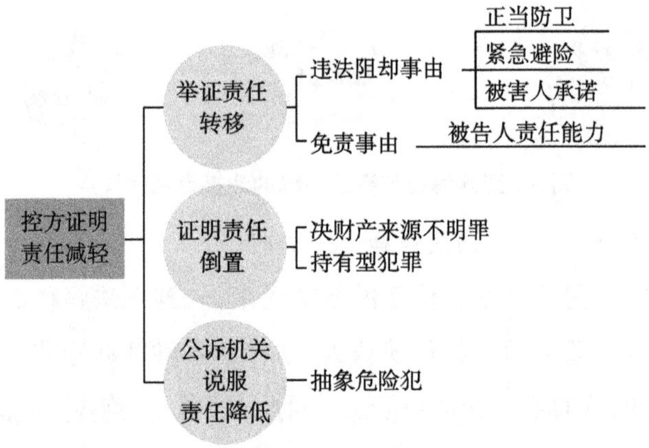

图 6　控方证明责任减轻的具体适用情形

① 周光权：《刑法解释方法位阶性的质疑》，载《法学研究》2014 年第 5 期。

② 苏彩霞：《刑法解释方法的位阶与运用》，载《中国法学》2008 年第 5 期。

③ 张军、陈卫东主编：《新刑事诉讼法疑难释解》，人民法院出版社 2012 年版，第 100-103 页。

④ 周光权：《刑法客观主义与方法论》，法律出版社 2013 年版，第 180-183 页。

故不能以法律规定的不明确性加重被告人举证责任，减轻公诉人举证责任，更不能以此替代刑法解释的必要。如（2014）新知刑初字第1号刑事判决书中，对被告人“认定数额时，不宜将整个产品利润计算出的数额全部视为权利人的损失”的辩护意见，该判决以“被告人未提供证据证明”为由不予采纳，显然不妥。故二元解释体系是刑法明确性和刑事证明责任的必然要求，可以有效降低证明风险。

四、实践出口：刑法解释二元体系的构建

综上所述，侵犯商业秘密罪中重大损失认定的出路不在于探讨解释方法的适用科学性，而在于构建体系化的刑法解释，从根本上消解争议与分歧。

（一）罪刑法定——“形式与实质”的统一性

刑法解释须符合罪刑法定的形式与实质，此为体系的原则要素。

1. 形式侧面与实质侧面相统一，将实质侧面贯穿始终

如何确定“重大损失”可能语义的核心含义与边缘含义？当某种结果处于“重大损失”的核心地带，理应被涵摄。当该结果处于边缘地带，判断该边缘地带是否超出可能语义的边界取决于处罚必要性的大小：处罚必要性较大的，可能语义的边界越远；处罚必要性较小的，可能语义的边界越近。[①] 故裁判者得以危害结果的处罚必要性，判断可能语义边界的远近，如对以不正当手段获取商业秘密的，行为的处罚必要性判断对认定重大损失更具现实意义。

2. 正确把握消极出罪的功能

国家刑权力包括入罪权和出罪权，司法者行使消极出罪权与刑法明文规定相符。[②] 对单纯非法获取行为等危害行为，当无使用或允许使用的后续情形，又不能以商业秘密价值认定损失的，裁判者予以出罪是消极出罪的应有之义。

3. 贯彻刑法谦抑性和宽严相济刑事政策

司法者行使消极出罪权契合刑法谦抑主义，裁判者对不符合刑法形式规定或不具备处罚必要性的危害行为，应依法出罪。谦抑性在损失认定时的介入程

① 陈兴良：《罪刑法定主义的逻辑展开》，载《法制与社会发展》2013年第3期。

② 闻志强：《重申罪刑法定的基本理念》，载《法商研究》2015年第1期。

度，与法益的重要性成反比[①]，如单纯非法获取行为对商业秘密形成的竞争优势、国家保护的产业竞争力及权利人合法权益等法益的侵害程度，实际上比较有限，谦抑性介入程度较其他行为更大，对解释重大损失认定的限制更大。

（二）位阶重构——二元体系的基础性元素

重构认定方式顺序、效力位阶，此为体系的方法元素，二元解释体系须厘清认定方式与解释方法的对应关系。

文义的解释都始于字义，可以当作解释第一方向指标，划定进一步解释活动的界域。[②]给权利人造成损失，指危害行为给权利人造成的利益减损，实际利益减损或利益失去构成了“损失”的核心语义。[③]从位阶上来说，作为刑法解释“第一方向指标”，“损失说”应发挥基础性作用。问题是，文义解释结论无法明确语义的边缘含义以及哪些具体损失应被纳入实际损失中。

因而，实践以目的解释考量行为对竞争优势、产业竞争力、权利人合法权益等法益的侵害程度，采取“价值说”界定“损失”边界。该情形应着力判断法益受到侵害的程度：危害行为对市场主体合法竞争秩序的破坏程度；市场主体为保持或增加竞争地位和能力，在商业秘密上作出的努力程度；对经济秩序的损害程度。其中，以经济价值来衡量“努力程度”，即商业秘密带来的价值或商业秘密的研发成本等。

权利人实际损失难以认定的，文义解释和目的解释结论仍无法达到“可能的语义”的最远含义。故有其他重要的补充方法，如参照侵权人应承担的民事赔偿数额确定给权利人造成的损失，以非法获利认定权利人损失[④]。是为体系解释在损失认定中的具体运用，把对侵犯商业秘密罪构成要件的法律规定，置于侵犯知识产权犯罪章节乃至知识产权民事、刑事、行政案件整个体系下，特别是反不正当竞争民事案件相关法律规定，从整体上解释损失认定。

---

① 简爱：《一个标签理论的现实化进路：刑法谦抑性的司法适用》，载《法制与社会发展》2017 年第 3 期。

② ［德］卡尔·拉伦茨：《法学方法论》，陈爱娥译，商务印书馆 2003 年版，第 200–204 页。

③ 陈兴良：《侵犯商业秘密罪的重大损失及数额认定》，载《法律适用》2011 年第 7 期。

④ 刘德权主编：《最高人民法院司法观点集成》（【第三版】刑事卷②），人民法院出版社 2017 年版，第 868 页。

依据三种解释方法得出的结论，似迥然不同，实无本质分歧，需在准确把握罪刑法定、刑法谦抑性的基础上，以类型化思维进一步区分情形适用。

（三）类型思维——“形式与实质”的具象性演变

刑法解释在具象化事实与法律规范的目光往返之中，应坚持形式与实质的二元解释立场，以类型化思维，选择适于个案的解释方法，对重大损失认定作出解释的具象性细化。

1. 细化以行为类型为基础

（1）非法获取行为

获取本身具有经济价值的技术信息，应采纳以研发成本或许可费认定损失的“价值说”；获取经营信息、权利人损失无法认定的，应以非法获利认定。[①]是否可一概而论？尚需结合目的解释，判断单纯获取行为的法益侵害，行为是否削弱权利人成本或费用应有价值，是否降低了竞争地位或能力。结论肯定的，应采纳“价值说”，否则当以损失无法认定出罪。获取经营信息的，应结合有无后续的披露、使用、允许使用行为，综合判断认定方式。

（2）披露行为

由于未被使用，向特定个别对象的单纯披露行为一般不会减损商业秘密价值、权利人利益，应以披露对价认定损失。向不特定公众对象披露，使商业秘密为公众所知悉而丧失价值的，无偿披露的应按其价值认定损失，有偿披露的应从非法获利和商业秘密价值中，择一高者认定。

（3）使用行为或允许使用行为

第一，应在“权利人利益减损”核心语义上认定损失，即行为是否使权利人现有利益或可得利益减损，造成竞争地位、市场份额、销售利润等下降或减损，且行为与结果因果关系明确或侵害比例可量化确定时，优先以权利人损失认定。第二，权利人损失无法认定的，区分适用非法获利认定。非法获利与权利人损失并非一一对应关系，非法获利可能包含被告人正常生产经营努力，须以商业秘密对非法获利的贡献程度，权衡非法获利在损失认定中的权重。第三，

---

① 陈兴良：《侵犯商业秘密罪的重大损失及数额认定》，载《法律适用》2011 年第 7 期。

"损失说""获利说"无法认定损失的,严格适用"价值说"。"价值说"一般仅适用于危害行为致商业秘密价值减损的,故行为是否致权利人付出的研发成本或许可费减损,应作为对该类行为适用"价值说"的限制性前提。

2. 细化以类型化思维为途径

实践中如何具体认定非法获利、商业秘密价值或成本?一般参考审理专利纠纷民事案件认定方式(参见图 7)。刑法虽禁止类推,禁止非罪名的类推,但不排斥法律事实类型化处理。认定危害行为是否符合违法性构成的法律事实时,依据民事侵权法律规范进行类推,肯定了行为处罚必要性超越了其他需要,是一般意义上的扩大解释,而非类推解释。

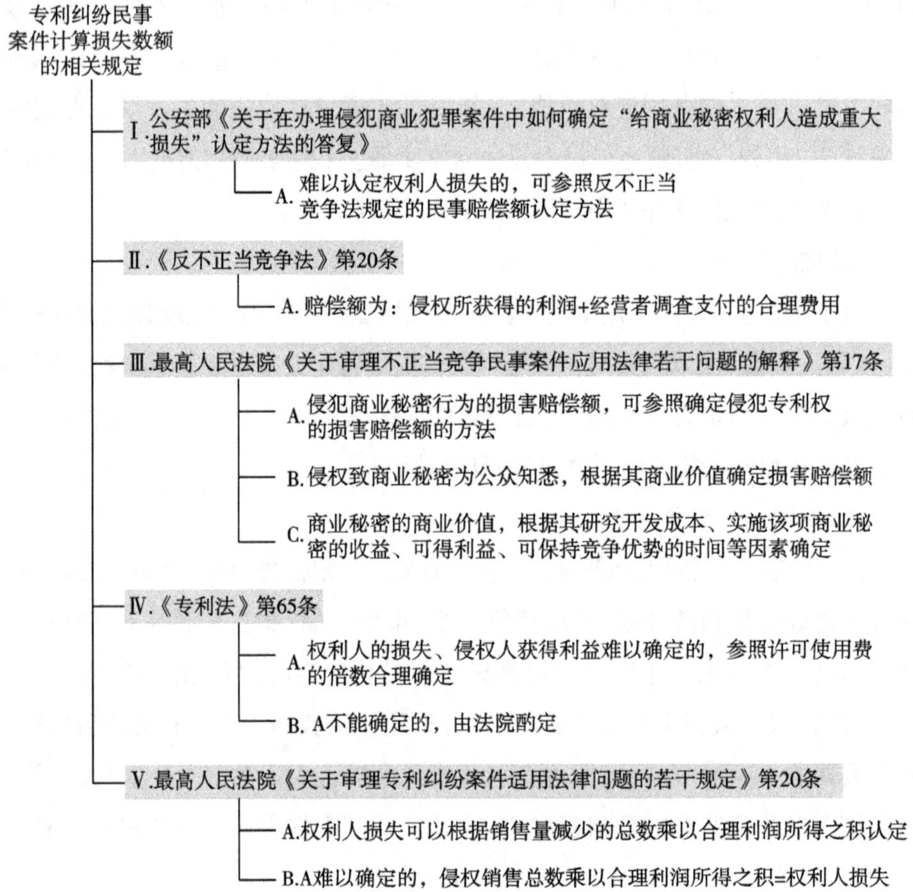

图 7　专利纠纷民事案件计算损失数额的相关规定

（四）论证证立——“解释与论证”的回应性思维

一元化刑法解释的实践矛盾还表现为裁判者对损失认定解释后，缺乏对解释结论的有效证立，以回应控辩双方对侵犯商业秘密罪重大损失认定的争议焦点。侵犯商业秘密罪重大损失的案件事实与法律规定的核心语义表面不切合，需发挥刑法解释、法律论证在构筑刑事个案裁判前提中的作用。[①]法律论证日趋受到重视，论证与解释是分离的关系，但又是相关的关系，没有一种法律解释方法得出的结果不应被加以论证。因此，法律论证更应被纳入刑法解释体系内，形成解释——论证的制约结构。

从证立的目标和标准来看，法律论证要解决大前提是否合法及大小前提是否具有对应关系，即论证证立刑法解释构建侵犯商业秘密罪重大损失认定的裁判规则（大前提合法性）及个案认定方式与裁判规则的涵摄关系（大小前提对应关系的合理性）。

1. 从论证标准来看，法律论证必须契合合法性与合理性标准

（1）合法性论证

如果案件事实简单，损失事实认定恰处于核心语义的文义射程内，得以权利人损失的法律规则推理最终裁判，实现司法三段论的逻辑推理。反之，如果案件事实不是典型的、可以法条核心语义归纳事实、需对可能语义的边界解释时，应详细论证个案的命题与法律规则具有逻辑上的涵摄关系。

（2）合理性论证

重新论证个案的命题，增大说服力，即应用于个案的法律命题及相应解释进路应是合法的、正当的[②]，将侵犯商业秘密罪个案的重大损失认定方式纳入可能语义的边界之内的裁判规则。

2. 从论证方法来看，基本方法主要有逻辑方法、对话方法、修辞方法[③]

（1）以司法三段论为基础的内部证成逻辑方法

按照拉伦茨提出的“确定法效果的三段论法”[④]，在侵犯商业秘密罪审判时，

---

① 王瑞君：《罪刑法定的实现与法律方法的综合运用》，载《东岳论丛》2008年第4期。

② 陈金钊：《法律论证及其意义》，载《河南省政法管理干部学院学报》2004年第4期。

③ 陈金钊：《法律方法论》，北京大学出版社2013年版，第145页。

④ 陈金钊：《法律方法论》，北京大学出版社2013年版，第145、170页。

对重大损失认定论证的逻辑方法表现形式为：对“S 为 T 的一个事例：权利人损失 / 侵权人非法获利 / 商业秘密价值（S）= 给权利人造成的重大损失”的推理步骤（参见图 8）。“S=T”的结论极为关键，为什么“S=T”的原因论证尤为重要，若裁判者只给出结论，不论证为什么，是难以令裁判被人信服的。

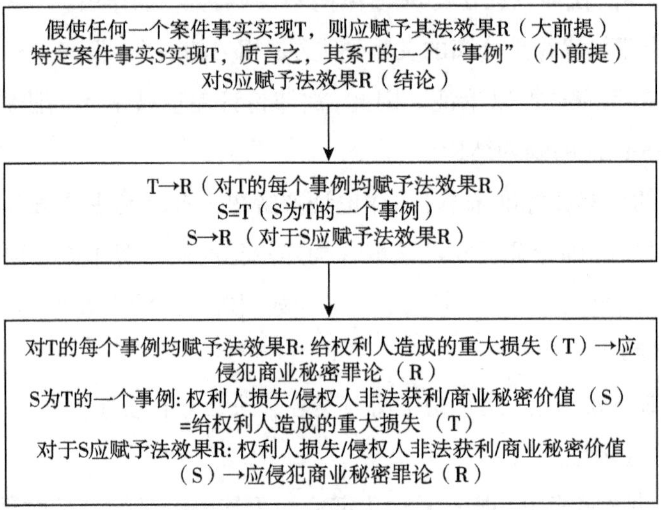

图 8　确定法效果的三段论示意图

（2）构建论证对话平台

对话论证可实现拟制的平等，发挥当事人积极性，实现司法判决正当性或合理的可接受性。对话论证其基本程序参见图 9。[①]

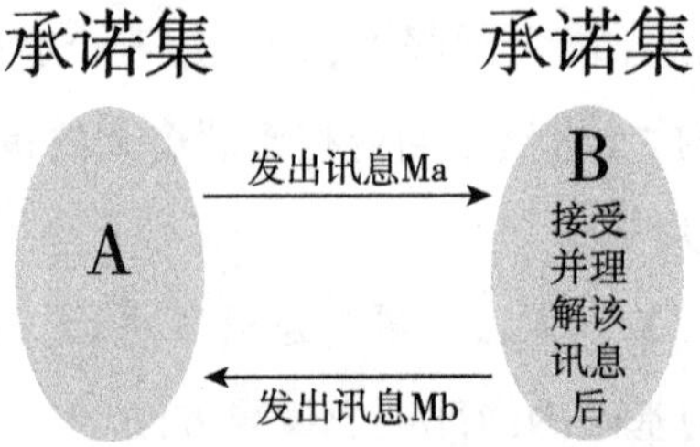

图 9　论证对话平台的论证流程示意图

① 陈金钊：《法律方法论》，北京大学出版社 2013 年版，第 150–153 页。

论证损失认定时，对个案具体认定方式得出的结论能否纳入“损失”的可能语义范围这个话题，由控方提出肯定意见和支持的理由，辩方提出反对观点和支持的理由，继而衡量正反理由的轻重，最后给定该话题的回答，即某种认定方式能否纳入“损失”内并加以说明。对此，裁判应涵括法官在法庭上对控辩意见的交换，以解决实际问题表达出有血有肉有表情的法律解释。①

五、结语

回归本质，对侵犯商业秘密罪的刑事法律规定，旨在实现刑法的一般预防目的，保护商业秘密，维护竞争秩序。当法条含义模糊时，侵犯商业秘密罪重大损失认定的争议，导致重大损失较难认定，刑事司法程序启动存在障碍，刑事司法保护被削弱。消解争议，不能忽视一元化刑法解释的缺陷，应当以体系化思维构建“形式与实质”“解释与论证”相关联的刑法解释二元体系，恪守罪刑法定的形式侧面与实质侧面，遵循该当性形式判断——违法性实质判断逻辑模式，按解释方法位阶顺序，对侵犯商业秘密罪的重大损失认定进行法律解释与论证，对类似法律适用大有裨益。

---

① 白建军：《刑法规律与量刑实践：刑法现象的大样本考察》，北京大学出版社 2011 年版，第 92-93 页。

二 等 奖

《民法典》视角下自甘风险规则的法律适用研究

崔祯珍　侯思宇 *

摘要: 自甘风险规则是指受害人自愿参与有一定风险的文体活动,其他参与活动的加害人非故意或重大过失致使损害发生,免除加害人的侵权责任。《民法典》是我国第一部正式规定自甘风险的法律文件,《民法典》生效已有一段时间,积累了一定的实践经验,本文通过分析自甘风险规则的司法适用现状,厘定自甘风险规则的适用范围,厘清自甘风险规则的构成要件,进而从法律规定和实践出发,指出自甘风险规则作为独立抗辩事由适用在文体活动中时,文体活动领域应排除公平责任规则和过失相抵规则的适用。

关键词: 自甘风险　文体活动　构成要件　责任认定

一、检视:自甘风险规则的司法适用现状

(一)自甘风险规则的定位

自甘风险,又被称为受害人自甘冒险(assumption of risk, Handeln auf eigeneGefahr, acceptation desrisque),是指受害人已经意识到存在某种风险,或明知将遭受某种风险,仍冒险行事,致使自己受到损害。比较法上普遍认为自甘冒险是免除行为人责任的一项事由。①

* 崔祯珍,扬州市中级人民法院法官助理;侯思宇,林州市人民法院法官助理。

① 王利明:《论受害人自甘冒险》,载《比较法研究》2019 年第 2 期。

《民法典》侵权责任编第一章第 1176 条首次对自甘风险规则进行规定，[①] 自甘风险作为一项一般免责事由，与过失相抵、受害人故意等规则类似。但是《民法典》第 1176 条第 1 款对自甘风险规则的适用限缩在“具有一定风险的文体活动”中，同时排除了侵权人故意或者重大过失的情况；第 2 款对活动组织者责任的也进行了明确，即适用第 1198-1201 条关于安全保障义务人责任的规定。

自甘风险规则也被频繁应用于不涉及侵权责任的案件中，如指当事人知道交易风险等非侵权风险的情况下仍选择冒险行事，因此当事人应当自己承受相应损害而不得将损害结果归咎于他人。这导致一直以来自甘风险在实践中的定义被模糊、泛化。截至 2022 年 9 月 30 日，笔者在“北大法宝”中定位裁判文书“本院认为”部分，在搜索框中输入“自甘风险”，检索到普通案例共 640 篇，其中民事 638 篇，知识产权与竞争纠纷 2 篇，自甘风险规则适用较为广泛。虽然《民法典》施行之后对自甘风险的适用有了明确规定，但是从司法案例中可以看出自甘风险的适用范围、构成要件、责任承担仍不统一。自甘风险的适用应当遵循《民法典》的规定并统一其适用，厘定自甘风险的适用范围，明晰自甘风险的构成要件，确定自甘风险的法律效果，才能充分发挥其应有作用。

（二）自甘风险规则的适用

自甘风险规则在《民法典》生效前已在实践中广泛适用，各地法院均有案例认为，只要不存在重大过失的行为和主观故意的伤害，即使其他参与者给受害人造成了损害，其行为也不构成侵权。但是由于个案情况的不同，实践中我国各地法院对于自甘风险规则的适用仍存在较大差别，本文尝试从实证角度对自甘风险理论从《民法典》生效前、后分别分析。

笔者通过“北大法宝”进行检索，截至 2020 年 12 月 31 日，涉及自甘风险案例共 429 篇，民事 427 篇，知识产权与竞争纠纷 2 篇。自《民法典》实施后至 2022 年 9 月 30 日，涉及自甘风险案例共 212 篇，均为民事案件，主要案由分布如下（参见图 1）：

---

① 《民法典》第 1176 条规定，自愿参加具有一定风险的文体活动，因其他参加者的行为受到损害的，受害人不得请求其他参加者承担侵权责任；但是，其他参加者对损害的发生有故意或者重大过失的除外。活动组织者的责任适用本法第 1198 条至第 1201 条的规定。

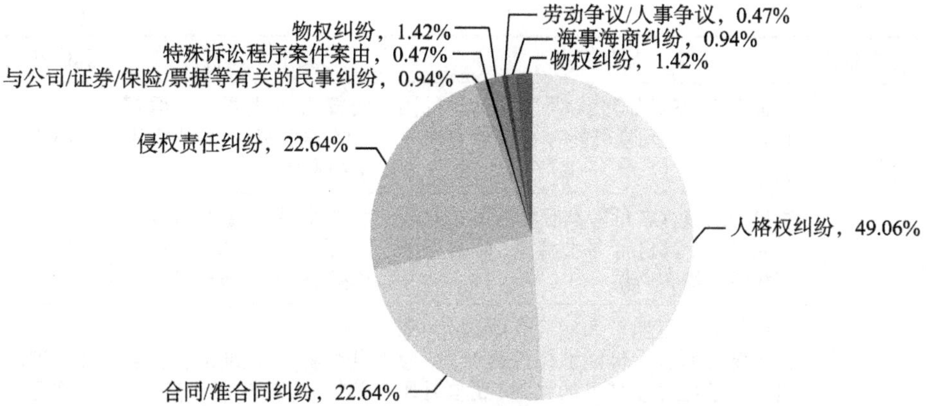

图 1 《民法典》实施后自甘风险民事案件案由分布

自甘风险规则在《民法典》确定其适用范围后，实践中仍广泛被应用于房地产买卖、房屋租赁、赌石等投机牟利、具有一定风险的其他民事活动中，作为一般规则适用，与法条规定不符。如果不能谨慎审视自甘风险规则的实践运用，极易使其成为减轻或免除加害人责任的借口，从而使案件关键要素和其中法律问题被隐藏。笔者通过整理归类 72 篇涉及文体活动自甘风险的民事案例后，选取典型案件，分为以下(参见表 1)五种案件类型：

表 1 案件类型

案件类型	裁判要点	其他主体责任	具体活动
户外冒险活动	主观明知自行进行具有危险性后果的游玩，属于自甘风险，对自身所带来的损害结果的发生存在过错	组织者承担 60% 责任，未尽到旅游安全保障义务	沙滩摩托车
	明知漂流项目具有较大危险性而仍然积极参加，属自甘风险行为	组织者承担 60% 责任，未尽到安全保障义务	漂流
	在明知爬上瞭望塔存在风险的情况下，仍进入该区域并导致自身受伤，属于自甘风险应自行承担相应的损害后果	无其他责任方	攀爬瞭望塔
对抗性体育活动	监护人对存在的风险应当合理预见	侵权人应当尽到较赖某更高的审慎注意义务和保护义务，承担 30% 责任	篮球
	自愿参加足球运动，对于足球运动的风险应当有所认知	侵权人不承担责任	足球
	体育运动具有一定的危险性，活动参与者均应意识到风险的客观存在	侵权人承担 30% 责任	羽毛球

续表

案件类型	裁判要点	其他主体责任	具体活动
具有体育性质的文娱活动	受害者承担的风险是该项文体活动的固有风险，知晓风险可能存在依然自愿参加	侵权人重大过失，承担40%赔偿责任，组织者不承担责任	滑雪
	对户外水域存在危险具有相应的认知与预判能力，其自行下水游泳，应自行承担相应的损害后果	事发水域设置了明显的“水深危险”“禁止游泳”等标识，无其他责任	水库游泳
	父母作为法定监护人均应有所预见，在其决定让原告上体能训练课程时，就应当自愿承担可能带来的风险，属自甘风险行为，承担20%责任	组织者未尽到高度注意义务，承担80%责任	体能训练课程
	野骑运动无第三方组织，应当知道骑马运动存在的高度危险性	其他参与者不承担责任	骑马
	明确已知风险并自愿承担	组织者承担60%责任，违反安全保障义务	健身
	练舞具有一定的人身危险性，作为成年人对该项活动存在的潜在风险应有一定的认知，属于自甘风险的行为	其他参与者不承担责任	跳舞
	参与具有一定危险的驾驶体验，自甘风险，应承担部分风险责任	侵权人重大过错承担60%责任，组织者承担30%责任	卡丁车
	对卡丁车比赛的风险具有明确的认识和合理的预见，该风险包括但不限于卡丁车之间的碰撞及碰撞导致的人身受损	侵权人一般过失，不承担责任	卡丁车比赛
对抗性竞技活动	属于具有一定风险的文体活动可能产生的危险性可以进行预见	侵权人不承担责任	掰手腕
	明确已知风险并自愿承担	侵权人不具有故意或重大过失不承担责任	打耍架
文娱、休闲活动	应当认识到喝酒后会产生的危险，其已认识到危险而置危险于不顾，属于自甘风险	其他参加者不承担责任	喝酒
	结伴钓鱼，应当认定双方自愿参加具有一定风险的文体活动，属于自甘风险的行为	其他参加者不承担责任	钓鱼

1. 户外冒险活动中的自甘风险

户外冒险活动一般包括登山、攀岩、漂流、野外游玩等。登山、野外游玩等活动多数情况为结伴而行或提前约定，无特定的安全保障责任方或者严谨的管理模式，也少有组织者为营利而组织此类活动。活动组织者应当尽到安全保障义务，但在实践中，以个人身份参与到活动中的组织者对其他参与者无过多的管理权，仅在规划路线、咨询项目等方面进行筹备，他们的注意义务和安全保障义务应当与其他活动参与者相当。攀岩、漂流等活动由于具有一定危险性和专业性，多为俱乐部或商家为营利而组织，他们作为活动的组织者要具备一定的专业知识技能，应当在规划路线、危险告知等方面尽到高度注意义务和安全保障义务，无论受害人是否存在自甘风险行为，都要承担相应的过错责任。

在穆某诉宁波某旅游开发有限公司旅游合同纠纷、[①] 杨某诉某县某森林生态旅游有限公司等生命权纠纷[②] 中，法院认为受害人自愿参加危险性活动，属于自甘风险，由于不存在其他参与者，故未尽到安全保障义务的组织者承担60%的责任。在赵某诉湖南省某国有林场等生命权、健康权纠纷[③] 中，法院认为在受害人明知爬上瞭望塔存在风险的情况下，仍进入该区域并导致自身受伤，属于自甘风险应自行承担相应的损害后果，无其他责任人。

2. 对抗性体育活动中的自甘风险

体育活动最常见的是篮球、足球、羽毛球、滑雪、游泳等。根据一般生活经验，篮球、足球运动属于较为激烈的、对抗性的、群体性、具有一定人身危险性的体育运动，存在冲撞、阻拦、抢夺等运动行为，是较为典型的、公众认可的对抗性体育活动。在212篇涉及自甘风险的法律文书中，有13例是因篮球运动引起的纠纷，6例是因为足球引起的纠纷。行为人参与具有一定风险的文体活动时，会处于一定程度的潜在危险中，其自愿参加具有对抗危险性篮球或足球运动而承担合理范围内的危险后果合乎情理，运动过程中正当危险的制造者不应承担侵权责任。在杜某、勾某健康权纠纷中[④]，法院认为足球存在较为突出的风险即为参赛者之间发生身体接触导致摔倒、撞倒，受害人对于足球运动的风

---

① 新疆维吾尔自治区和田地区中级人民法院民事判决书，(2022)新32民终46号。

② 广西壮族自治区阳朔县人民法院民事判决书，(2021)桂0321民初1390号。

③ 湖南省张家界市永定区人民法院民事判决书，(2021)湘0802民初1532号。

④ 天津市津南区人民法院民事判决书，(2021)津0112民初15507号。

险应当有所认知，但仍自愿参加比赛，应认定为自甘风险。

争议较大的是羽毛球类对抗性不强的体育活动。在全某诉李某生命权、健康权、身体权纠纷中[①]，法院认为，羽毛球作为一项体育运动，具有一定的危险性，活动参与者均应意识到风险的客观存在，并予以防患和避免，以免自己受到伤害或伤害到他人，鉴于系双方自愿参加，依照自甘风险原则，酌情由李某赔偿全某30%的损失。但也有法院认为"羽毛球属于群体性运动，不认定为自甘风险行为"[②]。笔者认为，羽毛球活动虽然没有直接的肢体碰撞，但是也会对参与者造成一定伤害，可以适用自甘风险规则。

3. 具有体育性质的文娱活动中的自甘风险

具有体育性质的文娱活动明显不如对抗性体育活动危险性高，但是由于不是纯粹的文娱活动，也会存在受伤的风险，实践中如滑雪、游泳、骑马、卡丁车、健身、跳舞等。在涉及此类活动的案件类型中，仅滑雪、骑马、卡丁车、跳舞存在较为明显的其他参与者。在张某诉赵某等生命权、身体权、健康权纠纷[③]，李某诉某饲养动物损害责任纠纷[④]，秦某诉药某、西安某汽车运动有限公司等生命权、身体权、健康权纠纷[⑤]等案件中，法院在判决时以上案件均适用《民法典》第1176条关于自甘风险的规定对受害者、侵权人、其他参与人进行行为认定和责任划分。

4. 对抗性竞技活动中的自甘风险

对抗性竞技活动具有一定程度的竞技性和对抗性，有对抗就有受伤的可能性，但是相对不如竞技体育活动激烈，如打耍架和掰手腕，在212篇民事案例中，因掰手腕产生纠纷的4例。在曹某诉卢某生命权、身体权、健康权纠纷[⑥]中，法院认为"打耍架"即为一种"双方比试力量、技巧等的娱乐型竞技活动，具有高度强力对抗性质"，客观上存在发生人身损害的风险，受害人作出自愿承

---

① 湖南省郴州市苏仙区人民法院民事判决书，（2022）湘1003民初339号。
② 广东省惠州市惠城区人民法院民事判决书，（2015）惠城法民一初字第2013号。
③ 吉林省吉林市中级人民法院民事判决书，（2022）吉02民终719号。
④ 河南省安阳市龙安区人民法院民事判决书，（2021）豫0506民初2687号。
⑤ 西安市临潼区人民法院民事判决书，（2021）陕0115民初2400号。
⑥ 湖南省湘阴县人民法院民事判决书，（2022）湘0624民初1676号。

担“打耍架”过程中风险现实化所带来的损害的真实意思表示，其行为系自甘风险。在周某诉李某生命权、身体权、健康权纠纷[①]中，法院认为掰手腕活动属于具有一定风险的文体活动、可能产生的危险性可以预见，认定为双方自愿行为，受害人自愿参加掰手腕活动受到伤害，属于自甘风险的行为。以上两例案件法院均认为受害人构成自甘风险，侵权人不承担责任。

5. 文娱、休闲活动中的自甘风险

文娱、休闲活动是指在社会大众认知中人身危险性较小、竞技性不强的休闲娱乐活动，如聚餐、钓鱼等。在陈某诉肖某等侵权责任纠纷[②]中，法院认为受害人明知或应知在高压裸线下钓鱼存在鱼竿触碰高压线路触电的危险，认定双方自愿参加具有一定风险的文体活动，属于自甘风险的行为，认定其他参与人不承担责任。在周某诉罗某等生命权、健康权、身体权纠纷[③]中，法院适用《民法典》第 1176 条，认为受害人应当对其自甘风险而导致的自身的损害后果承担全部责任，其他参与人不存在故意或重大过失，排除其侵权责任。

二、厘定：自甘风险规则的适用范围

（一）自甘风险与其他规则的关系

1. 自甘风险与受害人同意

受害人同意，又称被害人承诺，指受害人对他人实施的给自己造成某种损害的行为以明示或默示的方式表示同意[④]。受害人同意作为侵权责任的免责事由，也可以适用于文体活动中，与自甘风险在司法适用中易出现混淆的情况，但两者在含义、主观方面、适用情形上存在较大差异。首先，二者含义不同，自甘风险是受害人已知某种行为存在风险并自愿承担该风险；而受害人同意是指受害人明知损害结果的发生并认可该损害结果。其次，自甘风险是受害人为了参与某种文体活动而甘愿承受某种风险，但其主观对于该风险的发生是抗拒的，

---

① 湖南省长沙市开福区人民法院民事判决书，(2022)湘 0105 民初 2332 号。
② 湖南省邵东市人民法院民事判决书，(2021)湘 0521 民初 4277 号。
③ 贵州省兴义市人民法院民事判决书，(2021)黔 2301 民初 4696 号。
④ 程啸：《侵权责任法》，法律出版社 2015 年版，第 301 页。

文体活动的参与者会极力避免任何不利损害结果的发生，受害人参与具有一定风险的文体活动不当然代表受害人对于该风险导致的损害结果的同意。最后，自甘风险是指文体活动中存在的不特定但可能发生的损害；而受害人同意则是对确定的、具体的损害后果的认可。此外，在司法实践中两者也存在较大差别，法院对于自甘风险规则的审查重点是侵权人是否存在故意或者重大过失；而受害人同意则重点审查受害人的同意是否真实有效。

2. 自甘风险与过失相抵

过失相抵是指在侵权行为导致损害结果发生时，侵权人与被侵权人按照双方的过错程度共同承担损失，《民法典》第 1173 条对其作了规定[①]。学界对于自甘风险和过失相抵有两种观点：一种认为适用自甘风险则不能适用过失相抵；另一种认为自甘风险与过失相抵是特殊与一般的关系，自甘风险可以作为免责事由也可以作为减轻责任事由[②]。笔者认为，《民法典》的规定不当然意味采纳第一种观点，仅是在文体活动的特殊领域排除了过失相抵原则的适用。过失相抵是减责事由，自甘风险是免责事由，其本质也是一种特殊的过失相抵，在文体活动中更具优先性。诚然，两者对于风险认知存在一定偏差，自甘风险要求受害人已知某种文体活动存在风险，过失相抵则不要求受害人对于损害结果有着充分认知[③]。

（二）文体活动的界定

1. 文体活动的内涵

文体活动从词义来讲包括文艺活动和体育活动。文艺活动一般包括读书活动、演讲比赛、文艺演出等，这类活动风险较小，受到伤害可能性较低，在普遍认知中不具有固定风险，实践中也很难界定为具有一定风险的活动，应当排除适用自甘风险规则。体育活动包括田径、球类、游泳等多种项目，涉及运动范

---

① 《民法典》第 1173 条规定："被侵权人对同一损害的发生或者扩大有过错的，可以减轻侵权人的责任。"

② 王利明：《论受害人自甘冒险》，载《比较法研究》2019 年第 2 期。

③ 杨雪，张峻博：《〈民法典〉体育活动自甘风险的要件及其司法适用》，载《南海法学》2021 年第 6 期。

围广，具有一定风险性。通过整理涉及自甘风险规则适用的案例发现，一些户外冒险活动也适用了自甘风险规则，笔者认为“具有一定风险的文体活动”主要是指体育活动，但是其外延比体育运动大，还包括具有一定风险的其他身体活动，如健身、跳舞、体能训练等。

自甘风险是行为人已经知道参加此类活动具有一定风险并自愿承受此风险，当风险出现时，行为人就应当自己来承担损害后果。因此笔者认为，首先，适用自甘风险的文体活动需要具备按照一般正常智力水平即可预见的危险性，如足球、篮球、羽毛球等竞技性体育运动，或者登山、探险、攀岩等危险性户外运动；其次，行为人不是因履行法定义务或出于道德责任（如消防员救火），而是为了获得荣誉、快乐、健康等从事危险活动；最后，此类危险活动造成的损害后果必须是不参与即可避免的，如不参加探险、攀岩就不会遭受该损害结果，而自己在明知该行为具备此类风险的前提下仍自愿参加。此外，高度危险行为也不能适用自甘风险规则，《民法典》对高度危险责任也进行了详细规定，相对于自甘风险来说，高度危险更具有危害性，一般会设立警示牌。

2. 文体活动的适用情形

第一类是体育活动，包括体育竞赛和对抗性体育活动。《民法典》规定的自甘风险主要就是规制此类活动，如球类运动允许正常的身体接触。在体育活动中难以避免人与人的碰撞，也必然伴随着一定风险，会对参与者造成一定人身伤害。[①] 此类运动只要行为人自愿参加，就可以适用自甘风险规则。而且很多专业比赛都会要求参与者签署免责条款，也是行为人对于活动风险的认同。

第二类是户外冒险活动。体育运动是行为人有意识地培养自己身体素质的活动，随着社会的发展和生活质量的提高，人们也开始接触一些室外的冒险活动，最常见的就是攀岩、跳伞、登山等运动。户外冒险活动的风险高于一般体育活动显而易见，参与者在此类活动中易受到损害。一方面，冒险活动的风险与一般体育活动风险不同，其具有不确定性且参与者可能事先无法准确认知或

---

① 黄禄斌：《侵权法上的自甘冒险研究——以注意义务为视角的观察》，华东政法大学 2019 年硕士学位论文，第 30 页。

预见到风险的发生。另一方面,根据一般人的生活经验或应组织者的要求,户外冒险活动会限制参与者的年龄、经验,且要求参与者有较高的注意义务。只要参与者出于真实的意思表示参加此类活动,即为自愿承担此类活动带来的风险。

第三类是具有体育性质的文娱活动。正如前文所述,此类活动本质为文化娱乐活动,但是带有一定形式的身体活动,也存在一定风险,其风险介于文艺活动和体育活动之间,实践中也存在多例案件。如跳舞、游泳、健身等运动,一般是与经营者、组织者产生侵权纠纷。行为人自愿参与此类活动,以一般社会人的经验可以意识到存在一定风险,行为人参与此类活动受到损害也可以认定为自甘风险。只要经营者、组织者充分告知行为人活动风险,尽到了合理注意义务,则不应承担其他责任。

此外,笔者认为文娱休闲活动和对抗性竞技活动不能适用自甘风险规则。自甘风险规则的适用目的是对具有固有风险的文体活动进行规制,但这并不意味着可以规制所有的风险活动。对抗性竞技活动如前文所述掰手腕、打耍架等,此类活动虽然属于身体活动,很难认定其具有促进文体活动友好健康发展的作用,且不能因为其存在一定竞技性就归入文体活动。自甘风险规则中的一定风险应当是指文体活动的固有风险,[①] 不包括偶然风险,钓鱼、喝酒等休闲活动显然不具备一般正常人所认知的风险。如前文中提到的陈某诉肖某侵权责任纠纷一案,法院认为当事人自愿参与钓鱼活动属于自甘风险,但是触碰高压线不属于钓鱼的固有风险。笔者认为钓鱼不属于具有一定风险的文体活动,属于娱乐休闲活动,不应当适用自甘风险规则。

三、溯源:自甘风险规则的构成要件分析

(一)现有观点

自甘风险规则产生法律效果的前提是个案中的法律事实需符合自甘风险

① 蒋书生:《民法典视野下自甘风险规则的构成要件研究》,安徽大学2021年硕士学位论文,第12页。

的构成要件，因此，在实践中判定一个案件是否能够使用自甘风险作为抗辩理由首先要判断它是否满足构成要件。构成要件的明确有利于自甘风险的规则在实践中发挥更好的效果，保障当事人的合法权益，实现公平正义。笔者认为，应审慎使用自甘风险规则，以尽量避免造成误解或混淆，尽可能做到仅用其来代指《民法典》第1176条第1款相关规定，避免大众对法律概念和法律适用产生错误认识。因此，笔者认为在教义学上厘清自甘风险的基本含义极为重要，与此同时还要注重司法实践中规范化使用术语，避免术语滥用产生混淆。

自甘风险的构成要件在理论和实践中都没有统一的观点，比较主流有代表性的观点是二要件说、三要件说、四要件说等。二要件说是指构成自甘风险需要存在基础法律关系和冒险行为两个要件①。三要件说则是张新宝教授提出的需要具备受害人适格、受害人知晓风险及受害人自愿参加三个要素②。杨立新教授则从主客观方面提出自甘风险的三个构成要件，主观要件有二：一是知情，二是自愿；客观要件则是要求损害是风险现实化的后果。③王利明教授则认为自甘风险的构成要件应由四部分构成：一是受害人必须完全意识到特殊活动的异常风险，二是受害人自愿参与极可能造成损害后果的危险活动，三是受害人的损害与其过错之间存在因果关系，四是行为人造成受害人的损害并非出于故意或重大过失。④同样是四要件，邹海林、朱广新教授认为，构成自甘风险是要受害人参与具有一定风险的文体活动、受害人遭受损害存在损害后果、其他参与者的行为与损害之间存在因果关系、行为人只有一般过失，不存在重大过错。

（二）观点适用

理论研究和实践中对于自甘风险的构成要件并没有统一的认识，前文中提到的是一些具有代表性的观点，实践中自甘风险的适用标准更是多样。因此，首先要明晰哪些要素是非必要的构成要素。笔者结合已有的实践经验对于现有

① 曾世雄：《损害赔偿法原理》，中国政法大学出版社2001年版，第87页。

② 张新宝：《中国民法典释评》（侵权责任编），中国人民大学出版社2020年版，第71页。

③ 杨立新、佘孟卿：《〈民法典〉规定的自甘风险规则及其适用》，载《河南财经政法大学学报》2020年第4期。

④ 王利明：《论受害人自甘冒险》，载《比较法研究》2019年第2期。

观点在实践中的适用进行分析：

1. 基础法律关系及冒险行为

二要件说认为构成自甘风险需要有基础法律关系存在和冒险行为两个要件，这种观点是否适合当下《民法典》第 1176 条的实践还有待商榷。基础法律关系是指适用自甘风险规则的当事人双方需要存在某种法律上的关系，但是在实践中可以发现，虽然一些大型的文体活动能够通过合同或合作等方式存在法律关系，但是绝大多数自行组织的娱乐性质较强的文体活动，当事人往往是临时起意或是和有共同兴趣爱好的好友结伴同行，其中的基础法律关系并不明确。如在结伴登山、抖空竹等情况下，当事人均为自愿参与具有一定风险的文体活动，基础法律关系并不明确，但是在实践中不能认为此类活动中的当事人不能以自甘风险作为抗辩事由。从这一点来看，实践中基础法律关系并非判断文体活动当事人之间责任划分的必要前提，故笔者认为将基础法律关系作为构成要件之一并不符合当下社会实践现实。

2. 一般侵权构成要件

因果关系、损害后果是一般的侵权构成要件，王利明教授及杨立新教授都有提出因果关系、损害后果等相关的要素。从理论上来看，自甘风险是一项抗辩事由，是在侵权损害结果出现之后阻却侵权责任的承担，并非为了证明加害人没有侵犯受害人的人身、财产安全。因此，将一般侵权的构成要件引入自甘风险规则的适用在理论上有待商榷。而从实践中来看，侵权后果并非实践中存在争议和混淆的要素，适用或不适用自甘风险作为抗辩事由是在侵权发生后才进一步去讨论的，必然都存在一定的因果关系和侵权后果。同时，根据《民法典》第 1176 条的规定，只要是受害人自愿参与存在一定风险的文体活动，行为人由于一般过失导致的损害结果，即使存在损害结果和因果关系，适用自甘风险也不会再追究加害人责任，对于一般侵权责任的强调反而可能会造成实践中的自甘风险规则与过失相抵等规则的混淆。

（三）自甘风险的构成要件

通过对现有主流观点和实践结合进行判断，笔者认为自甘风险的构成要件应包括受害人适格、受害人知晓风险、非故意或重大过失。具体是指，在满足

《民法典》第 1176 条中明文规定的“自愿参与”“一定风险的文体活动”“其他参与者的行为受到损害的”情况下，还需要满足的要素。

1. 受害人适格

张新宝教授提出构成自甘风险需要受害人适格。①《民法典》第 1176 条规定明确提出“因其他参与者的行为受到损害”，这是对加害人的身份进行限制，即自甘风险仅适用于加害人为参与者的情形，不适用于加害人为活动组织者、经营者等其他非实际活动参与者的情形。

相应地，在自甘风险规则的使用中，首先应该明确受害人也是活动参与者，不可扩大解释为赛场观众等不直接参与到文体活动中的相关人员。观众等相关人员权益受到损害时能否得到救济主要取决于文体活动的组织者，除负有外，文体活动组织者、经营者既要履行对活动参与者的安全保障义务，还要履行对观众等其他非实际活动参与人员的安全保障义务。观众等其他相关人员不直接参与到文体活动中，其对于文体活动的风险知晓程度及风险预期等与文体活动的参与者并不相同。此外，观众间接参与文体活动的主要目的是观赏比赛，获得快乐或愉悦，所以在观赏文体活动时承受的风险要在合理范围内。而观众承受的风险是否合理，主要取决于活动组织者和经营者是否尽到安全保障义务。②观众等非直接参与活动的人员无论是作为受害人还是加害人，都应结合具体情况考察活动组织者是否尽到安全保障义务或是加害人是否尽到审慎义务或是受害人过失，而非适用《民法典》第 1176 条的相关规定。受害人是否适格是影响《民法典》第 1176 条能否适用的重要因素，因此受害人适格是自甘风险的重要构成要件。

2. 受害人知晓风险

自甘风险源于“对同意者不构成侵害”，是对于风险之下自由选择后果自负的肯定。就自甘风险而言，受害人是否知晓风险是一个重要的判断标准。在自甘风险适用的情况中，受害人认可活动可能存在的风险，但是对于风险的发

① 张新宝：《中国民法典释评》（侵权责任编），中国人民大学出版社 2020 年版，第 71 页。
② 曹权之：《民法典“自甘风险”条文研究》，载《东方法学》2021 年第 4 期。

生并不认可，且对于风险是否发生、何时发生、以何种方式发生都是不清楚的。虽然当事人参与活动时预想到会存在一定风险，但是这并不推知当事人主观上愿意承担风险后果，当事人主观并不希望发生风险也不想承担相应的损害后果。所以一般来说，受害人对于风险的认识是笼统的、模糊的，是权衡自己承担风险的能力后抱着侥幸心理进行的冒险活动。

虽然在《民法典》第 1176 条中并未明确受害人需要认识到风险的存在，但是从自甘风险规则在实践中的适用可知，“知晓风险”“知情”是一项重要的构成要件。需要强调的是，当事人对风险的知情并没有明确的标准，但绝大多数情况下可以认为从理性人角度出发，自愿参与就等于认识到一般固有风险的存在。知晓风险的判断标准是以理性人的客观认识为标准的，如成年人都知道游泳有溺水的风险，踢足球时可能会被球砸到身体，打篮球时可能会崴脚等。而对于一些不够普及的风险系数较高的文体活动，如摔跤、冲浪、滑雪等，如果当事人是自愿参与到这些文体活动中的，也可以推知当事人对于风险是有一定认识的。但是需要强调的是，《民法典》第 1176 条第 1 款的规定仅适用当事人，对于负有安全保障义务的经营者等，在满足当事人自愿参与、知晓风险等条件后，其责任认定需根据第 2 款要求参考相应法条。

此外，受害人知晓风险是自甘风险的构成要件之一，但在具体实践中，应根据受害人的行为能力等实际情况进行具体研判，不能一味推定受害人自愿参与文体活动即为知晓风险，否则会有滥用自甘风险规则的可能。

3. 非故意或重大过失

非故意或重大过失是对于加害人责任认定的消极要件，加害人存在故意或重大过失则不能适用自甘风险，作为其抗辩事由要求免除侵权责任。受害人参与文体活动时并没有对自己的权益进行处分，因此其他参与者出于故意或在存在重大过失，损害受害人权益时并不适用于自甘风险规则，仍需承担侵权责任。主观心态为故意的行为人在实施侵权行为时积极追求损害结果的发生，而有过失的行为人只是创造了不法风险，该风险并不确定是否会转化为实际损害结果，且行为人并不希望损害结果发生。自甘风险在文体活动中进行明确的目的之一就是规范文体活动中固有风险所造成的侵权责任的分配，出于故意的伤害行为不是受害人选择参与文体活动时所能预见的固有风险，加害人出于主观故意的恶意明显与法律规定相违背。此外，在文体活动中，参与者都应尽到一定程度的注意义务，每个个体在参与文体活动时所能预见的风险是不包括他人出于过分疏忽或自信所造成的损害风险的。在这种情况下，损害后果的产生不能归咎于文体活动本身具有的风险性，因而也不能适用自甘风险规则作为抗辩事由免除加害人对受害人人身、财产安全所产生损害带来的相应责任承担。当文体活动中行为人主观上明知会产生损害结果或者对损害结果的发生具有重大过失时，认定行为人的侵权责任则不能适用自甘风险规则。

四、思辨：自甘风险规则的责任确定

（一）自甘风险独立适用

虽然在理论研究和实践中都有观点认为，自甘风险不是独立的免责事由，自甘风险规则的应用需要依附于一定的机制，笔者认为，从《民法典》的规定来看，自甘风险可以独立作为抗辩事由用于阻却部分侵权责任。

长期以来，由于自甘风险规则与过失相抵规则运用较为相像，司法实践中经常出现混用的情况，笔者在前文中厘清了自甘风险与过失相抵、受害人同意的不同，因此自甘风险确有必要作为一项独立免责事由存在。行为人的一般过失行为即使给受害人造成了损害结果，根据自甘风险规则，该行为不构成侵权，行为人也不需要承担相应的侵权责任。自甘风险要求法律将受害人权益的保护置于特定法政策之后，而文体活动恰好与自甘风险的理念相符合。日常生活中的很多文体活动或多或少都带有一定风险，风险是此类文体活动固有属性；即便是各方都尽到注意义务，风险依旧不能被彻底避免。同时，文体活动的参与者对风险的态度并非排斥的，文体活动参与者往往是与风险并行，不断提高自己克服困难来避免风险的发生，从而在文体活动的参与过程中增强身体素质，放松身心，获得愉悦。尤其是在竞技体育中，竞技体育的精神及其魅力所在正是甘冒风险，不断挑战。在文体活动中，风险性是文体活动价值的背面，文体活动的风险性更能体现其价值性，自甘风险规则的适用正是保留其风险性，鼓励文体活动的开展。

自甘风险规则在文体活动中的作用是免除其参与者的侵权责任。在文体活动中,只有在极少数的活动中才能以受害人同意对参加人进行侵权责任的抗辩,如在拳击比赛中,可进攻的部位有明确规定,所带来的风险和后果是明确的,我们可以推知拳击手自愿参与拳击运动就是其对人身损害后果表示同意。但在绝大多数文体活动中,尤其是日常生活参与的文体活动中,参加人都不希望损害后果的发生,自甘风险的判断融入了更多客观化的因素,准确地适用于大多数的文体活动,即受害人参与文体活动是将自己置于一项存在不确定风险的场景中但并不希望风险发生。

从实践需求来看,自甘风险与过失相抵等各有不同适用基础,自甘风险补足了文体活动所需要的特殊规则,在文体活动中的适用有充足的合理性及合法性。从理论基础来看,自甘风险规则作为侵权责任的抗辩事由是出于当事人认识风险后的自由选择。因此,只要符合我国《民法典》第1176条自甘风险规则的构成要件,加害人援引自甘风险作为抗辩理由即能免除侵权责任。

(二)自甘风险与公平责任

公平责任是指当事人对造成的损害都没有过错,不赔偿受害人损失又显失公平,则由当事人分担责任。《民法典》第1186条对公平责任原则进行了规定[①],且被规定于"损害赔偿"章节,成为依照责任分担制度,其体现的平衡思想与文体活动的风险不相符合,不具有适用空间。[②]司法实践中也存在法院认为虽构成自甘风险,但是根据公平责任原则分配责任的情况。实践中适用公平责任原则进行责任分配看似能够处理个案矛盾,但如果滥用公平责任,会使文体活动的参与者因补偿义务而有所顾虑,这和自甘风险这项法政策鼓励积极参与文体活动的目标明显是相悖的。在《民法典》正式施行时候,符合自甘风险构成要件的侵权人可以直接援引该规则免除其责任,活动组织者或经营者也可以在

---

① 《民法典》第1186条规定:"受害人和行为人对损害的发生都没有过错的,依照法律的规定由双方分担损失。"

② 黄凯、姜科、陈恒兴、刘姚成:《〈民法典〉背景下体育侵权归责制度适用的对比解读——基于公平责任到自甘风险与过失相抵》,载《第十二届全国体育科学大会论文摘要汇编——专题报告(体育管理分会)》。

履行安全保障义务的情形下，免除因公平责任产生的其他补偿义务。

在我国的以往司法实践中，法院经常在文体活动领域适用公平责任，即双方当事人都不存在过错的情况下，考虑到当事人经济条件上的差异、受害人需要救济的现实情况及受害的情感等各方因素，平衡双方利益，共同分担责任。笔者认为，在文体活动中并不能适用公平责任。一方面，公平责任的适用是没有明确的标准的，出于道义的补偿不能被推广适用，否则会对法律所保护的法益产生损害；另一方面，公平责任产生了和过失责任相似的法律效果，在文体活动领域适用会使人们在正常活动中考虑潜在的补偿义务，加重了参与文体活动可能带来的不利后果。此外，《民法典》第1186条规定公平责任的适用需要依照法律的规定，而在文体活动中损害后果无法由双方当事人之间进行分担，因此应该排除公平责任在文体活动中的适用，避免出现适用自甘风险规则的同时适用公平责任的情况。

五、结语

法律需要与社会实践发展相适应，自甘风险规则确实在社会实践中发挥了重要的作用，但是随着人们对公平的不断追求，自甘风险规则在很多领域的适用反而成为实现公平的阻碍，在这种背景下《民法典》对自甘风险的适用作出了严格的限定，一方面能够解决长期以来自甘风险规则不明所带来的司法实践中的混乱，另一方面自甘风险规则在文体活动领域的适用也有利于推动文体活动的广泛开展，使人们更自由地享受文体活动所带来的快乐。

但同时也应注意到《民法典》生效以来，丰富的法律实践仍对该法第1176条的适用提出了要求。自甘风险的适用范围、解释限度等都有赖于法官根据具体情况作出判断。因此，笔者提倡在适用自甘风险规则的实践中，应当严格按照法律规定的要求，限定在文体活动领域，在其他类型的案件中不适用自甘风险作为抗辩事由；同时，应该规范自甘风险作为抗辩事由的适用，严格将其作为侵权责任阻却事由，不再出现与公平责任的混用。相信随着文体活动类型的不断丰富，实践经验的不断积累，《民法典》自甘风险规则的适用将在本土化的实践中拥有越来越完善的机制。

数字时代“活冻结”制度的构建与运用

——以银行账户中生活必需费用保留为例

邹林堃　朱浩梁　郑博文*

摘要：法律规定执行须保留生活必需费用，其目的在于保障被执行人及其家属的基本生活，但实务中“生活必需费用保留”因操作规则不明，存在提前发放、滞后发放甚至不予发放等乱象。通过借助执行数字化改革，重塑冻结流程，创设“活冻结”制度，能有效化解规则适用的困境。“活冻结”是指被执行人收入被冻结后，其仍能每月在额度范围内由自由支配或临时申请支取额度，以满足生产、生活的必需。“活冻结”制度不仅可为执行法官和当事人带来“数字红利”，提高执行效率，满足现实需求，在理论上也和执行比例原则、善意文明执行理念、执行豁免理论、债务人合作理论等完全契合。构建“活冻结”制度，可从告知、申请、审查、变更、救济等程序着手，通过法院、银行同步升级网络查控系统，构建“活冻结”制度的流程运行闭环。“活冻结”的动因是为了解决执行实务中的难点、痛点、堵点问题，本质是利用数字思维、数字技术完善当前的冻结制度，随着国家和社会数字化转型的不断推进，“活冻结”在商品房预售资金执行、个人债务清理、中小微企业执行等领域都具有广阔的应用前景。

关键词：活冻结　生活必需费用保留　执行豁免　善意文明理念

近年来，随着“基本解决执行难”成果不断巩固深化，社会信用体系逐步健全完善，债务人的失信成本也随之不断增加，越来越多的债务人选择主动履行

---

* 邹林堃，浙江省高级人民法院四级高级法官助理；朱浩梁，浙江省余姚市人民法院党组成员、副院长；郑博文，浙江省余姚市人民法院执行综合科副科长、三级法官。

生效法律文书确定的义务。当然，仍有不少被执行人由于责任财产过少，无法立即清偿全部债务，法院通常会选择扣留、提取其固定收入，通过分期支付的方式来履行义务。此时，执行法官将面临如何平衡胜诉当事人的合法权益和被执行人及其所扶养家属生存权的难题，对于这一权利冲突，当前执行实务并没有给出有效回应，反而出现了不少需要规制的乱象。

一、实务痛点："生活必需费用保留"规则的适用乱象与困境

《民事诉讼法》第254条第1款[①]确立的"生活必需费用保留"规则旨在体现生存权优先，即当申请执行人的债权与被执行人及其扶养亲属的生存权存在冲突时，应优先保障被执行人及其所扶养家属的基本生活。实务中，当被执行人名下有固定收入（如工资、基本养老金等）且无其他可供执行的财产时，执行人员在冻结、扣划固定收入时须适用该规则。但生活必需费用何时保留、如何发放、发放标准等具体操作规则的缺失，以及实务中案款分配、发放程序烦琐的痛点，导致该规则在适用时出现了不同程度的"变异"。

（一）"生活必需费用保留"规则的适用现状

法院一般先通过网络司法查控系统冻结被执行人的工资账户，对被执行人及其所扶养家属的生活必需费用保留，即通过扣划后再发放的方式予以保障，但在发放时间、费用标准和方式上，各地做法不一。

对于生活必需费用的发放时间，实务中主要有每月按时发放、定期事后发放、定期提前发放、自由支取四种模式。在每月按时发放的模式下，执行人员须每月进行扣划、款项分配、案款出账等工作，被执行人须每月到法院领款，手续烦琐效率低，实务中较少采用。为减少每月发放的烦琐手续，有的法院则在冻结被执行人固定收入后，通过定期扣划的方式，将部分款项作为生活必需费用予以发放，这一定期事后发放的模式在实务中较为常见。还有的法院在提取、

---

① 《民事诉讼法》第254条第1款规定："被执行人未按执行通知履行法律文书确定的义务，人民法院有权扣留、提取被执行人应当履行义务部分的收入。但应当保留被执行人及其所扶养家属的生活必需费用。"

扣划被执行人固定收入时,提前给被执行人预留一笔保障数月生活或临时急用的款项,但申请执行人一般不认可该模式,执行人员须做大量沟通工作,实务中较少采用。此外,当被执行人积极配合法院执行工作且承诺将生活必需费用以外的固定收入用于履行债务时,为避免冻结银行账户后无法及时领取生活费,有些法院会选择不予冻结工资账户,由被执行人每月自行支取,该模式也以申请执行人同意为前提,实务中较少采用。

在生活必需费用发放标准的问题上,司法解释确定的规则是"被执行人居住地最低生活保障标准"①。但如被执行人年老体弱或患有慢性疾病的,法院是否有权酌情提高每月固定标准,不无争议。另,如被执行人遭遇意外事故急需资金或突发急性病需要治疗,法院是否有权酌情从执行款中分配部分款项给被执行人,亦无明确规定。此外,当被执行人及其所扶养家属均无法联系或下落不明时,即便法院保留生活费用亦无人领取,故实务中一般推定被执行人不要求保留生活必需费用,法院冻结、提取其全部收入用于偿还债务,后续被执行人主动联系法院时,再考虑为其保留生活费用。

实务做法不一的主要原因,是传统冻结制度不够灵活,存有弊端。法院一旦冻结被执行人的工资账户,即便被执行人有生活必需费用支出也无法自行支取。对于法院扣划的生活必需费用,须经案款分配程序、内部审批、银行出账、当事人领款等诸多环节,如有分配方案异议或异议之诉,则款项发放的时效性更低。在解决"执行难"的背景下,法院对执行工作每个流程环节的质效考核非常严格,在操作规则不明确的情况下,个体认识不一造成了实务上的多种模式,最终导致规则适用的偏离。

(二)"生活必需费用保留"规则的适用困境

困境一:被执行人生存权的优先限度有时并不明显。从权利位阶来看,被执行人生存权高于胜诉当事人的债权,因为"此项权利得不到有效保护,则人

① 参见《最高人民法院关于刑事裁判涉财产部分执行的若干规定》第9条第2款和《最高人民法院关于人民法院民事执行中查封、扣押、冻结财产的规定》第3条。

类的所有其他权利都不再有什么意义”[①]。但从前文叙述的“生活必需费用保留”规则的适用现状看，实务对被执行人生存权的保障是明显不足的。此种不足是制度规范供应不足、“案多人少”的现实条件、解决“执行难”的历史阶段共同作用的结果，是规则对现实的无奈妥协，趋近于有些学者论及的“公论型”制度：民事领域不存在客观、外在的规则，而是在个案中对所有的情节、事由保持开放，现场汇总、调节社会成员关于每一个案件的共识，借由所有正经人共有的“天下公论”来解决纠纷。[②]尽管生活必需费用保留已有客观规则，但法院、申请执行人、被执行人还是无奈而心照不宣地对规则进行了更改，当事人各方均通过牺牲自己的一部分利益为他方让出空间。但是，在每一具体的历史时期，双方的生存空间如何划定，各自牺牲的底线定在哪里，则是一个永远需要讨论的问题。[③]

困境二：优先保障被执行人生存权有诸多现实和法律障碍。一是按月发放生活必需费用会严重影响执行效率。当前法院案多人少的矛盾依然突出，执行领域更是如此。[④]要求法院根据被执行人的实际需求每月发放，势必会将大量的司法资源消耗在简单的重复性的工作中，进一步挤压其他案件的办理时间，造成司法资源分配不公。[⑤]二是当前条件下，生活必需费用按月发放依然存在不适法的问题，即法院冻结收入后再发放生活必需费用的做法与法律规定不得冻结生活必需费用是相违背的。三是生活必需费用提前发放或不予冻结易引发申请人不满，特别是在法院未对被执行人收入采取冻结措施的情况下，若申请执行人有证据证明或怀疑被执行人未能主动将生活必需费用以外的收入用于履行债务，会要求法院立即冻结被执行人的收入。若法院根据证据规则未满足申请执

---

① [奥]曼弗雷德·诺瓦克：《民权公约评注》，毕小青、孙世彦译，生活·读书·新知三联书店出版社2003年版，第106页。转引自马登科：《民事强制执行中的人权保障》，西南政法大学2006年博士论文，第49-51页。

② 陈杭平：《“善意执行”辨》，载《华东政法大学学报》2021年第2期。

③ 胡志超：《对被执行人的适度救济原则》，载《人民司法》2008年第13期。

④ 以Z省法院为例，2021年执行人员占法院总人数的比例不到20%，而执行案件占比则高达40%。

⑤ 以Z省Y市法院为例，多年积累下来需要保留生活必需费用的被执行人多达数百人，多数案件以终结本次执行程序结案后，只能线下前往银行采取扣划措施。

行人的要求，则不诚信的被执行人一方越发有恃无恐，申请执行人也会更加不满，从而引发信访投诉。实务中，法院最终只能采取冻结措施。四是被执行人难以克制地使用提前发放或未被冻结的生活必需费用。实务中不少被执行人将生活必需费用挪作他用，因为当一个理性的债务人同时面对迫切的资金使用需求（如其他债权人逼债）以及"早已习惯"的法律义务时，大概率会选择将款项用于前者以解燃眉之急。此外，当被执行人死亡时，会产生提前发放的生活必需费用追回问题，而这也是实务难题之一。

困境三：法院常在被执行人生存权和胜诉当事人合法权益之间左右为难。一是定期事后发放的生活必需费用实际已丧失基本生活保障功能，因为在被执行人固定收入被冻结到生活必需费用发放前这段时间内①，被执行人及其所扶养家属每天都会产生基本生活开支，滞后的生活必需费用显然无法解决或无法及时解决先前已经存在的生存问题。二是法院推定无法联系的被执行人放弃生活必需费用是不妥的。尽管实务中被执行人抗拒执行、规避执行、四处躲债的情形仍时有发生，故不予保留生活必需费用有一定的合理性，但不予保留的问题在于：第一，虽然被执行人无法联系，但其仍有可能需要使用工资收入维持基本生活；第二，民事权利的放弃必须采取明示的意思表示才能发生法律效力，默示的意思表示只有在法律有明确规定及当事人有特别约定的情况下才能发生法律效力。因此，在被执行人未明确表示放弃领取生活必需费用的情况下，法院不能径直默示推定其放弃了相关权利。三是法院为无法联系的被执行人保留了生活费，有可能损害申请执行人的利益。如被执行人始终不出现（实务中被执行人去向不明但早已另谋生路的情况，并不鲜见），法院将不得不始终为其保留生活费用，导致大量案款积压在法院账户，而申请执行人却只能望"款"兴叹。

二、实践探索与理论基础：冻结的数字化改革及"活冻结"的理论溯源

传统的"生活费用保留"模式无法同时兼顾保障被执行人基本生活、及时

---

① 司法实践中，生活必需费用的发放周期并不固定，随意性较大。有数月发一次的，也有半年乃至一年发放一次的，且不同法院的做法不尽相同，同一法院的不同案件也难以统一。

兑现胜诉当事人合法权益以及执行效率，通过前文对规则适用困境的论述，可以发现当前规则适用乱象背后的本质原因是传统冻结制度与"生活必需费用"规则的不兼容，因此有必要对传统冻结制度进行流程再造、制度重塑。

(一) 薪资执行中的"活冻结"探索

近年来，Z 省法院通过开展执行数字化改革，与协助执行的银行共同升级网络司法查控系统，在实践中探索创设"活冻结"制度。其改革做法是：首先，法院通过执行办案系统向人社局、财政局、被执行人工作单位等在线获取被执行人薪资信息，如薪资金额、开户行、薪资账号、薪资发放单位等。其次，法院根据被执行人的家庭情况、被执行人居住地最低生活保障标准、申请执行人的家庭情况等证据材料，核定每月生活必需费用，并征询双方当事人的意见。再次，法院在冻结执行裁定书中载明"准许被执行人每月从冻结账户内支取生活必需费用 ×× 元"等内容，并通过网络司法查控系统将相关法律文书及数据（如被执行人身份信息、银行账号信息、生活必需费用金额、生效时间等）发送至薪资账户的开立银行。最后，银行收到文书及数据后，在优化改造的系统中进行"活冻结"操作，即冻结该银行账户的同时为被执行人设置每月可自由支取的生活必需费用金额。如此，被执行人便能每月在银行网点自由支取部分款项，用于基本生活。对生活必需费用外的款项，银行根据法院指令定期划转至法院执行款账户，用于清偿债务。若被执行人需临时提高额度或申请人认为设定的生活必需费用过高，均可在线向法院提出申请；法院审核后制作、发送相关文书和数据至银行办理。在该模式下，法院无须定期扣划收入后再扣划部分款项作为生活必需费用发放给被执行人，被执行人也无须每月跑法院办理烦琐的领款手续，法院还可在线查询被执行人每月支取的款项明细，执行效率大幅提高的同时，充分保障了申请执行人和被执行人的权益。以首创该模式的 Z 省 Y 市法院为例，"活冻结"改革半年后，有 102 名被执行人累计自行支取生活必需费用 142.49 万元，执行到位金额 224.28 万元，减少群众往返法院次数 1200 余次，真正实现了法律效果、社会效果、政治效果的统一。

Z 省法院的实践探索表明，在薪资执行场景中适用"活冻结"规则，可以有效走出传统冻结制度下"生活必需费用保留"规则的适用困境。首先，"活冻结”充分保障了被执行人的生存权。被执行人可根据自身需要，对法院每月预留的生活必需费用灵活支取，解决了此前执行措施不适法的问题，真正实现保障基本生活的功能。其次，“活冻结”兼顾了胜诉当事人的合法权益。在“活冻结”状态下，法院依然控制着被执行人生活必需费用以外的收入，不会产生执行财产流失、债权人权益受损等问题。如被执行人在当月未支取或未足额支取生活必需费用，说明被执行人的基本生活已得到保障，当月额度将在下月归零并被法院冻结、扣划，最终用于清偿债务。这是被执行人的理性选择，也是制度设计上对申请执行人利益的硬性保障。最后，“活冻结”能有效提升执行效率及当事人便利程度。执行法官无须每月往返金融机构，节约了司法成本，被执行人无须定期到法院领取生活费用，破除了“法院扣划一次、当事人跑一次”的弊端。

（二）“活冻结”的含义

“活冻结”，顾名思义是一种灵活的司法冻结措施，其实施主体是人民法院，客体是被执行人的财产性权益，依据是法院作出的执行裁定，协助对象一般是负有协助义务的组织。“活冻结”与传统冻结的区别主要有两点：一是在被执行人的财产被冻结的情况下，该财产项下仍有固定额度可以“活动”，由被执行人在一定期限内自由支配；二是可自由支配的数额、起止时间等可由法院随时灵活调整。综上，“活冻结”是由法院对被执行人的收入、资金等财产性权益采取的、可实时调整的控制性措施，法院通过在冻结状态下赋予被执行人一定额度范围内自由使用、处分该财产的权利，保障被执行人及其扶养家属的基本生活。

“活冻结”与“活查封”一样，都是来自执行实践的创新，是一种通俗叫法，不是一个规范的法律术语。但数字时代的“活冻结”改造了传统冻结裁定的主文，重塑了法院、银行、当事人三者之间的权利（力）义务关系、互动方式，重构了冻结及后续流程，解决了实务难题，有上升至理论和制度层面讨论的价值。

（三）“活冻结”的理论基础

司法实践不能脱离法学基本原理和理论的指导。“活冻结”作为一项源于实践、回应实践需求的创新制度，突破了传统冻结规则，因此需要从法学理论、法律原则以及执行公理中，探寻该制度正当性基础。

1. 执行比例原则

比例原则是行政法的一项基本原则。主流观点认为执行权是一种司法权和行政权兼具的复合型权力。因此，法院在执行中应体现比例原则。对此，最高人民法院的相关文件中也有所体现。[①] 其含义是人民法院为了实现执行目的，实现申请人的权益，除了严格依法执行外，还必须适度，必须符合理性，必须在目的和手段之间保持一定的比例关系。“活冻结”制度完美契合了比例原则。首先，“活冻结”符合适当性原则，即有助于执行目的——兑现当事人胜诉权益——的实现，因为只有在充分保障基本生活的情况下，被执行人才有可能通过劳动或生存持续获得收入以履行债务；其次，“活冻结”符合必要性原则，与传统冻结相比，“活冻结”显然是一种对被执行人利益侵害更小的手段；最后，“活冻结”符合均衡性原则，均衡性原则要求国家机关采取的手段给当事人利益造成的损失应与手段所追究的目的合乎比例，而“活冻结”中冻结与不冻金额的比例，就是均衡性的体现。

2. 善意文明执行理念

《最高人民法院关于在执行工作中进一步强化善意文明执行理念的意见》（法发〔2019〕35号）要求法院“强化善意文明执行理念，在依法保障胜诉当事人合法权益同时，最大限度减少对被执行人权益影响……执行过程中，人民法院应当为被执行人及其扶养家属保留必需的生活费用”。可见，基于“生活必需费用保留”规则而创设“活冻结”制度，本身就是善意文明理念的产物。

此外，尽管善意文明执行理念中包含了比例原则的精神内涵，但并不等同于比例原则，因为比例原则调整的仅仅是国家机关与公民之间的纵向法律关系，而善意文明执行理念既有平衡当事人私人利益的微观面向，也有服务国家战略大局、促进社会经济发展的宏观面向。[②] 同样，在被执行人是企业法人时，“活冻结”也有适用的空间。传统冻结无法同时平衡债权人与被执行企业之间

---

① 《最高人民法院关于在执行工作中进一步强化善意文明执行理念的意见》第2条中规定，“要坚持比例原则，找准双方利益平衡点，避免过度执行”。当然，文件中的比例原则与作为法律术语的比例原则还是有所区别。

② 陈杭平：《“善意执行”辨》，载《华东政法大学学报》2021年第2期。

的利益，一旦对企业的资金、银行账户采取冻结措施后，会严重影响企业的生产经营，实践中也不乏因旷日持久的诉讼、执行拖垮企业的案例。对此，“活冻结”能给出一个较好的解决方案，即在申请执行人同意的情况下，法院允许被执行人企业一定限额内的资金可以自由流动，从而减少对企业生产经营的不利影响。

3. 执行豁免理论

执行豁免是指基于维护被执行人的生存权，法律规定被执行人在一定财产和时间范围内免受强制执行的权利。其中对于债务人的劳动收入、维持生活来源的工资债权，到底禁止冻结、扣划到何种限度，不同国家、地区的法律多有涉及。如日本民事执行法，原则上禁止扣押薪金债权的3/4，而其余的个别案件，则根据债权人和债务人的情况，法院可以扩大或缩小其禁止的范围。① 英国《1971年扣押入息法》规定，债务人持续地处于雇佣关系中并且有足够的收入时，法院可以判决债务人的雇主定期扣减债务人的工资，并将扣除的资金支付给法院，直到债务全部付清为止；同时对债务人收入的扣押进行了适当的保留，法院审查扣押入息令申请时应根据该债务人情况确定“收入保护率”和“普通扣减率”，只有当债务人的收入减去日常支出之后高于收入保护率时，法院才会发出扣押入息令。② 美国地方各州一般依照工资的比例或最低小时工资的倍数为标准来确定收入的数额或范围，满足被执行人及其家属基本生活需求，同时也规定了相应的豁免执行限额。③ 我国澳门地区《民事诉讼法典》第707条规定，被执行人薪俸或工资的2/3为不可查封的财产。我国民事诉讼法中也有关于执行豁免的规定，但种种现实障碍导致这一理论在薪资执行实践操作中出现了一定偏差。“活冻结”的出现，恰如其分地起到纠偏作用，将被执行人的豁免财产纳入不予冻结的额度，有效解决了传统做法下冻结被执行人豁免财产不适法的问题。因此，“活冻结”是执行豁免理论的生动实践。

---

① ［日］竹下守夫：《日本民事执行制度概况》，白绿铉译，载《人民司法》2001年第6期。

② 宫雪：《英国民事执行权的运行与控制》，华东政法大学2015年博士学位论文，第53页。

③ 张晓冰：《美国民事判决执行制度研究》，北京师范大学2012年博士学位论文，第91页。

4. 债务人合作理论

债务人合作理论源于个人破产免责制度，该理论认为个人破产制度豁免了债务人未能清偿的债务，虽然有可能减损债权人的权益，但免责让债务人更加愿意配合破产程序来让渡财产，可以更好地实现债权人利益的最大化。① 无疑，债务人合作理论可作为“活冻结”的理论支撑。因为“活冻结”为债务人提供了一个有尊严的、有充分保障的生活环境，是摆在债务人面前的诱惑，诱使债务人在个人财产收入申报、债务主动履行等方面进行合作。对被执行的企业而言，这一诱惑更为有效，因为“活冻结”允许其在一定限度内正常生产经营，而企业通过生产经营持续获得收益的情况下，势必有继续维持“活冻结”状态的强烈意愿，进而主动配合法院执行并将经营利润用于履行债务，形成良性循环。

三、制度构建与运用：“活冻结”的程序、应用领域初探析

美国法学家罗伯特·萨默斯认为，任何一种法律制度都必须通过法律程序的具体运作才能得到实施。② 一种法律制度的合理性必须接受其在实践中的可行性和有效性的检验，而实践中的可行性和有效性又主要是通过该制度的程序运作加以体现，“活冻结”作为一项法律制度，需要构建一整套程序性规定并形成闭环，以实现有效运作。

（一）“活冻结”的程序构建

根据执行权运行的一般原理，笔者认为可以从告知、申请、审查、变更、救济五个方面构建“活冻结”程序规范。

1. 告知程序。告知程序的价值在于使双方当事人都能清晰地了解各自的权利义务，从而合理规划或及时作出自己的行为。对申请执行人的告知包括：被执行人有权向法院提出“活冻结”申请及法律后果，申请执行人有权对“活冻结”提出书面执行异议，申请执行人有权在情况发生变化后申请对“活冻结”措

---

① 徐阳光：《个人破产免责的理论基础与规范构建》，载《中国法学》2021 年第 4 期。

② Robert S.Summers, *Evalution and Improving Legal Process: A Plea for"Process Values"*, Cornell Law Review, Vol.60: 1, p.1–52(1974)，转引自陈瑞华：《通过法律实现程序正义——萨默斯“程序价值”理论评析》，载《北大法律评论》1998 年第 1 期。

施予以变更等；对被执行人的告知包括：被执行人有权向法院提出"活冻结"申请及法律后果，被执行人有权对法院不予准许"活冻结"提出异议，被执行人有权在情况发生变化后申请对"活冻结"措施予以变更等。此外，"活冻结"作为一项非必然发生的"冷门"程序，无须在立案阶段的执行通知书、受理通知书中告知全部的内容，仅须根据个案的执行进程由法院实施即可。

2. 申请程序。"活冻结"的适用，一般应以被执行人的申请为前提，特定情况下（如被执行人去向不明）也可由法院根据案件具体情况依职权作出。首先，被执行人在报告财产状况时，可主动向法院书面申请采取"活冻结"措施，并附相关的证据材料。其次，固定收入被法院冻结后，被执行人可随时以"生活必需费用"为由向法院书面申请。最后，被执行人应向首先冻结的法院提出申请。存在轮候冻结时，民事诉讼法规定只有首先冻结的法院才有权进行处置、分配，"活冻结"本质是法院对"已冻结"或"将冻结"财产的处置、分配，故应由首先冻结法院实施。由此，被执行人也只能向首先冻结法院提出申请。

3. 审查程序。被执行人提出书面申请后，法院经过初步审查，认为符合"活冻结"条件的，应将申请内容以书面形式告知申请执行人并征询其意见。如申请执行人书面表示无异议的，法院可直接作出"活冻结"的执行裁定。如申请执行人提出反对意见的，应要求其提出书面理由。鉴于实务中申请执行人反对"活冻结"情况较为普遍，为提高程序运行效率，及时保障被执行人及其扶养亲属的生存权利，法院可综合案件具体情况，在申请执行人提出反对意见时，视情作出"活冻结"或驳回申请的执行裁定，而不必召集双方进行听证审查。

4. 变更程序。实施过程中，如执行当事人的情况发生变化，需要对"活冻结"措施予以调整，可向作出原"活冻结"执行裁定的法院申请变更。如债权人每月从法院受偿的金额过低，无法满足其本人及扶养的家属的基本生活，此时债权人方的生存权与被执行人方的生存权应处于同等地位，或债务人名下有新增可供执行的其他财产的，应允许债权人向法院提出变更申请，由法院重新平衡双方的权益。如债务人自身状况恶化（如患病、遭遇事故、灾害等）、当地最低生活保障标准提升等情况出现时，应允许债务人向法院及时申请提升额度。对当事人的变更申请，法院可参照上述"初审—书面征询意见—作出裁定"的程序予以审查。

5. 救济程序。法院作出的“活冻结”或驳回申请的执行裁定，属于理论上的执行实施行为，故应当允许债务人和债权人提出书面异议。而关于是否保留生活必需费用、费用金额多少的异议，本质上属于实体性异议，按照一般理论，应通过执行异议之诉审查。但鉴于“生活必需费用”金额较小，且基本生活保障的紧迫性，对此异议应考虑公正与效率的平衡，故通过执行异议、复议程序审查更佳，即当前应按照《民事诉讼法》第236条的规定进行审查。

（二）理念的拓展应用

“活冻结”制度虽起源于“薪资执行中生活必需费用保留”的场景，但其理论基础决定了“活冻结”适用的广泛性。

1. 在执行商品房预售资金中的应用

2022年1月11日生效的《最高人民法院、住房和城乡建设部、中国人民银行关于规范人民法院保全执行措施确保商品房预售资金用于项目建设的通知》（以下简称《通知》）第2条第1款规定，“商品房预售资金监管账户被人民法院冻结后，房地产开发企业、商品房建设工程款债权人、材料款债权人、租赁设备款债权人等请求以预售资金监管账户资金支付工程建设进度款、材料款、设备款等项目建设所需资金，或者购房人因购房合同解除申请退还购房款，经项目所在地住房和城乡建设主管部门审核同意的，商业银行应当及时支付，并将付款情况及时向人民法院报告。”此前的司法实践中，商业银行需要经住建部门和法院同时审核同意后才能支付项目建设所需资金，实际最终由法院扣划后支付。而根据《通知》内容，住建部门审核同意后，商业银行即可付款，无须法院同意、扣划。但《金融机构协助查询、冻结、扣划工作管理规定》（银发〔2002〕1号）规定，金融机构在冻结状态下无法对小于冻结金额的账户余额进行除扣划、解冻以外的任何操作，因此，当商品房预售资金监管账户被法院未足额冻结后，商业银行仅依据住建部门的审核意见，无法向法院之外的主体支付款项。此时，若法院对该监管账户采取“活冻结”措施，依托文书和数据实时在线共享、智能办理等功能，上述问题便能迎刃而解。即住建部门审核同意后向法院出具相关文书材料，法院可作出“活冻结”的变更程序，调整该监管账户所有人可自由支配款项的临时额度，便能在不影响原冻结的情况下完成对相关款项的拨付，并将款项拨付的明细账传回法院、住建部门，便于事后监管。

2. 在个人债务清理中的应用

个人债务清理已经在全国多地试点施行[①]，但实务中尚有诸多亟须完善之处，如管理人如何管理、监督考察期间债务人的收入情况。特别是出现大额资金流转的情况时，如无法实施有效监管，不仅会影响到债权人的合法权益，还会使个人债务清理程序沦为债务人逃避债务的“黑洞”。但如对考察期间的债务人收入采取传统的“死冻”“死封”等措施，个人债务清理程序便失去了意义，也不利于诚实而不幸的债务人走出“债务泥淖”。如对考察期的债务人收入强制绑定固定银行账户并由法院采取“活冻结”措施，设定固定额度用于保障债务人及其所扶养家属的基本生活，设定临时额度用于债务人生产经营所需的大额资金流出。在考察期内，法院可根据管理人提出的申请对两个额度进行灵活调整，管理人可对考察期内账户资金往来进行实时、动态审核、监管。可见，“活冻结”制度可显著增加个人债务清理程序的安全性和灵活度，保障程序顺利进行。

3. 在执行中小微企业中的应用

中小微企业的抗风险能力相对较弱，责任财产也相对较少，若采取简单的“死封”“死冻”措施，或者直接进入破产程序一破了之，对债权人而言可能并非最佳选择。此时，按照“活冻结”思路对被执行人企业采取“放水养鱼”是一条相对较好的出路，法院为被执行企业设定固定额度，允许其在额度内自由使用经营所需的款项，还可根据其申请和申请中人的意见临时提升额度；被执行人企业则需定期向法院报告其经营状况和资产变动情况，申请执行人和法院可结合额度内资金的使用情况综合判断“放水养鱼”的成效。若一段期间内被执行企业持续无法盈利，法院还可以决定终止“活冻结”，恢复执行或转入破产程序。此外，数字化的“活冻结”理念和规则，在诉讼、破产、保全等领域，也有广阔的应用空间。在数字时代，“活冻结”具备取代传统冻结的价值和必要性，限

① 如《浙江法院个人债务清理（类个人破产）工作指引（试行）》第 52 条规定：“有未来稳定可预期收入的债务人，可以通过债务重整的方式进行个人债务集中清理。”

于篇幅，本文不再展开。

四、结语

执行之道在于生道执行。生道，即使民生存之道。要“欲其生，而不欲其死”，要“力求其生，力避其死”，要“放水养鱼”，避免“竭泽而渔”，要“勿暴勿残，生机与人”，但是当申请执行人和被执行人只有一方能生存时，只能维持守法的一方、诚信的一方、讲规则的一方的生机。[①]“活冻结”正是这一生道执行理念的体现，它不是凭空想象出来的法律概念，而是基于现实需求、理论支撑并运用数字思维和技术发展出来的，能解决当前实际问题的一套制度规范。目前“活冻结”虽处于实践探索的初级阶段，还存在一定的缺陷与漏洞，但在国家和社会全面数字化转型背景下，随着善意文明执行理念不断深入，执行数字化改革的不断推进，“活冻结”的程序规则将不断得以完善，其适用领域将更加广泛，从而在切实解决执行难过程中发挥更大的作用。

---

① 江必新:《经济危机下执行理念之调适》，载《人民法院报》2009 年 3 月 31 日，第 5 版。

假冒注册商标罪中“基本无差别”商标的司法认定

——从《关于办理侵犯知识产权刑事案件具体应用法律若干问题的解释(三)》对认定标准的修改切入

郁明明 *

摘要:准确认定假冒注册商标罪中“基本无差别”商标,是厘清商标民事侵权与刑事犯罪、确立宽严适度保护规则的前提。对于“基本无差别”商标的认定,司法实践中类案不同判现象时有发生,亟须在深入检视问题的基础上构建具体可行的认定规则。由于对“基本无差别”认定标准、判断主体和适用方法的解释不尽相同,实践中出现了保守主义、激进主义和沉默主义三大认定误区。有鉴于此,本文从三个角度进行规则构建:在认定标准上,须坚持“商标构成+误导公众”主客观要件既有兼顾又有侧重的原则;在判断主体上,须厘清“相关公众”的内涵外延,借助市场调查手段还原相关公众一般认知;在适用方法上,须以比对观察为基础,根据商标类型的不同,变通适用整体观察或显著部分观察法。

关键词:“基本无差别”商标　认定标准　判断主体　适用方法

一、“基本无差别”商标认定误区

2004年12月22日施行的《最高人民法院、最高人民检察院关于办理侵犯知识产权刑事案件具体应用法律若干问题的解释》(以下简称《解释》)对“相同

---

* 郁明明,江苏省江阴市人民法院研究室副主任。

商标"作出明确规定,[1]但由于对"基本无差别、足以对公众产生误导"的理解存在差异,实践中问题频出。为此,2011 年 1 月 10 日施行的最高人民法院、最高人民检察院、公安部《关于办理侵犯知识产权刑事案件适用法律若干问题的意见》(以下简称《意见》)首次以列举加兜底的方式,细化了刑事领域"基本无差别"商标的四种情形[2],2020 年 9 月 14 日施行的《关于办理侵犯知识产权刑事案件具体应用法律若干问题的解释(三)》(以下简称《解释(三)》)在此基础上进一步将情形扩至六种[3],并保留了兜底条款。虽然兜底条款的设置赋予法官自由裁量的空间,但由于解释弹性相对较大,司法实践中对该问题的认定容易陷入过度保守或过度扩张的窠臼。笔者在中国裁判文书网输入"假冒注册商标罪、基本无差别、误导"三大关键词,共检索刑事案件公开文书 630 篇。经梳理归类,存在以下三个误区:

(一)保守主义:不当提高"基本无差别"司法认定门槛

> **案例 1** 案外人是"欣怡五洲"注册商标权利人,张某某未经许可在被控假冒商品上使用"欣怡五洲"标识,经比对,二者存在如下差别:1. 字体:假冒标识为镂空字体,涉案注册商标字体如上;2. 大小:假冒标识与注册商标相比,文字大小存在差异,但该差异细微,相关公众施以一般注意力难以察觉。但法院将两者认定为"有差别"商标。[4]

从司法实践来看,比起完全照搬,更多的行为人企图通过对注册商标稍加

---

① 《解释》第 8 条第 1 款规定:"刑法第二百一十三条规定的'相同的商标',是指与被假冒的注册商标完全相同,或者与被假冒的注册商标在视觉上基本无差别、足以对公众产生误导的商标。"

② 《意见》第 6 条规定:"具有下列情形之一,可以认定为'与其注册商标相同的商标':(一)改变注册商标的字体、字母大小写或者文字横竖排列,与注册商标之间仅有细微差别的;(二)改变注册商标的文字、字母、数字等之间的差距,不影响体现注册商标显著特征的;(三)改变注册商标颜色的;(四)其他与注册商标在视觉上基本无差别、足以对公众产生误导的商标。"

③ 《解释(三)》第 1 条规定:"具有下列情形之一的,可以认定为刑法第二百一十三条规定的'与其注册商标相同的商标':(一)改变注册商标的字体、字母大小写或者文字横竖排列,与注册商标之间基本无差别的;(二)改变注册商标的文字、字母、数字等之间的间距,与注册商标之间基本无差别的;(三)改变注册商标颜色,不影响体现注册商标显著特征的;(四)在注册商标上仅增加商品通用名称、型号等缺乏显著特征要素,不影响体现注册商标显著特征的;(五)与立体注册商标的三维标志及平面要素基本无差别的;(六)其他与注册商标基本无差别、足以对公众产生误导的商标。"

④ 南京铁路运输法院刑事判决书,(2015)宁铁知刑初字第 00004 号。

变动达到“瞒天过海”的效果。从实用主义的角度来看，“基本无差别”商标在损害商标专用权人和相关公众合法权益方面，完全不亚于相同商标，故对故意而为之的恶意行为，有必要纳入刑事规制范畴。笔者认为，上述案例对“基本无差别”商标的认定过于保守，原因在于，对于文字商标，相关公众更多关注的是商标内容，而不是字体或文字大小。法官在对文字商标进行比对的过程中，也应遵循这一认知规律，还原相关公众一般注意力，将关注焦点放在文字内容本身，而不是字体、文字大小等细枝末节的微变上；否则，容易陷入教条主义的窠臼，把刑法意义上的“基本无差别”商标误认为民事侵权层面的“近似商标”，客观上不当提高“基本无差别”司法认定门槛，影响知识产权刑事威慑性功能的发挥。

（二）激进主义：不当降低“基本无差别”司法认定门槛

案例 2 案外人是“vachette”注册商标权利人，杨某未经许可在相同商品上使用“vachatta”标识，法院认为，杨某使用的“vachatta”标识与涉案注册商标属于“基本无差别”商标，最终以假冒注册商标罪对杨某进行定罪量刑。①

案例 3 案外人是“HELIX”注册商标权利人，曹某某未经许可在相同商品上使用“HEUX”标识，法院认为，曹某某使用的标识在字母部分与权利人的注册商标主体部分存在相似性，但是从整体视觉效果看，不构成“基本无差别”商标。②

近年来，部分学者主张降低商标犯罪的门槛，将民事侵权领域的“近似商标”即商标仿冒行为纳入刑事规制范畴，笔者认为此种观点值得商榷。原因在于，刑法的严肃性决定了其规制范畴仅受限于其他法律“力有未逮”，且该行为又“罪不可逭”，不加规制将会严重挑战法律制度，影响社会秩序的情形。③如果将仿冒行为入罪，盲目扩张刑法的规制范围，可能导致优质符号资源的浪费。④

---

① 山东省青岛市市南区人民法院刑事判决书，(2014)南刑知初再第 3 号。

② 江苏省无锡市滨湖区人民法院刑事判决书，(2012)锡滨知刑字第 0002 号。

③ 陈忠林、陈可倩：《关于知识产权刑法保护的几个问题》，载《中国刑事法杂志》2007 年第 3 期。

④ 张耕、黄国赛：《民刑交叉视角下商标刑事保护边界研究》，载《知识产权》2020 年第 12 期。

随意驶入民事法律规制领域亦不符合罪刑法定和刑法谦抑性原则。有鉴于此，对相同商标拓宽认定应持谦抑态度。①

关于“基本无差别”商标的认定，上述两案出现了类案不同判的结果。涉案两注册商标的显著要素均为英文字母，属于文字商标的范畴。如前所述，内容相同是文字商标构成形式相同的前提和基础，两案均对注册商标的显著要素即字母进行了更改，对于相关公众而言，施以普通注意义务即可发现其中差异。况且，在司法解释对“相同商标”已作扩张解释的情况下，司法裁判不宜再度扩张。因此，涉案假冒标识属于民事侵权领域的“近似商标”，显然不应通过刑法进行规制。案例3对“相同商标”的认定符合罪刑法定原则和刑法谦抑性原则，具有合理性；案例2对“相同商标”的认定超出了合理界限，将民事近似商标认定为刑事“基本无差别”商标，不当降低了“基本无差别”认定门槛，违反了刑法谦抑性原则，不具可取性。

(三)沉默主义：对“基本无差别”认定缺乏足够论证

案例4 在宗某某假冒注册商标罪一案中②，辩护人提出宗某某使用的商标的标识与正品商标均不相同，不构成假冒注册商标罪。作为本案的争议焦点之一，判决书并未对“基本无差别”的认定作出充分的论证，“本院认为”部分也直接照抄法条，以类型化、原则性的“法条体”写作对该问题模糊处理。这种一笔带过“惜墨如金”的论证方式也折射了法官对该问题“知其然不知其所以然”的混沌与不自信状态。

案例5 在曹某某假冒注册商标罪一案中③，辩护人提出曹某某制作产品上使用的标识与注册商标不同，不会引起相关公众误认。作为本案的争议焦点之一，判决书“本院认为”部分对每个假冒标识是否与注册商标构成相同均作出详细论证阐述，该案成为“基本无差别”商标认定的经典范例。

① 张耕、黄国寨：《对假冒注册商标罪中相同商标的判定》，载《人民司法》2021年第7期。

② 湖北省蕲春县人民法院刑事判决书，(2015)鄂蕲春刑初字第00206号。

③ 山东省青岛市市南区人民法院刑事判决书，(2014)南刑知初再第3号。

在一些假冒注册商标罪案件中,被控假冒标识与注册商标之间“基本无差别”的程度并非显而易见,有些案件中该问题甚至成为核心争议焦点。以案例4为例,辩护人以商标不同为由,主张被告人不构成犯罪,但纵观该裁判文书,法官对“基本无差别”问题的论证惜墨如金,以轻描淡写的方式取代缜密的比对分析,即便得出的结论是正确的,也会因缺乏足够的论证不能令人信服。反观案例5,法官通过细致的比对认定和缜密的逻辑推理,得出令人信服的论证结果,成为经典案例。经梳理,笔者发现,相当一部分文书写作方法与案例4风格类似,在审理查明事实后,罗列一份篇幅较长的证据清单,然后用一段近似“春秋笔法”的“本院认为”表述审判意见,[①]对“基本无差别”商标的认定要么避而不谈,要么援引司法解释直接抛出结论。这种格式从结构上来讲无可厚非,即使上诉也可能不会被改判,但正如一句谚语所讲,“不仅要实现正义,而且要让人们看到正义是如何实现的”,裁判文书的论证说理展示了法官内心确信,对“基本无差别”商标认定论证过程的讳莫如深无法让人体悟法官的逻辑思维和内心确信,法官只有“以其昭昭使人昭昭”,对商标给予充分的比对分析,才能得出令人信服的裁判结果。

二、“基本无差别”认定失范的成因分析

(一)左支右绌:主客观要件顾此失彼导致认定标准失之偏颇

关于“基本无差别”商标的认定标准,如上所述,《解释》《意见》均明确规定为“在视觉上基本无差别、足以对公众产生误导”,《解释(三)》修订为“基本无差别、足以对公众产生误导”。之所以删除“在视觉上”的限定,是为了适应视觉、嗅觉等新兴商标的出现,与该问题的认定无涉。因此,除却表述上的差异,从本质上来看,司法解释对认定标准是持延续性、继承性的“萧规曹随”态度。然而,实践中产生的问题是,“商标构成要素基本趋同”和“误导公众发生认知混淆”之间逻辑关系如何?只需满足其一,还是二者兼备?笔者认为,应同时满足两要件方可,原因在于,两者分别是构成刑法意义上“基本无差别”商标

---

① 袁博:《论假冒注册商标罪中相同商标的刑法含义》,载《人民司法》2015年第9期。

的客观和主观条件，不可偏废其一。但在司法实践中，却常因顾此失彼导致认定失范。

1. 忽略"商标构成要素基本无差别"客观要件的独立证成

在商标刑事司法实践中，有些法官过度强调"足以对公众产生误导"的重要性，所秉持的原则是只要标识引起消费者混淆，不管商标构成要素是否基本无差异，就认定假冒注册商标罪成立。该做法滥用民事领域混淆标准，将刑事犯罪的打击范围扩展至民事领域的近似商标，这种激进的认定方式突破了刑事法官自由裁量的边界，也模糊了刑民差异，大有降低刑事认定门槛之倾向，有悖于刑法谦抑性原则。事实上，即便相关标识容易导致相关公众误认，也不当然构成商标刑事犯罪，因为其可能并不满足"商标构成要件无差别"的构成条件。例如，相关公众极易对标有"南浮"字样的电池产生误认，认为其与"南孚"来源相同，因此构成民事侵权，但是二者却因"浮"与"孚"明显不同而不构成刑事犯罪。又如，在徐某某等人假冒注册商标罪一案中，法院认为，"即使被告人销售了标注'PHLOIPS'剃须刀相关事实成立，该标识与'PHILIPS'商标进行比对，仅存在个别字母差异，结合'PHILIPS'商标的知名度，足以对相关公众产生误导，故两者构成刑法意义上的相同商标"。① 笔者认为，"PHLOIPS"与"PHILIPS"相比，在商标构成要素上明显不同，相关公众施以普通注意即可辨别该差异，该裁判仅将误导公众产生认知混淆作为刑事商标犯罪的判断标准，却未兼顾商标构成要素的差异，不具可取性。好在该段文字仅是法官为了充分说理而作出的阐述论证，被告人在本案中并未销售带有"PHLOIPS"标识的剃须刀，判决结果未受实质影响。

2. 忽略"足以对公众产生误导"主观要件的综合判断

与前述情况相反，该种情形过度强调商标构成要素"基本无差别"的重要性，而未对"足以对公众产生误导"施以关注和证成。我国修订之前的《商标法》仅将标识本身的相同或近似作为侵权判定的标准，"混淆可能性"并非考虑的主要因素。由于这种思维过于重视对注册商标符号本身的保护，而漠视了对

---

① 江苏省泰州市中级人民法院刑事判决书，(2021)苏12刑初14号。

商标所代表的商誉的保护，被有的学者称为"符号保护"。[①] 事实上，在民事领域，商标标识本身的近似并不必然导致商标侵权，因为商标近似仅是客观要件，如果相关公众并未因之而产生主观混淆，亦不能认定商标侵权。如使用在汽车上的品牌现代与本田，虽然两者均以字母"H"为主体，标识本身构成近似，但基于两者的品牌影响力及购买汽车类大宗商品时所施予的注意力存在明显差异，相关公众并不会对两个品牌误认或混淆，并不构成商标侵权。遵循同样的逻辑，在假冒注册商标罪中，如果仅是构成要素基本趋同，而未误导公众产生认知混淆，商标犯罪亦不能成立。但该种情形在实践中极为罕见，由此导致司法认定错误的情况也寥寥无几。

（二）移花接木：判断主体概念偷换导致论证逻辑难以自洽

误导公众产生认知混淆是商标刑事犯罪的必要条件，而混淆与否系属超脱客观标准的主观认知和感受，须以商标法意义上的"公众"认识为判断准绳。"公众""相关公众"均是法律创设的类型化、模糊化的特定群体，无法直接通过可观可感的外化标准予以具化和锁定。对此，有学者形象提出，抽象的"相关公众"在实践中担当"木偶"角色，是统领商标相关案件判断主体的精髓，"表演力"极佳"稳定性"不足。[②] 虽然"公众""相关公众"在我国知识产权立法及司法裁判文书中出现的频率很高，但对其解释仅散见于个别司法解释，缺乏明确性、系统性和规范性，这与其在商标理论中所处的重要地位不相匹配。如果混淆相关概念，必然会导致"类案不同判"问题。

1. 混淆"相关公众"与"社会公众"概念

笔者认为，《解释（三）》中规定的"足以对公众产生误导"中的"公众"应理解为"相关公众"，而不是"社会公众"。"社会公众"意指普罗大众，社会群体大多数都被囊括，而"相关公众"仅指与特定商标存在相关联系的群体。在商业环境中，只有和商标有某种市场联系的人才会从实质上影响权利人利益和商标秩序。因此，从范围上来看，"相关公众"系隶属"社会公众"的子概念，两

---

① 李琛：《名教与商标保护》，载《电子知识产权》2005 年第 5 期。

② 周贺微：《商标法中"相关公众"的适用研究》，载《知识产权》2021 年第 11 期。

者是从属关系。如果把“社会公众”作为“基本无差别”商标的认定主体，会不当降低判断的门槛，终将“有差别”的商标认定为“基本无差别”商标，扩大刑事犯罪的打击范畴。

2. 混淆“相关公众”与“相关消费者”的概念

根据《最高人民法院关于审理商标民事纠纷案件适用法律若干问题的解释》(以下简称《商标民事纠纷解释》)相关规定，[①]“相关公众”系“有关消费者”和“其他经营者”的上位概念，二者隶属“相关公众”。而在司法实践中，不少法官认为“相关公众”与“消费者”并无二致，可相互替代，故而在裁判文书中将两者交叉混用。[②]对此，笔者认为，在现代市场环境下，与商标相关联的经营者和销售者等业内人士也存在被误导的可能，维护经营者利益与维护消费者利益处于同等重要的位置，关系着商标秩序的稳定。因此，“与营销有密切关系的经营者”亦是“相关公众”不可或缺的一部分。若把“相关公众”和“消费者”混为一谈，就会陷入唯消费者论的境地，人为缩小判断主体的范围，不仅有违法律的严肃性，还有可能得出与实际情况相左的结论。作为裁判者的法官更应厘清“相关公众”的外延，精准“相关公众”的内涵，规范法律用语，切忌偷换概念、以偏概全。

3. 混淆“相关公众”与“审查人员”的概念

司法实践中，“基本无差别”商标的认定主体是法官，判断主体是“相关公众”，也即作为裁判者的法官要站在相关公众的角度“感同身受”地去裁判，而不是根据法官的经验和认知去代替相关公众作出认定。去主观主义的态度是裁判者作出正确判断的支撑，实际上，相关公众在对“基本无差别”商标作出判断时往往会受时间、地点等综合复杂环境及个人认知水平的影响，但法官作为相关公众的“替身”，在个案认定的过程中，囿于时间和精力的有限性，往往无法完全模拟相关公众身份，而是人为过滤掉各种综合环境的干扰，以个人经验感知代替相关公众作出判断。在商标调查制度尚未在我国落地的情况下，“相关

① 《商标民事纠纷解释》第8条规定：“商标法所称相关公众，是指与商标所标识的某类商品或者服务有关的消费者和与前述商品或者服务的营销有密切关系的其他经营者。”

② 浙江省三门县人民法院刑事判决书，(2014)台三刑初字第99号。

公众”的判断多数来源法官的主观判断和自身经验,裁判文书中得出的“相关公众认为”的结论也就显得苍白无力,难以令人信服。

(三)缘木求鱼:认定方法适得其反导致裁判结果南辕北辙

关于相同或近似商标的比对方法有两种:一种是隔离观察法,另一种是比对观察法。前者是指将比对对象置于不同的时间、地点进行观察,对此,《商标民事纠纷解释》第10条作出了明确规;[①] 后者是指将比对对象放在同一时间、地点,在同一视域内进行观察。在民事领域,适用隔离观察法具有明确司法解释,但在刑事领域却无明文规定,对此,理论界和学术界存在争议,其一认为应当继续适用隔离观察法,原因是只有把所见商标与所感商标隔时空比对,才能最为客观地还原混淆与否的真实情况。[②] 笔者认为应当适用比对观察法,原因在于虽然刑法上足以误导公众与民法上混淆可能性的标准有着相近的理论基础,但从量的角度来看,足以误导公众已远远超出混淆可能性的程度。这种主观混淆程度投射到客观商标构成要素上,意味着其在外观上已达至几近无法分辨的水准,只有借助比对观察这个“放大镜”才能“明察秋毫”,确保商标构成要素达到“真伪难辨”的程度。相反,如果采取隔离观察法,则容易忽略差异,使很多有实质差异的商标被误判为基本趋同。例如,“六个核桃”和“大个核桃”在隔离观察的条件下,会被认定为“基本无差别”,但在比对观察的情况下,则会被认定为“有差别”。在刑事犯罪的视域下,显然后者的认定是准确的。司法实践中,不少法官正是因为沿用民事领域的隔离观察法,才导致刑事打击范围的不当扩大。[③] 另外,从立法上来看,之所以将“基本无差别、足以对公众产生误导”作为相同商标的认定条件,其初衷就是尊重刑法谦抑性的原则,防止罪名的扩大和滥用。相关公众对商标可能存在认识模糊或印象不深的情形,如前所述,若采用隔离观察法,则容易将差异商标误判为基本趋同,如此一来,构成要

---

① 《商标民事纠纷解释》第10条规定:“人民法院依据商标法第五十七条第(一)(二)项的规定,认定商标相同或者近似按照以下原则进行:(一)以相关公众的一般注意力为标准;(二)既要进行对商标的整体比对,又要进行对商标的主要部分的比对,比对应当在比对对象隔离的状态下分别进行;(三)判断商标是否近似,应当考虑请求保护注册商标的显著性和知名度。”

② 柏浪涛、谷翔:《假冒注册商标罪疑难问题研究》,载《法律适用》2004年第7期。

③ 安徽省宿松县人民法院刑事判决书,(2016)皖0826刑初305号。

素"基本无差别"的客观要件将因隔离观察被豁免使用或搁置虚化，这显然背离了初衷，超越了立法本意，不利于精准打击商标刑事犯罪。

三、"基本无差别"司法认定的规则构建

基于上述分析，笔者认为，须从以下三个角度进行规则构建。

（一）统筹兼顾：主客观要件既有兼顾又有侧重

如上所述，"商标构成要素基本无差别"和"足以对公众产生误导"两要件是并列递进关系，司法实践中，既不能以前者取代对后者的证明，也不能以后者涵盖对前者的论证。法官在坚持两要件的前提下，应把客观要件放在首位，辅之以主观要件，精准适用上述认定标准。

1. 侧重"商标构成要素基本无差别"客观要件的独立证成

民法领域规制的商标侵权有三种：第一种是在相同商品上使用相同商标；第二种是在相同商品上使用近似商标，或者在类似商品上使用相同或近似商标；第三种是其他可能侵犯商标的行为。在上述三种行为中，第一种社会危害性最大，也只有该种行为才会落入刑法规制范围。由此可见，刑法规制范畴涵盖于民法规制范畴之中，是故遵循的法治理念也理应一脉相承。2013 年，我国《商标法》修订的重点之一就是确认相同商标仅看客观要件、近似商标看"客观 + 主观"要件的原则，[①] 这一修订反映了我国商标立法的进步。遵循该立法精神，《商标民事纠纷解释》第 9 条进一步作出补充，[②] 规定相同商标的认定标准为"构成要素视觉趋同"，近似商标的认定标准为"构成要素视觉近似 + 混淆可能性"，也即相同商标的民事认定是不需要考虑混淆可能性的构成要件的。刑法体系亦是整

---

① 《商标法》第 57 条规定："有下列情形之一的，均属侵犯注册商标专用权：（一）未经商标注册人许可，在同一种商品上使用与其注册商标相同的商标的；（二）未经商标注册人的许可，在同一种商品上使用与其注册商标近似的商标，或者在类似商品上使用与其注册商标相同或近似的商标，容易导致混淆的……"

② 《商标民事纠纷解释》第 9 条规定："商标法第五十七条第（一）（二）项规定的商标相同，是指被控侵权的商标与原告的注册商标相比较，二者在视觉上基本无差别。商标法第五十七条第（二）项规定的近似商标，是指被控侵权的商标与原先的注册商标相比较，其文字的字形、读音、含义或者图形的构图及颜色，或者其各要素组合后的整体结构近似，或者其立体形状、颜色组合近似，易使相关公众对商品的来源产生误认或者认为其来源与原告注册商标的商品有特定的联系。"

个法律体系的构成元素,对其解释必须遵循系统论的解释方法。因此,上述原则也应在刑法体系中得以体现。关于相同商标的刑事认定,即使相关司法解释在客观要件的基础上引入了“足以对公众产生误导”的主观要件,也必须遵循“以客观要件为主位、以主观要件为辅助”的基本原则。唯有如此,才能确保与民事法律体系的衔接和协调,作出符合商标立法理念的裁判结果。

侧重“商标构成要素基本无差别”要件除了遵循系统解释的原因,也与相关公众的认识密切相关。人的主观认识是对客观事物的反映,相关公众对商标的认识是对商标本身构成要素的反映。商标构成要素差异性与相关公众误认程度是负相关的,在其他条件相同的情况下,商标标识间的差异性越大,相关公众的误认程度就越小。一般情况下,只要商标构成要素达到以假乱真、基本无差别的程度,大概率就会产生误导公众的实际效果。刑事司法实践中,误判的原因大多数亦是对“商标构成要素基本无差别”的认定出现了偏差。因此,在“商标构成要素基本趋同”和“误导公众发生认知混淆”二要件中,前者是后者的前提与基础,法律地位更为重要。对于法官来讲,在严格把握二要件的基础上,更应侧重对前者的独立证成。

2. 兼顾“足以误导”等同于“混淆必然性”主观要件的综合判断

为有效打击犯罪,我国刑事司法解释引入“足以误导”的主观要件。笔者认为,把握该要件的内涵是准确认定本罪的关键,必须透过文字表述看清本质。如前所述,“混淆之虞”是认定民事侵权的主观标准,“足以误导”是认定刑事犯罪的主观标准,二者虽然有着相似的理论基础,但在程度上却存在本质的差别。具体来讲,前者只是混淆可能性,只要有引起相关公众产生混淆的可能,就落入民法规制的范畴;而后者则是混淆必然性,只有达到实际混淆的程度方可落入刑事规制的范畴。因此,“足以对公众产生误导”的主观要件等同于“混淆必然性”或“实际混淆”,如果将其认定为“混淆可能性”,势必会将原本属于民法规制的商标侵权行为纳入刑事打击领域,不当降低商标刑事责任门槛。另外,混淆可能性也称“混淆之虞”,对混淆结果并非持完全肯定的判断,与优势证据的民事证明标准相契合;实际混淆则是对混淆结果持完全肯定的判断,体现了案件事实不以他人意志而转移的状态,与排除合理怀疑的刑事证明标准相契合。

将“足以对公众产生误导”理解为“混淆必然性”或“实际混淆”，有利于合理界分刑事假冒和民事仿冒的界限，精准打击刑事犯罪。

（二）从抽象到具体：借助商标市场调查手段还原相关公众一般认知

与商标权利人或商标使用人不同，“相关公众”是抽象出来的判断商标是否相同的泛化法律主体，不具有明确具体的指代性，其规范缺位给个案判断带来了巨大挑战。实践中，廓清“相关公众”的意蕴范畴和理解适用具有重要的现实意义。如前所述，在商标领域，“相关公众”是指与商标存在特定联系的群体，其外延小于“社会公众”，大于“相关消费者”，与法官、商标专业审查员等“专业人士”不具交叉性，但是，仅认识上述概念涵摄尚不能解决个案难题，还需进一步明确相关规则适用。

1. 以相关公众一般注意力为认知基准

商标的核心功效在于区分商品、识别来源，而识别来源最终仍要仰赖相关公众对商标的观察和记忆。由于相关公众观察和记忆能力具有差异性，且受到时间与环境的影响，因此，以一般注意力为认知基准更符合商标法设立的初衷和宗旨，也符合国际上通行的做法。这一标准既不同于商标行政审查人员、司法审查员、专业技术人员等专业人员标准，也不同于社会公众的认知标准：专业技术人员较为专业，通常具备特殊技能或商标专业知识，以其认知为基准会不当提高商标认定标准；社会公众除了相关公众外，还包括与商标无特定联系的公众，其对相关商标的认知水平低于相关公众，如果以社会公众认知为基准，会不当降低商标认定标准。综上，离开“一般注意力”的认知，就会导致商标认定标准过于狭隘或宽泛，难以确保裁判结果“接地气”。

2. 以商标市场调查手段为辅助支撑

个案中，相关公众的一般注意力往往会受到时间、地点、商品价格、自身认知水平等外部因素和内部因素的影响，作为裁判者的法官，容易代替相关公众视角，人为过滤掉上述复杂因素，将相关公众置于纯净的商业环境中，通过自由心证作出商标事实判断，由此得出的结论往往无法突破主观主义的桎梏，经不起实践考验。德国通过商标调查制度来解决该问题，在接受调查的交易对象中，若超过 10% 的对象对商品服务之来源或不同商家之间关系产生误解，即可认定为存在“误认的危险”。[①] 虽然相关公众是法律拟制的非真实存在的理性人，但是这并不意味着相关规则适用不能被具体化、形象化，否则其在商标立法中的功能将无法落地。我国可以借鉴德国做法，引入商标市场调查制度，辅助法院查明相关公众的认知情况。目前，个别案件已认可商标市场化调查结果，并详细论证了予以采信的具体理由。[②] 然而，由于商标调查存在机制欠成熟、社会认知度有限、法律定位不明等问题，这一在国外颇有“市场”的便捷方式在我国的适用非常有限，总体被采信概率也大打折扣。[③] 为使相关公众概念回归本质，有必要提高商标市场调查制度在个案中的适用，增强法官、商标权利人、市场参与者等主体对该制度的信任度和认可度。鉴于商标市场调查对诚信要求很高，笔者认为，应当由专门的中立机构负责市场调查工作，尤其重视调查表格的设计、调查样本的抽取、调查地域的选定、调查规则的设置等内容，确保在程序规范、抽样科学的情况下提供详细的调查数据，为法官判断提供客观可靠的辅助支撑。

（三）量体裁衣：根据商标类型变通适用不同认定方法

如上所述，民事商标侵权领域中的隔离观察法不能适用于刑事领域。在刑事商标犯罪领域，应以比对观察为基础，根据商标类型的不同，再变通适用整体观察或显著部分观察法。结合司法实践，笔者分别对文字商标、图形商标、组合商标、颜色商标四类最常见商标形式展开研究阐述。

1. 文字商标

文字商标包括中文汉字商标与外文字母商标，其显著性集中体现在文字或字母的构成要素上，所以文字内容完全相同是构成“基本无差别”的基础。如前述“vachette”与“vachatta”、“HELIX”与“HEUX”、“六个核桃”与“大个核桃”，因文字内容有所差异，相关公众施以一般注意即可发现二者区别，因而只能认定为民事近似商标，不能认定为刑事趋同商标。另外，字体、字母大小、

① 邵建东：《德国反不正当竞争法研究》，中国人民大学出版社 2001 年版，第 249 页。

② 最高人民法院行政判决书，(2016)最高法行再 27 号。

③ 陈贤凯：《商标问卷调查的司法应用——现状、问题及其完善路径》，载《知识产权》2020 年第 9 期。

排列方式也是影响“基本无差别”认定的要素。笔者认为，如果仅是简单改变字体、文字大小和横竖排列方式，与注册商标的视觉呈现基本无差别，当然构成“基本无差别”商标；但如果改变后视觉差别明显，则不能构成。以字体的改变为例，如果商标在黑体、宋体、楷体等视觉差异不明显的字体间进行转化改变，不会影响“基本无差别”的判断；但是如果在草书、艺术字体等视觉呈现差异较大的字体间进行转变，则反之。又如，将文字商标在简体和繁体字之间进行转变是否构成“基本无差别”商标，要视情况而定。当繁体字和简体字视觉差别不大时，如“青岛”和“青島”，二者视觉呈现高度一致，应属于“基本无差别”商标；相反，当繁体字与简体字视觉呈现差别较大时，如“一叶子”与“一葉子”、“麦谷道”与“麥穀道”，由于“叶”与“葉”、“麦”与“麥”、“谷”与“穀”差异明显，且该差异超出相关公众普遍认知，鉴于相关公众无法将其一一对应，理应不构成趋同商标。[①] 因此，对于文字商标来讲，应采取显著部分观察法的认定方法，在确保文字要素基本趋同的基础上，再根据实际情况对是否构成“基本无差别”作出判断。

2. 图形商标

图形商标是以平面物体形状为主体构成要素的商标。笔者认为，与文字商标不同，判断图形商标是否构成“基本无差别”，主要是看图形整体呈现出的视觉效果是否相同，而不是对各部分构成要素进行细节比对。换言之，只要商标整体效果相同，即使细微部分存在差异，也不影响趋同商标的认定。关于该问题，最典型的莫过于“凤凰羽毛”的案例，涉案商标的凤凰图案有 12 根羽毛，被告人使用的假冒标识中的凤凰仅有 11 根羽毛，法院最终认定被告人使用的凤凰图案与注册商标构成“基本无差别”商标，据此进行定罪量刑。有学者反对该判决结果，认为将 12 根羽毛变为 11 根之后，图案的结构要素有所变化，构成有差异的商标。[②] 笔者认为，相关公众注意力有限，根据吸引力法则，鲜少会留意凤凰羽毛数等细枝末节之问题，仅会对凤凰 logo 整体布图设计施以关注，只

① 贺晨霞:《论假冒注册商标罪中“基本无差别”商标的认定》，载《知识产权》2022 年第 2 期。
② 涂龙科:《假冒注册商标罪的司法疑难与理论解答》，载《政治与法律》2014 年第 10 期。

有该 logo 的设计者或厂家等非“相关公众”才会“明察秋毫”，快速察觉二者差异。因此，上述标准过于严苛和机械，对图形商标而言，应采用整体部分观察方法，只要诉争商标与引证商标 logo 整体上呈现的视觉效果趋同，就应构成趋同商标。

3. 组合商标

所谓组合商标，系指文字（含字母）、图案、数字、字母等要素相结合构成的商标。组合商标构成要素具有多样性和复杂性，这就决定了其认定方法也不具唯一性。笔者认为，组合商标要遵循“两步走”的方法：第一步区分商标的主要部分和次要部分；第二步根据主要部分和次要部分的构成要素适用不同的认定方法。若主要部分为文字，需适用显著部分观察法；若主要部分为图形，则需适用整体部分观察法。只要主要部分“基本无差别”，次要部分近似就可认定商标整体无差别。若无法区分主要部分和次要部分，则需各部分均构成“基本无差别”才能认定商标整体基本无差别。若假冒商标仅在注册商标的基础上增加了通用名称、型号等特征要素，不影响注册商标显著性的，也应视为“基本无差别”商标。例如，在陈某某等人假冒注册商标案中，被告人在雪地靴上使用“UGG”变体和“australia” logo，法院认为，该标识在注册商标的基础上增加了国家名称“australia”，增加部分非商标构成要素，对商标的区分无关紧要，应认定为相同商标。[①] 综上，组合商标应根据构成要素的不同，区别运用整体部分观察和显著部分观察的判断标准。

4. 颜色商标

关于颜色是否影响“基本无差别”认定的问题，《意见》规定，改变注册商标的颜色不影响“基本无差别”商标的认定。针对该问题，《解释（三）》在《意见》的基础上作出重要修订，限定只有在不影响注册商标显著特征的前提下，颜色的改变才不会影响趋同商标的认定。根据《商标法》的规定，颜色是识别商品来源的显著标识，是影响商标相同与否的构成要素之一。《意见》弱化了颜色区分商品来源的功能，《解释（三）》的修订符合商标法精神，有利于精准打击商

① 参见上海市第二中级人民法院刑事判决书，(2011) 沪二中刑终字第 459 号。

标刑事犯罪，是适时且合理的。关于颜色商标“基本无差别”的认定方法，应坚持整体观察法，若改变颜色不影响商标整体视觉效果的呈现，当然不影响“基本无差别”的判断；反之，则不然。例如，宝马汽车的图形商标是由白色和蓝色两种颜色组成，旺仔牛奶和红罐凉茶均以红色作为商标重要组成部分，若将上述颜色置换成其他颜色，会明显影响注册商标的显著特征，当然不能构成“基本无差别”商标。因此，对颜色商标而言，要坚持整体观察法，只要颜色的改变不影响整体视觉效果呈现，就应认定为“基本无差别”商标。

四、结语

《解释（三）》中包含主客观要件的一般条款提供了“基本无差别”商标认定的“滑动”准则，具有相对的包容性和较大的解释弹性，此种设置是由该条款作为兜底规范的功能决定的。要实现该条款从抽象到具体的转变，不能被动套用规则，而要能动解释法律。本文结合司法实践认定误区，对认定标准、判断主体和适用方法提出具体的操作规则，虽然研究肤浅，但仍望有所裨益。同时，笔者期待经过理论的深入探索和实践的反复检验，对“基本无差别”商标的认定能提炼出更加具体可操的裁判规则，以从根本上解决类案不同判的问题。

长三角市场监管投诉举报行政案件疑难问题研究

——以长三角137件市场监管投诉举报行政案件为分析样本

娄正涛　孙焕焕　苏琬越*

摘要：随着市场监管体制改革、政府机构职能转变的推动，投诉举报处理制度成为提高监管执法效能、维护消费者权益、保障社会公共利益的有效途径。通过对长三角地区近两年来的市场监管投诉举报行政案件进行实证分析，并和全国其他省市案例对比，可以发现行政审判存在适法不统一问题，主要体现为对于消费者或者非消费者原告资格、受案范围等起诉条件认定不一致，尤其是职业打假人、电子商务平台投诉举报人原告资格难以判断；即便是因不符合起诉条件裁定驳回起诉或者不予立案，同种情形选择适用法律也存在不同。对于进入实体审理的案件，由于对履行法定职责即不作为案件和投诉举报答复等作为类案件未进行有效界分，审理要件也存在不一致之处，不利于推进市场监管部门执法标准的确立以及对社会公众指引作用的发挥。面对以上问题，有必要对起诉条件进行明确，并在对案件类型进行正确区分的基础上，厘清审理要件和裁判规则，监督支持市场监管部门依法统一公正执法，提升综合执法效能，保护中小微企业合法权益，优化法治化营商环境，服务保障长三角一体化发展。

关键词：长三角一体化　统一大市场　市场监管　投诉举报　职业打假人

引言

2021年11月2日，最高人民法院发布《人民法院服务和保障长三角一体

---

* 娄正涛，上海铁路运输法院副院长；孙焕焕，上海铁路运输法院行政审判庭审判员；苏琬越，上海铁路运输法院行政审判庭法官助理。

化发展司法报告》，在全面反映三年来人民法院为服务保障长三角一体化国家战略开展的一系列开创性工作及显著成效的同时，对今后一段时期长三角四地法院如何在最高人民法院指导下更好为区域经济社会高质量发展提供有效司法供给提出新要求[①]，包括打破行政区划壁垒、强化政策协同，促进法律适用统一等。最高人民法院于 2022 年 7 月 14 日发布的《关于为加快建设全国统一大市场提供司法服务和保障的意见》指出，要支持提升消费服务质量，完善扩大内需司法政策支撑体系，积极营造有利于全面促进消费的法治环境，完善网络消费、服务消费等消费案件审理规则，服务保障消费升级和消费新模式新业态发展。随着市场监管体制改革、政府机构职能转变的推动，投诉举报处理制度成为提高监管执法效能、维护消费者权益、保障社会公共利益的有效途径。2021 年，全国市场监管部门通过全国 12315 平台、电话、传真、窗口等渠道共受理消费者投诉举报咨询 2381.2 万件，同比增长 11.8%，投诉举报所涉问题包括广告违法、侵害消费者权益、食品违法、产品质量违法、价格违法、不正当竞争等。[②]与此对应，投诉举报人因市场监管部门未予处理答复、对答复不满而提起行政诉讼的案件亦在市场监管行政案件中占有较大比例，其中不乏一些与自身合法权益没有关系或者与被投诉举报事项没有关联的“职业打假人”，利用立案登记制，反复向市场监管部门投诉举报，进而基于向商家施加压力牟利等目的而提起行政诉讼，既干扰了市场监管部门的正常管理，也浪费了有限的司法资源，[③]还会使得疫情之下本就生产经营困难的中小微企业雪上加霜。通过对长三角地区近两年来的市场监管领域投诉举报行政案件[④]进行系统分析和梳理，笔者发现

① 练育强：《人民法院服务保障长三角一体化发展的生动实践》，载《人民法院报》2021 年 11 月 3 日，第 003 版。

② 《2021 年消费者投诉举报呈现七大特点》，载国家市场监督管理总局网站，https://www.samr.gov.cn/xw/zj/202203/t20220316_340521.html。

③ 梁凤云：《行政诉讼法司法解释讲义》，人民法院出版社 2018 年版，第 79 页。

④ 《市场监督管理投诉举报处理暂行办法》第 3 条规定：“本办法所称的投诉，是指消费者为生活消费需要购买、使用商品或者接受服务，与经营者发生消费者权益争议，请求市场监督管理部门解决该争议的行为。本办法所称的举报，是指自然人、法人或者其他组织向市场监督管理部门反映经营者涉嫌违反市场监督管理法律、法规、规章线索的行为。”该条对投诉和举报进行了区分，但是实践中，投诉举报人或者市场监管部门未能有效界分，或者在同一个案件中同时包含了投诉和举报。投诉和举报的区分本身构成司法审查的对象之一，而且行政诉讼关于起诉条件、实体审查要件自有其判断标准，故本文未对投诉案件和举报案件进行区分，统称为投诉举报案件。

不同省市的案件在起诉条件界定、审理要件认定等方面存在适法不统一之处，影响到了司法公信力，不利于推进区域内市场监管部门执法标准的确立以及对社会公众指引作用的发挥，亟须对司法裁判尺度予以统一，支持监督市场监管部门统一规范公正执法，维护中小微企业合法权益，服务保障长三角一体化发展。

一、热点透视：市场监管投诉举报行政案件审理一定程度上存在适法不统一问题

笔者通过“Alpha 法律智能操作系统”于 2022 年 8 月 1 日以“市场监督管理”“投诉举报”为关键词在行政案件中全文检索，共找到 2020 年 7 月至 2022 年 6 月审结的一审行政案件 847 件。经对法律文书进行逐一阅读，筛选出与本文研究主题高度契合的长三角地区市场监管投诉举报类案件 137 件（参见表 1）①，占全国同类案件 23.38%。其中，作为类案件最多共有 111 件，占总数的 81.02%，包括不服投诉举报答复（含复议维持决定）案件 95 件、撤销不予受理或立案决定（含复议维持决定）案件 9 件、不服行政奖励答复 6 件、撤销行政复议决定（撤销原行政行为）1 件。类案中，市场监管部门作出的投诉举报答复一般包括违法行为是否存在、处理结果、投诉举报人诉求是否满足以及移送案件线索等内容。认为市场监管部门不作为而请求判决其履行查处职责案件 9 件，其他还有撤销不予受理行政复议决定或驳回行政复议申请决定 17 件。通过对这些案件进行实证分析，并和全国其他省市案例对比，笔者发现司法审查存在类案不同判、适法不统一问题。

---

① 在梳理过程中，将信息公开、行政处罚及其他无关案件排除。考虑到裁定撤诉案件文书过于简单，不能反映案件审理具体情况，故也未统计在内。

表 1 长三角地区 137 起市场监管投诉举报行政案件类型分布

案件类型（案由）	诉讼请求	案件数量 / 件	占总数的比例
不服投诉举报答复	撤销投诉举报答复（含撤销复议维持决定）	79	57.66%
	确认投诉举报答复违法（含撤销复议维持决定）	10	7.30%
	确认投诉举报答复程序违法	2	1.46%
	判令履行法定职责	4	2.92%
撤销不予受理或立案决定	撤销不予立案或不予受理决定	9	6.57%
履行法定职责	请求履行查处、答复、奖励等职责	4	2.92%
	请求确认未予答复或告知、不作为违法	5	3.65%
行政复议	撤销不予受理行政复议决定或驳回复议申请决定	17	12.41%
	撤销行政复议决定（撤销原行政行为）	1	0.73%
不服行政奖励答复	确认未给予行政奖励违法并判决给予行政奖励	2	1.46%
	撤销行政奖励通知（含撤销复议维持决定）	4	2.92%

（一）原告资格认定不一致

根据《最高人民法院关于适用〈中华人民共和国行政诉讼法〉的解释》（以下简称《适用解释》）第 12 条第 5 项的规定，为维护自身合法权益向行政机关投诉，具有处理投诉职责的行政机关作出或者未作出处理的，属于“与行政行为有利害关系”，从而具有原告资格的情形。因此，当事人就市场监管事项进行投诉举报后，对于市场监管部门处理结果不服或者认为未予回复不当，起诉请求履行法定职责的，并不当然具有原告主体资格，其原告资格的判断主要还在于是否为维护自身合法权益而起诉。但司法实践中，对于原告资格的认定存在不一致之处，该类问题也是市场监管投诉举报行政案件司法审查中争议较为集中的问题。

1. 消费者投诉举报主体是否有原告资格的认定

市场监管领域，投诉举报人分为消费者及其他公民、法人或者其他组织（为了获得奖励等)。在投诉举报案件中,对于该两类投诉举报人原告资格的认定标准并不一致。一是认定消费者具有原告资格。多数案件对于原告资格认定采取的标准为是否属于消费者为维护自身合法权益而投诉举报。如在孟某某诉蚌埠市蚌山区市场监督管理局不履行法定职责案[①]中,法院认为,孟某某在粤港茶餐厅消费后,认为其所食用的菜品中违规添加了药物,进行投诉,故其与市场监管部门作出的处理决定具有利害关系,应该进行实体审理。二是认定消费者不具有投诉举报案件原告资格,可以另行解决消费争议。如在石某不服投诉举报答复及行政复议决定案[②]中,法院认为原告石某虽然在超市购买了食品,因食品不符合安全标准而举报,但并非基于维护自身合法权益,也非消费争议,故不具有原告资格。类似处理存在于陈某不服不予立案告知及复议决定案[③]中,法院还认为不予立案告知对陈某个人权益无实际影响,是对不特定公众身体健康和生命健康的维护,陈某可以另行根据消费者权益保护的法律法规寻求救济。还有案件认为即便是消费者,对于行政不作为(市场监管部门未对其投诉举报进行处理告知)也不具有原告资格。[④]消费者对于奖励或者不予奖励告知也不具有起诉主体资格。[⑤]三是认定非消费者不具有原告主体资格。如在张某、叶某等诉上海市市场监督管理局不服驳回复议申请决定案[⑥]中,法院认为,原告举报相关违法行为,并非为了维护自身合法权益,举报事项的查处和原告并无行政法上的利害关系,驳回复议申请决定对其合法权益亦不产生实际影响,遂裁定驳回起诉。张某不服不予立案决定及行政复议决定案[⑦]与该案类似,同时法院认为即便张某举报是为了获得奖励,也不具有原告资格。四是认为享用免费提供的食品饮料而投诉举报的,不具有诉的利益。如在傅某不服投诉举报答复和复议

---

① 安徽高院发布行政诉讼十大典型案例之八。

② 安徽省亳州市谯城区人民法院行政裁定书,(2021)皖1602行初2号。

③ 福建省福州市鼓楼区人民法院行政裁定书,(2019)闽0102行初403号。

④ 北京市丰台区人民法院行政裁定书,(2021)京0106行初554号。

⑤ 广西壮族自治区桂平市人民法院行政裁定书,(2020)桂0881行初59号。

⑥ 上海铁路运输法院行政裁定书,(2020)沪7101行初838号。

⑦ 辽宁省沈阳市铁西区人民法院行政裁定书,(2020)辽0106行初89号。

决定案[①]中，法院认为，招行浦江镇支行免费向贵宾客户提供白开水、咖啡等服务，非食品经营行为，市场监管部门处理行为对原告合法权益明显不产生实际影响。

2. 消费者投诉电子商务平台是否具有原告主体资格的认定

随着互联网技术的发展，电子商务的新类型消费方式纠纷快速增长，涉及电子商务平台经营者以及平台内经营者的投诉举报行政案件也随之出现。其中多起案件以电子商务平台经营者未尽到《中华人民共和国电子商务法》《网络交易监督管理办法》规定的监管职责为由进行投诉举报并提起行政诉讼。消费者与电子商务平台上的商家建立消费关系，而非电子商务平台。若当事人对电子商务平台未尽到监管责任而投诉举报的，是否具有原告资格引发争议。有的案件认定为具有原告资格。如在路某请求撤销投诉举报答复并对其申请事项全面调查处理案[②]中，路某在天猫商城的商家（实际注册地在上海）购买自行车后认为系假货，向市场监管部门投诉举报，要求天猫商城对此进行调查答复、适当补偿，因市场监管部门答复原告将商家违法情况移送，原告不服，诉至法院要求判决撤销答复并判决被告履职，法院认为，该案应该评判的是市场监管部门是否已全面履行其依职权应履行的法定职责，在网络商品经营者涉嫌出售假货案件中，只有在市场监管部门认定网络商品经营者售假行为存在且第三方电子商务平台不按照要求采取措施制止时，才能对平台的运营方予以处罚，目前涉案商品尚未得到确认，处罚的法定事实要件尚未成就，被告未对平台作出调查与否的决定不构成行政不作为，遂判决驳回路某诉讼请求。

而在其他多起案件中，法院裁定驳回起诉，但理由存在差别，一是对电子商务平台未及时更新食品经营许可证信息的处罚告知对原告合法权益无实际影响。[③]二是虽然在电子商务平台购买商品，但该平台运营公司并非消费关系相对方，故投诉举报事项对原告合法权益明显不具有实际影响。[④]三是虽然在平台购

① 上海市浦东新区人民法院行政裁定书，(2021)沪0115行初509号。

② 浙江省杭州市中级人民法院行政判决书，(2015)浙杭行终字第326号。

③ 北京互联网法院行政裁定书，(2020)京0491行初4号。

④ 上海铁路运输法院行政裁定书，(2020)沪7101行初600号。

买商品，因平台未尽到监管责任而起诉，但平台维护的是运营管理秩序及消费者整体利益，未设定投诉举报人个人的权利义务。[①] 但电子商务平台监管责任实际上涉及在私法层面针对电子商务平台的权利义务分配规则和法律责任承担，是否一概认定为对原告合法权益不产生实际影响，值得商榷。

3. 关于“职业打假人”原告资格的认定

137 起案件中，包含“职业打假第一人”王海在内的多名当事人在全国法院均有多起投诉举报类案件，如孙某在全国 11 个省、直辖市涉诉 300 多起市场监管投诉举报行政案件，存在反复、多次购买同类商品，并不断主张相似的投诉举报诉求，超出了普通消费者维护自身合法权益而起诉的范畴。[②] 其是否仍然具有原告资格值得探讨，多数案件并未因其反复投诉举报而否认原告资格，个别案件以其并非普通消费者而裁定驳回起诉。除了非基于维护自身合法权益需要、大量投诉举报并复议诉讼等共性理由外，裁定驳回起诉还有以下理由：一是在其他区域进行类似投诉，已经法院判决。[③] 二是未依据消费者权益保护的途径寻求救济，径行投诉举报，系“职业打假”。[④] 三是自认提起诉讼的目的是监督市场监管部门对举报事项的处理是否合法，也能获得奖励，故不具有原告资格。该观点在段某不服山西省太原市尖草坪区人民政府行政复议案[⑤] 中得到体现。

（二）关于受案范围的判断不一致

公民、法人或者其他组织提起的投诉举报事项，并非均属于市场监管部门的行政管理职责权限范围。在其提出的投诉事项本身就繁多且杂糅的情形下，是否属于受案范围的判断成为难题。

1. 投诉举报内容涉及民事争议是否属于行政诉讼受案范围的判断

市场监管领域投诉举报的一大特色在于，投诉举报人可以请求市场监管部门通过调解解决民事争议，其也有意通过市场监管部门向经营者施加压力来解

---

① 上海铁路运输法院行政裁定书，(2021)沪 7101 行初 559 号。

② 江苏省张家港市人民法院行政裁定书，(2018)苏 0582 行初 225 号；江苏省苏州市中级人民法院行政裁定书，(2019)苏 05 行终 7 号。

③ 四川省成都市青羊区人民法院行政裁定书，(2020)川 0105 行初 32 号。

④ 河北省涿州市人民法院行政裁定书，(2020)冀 0681 行初 41 号。

⑤ 最高人民法院行政裁定书，(2019)最高法行申 14243 号。

决消费争议。对于消费者因要求市场监管部门履行解决其与经营者之间的民事争议或者对其争议进行调解而提起履责之诉的，司法实践中对于该类案件是否属于受案范围的判断存在差异。一是认定投诉举报人与经营者发生消费者权益争议而向市场监管部门提出要求解决其与经营者之间的退款及赔偿问题，是民事争议，民事争议的调解不属于行政管理职责，不属于受案范围。① 二是投诉举报人因价格欺诈投诉举报请求赔偿，认定市场监管部门终止调解及不予立案的答复属于受案范围，并进行实体审查和评价。②

2. 关于处罚或者不予处罚告知是否属于受案范围的判断

当事人提起投诉举报，要求就市场监管领域某一事项进行查处。市场监管部门作出不予处罚或者处罚决定，将该结果告知当事人的，该告知书可诉性认定存在不一致。有的认定不属于受案范围。如在王某不服不予处罚决定告知案③中，根据王某举报，市场监管部门认定被举报人构成价格违法行为，但违法行为轻微并及时纠正，决定不予行政处罚，将上述调查处理结果电话告知王某。该告知内容并未直接设定新的权利义务，遂裁定驳回起诉。类似情形存在于施某不服不予处罚告知案④中。有的认定属于受案范围。如在李某不服处罚告知及复议决定案⑤中，同样是将处罚决定的结果告知举报人，法院认为举报事项告知属于行政诉讼受案范围，对于处罚告知及复议决定的合法性进行全面审查，作出判决。类似情形存在于任某不服投诉举报告知及行政复议决定案⑥中。

3. 对于重复申请的裁判标准不一致

实践中，当事人存在针对同一事项反复投诉的现象。市场监管部门有的以重复申请为由不予重复处理，而有的则仍然再次进行调查，并作出处理答复。那么法院应该认定其属于受案范围进行实体审理，还是认定不符合起诉条件裁定不予立案或驳回起诉做法不统一。有的进行实体审理作出判决。如在古某不

---

① 上海市浦东新区人民法院行政裁定书，(2018)沪 0115 行初 600 号。
② 江苏省苏州市姑苏区人民法院行政判决书，(2020)苏 0508 行初 119 号。
③ 北京市海淀区人民法院行政裁定书，(2020)京 0108 行初 400 号。
④ 浙江省温州市鹿城区人民法院行政裁定书，(2020)浙 0302 行初 8 号。
⑤ 广安市前锋区人民法院行政判决书，(2020)川 1603 行初 25 号。
⑥ 重庆市渝北区人民法院行政判决书，(2020)渝 0112 行初 571 号。

服投诉举报答复案[①]中，法院认为，古某举报事项与其先前的举报事项相同，系就同一事项重复提出举报，且未能提供新线索，遂判决驳回古某诉讼请求。有的认定为重复处理行为，不符合立案条件。在钟某案[②]、张某案[③]中，法院认为原告进行过消费者投诉，市场监管部门已经进行处理；再次就同一事项进行投诉，属于重复投诉，市场监管部门所作告知系重复处理行为，并未创设新的权利义务，对原告的合法权益明显不产生实际影响，不符合法定起诉条件，遂裁定驳回起诉。实质上，重复申请不仅占用了行政资源，也会产生规避起诉期限的问题，需要进行司法规制。

（三）同种情形裁定驳回起诉适用法律不统一

从 137 起案件的结案方式看，裁定驳回起诉或不予立案 48 件，占比 35.04%，比 2021 年全国法院裁定驳回起诉或不予立案案件占结案比例多 7.62 个百分点[④]，多以被诉行为与原告没有利害关系或者对原告权利义务、合法权益明显不产生实际影响为由裁定驳回起诉。投诉举报案件因不符合起诉条件而裁定驳回起诉的，存在同种情形选择适用《中华人民共和国行政诉讼法》（以下简称《行政诉讼法》）及《适用解释》条款不一致，甚至多个条款混用的问题，究其原因在于对"原告资格""受案范围""利害关系""合法权益"等法律概念的内涵和外延认识不够明确。见表 2 统计，比如同样是认为原告非基于自身合法权益投诉举报，有的认为不具有利害关系，却适用受案范围的规定裁定驳回。在陈某不服不予立案告知及行政复议决定案[⑤]中，法院引用《行政诉讼法》第 25 条的规定认定陈某不具有利害关系，同时又认定不予立案告知未设定原告的权利义务，未对原告权利义务产生实际影响，根据《适用解释》第 1 条第 2 款第 10 项的规定，不属于受案范围，行政复议决定也不属于受案范围，遂裁定驳回起诉。但未对原告合法权益产生实际影响，并不意味着不予立案告知和

① 上海市浦东新区人民法院行政判决书，(2019)沪 0115 行初 1169 号。

② 上海市静安区人民法院行政裁定书，(2019)沪 0106 行初 447 号。

③ 江苏省南通经济技术开发区人民法院行政裁定书，(2020)苏 0691 行初 1200 号。

④ 《2021 年全国法院司法统计公报》，载中华人民共和国最高人民法院公报网，http://gongbao.court.gov.cn/Details/a6c42e26948d3545aea5419fa2beaa.html。

⑤ 福建省福州市鼓楼区人民法院行政裁定书，(2019)闽 0102 行初 403 号。

行政复议决定一概不纳入受案范围，该案适用法律和对应情形存在偏差。有的认定投诉举报事项和行政复议不予受理决定对原告合法权益明显不产生实际影响，根据《适用解释》第 69 条第 1 款第 8 项之规定裁定驳回起诉[①]。还有的认为并非消费者，投诉举报答复及驳回行政复议申请决定不属于受案范围，但依然进行实体审理，根据《行政诉讼法》第 69 条的规定判决驳回原告诉讼请求。[②]

表 2 同种情形裁定驳回起诉适用法律情况

被诉行政行为	具体案情	结论	结案方式	适用法律	案号
不予立案告知	对原告的合法权益不产生实际影响	合法权益明显不产生实际影响	裁驳	《适用解释》第 69 条第 1 款第 8 项	安徽省亳州市谯城区人民法院（2021）皖 1602 行初 2 号
		不具有原告主体资格	裁驳	《行政诉讼法》第 49 条第 1 项、《适用解释》第 69 条第 1 款第 1 项	上海铁路运输法院（2021）沪 7101 行初 157 号
	未对原告的合法权益造成侵害	不具有利害关系；未对权利义务产生实际影响	裁驳	《适用解释》第 1 条第 2 款第 10 项	福建省福州市鼓楼区人民法院（2019）闽 0102 行初 403 号
不予处罚告知	告知书本身不直接对原告的权利义务产生影响	不属于行政诉讼的受案范围	裁驳	《适用解释》第 69 条第 1 款第 8 项	浙江省嘉兴市秀洲区人民法院（2020）浙 0411 行初 31 号
不予立案决定	与原告自身合法权益没有直接关系	不具有利害关系	裁驳	《行政诉讼法》第 25 条第 1 款、第 49 条第 1 项、《适用解释》第 69 条第 1 款第 1 项	上海铁路运输法院（2020）沪 7101 行初 390 号
	不具有法律上的利害关系	不属于行政诉讼受案范围	裁驳	《适用解释》第 69 条第 1 款第 1 项	上海市静安区人民法院（2019）沪 0106 行初 318 号

① 上海铁路运输法院行政裁定书，（2021）沪 7101 行初 77 号。

② 北京市第一中级人民法院行政判决书，（2021）京 01 行初 393 号。

续表

被诉行政行为	具体案情	结论	结案方式	适用法律	案号
行政复议	投诉举报事项及复议请求与原告无利害关系	合法权益明显不产生实际影响	裁驳	《适用解释》第69条第1款第8项	上海铁路运输法院（2021）沪7101行初77号
	不予处罚决定未对原告的权利义务产生直接影响、不具有行政法律上的利害关系	不符合行政复议申请的受理条件	判驳	《行政诉讼法》第69条	北京市第一中级人民法院（2021）京01行初393号

（四）不同类型案件审理要件未予有效区分

投诉举报类案件包括未予处理或答复的行政不作为案件、投诉举报答复、不予立案决定案件等。这是根据被告是否针对原告申请作出答复行为进行的区分。实践中存在的主要问题是未区分要求履行法定职责的具体情形，将不同类型案件的审理要件混同。投诉举报人往往无论被告是否作出答复，只要是未达到其投诉举报目的的，均请求按照其申请履行查处、奖励等职责。法院在审理该类案件时，未进行不作为类案件和作为类案件的严格区分，即未充分认识到案件审理所围绕的行政行为，导致不同类型案件审理要件的混同。有的案件市场监管部门已经作出答复，且原告请求撤销该答复，法院仍然围绕是否履行法定职责进行了审查，对于答复本身的合法性未予明确评价。① 有的则对不予立案告知的合法性进行实质全面审查，作出撤销该告知并重新处理的判决。② 有的不作为案件围绕是否履行了查处职责并依法告知原告有关处理情况进行审查和论述。③ 还有的同时审查履职与否和履职行为的合法性。如在梅某诉青浦市场监管局、市监管局请求撤销投诉举报答复及行政复议决定案④ 中，法院既总结争议

① 重庆市南岸区人民法院行政判决书，（2020）渝0108行初126号。
② 广西壮族自治区南宁铁路运输法院行政判决书，（2020）桂7102行初218号。
③ 上海市浦东新区人民法院行政判决书，（2020）沪0115行初600号。
④ 上海铁路运输法院行政判决书，（2019）沪7101行初882号。

焦点为青浦市场监管局是否履行了调查处理职责，又认定被诉投诉举报答复程序违法，遂判决确认违法。

二、追本溯源：市场监管投诉举报案件适法不统一之原因分析

在市场监管领域，根据《市场监督管理投诉举报处理暂行办法》等规定，消费者或者其他公民、法人、其他组织有权请求市场监督管理部门解决消费者权益争议，反映经营者涉嫌违反市场监督管理法律、法规、规章线索。投诉举报人诉求多元，但并非所有的投诉举报均可进入行政诉讼的审查范围，从而易引发争议。

（一）时代背景：电子商务平台发展带来新挑战、新问题

近年来，我国电子商务平台发展迅速，网络交易规模再创新高。根据《中国互联网络发展状况统计报告》，2021 年 12 月，网络购物用户规模为 84210 万，使用率为 81.6%，增长了 7.6%；网上外卖用户规模为 54416 万，使用率 52.7%，增长了 29.9%[①]。新的发展带来新问题，如何进一步加强线上监管，保障网络交易市场的正常秩序，是市场监管部门面临的一道难题。[②]涉电子商务平台投诉举报系互联网新业态催生新的消费交易模式下的产物。该种模式下消费者、电商平台以及平台内经营者之间产生新的相互交织的法律关系，据此消费者或者其他主体对电子商务平台的投诉举报也有别于传统模式下消费者对商品或者服务经营者的投诉举报，从而给投诉举报答复案件审理带来新难题。当事人投诉举报时，存在投诉、举报、奖励、调解等事项交织，电子商务平台经营者与平台内经营者违法行为混为一谈等情况。市场监管部门在处理时，对于投诉举报内容不明的往往不与当事人进行明确，对于杂糅的诉求也往往不作区分处理。进入诉讼环节，原告又往往提出履行法定职责、撤销答复、履行处罚职责、提供奖励等多种不同的诉讼请求，法院针对不同类型诉讼，是要对所有投诉举

① 《第 49 次〈中国互联网络发展状况统计报告〉》，载中国互联网络信息中心 2022 年 2 月 25 日，https://www.cnnic.cn/n4/2022/0401/c88-1131.html。

② 《市场监管总局网络交易监管司网络交易执法协调处处长缪丹：直面挑战，彰显担当》，载《中国质量报》2021 年 8 月 2 日，第 003 版。

报事项全面审查,还是仅审查涉及原告自身合法权益的事项,是审查到作出答复即可,还是要对答复的内容进行全面合法性审查等,存在审理要件不明、适法标准不一的问题。

(二)提出途径:市场监管投诉举报成本低且极为便捷

市场监管部门贯彻以人民为中心的发展理念,切实提升服务公众效能,在体制改革后,统一投诉举报途径。当前,12315“五线合一”已经基本完成,绝大多数地区实现12315“一号对外”,全国12315平台已经上线运行,并支持网页、App、微信、支付宝、百度等多种便捷的登录方式,与全国企业法人库关联,消费者可以随时随地向任何一家企业在线提出投诉举报,并直达属地市场监管部门在线受理和反馈。① 当事人足不出户即可随时随地进行投诉举报,甚至可以多次、反复针对同一事项进行投诉举报,进而提起行政诉讼。由此带来的审理难题是:一是市场监管部门就投诉举报事项正在处理或者已经处理完毕,当事人再次投诉举报的,是否直接认定为重复申请;市场监管部门再次进行调查处理并作出答复的,针对存在多个答复的情况,法院该如何判断是否符合起诉条件。二是如何对履行法定职责的申请要件进行审查。当事人提起履行法定职责诉讼建立在由当事人本人向行政机关提出有效申请的基础上。但是当事人可以匿名提出投诉举报,也可以通过12345平台等提出,由平台向市场监管部门转送,而非直接向市场监管部门提出,由此带来申请人原告资格判断及市场监管部门是否收到履职申请的认定等难题。

(三)利益平衡:投诉举报者与被投诉者合法权益之维护

市场监管领域的投诉② 主体一般是消费者。但实践中,有些公民、法人或者其他组织通过投诉举报获得了赔偿或者奖励等,渐渐突破了合理生活消费需要,开始以此为业,甚至通过诬陷、打击报复、知假买假等来牟取相应经济利益,带有明显恶意,扰乱市场正常经营秩序。市场监管部门收到该类投诉举报后,

---

① 《市场监管总局网监司负责人就〈市场监督管理投诉举报处理暂行办法〉答记者问》,载国家市场监管总局,https://gkml.samr.gov.cn/nsjg/xwxcs/201912/t20191210_309130.html,2022年7月4日访问。

② 根据《市场监督管理投诉举报处理暂行办法》的规定,投诉是指消费者为生活消费需要购买、使用商品或者接受服务,与经营者发生消费者权益争议,请求市场监督管理部门解决该争议的行为。

就要进行调查处理，从而占用有限的行政执法资源，影响到了其监管职能的正常发挥及其他有合理诉求的消费者合法权益的保护。对于因商品或者服务的广告宣传、标签标识等行为违反法律强制性规定予以投诉举报的，相关企业可能需要召回产品，甚至停产停业。该类争议可以归结为衍生争议、泡沫争议，缺乏诉的利益，实质是为了谋取更多关注以及更多的不当利益，违反诚实信用原则，不当行使诉权。[①] 法院对于该类投诉举报人提起诉讼的案件，产生了选择困境：一种思路认为应该在《行政诉讼法》规定的框架范围内进行规制，认定对投诉举报人合法权益不产生实际影响，通过起诉条件的严格审查避免进入实体审理；另一种思路则认为只要购买了商品，即认为具有原告主体资格，不应该以其目的进行区分，以此来监督市场监管部门依法行政，提升行政执法水平，还可以保护消费者合法权益。上述不同案件中，关于立案条件判断、审理要件的不一致，根本上就是这种选择困境的具体表现。

三、对策建议：厘清市场监管投诉举报行政案件审理进路

根据《行政诉讼法》的规定，法院在审理市场监管投诉举报行政案件时，要进行全面合法性审查。市场监管领域的投诉举报牵涉面较广，包括食品药品、各种商品、广告、不正当竞争等多个领域。法院在审理市场监管投诉举报案件时，首先要明确起诉条件，对容易混淆的原告资格、受案范围、合法权益等概念及适用逻辑进行梳理，然后区分不同类型案件，明确相应审理要件。

（一）明确“利害关系”“合法权益”“受案范围”等法律概念及适用逻辑

1. 原告资格之“利害关系”“合法权益”的认定

根据《行政诉讼法》第25条的规定，利害关系规制的是原告资格问题，有助于司法实践根据实际需要确定享有原告资格的主体范围，防止限制公民的起诉权利，是确定原告资格的“客观标准”。[②] 参照域外原告资格的标准，《德国行

① 葛晓燕：《诉源治理视阈下行政诉权有效行使保障的司法进路——基于程序性驳回案件的实证考察》，载《中国应用法学》2022年第1期。

② 袁杰主编：《中华人民共和国行政诉讼法解读》，中国法制出版社2014年版，第73页。

政法院法》第 42 条、《日本行政事件诉讼法》、美国《联邦行政程序法》均对原告资格进行了规定。[①] 再与我国《行政诉讼法》第 2 条规定的适法范围对比,使用了“认为”行政行为侵犯其合法权益、对行政行为“不服”等主观性很强的词语,作为起诉条件之一,合法权益是否受到侵犯原则上由当事人自己来判断,故即使一个行政行为初看起来不损害公民、法人或者其他组织的权益,但当事人不服,提起诉讼的,法院一般应予准许,[②] 不应在起诉条件上设置过高门槛。对于投诉举报类案件而言,判断的核心要义还在于认为投诉举报答复或者不作为侵犯自身合法权益。

2. 原告资格与受案范围的关系

若某行为不属于受案范围,则任何当事人均不可针对该行为提起行政诉讼。一个行政行为属于行政诉讼的受案范围,也不见得任何公民、法人或者其他组织都可以去起诉,所以需要“原告资格”的限制。[③] 因此,不宜将行政复议决定、投诉举报答复一概认定为不属于受案范围,因为就该两类行为本身来讲,仍然具有可诉性,只是原告针对该行为不具有起诉的主体资格。

3. 不同情境中“合法权益”的界定

权利义务、利害关系、合法权益在讨论原告资格、受案范围等起诉条件时出现,其实,这几个概念所指没有实质性差别,是立法者与流俗的博弈。[④]“合法权益”再次出现在《适用解释》第 12 条第 5 项及第 69 条第 1 款第 8 项中。尤其是《适用解释》第 69 条第 1 款第 8 项规定该行政行为对原告合法权益明显不产生实际影响,故其不具有提起诉讼的主体资格。与此相对应,《适用解释》第 1

---

① 《德国行政法院法》第 42 条规定,原告只有在“认为”其“自身权利”被一个行政行为、拒绝行政行为或不行为侵害时,起诉才有适法性。根据《日本行政事件诉讼法》,处分的撤销之诉和裁决的撤销之诉只能由对该处分或者撤销具有“法律上的利益者”提起。美国《联邦行政程序法》第 702 条规定,由于行政行为而受到不法侵害的人,或者因行政行为受到相关制定法的语义涵射范围内的不利影响或侵害的人,有权针对该行政行为提出司法审查申请。参见何海波编:《中外行政诉讼法汇编》,商务印书馆 2018 年版,第 318、673、745 页。

② 何海波:《行政诉讼法》(第 3 版),法律出版社 2022 年版,第 201 页。

③ 何海波:《行政诉讼法》(第 3 版),法律出版社 2022 年版,第 199 页。

④ 何海波:《实质法治:寻求行政判决的合法性》(第 2 版),法律出版社 2020 年版,第 164-176 页。

条第 2 款第 10 项[①]也有不产生实际影响的行为不属于受案范围的规定。两者均有“不产生实际影响”的表述，前者针对原告，而后者针对所有的公民、法人或者其他组织。如果投诉举报答复对原告的合法权益不产生实际影响，但是仍然具有可诉性的，不宜用《适用解释》第 1 条第 2 款第 10 项的规定裁定驳回，可以用原告资格或者《适用解释》第 12 条第 5 项及第 69 条第 1 款第 8 项的规定裁定驳回起诉。

(二)明确市场监管投诉举报起诉条件

针对市场监管投诉举报案件中争议较大的原告资格、受案范围等问题，有必要结合法律规定区分不同情形进行具体认定。

1. 原告资格的认定

《最高人民法院关于进一步保护和规范当事人依法行使行政诉权的若干意见》第 13 条[②]规定的仍是“利害关系”标准。《适用解释》第 12 条第 5 项[③]规定了维护自身合法权益的标准。市场监管领域，《市场监督管理投诉举报处理暂行办法》作出相对具体规定，但投诉举报人能否提起行政诉讼，仍然要根据具体情形来进行甄别。

第一，投诉举报人具有原告资格的情形。《中华人民共和国食品安全法》《市场监督管理投诉举报处理暂行办法》等规定了公民、法人或者其他组织的投诉举报权利，属于投诉举报处理请求权，即请求对第三人是否存在违法行为进行调查并作出处理的权利，来源于公民依据宪法管理国家事务、管理经济和文化事业、管理社会事务的基本政治权利，对应的行政行为是市场监管部门基于

① 根据《适用解释》第 1 条第 2 款第 10 项的规定，对公民、法人或者其他组织权利义务不产生实际影响的行为方是不属于受案范围的情形。

② 《最高人民法院关于进一步保护和规范当事人依法行使行政诉权的若干意见》第 13 条规定，当事人因投诉、举报、检举或者反映问题等事项不服行政机关作出的行政行为而提起诉讼的，人民法院应当认真审查当事人与其投诉、举报、检举或者反映问题等事项之间是否具有利害关系，对于确有利害关系的，应当依法予以立案。

③ 《适用解释》第 12 条第 5 项规定，为维护自身合法权益向行政机关投诉，具有处理投诉职责的行政机关作出或者未作出处理的，投诉举报人具有原告主体资格。

投诉举报作出的处理答复或告知。[①] 投诉举报人是消费者，为维护自身合法权益而进行投诉举报，可以取得原告资格。行政诉讼本质上是受害人之诉，只有主张维护自身合法权益的人才可能成为行政诉讼的原告。[②] 如果投诉举报人出于生活消费目的购买商品或者服务，然后发现侵害自身合法权益情形进行投诉举报，对市场监管部门作出处理或者未作处理答复不服的，其原告资格应该得到认可。

第二，投诉举报者不具有原告资格的情形。一是市场监管部门对被投诉举报人作出处罚决定或者不予处罚决定的，其并非该不予处罚决定或者处罚决定的相对人，一般不具有原告主体资格。二是原告匿名投诉举报，无法证明系其提出履行法定职责申请的，则不具有原告主体资格。三是投诉举报者并非消费者，非基于获得奖励而投诉举报，并非基于维护自身合法权益需要而提起诉讼，不具有原告主体资格。四是关于"职业打假人"原告资格的认定。如在郭某诉某市场监督管理局不履行法定职责案[③] 中，法院认为职业索赔者提起案涉履职之诉缺乏请求权基础，不具有原告诉讼主体资格，有效规制为牟利知假买假实施恶意投诉的"职业索赔"行为，净化市场环境。法院在司法审查中认定投诉举报人并非基于自身合法权益投诉的，根据法办函〔2017〕181 号《最高人民法院办公厅对十二届全国人大五次会议第 5990 号建议的答复意见》精神，可以通过以下标准判断：一是复议诉讼的案件数量较多；二是对同一或类似产品在不同区域反复购买，明显超出了正常消费使用的目的；三是购买类似产品已经过法院判决；四是不经与商家协商或者进行民事诉讼途径救济，径行向市场监管部门投诉举报。如果符合以上标准的，可以认定为非基于自身合法权益需要投诉，不具有原告资格。

第三，关于投诉举报电子商务平台情形下原告资格的认定。一般情形下，

---

① 高鸿、殷勤：《投诉处理告知行政诉讼的审理对象与审查强度》，载《人民司法》2020 年第 20 期。

② 高鸿、殷勤：《投诉处理告知行政诉讼的审理对象与审查强度》，载《人民司法》2020 年第 20 期。

③ 参见杭州互联网法院发布服务保障数字经济发展十大典型案例之十。

投诉举报人系与电子商务平台的注册商家产生消费关系，其基于维护自身合法权益的需要，直接投诉商家是最为便捷有效的方式。而直接投诉电子商务平台的，则要厘清平台有哪些责任，该责任的承担与否对投诉举报者自身权益有无实际影响。这里就涉及提起诉讼的时机限制：成熟原则。成熟原则在有些情况下和原告主体资格重合，即当事人不具有起诉资格，有时可能由于案件还没有充分发展，不宜由法院审查。[①] 具体到投诉电子商务平台问题，根据《中华人民共和国电子商务法》第 29 条、第 38 条第 1 款、第 80 条第 1 款第 3 项以及《网络交易监督管理办法》第 29 条、第 30 条的规定，电子商务平台经营者知道平台内经营者有相应违法行为但未采取必要措施或者对关系消费者生命健康的商品、服务未对平台内经营者的资质资格尽到审核义务从而造成消费者损害的，依法承担相应的责任；平台内的商品或者服务信息存在相应违法情形并被发现，电子商务平台经营者应当依法采取警示、暂停或者终止服务等处置措施并向主管部门报告，电子商务平台经营者未尽到采取必要措施、资质资格审核、安全保障等义务的，由市场监管部门责令限期改正并可处相应的罚款。即当事人认为平台内的商品或者服务信息存在相应违法情形的投诉举报，应当经过相关职能部门予以查实认定。如果职能部门对平台内的商品或者服务信息存在相应违法情形未予认定，或者接到违法线索后尚在处理过程中，投诉举报人反映平台未尽到采取必要措施、资质资格审核、安全保障等义务，进而对市场监管部门答复或者不作为不服而起诉的，起诉时机尚不成熟，市场监管部门对该事项处理与否对原告合法权益不产生实际影响，其不具有原告资格。如果市场监管部门认定平台内的商品或者服务信息存在相应违法情形，平台经营者知晓后未依法采取警示、暂停或者终止服务等处置措施，致使商品仍在售卖，投诉举报人购买后投诉举报的，具有相应原告主体资格，法院应进行实体审查，作出判决。

2. 受案范围的确定

司法实践中，对于投诉举报答复是否属于行政诉讼受案范围争议较大。对

① 成熟原则是指行政程序必须发展到适宜由法院处理的阶段，即已经达到成熟的程序，才能允许进入司法审查。参见王名扬：《美国行政法》(下)，中国法制出版社 2005 年版，第 637 页。

此不可一概而论,要根据具体内容来判断:一是投诉举报事项并非行政机关行政管理职责范畴的,则被诉答复不属于受案范围。比如,投诉举报者单纯请求商家退费、赔偿或者请求调解的,行政机关作出的处理或答复一般不属于受案范围。[①] 这是因为,除单方性和具体性外,行政性、权利义务规制性和对外性,构成了判断行政行为的基本标准。权利义务规制性指以设定法律效果为目的,意在实现权利和(或)义务的发生、变更、削减或者确认,否则不是行政行为。调解行为因不是对权利义务的发生、变更、削减、确认,故不产生法律效果,不属于行政行为,[②] 根据《适用解释》第 1 条第 2 款第 2 项的规定,不属于行政诉讼受案范围。虽然《市场监督管理投诉举报处理暂行办法》规定了市场监管部门的调解职责,但与行政指导行为类似,该调解并不具有强制效力,市场监管部门如何进行调解、结果如何,并不属于司法审查应予监督的范畴。二是答复内容涉及处罚或者不予处罚的,要区分不同情形处理:若以答复的形式告知所举报违法事实不存在故不予处理或不予立案(未向被投诉举报人作出不予处罚决定或不予立案决定),该答复应该属于行政诉讼受案范围。若对被投诉举报人已作出了专门的处罚决定或不予处罚决定,答复内容仅为对该处罚或者不予处罚决定内容的告知,原告因对处罚或者不予处罚不服起诉该告知行为的,该告知本身未设定权利义务,不属于受案范围,原告可以针对处罚或者不予处罚决定来起诉,是否具有原告资格,要结合个案是否具有利害关系判断;若投诉举报答复涉及处罚或不予处罚告知,但原告认为该告知内容不完整,没有针对其所有的投诉事项进行处理答复的,也应该纳入受案范围。该告知本身内容是否全面、正确,是否符合法定程序等,也属于司法监督的对象,对原告后续的民事赔偿救济和奖励等均有一定影响,应该给予原告司法救济的机会。三是市场监管部门在处理投诉举报答复过程中作出的程序性告知事项,并未产生最终的法律效力,不属于受案范围。市场监管部门对其职权范围内的问题有先行处理的权

---

① 北京市第二中级人民法院行政裁定书,(2019)京 02 行终 857 号。

② 杨伟东:《新司法解释受案范围规定的思路、逻辑及未来发展》,载《行政法学研究》2018 年第 5 期。

力，在其作出最终决定之前，法院不能正确判断争端的正确性质。[①]预备性、程序性或中间性的行为，不具有可诉性，可以在对最终的投诉举报答复进行审查时予以审查。

受案范围的判断中，还有一类是驳回当事人对行政行为提起申诉的重复处理行为。重复投诉举报，是否一概不可以提起行政诉讼呢？并不尽然，落脚点在于市场监管部门是否进行重复处理，进而进行具体分析。一是前次投诉举报尚在处理的过程中，当事人又提出投诉举报的，合并处理，且市场监管部门针对投诉举报的处理期限，即履职期限从最近一次开始起算，当事人对投诉举报不作为或者答复不服的，可以提起行政诉讼。二是前次投诉举报已经作出答复，但尚未超过起诉期限，当事人再次提起投诉举报，市场监管部门再次进行处理，并作出答复，要结合该答复是否会对当事人的权利义务产生不同影响、是否会产生重复处理的效果来综合认定。如果答复内容与前次答复不完全一致的，也就是设定了新的权利义务，并不属于重复处理行为，一般也应该给予原告针对该答复进行起诉的主体资格。三是前次投诉举报已经作出答复，但尚未超过起诉期限，申请内容和答复内容均完全一致，或者后次答复认定重复申请不再处理的，则后次的答复不属于受案范围，该种情形下未设定新的权利义务。四是前次投诉举报答复已经明显超过起诉期限，当事人再次提起相同内容的申请，且无任何新的事实和理由的，则针对重复申请，无论市场监管部门是否处理或者答复，均不符合起诉条件。之所以这样认定，是因为如果还允许当事人起诉，就会使得起诉期限形同虚设，不利于行政管理秩序的稳定。第三种和第四种情形下，市场监管部门作出的处理行为不具有权利义务规制性，即没有以设定法律效果为目的，意在实现权利和（或）义务的发生、变更、削减或者确认，因此，不属于行政诉讼受案范围。

（三）明确不同类型投诉举报行政案件审理要件

当事人向市场监管部门提出投诉举报后，对市场监管部门未作出答复或者对答复不服而起诉的，法院要对案件类型作出明确区分，进而确定不同类型案

① 王名扬：《美国行政法》（下），中国法制出版社2005年版，第642页。

件的审理要件。当事人以其合法权益受到损害为由向行政机关投诉举报,之后对行政机关的处理不服提起行政诉讼的,存在两种类型的诉讼:一是行政不作为之诉,即认为行政机关未依法进行处理,要求其按照投诉举报内容履行查处等职责。二是行政作为之诉,即认为行政机关作出的答复不合法,请求撤销。[①]一般而言,确定标准在于市场监管部门是否作出相应答复,该答复是否属于行政诉讼受案范围,而非原告提出的诉讼请求。理由在于,如前所述,原告因市场监管部门未按照其投诉举报作出相应处罚或者奖励而起诉要求履行法定职责,法院若无论监管部门是否作出答复,均根据其请求进行审查,则会带来审查标准统一的问题,也可能因没有对答复合法性进行审查和判断,造成当事人再次起诉,引发程序空转。因此,要甄别原告诉讼请求所对应的行政行为,对该行为的合法性进行审查。在市场监管投诉举报案件中,该行为就是市场监管部门作出的答复。

1. 市场监管部门未予处理或答复的不作为类案件审理要件

《最高人民法院关于行政案件案由的暂行规定》规定了不履行法定职责案件,即负有法定职责的行政机关在依法应当履职的情况下消极不作为,称之为不作为类案件。审理要件为:一是投诉举报人是否向市场监管部门提出投诉举报。对此,原告应该提供初步证据予以证明。如果原告通过 12345 或者 12315 平台提出投诉举报后,该投诉举报并未转至市场监管部门,则不能认定为其提出了有效的履职申请。二是投诉举报的内容与行政诉讼中要求履行法定职责的内容是否一致。如果当事人在诉讼中提出了投诉举报时并未提出的内容,则不属于该履职案件的审查内容,因为行政机关具有先行判断和处理权,法院是对市场监管部门的履职行为进行监督。不可在市场监管部门未予处理的情况下,法院径行审查和认定。三是市场监管部门是否具有相应的法定职责。法定职责的规定,来源于法律、法规、规章等。市场监管部门的主要职责、内设机构、人员编制及领导职数三大内容的“三定方案”也可以作为重要参考。四是市场监

---

① 章文英、李昂、王晓磊:《环境污染投诉举报行政案件的审查》,载《人民司法(案例)》2020 年第 14 期。

管部门是否根据法律、法规、规章等规定的条件、时限、顺序、法定形式等对投诉举报进行处理。如果市场监管部门正在积极调查处理的过程中，并根据规定履行相应程序义务的，一般不宜认定为未依法履职或者拖延履职。五是投诉举报处理的条件是否完备，是否作出相应处理或者答复。如果尚未完全具备履职条件，还无法作出最终处理或答复的，也不宜认定为未履行法定职责。

2. 市场监管部门作出答复的行政作为类案件的审查

如果市场监管部门作出不予受理决定或者答复的，则是作出了实体处理，应按照行政作为案件的思路审查。由于市场监管部门已经作出告知，一方面投诉人请求撤销该行为是为撤销诉讼；另一方面，投诉举报人起诉的实质并非仅在于消灭案涉告知行为所形成的法律关系、法律效果，而是要求行政机关依其投诉重新作出处理，形成新的法律关系、法律效果，故实质上也符合课予义务诉讼的特点。① 值得注意的是，投诉举报答复区别于一般的行政行为，因为其本质上属于针对投诉举报作出的针对性回复，内容根据原告投诉举报内容的不同而变化。换言之，虽然形式上显示为投诉举报的答复，实质内容可能包含多个层面或多个事项。第一，审查是否有对投诉举报进行处理和答复的职权。投诉举报事项要属于市场监管部门管辖范围，否则可能超越事务管辖权。第二，对是否符合法定程序进行审查，《市场监督管理投诉举报处理暂行办法》对于投诉举报的处理程序作出了规定，要对照规定进行审查。第三，调查取证和认定事实审查方面，根据答复内容的不同，可以分为两类案件，分别明确其审理要件：第一类是不予处罚或者处罚告知，如前所述，只有认为告知不完整、不准确、与处罚或者不予处罚决定内容不一致的方属于受案范围。法院重点审查告知内容完整、准确、一致性，对于处罚决定或者不予处罚决定的合法性不属于投诉举报的审查范围。第二类是关于不予立案、不予奖励或者线索移送等内容的答复，审查针对原告的投诉举报申请是否进行了充分调查处理，认定相应事实是否有充分证据予以证明。值得注意的是，如果投诉举报事项部分属于其管辖范围，部

---

① 高鸿、殷勤：《投诉处理告知行政诉讼的审理对象与审查强度》，载《人民司法》2020年第20期。

分不属于的，一般应该告知投诉举报人，如果未予明确告知，仅处理了属于其管辖范围的事项的，也不宜认定为认定事实不清。对于投诉举报事项内容不明确的，市场监管部门可以联系投诉举报人予以明确。第四，适用法律是否正确。投诉举报事项的处理，除了适用《市场监督管理投诉举报处理暂行办法》的规定外，还可能涉及《中华人民共和国食品安全法》《中华人民共和国消费者权益保护法》《中华人民共和国广告法》的相关内容，要关注其适用的该类行政法实体法律法规是否正确。认定事实、适用法律等一般会在投诉举报答复上予以载明，对此要进行审查，是否进行了全面、正确的陈述，有无遗漏的投诉举报事项等。该答复中涉及对原告合法权益不产生实际影响的内容或者不属于市场监管部门的管辖事项的，法院一般不做重点审查。而且，投诉举报答复以口头或者短信形式告知的，要有充分的证据予以证明原告收到了该答复。

四、结语

不可否认，市场监管领域的投诉举报对于市场监管部门发现违法线索、发挥监管职能具有重要价值。但是也要充分关注非基于生活消费目的的反复投诉举报的负面作用：占用有限的行政资源和司法资源，损害中小微企业的合法权益，不利于法治化营商环境的构建。而且，并非公民、法人或者其他组织投诉举报后，均可以提起行政诉讼，仍然要结合《行政诉讼法》及《适用解释》的规定，审查是否符合起诉条件，一定程度上规制滥用投诉举报权利现象。对于进入实体审查的投诉举报案件，仍要区分不履行法定职责不作为类案件和投诉举报答复作为类案件，根据相应思路进行审查。通过司法审查监督、支持行政机关强化统一市场监管执法，提高综合执法效能，推进统一行政裁判规则与行政执法标准，服务保障长三角区域一体化发展。

知识产权惩罚性赔偿制度分析

王梓婷　崔汪卫　周雨楠*

摘要：惩罚性赔偿制度自 2013 年引入商标法领域之后，陆续在知识产权其他领域内规定，逐渐形成了知识产权领域内关于惩罚性赔偿制度的规范格局。但是尽管规定范围日趋扩大，逐渐覆盖知识产权所有领域，该制度的司法适用度却频频“遇冷”，究其原因，该制度在各个单行法的规定中适用条件不一，关于该制度的赔偿基数和赔偿倍数在不同领域的法律规定中有异。且司法实践中，涉及知识产权侵权的案例中由于制度规定得不明确导致是否适用惩罚性赔偿制度以及如何适用该制度时法官的自由裁量权过大，所以出现了“同案不同判”的现象。故而对该制度的具体规则以及适用情况予以细化，使该制度更好地运用到具体实践中，既是全面加强知识产权保护的要求，也是促进权利人积极维权，打击知识产权侵权行为的“一剂良药”，为实现“知产强国”保驾护航。

关键词：知识产权侵权　惩罚性赔偿制度　赔偿基数　赔偿倍数

一、惩罚性赔偿制度在知识产权领域的立法现状以及意义

(一)知识产权领域内惩罚性赔偿制度的立法发展及现状

2020 年 11 月 30 日，习近平总书记在中央政治局就加强我国知识产权保护工作举行的第二十五次集体学习时强调了知识产权保护的重要性，指出知识产

* 王梓婷，安庆师范大学硕士研究生；崔汪卫，安庆师范大学法学院教授；周雨楠，安庆市中级人民法院研究室四级主任科员。

权保护工作关系高质量发展，关系人民生活幸福，关系国家对外开放大局，关系国家安全，并强调对“抓紧落实知识产权惩罚性赔偿制度”，促进我国知识产权惩罚性赔偿制度加速全面落实已经成为当下知产领域内的热点。早在 2013 年，我国在商标法领域就引入惩罚性赔偿制度，这是第一次在知识产权领域内适用惩罚性赔偿制度。2019 年《商标法》再次修订将原先规定的 1–3 倍的赔偿倍数修改为 1–5 倍[①]。此后，《种子法》第 73 条[②]、《反不正当竞争法》第 17 条[③]、《著作权法》第 54 条[④]和《专利法》第 71 条[⑤]先后新增惩罚性赔偿条款。2021 年，《民法典》第 1185 条规定，“故意侵害他人知识产权，情节严重的，被侵权人有权请求相应的惩罚性赔偿”。此规定首次从基本法层面明确在司法诉讼中知识产权侵权案件可以全面适用惩罚性赔偿。为贴合“知识产权强国”的美好愿景，全面加强知识产权保护，更好地落实惩罚性赔偿制度在我国司法实践中的运用，2021 年 2 月 7 日最高人民法院审判委员会第 1831 次会议通过了《最高人民法院关于审理侵害知识产权民事案件适用惩罚性赔偿的解释》（以下简称《解释》），自 2021 年 3 月 3 日起施行，该解释进一步明确了惩罚性赔偿在实际司法

---

① 《商标法》第 63 条第 1 款规定：“侵犯商标专用权的赔偿数额，按照权利人因被侵权所受到的实际损失确定；实际损失难以确定的，可以按照侵权人因侵权所获得的利益确定；权利人的损失或者侵权人获得的利益难以确定的，参照该商标许可使用费的倍数合理确定。对恶意侵犯商标专用权，情节严重的，可以在按照上述方法确定数额的一倍以上五倍以下确定赔偿数额。赔偿数额应当包括权利人为制止侵权行为所支付的合理开支。”

② 《种子法》第 73 条第 3 款规定：“当事人就植物新品种的申请权和植物新品种权的权属发生争议的，可以向人民法院提起诉讼。”

③ 《反不正当竞争法》第 17 条第 3 款规定：“因不正当竞争行为受到损害的经营者的赔偿数额，按照其因被侵权所受到的实际损失确定；实际损失难以计算的，按照侵权人因侵权所获得的利益确定。经营者恶意实施侵犯商业秘密行为，情节严重的，可以在按照上述方法确定数额的一倍以上五倍以下确定赔偿数额。赔偿数额还应当包括经营者为制止侵权行为所支付的合理开支。”

④ 《著作权法》第 54 条第 1 款、第 3 款规定：“侵犯著作权或者与著作权有关的权利的，侵权人应当按照权利人因此受到的实际损失或者侵权人的违法所得给予赔偿；权利人的实际损失或者侵权人的违法所得难以计算的，可以参照该权利使用费给予赔偿。对故意侵犯著作权或者与著作权有关的权利，情节严重的，可以在按照上述方法确定数额的一倍以上五倍以下给予赔。赔偿数额还应当包括权利人为制止侵权行为所支付的合理开支。”

⑤ 《专利法》第 71 条第 1 款规定：“侵犯专利权的赔偿数额按照权利人因被侵权所受到的实际损失或者侵权人因侵权所获得的利益确定；权利人的损失或者侵权人获得的利益难以确定的，参照该专利许可使用费的倍数合理确定。对故意侵犯专利权，情节严重的，可以在按照上述方法确定数额的一倍以上五倍以下确定赔偿数额。”

实践中的适用条件和要求。《解释》虽然仅规定了七条内容，但是涵盖了惩罚性赔偿的适用范围、请求内容和时间、故意和情节严重的认定、计算基数和倍数、生效时间等审判实践中的重点和难点，为知识产权司法审判中运用惩罚性赔偿制度提供了“明路灯”。自此，我国知识产权领域内关于惩罚性赔偿制度已经形成了“五个单行法一个解释”的制度格局。然而，惩罚性赔偿制度在司法实践中却鲜少使用，制度设定频频“遇冷”。有学者指出，惩罚性赔偿制度在知识产权侵权领域内属于“花瓶条款”。① 笔者在“法信网”对知识产权侵权纠纷案进行检索，以“知识产权侵权”以及“惩罚性赔偿”为中心词共发现 7303 篇相关判决书，仅 214 篇判决书中最终采纳了惩罚性赔偿制度用以计算损害赔偿数额，制度适用比例约为 2.93%。② 可见，惩罚性赔偿制度在当前的知识产权侵权案件的司法适用中使用甚微，还未曾由法律制度的应然有效转化为司法实践的实然，与立法预设的理想效果相去甚远。

（二）惩罚性赔偿制度的创设意义

1. 鼓励权利人积极维权，有效打击知识产权领域内侵权现象

伴随着知识产权行业蓬勃向上的发展，知识产权侵权案件也与日俱增。根据科斯第二定理③ 可知，设置产权制度是优化资源配置的基础，而侵权损害赔偿制度，则是“强制进行资源优化配置的制度保障”。④ 惩罚性赔偿制度则是更深层次地保护资源优化配置的规定。由于知识产权客体的特殊，其无体性、易复制性以及由此带来的侵权行为的低成本性、易获得性等因素极大地刺激了侵权行为人的“寻租心理”。侵权行为相当于“寻租行为”，侵权行为人会在风险与收益之间进行理想选择，从法经济学角度来看，当侵权成本的风险比侵权获利

---

① 倪龙燕、董婧：《我国知识产权惩罚性赔偿的司法适用探析》，载《浙江理工大学学报（社会科学版）》2022 年第 4 期。

② 案件检索日期从 2018 年起至 2022 年 10 月 12 日止。

③ 科斯第二定理：如果交易成本大于零，则不同的产权配置会带来不同的经济效益。在存在市场交易成本的情况下，合法权利的初始界定会对经济制度运行的效率产生影响，产权的调整会比其他安排产生更多的价值。

④ 宋建宝：《关于侵害知识产权民事案件适用惩罚性赔偿的思考》，载《中国知识产权》总第 173 期。

带来的收益要小得多时，侵权人往往会为了高收益高回报铤而走险实行侵权行为；而权利人由于“取证难”“维权成本高”“损失难以界定”等原因对捍卫自己正当权利的事情望而止步，即使权利人提起维权诉讼，也经常因为证据难以收集致使法院所支持的赔偿无法真正实现损害填平的效果。因此，知识产权领域侵权赔偿长期处于低赔偿的状态，权利人的维权行为无法实现其所期待的有效救济。长久以往，权利人会失去维权动力，侵权现象便会更加肆无忌惮。

而惩罚性赔偿引入的初衷恰恰可以实现在实质上更好地补足权利人所受的损害，当权利人的受损权利可以更好地获得赔偿，损害可以填平，从而对维权可以更加有动力，进而促进社会对于知识产权侵权的维权意识。同时，惩罚性赔偿制度通过对侵权行为人施以高额的赔偿费用以期达到惩罚效果，进而提高侵权人实施严重不法行为的成本，达到对故意侵犯知识产权的行为的惩罚功能。与此同时，高额的惩罚性赔偿费用对一般人会产生遏制作用，从源头发挥其潜在的预防效用。它通过遏制侵权的有效诱因，降低侵权行为对社会效益的减损，创造由规避损失所带来的逆向增益。[①] 因此，知识产权惩罚性赔偿的适用有利于威慑侵权行为人，达到打击侵权违法行为，降低侵权率，进而保护知识产权积极向上发展。

2.“审慎谦抑”激励创新，实现知识产权制度的价值追求

“每个潜在的发明家，同时也是潜在的侵权者。”[②] 知识产权创新活动的发展具有重复性和叠加性，也就是说在知产领域内，纯粹的自我创作很少，大多数的创新都是“站在巨人的肩膀上”，建立在对前人成果的总结引用之上。因此，不管是针对激励后创新者积极创新来说，还是针对先创作者成果的合理保护上，二者均不可偏废。[③] 保护知识产权创新活动必须从我国当前知识产权实际发展的角度出发，立足于目前的创新发展现状。我国的创新主力军大多集中于中小型企业，其创新发展大多数仍然处于借鉴模仿的阶段；另外，我国目前知识产权

① 吴汉东：《知识产权惩罚性赔偿的私法基础与司法适用》，载《法学评论》2021 年第 3 期。

② Robert PM & Richard RN, *On the Complexeconomics of Patent Scope*, *Columbia Law Review*, 839–916（1990）.

③ 蒋舸：《著作权法与专利法中“惩罚性赔偿”之非惩罚性》，载《法学研究》2015 年第 6 期。

领域内有关的专利确权、著作权确认等数量庞大，门槛低，但同时，其普遍独创性不高，创新含量不高。若惩罚性赔偿数额的门槛设置太高，对于中小型企业的威慑度过高，将不利于创新度的激发。若惩罚性赔偿设置的赔偿门槛较低，设置的赔偿适用尺度过于松泛，很大程度上又将导致滥诉现象的产生。如果不坚守“审慎谦抑”的原则，忽视“罚当其过”，一味地追求高额惩罚性赔偿，滥诉甚至诉讼爆炸现象便会接踵而至，不仅会导致大量司法资源浪费，而且市场秩序也会因此产生混乱。① 一些不怀好意的以提起惩罚性赔偿诉讼获利的“权利人”会在侵权现象发生时不加以规避，而是等到“时机成熟”，造成情节严重之后再提起惩罚性赔偿诉讼进而牟利，由此可能引发更加难以控制的“黑色产业链”。利益空间的存在会诱使“反侵权经营”的产生，一些专业的以提起侵权诉讼的公司会以此为营生，恶意提起惩罚性赔偿诉讼，俗称“专利蟑螂”和“专利流氓”②，如华盖创意公司在我国提起了上千件有关于著作权侵权的诉讼纠纷案件。③

基于此，惩罚性赔偿制度的审慎谦抑原则应该贯彻在制度的规定当中，在合理范围内进行打击侵权行为，在合理范围内进行对权利人的损害救济，实现惩罚性赔偿制度引入知识产权领域欲达到的激励创新的价值追求。

二、惩罚性赔偿制度在司法适用中的问题

（一）自身问题：适用前提模糊

1. 主观条件关于“恶意”和“故意”的区分不明确

就惩罚性赔偿本身来说，作为其构成要件之一的“故意”与“恶意”的规定目前尚缺乏一个客观统一的标准。虽然惩罚性赔偿制度的立法规定覆盖了知识产权各个领域内，但是各个单行法以及解释关于其具体适用条件中的主观条件

---

① 谢光旗：《遏制专利蟑螂：美国专利诉讼费用移转规则的新发展》，载《法律科学（西北政法大学学报）》2017 年第 1 期。

② 李捷：《域外专利侵权惩罚性赔偿法律制度研究与借鉴》，中国政法大学出版社 2018 年版，第 133-199 页。

③ 参见华盖创意公司著作权维权系列诉讼案件。

的“故意”和“恶意”之分规定不一致,参见表1:

表1 单行法及司法解释中“故意”与“恶意”的规定

项目	商标法	专利法	著作权法	反不正当竞争法	民法典	解释
恶意	√			√		
故意		√	√		√	√

法律规定不一致导致了在司法实践中的适用也会产生不同。而《民法典》是规定了需要主观上是“恶意”的才构成惩罚性赔偿。对于“故意”和“恶意”的区分,学界的观点也存在分歧。有观点认为,在民事侵权领域可对“故意”和“恶意”暂不作区分。其认为,一般而言,“恶意”的判定标准应高于“故意”。但由于《民法典》的惩罚性赔偿的主观要件规定为“故意”,而知识产权领域规定存在差异,因此需要对“恶意”进行限制解释。实务中二者均可指代明知行为严重侵权而故意为之的情形,故在具体适用上可以将“恶意”解释为“故意”。二者等同后实务中在认定侵权行为的一部分恶性因素即对侵权手段的判断便可以交给“情节严重”这一客观要件,实现主观要件和客观要件评价相分离,避免二次评价和要件模糊。[①] 另有一种观点认为,区分“故意”与“恶意”对于惩罚性赔偿制度来说,不管是立法上还是实践中都有其应有的意义。惩罚性赔偿作为一种惩戒手段,应只针对造成严重后果、主观恶性较大的侵权行为人。对构成其条件之一的恶意范围应该进行严格限制,不能认为简单的“一般故意”便可以适用,仅有《解释》中规定的诸如行为人被告知侵权后仍继续侵权行为、被法院判决侵权后仍继续侵权行为或在实施侵权时明知其行为性质但仍采取措施掩盖其侵权行为等情况,才可以判定为恶意。也即,“恶意”不仅是主观上明知为之,且其具有更为恶劣的动机。司法实践中常见的“应当知道”“过失”等均不属于恶意。[②] 笔者更加赞同后一种观点,笔者认为区分主观上是“故意”还是“恶意”,对于认定是否采纳惩罚性赔偿作为判赔方式来讲尤为重要,对于司法

---

① 田绫:《知识产权领域内惩罚性赔偿的适用研究》,载《河南财政税务高等专科学校学报》2022年第2期。

② 张红:《恶意侵犯商标权之惩罚性赔偿》,载《法商研究》2019年第4期。

实践中的运用也有深刻的指导意义。具体观点下文会展开叙述。

2. 具体适用赔偿基数认定有异议

（1）赔偿基数的选择顺位存在差异。关于惩罚性赔偿制度的司法实践中认定"赔偿基数"的规定，虽然《解释》第5条明确以"实际损失""侵权获利""许可使用费的倍数"作为赔偿基数，但是具体到个案中如何选择，以及选择的次序《解释》并未给出具体的规定，这就使实际案件审判中法官的自由裁量范围过大，在不同案件中关于赔偿基数的不同选择会对案件审理产生不一样的结果。赔偿基数是惩罚性赔偿数额的计算基础，在补偿性赔偿中也存在关于赔偿数额的确定，长期的司法实践已经在补偿性赔偿领域形成较丰富的赔偿计算经验，有学者认为其能够为赔偿基数所借鉴。[①]笔者认为，当前知识产权惩罚性赔偿基数研究的首要难题，应当是赔偿基数适用位序缺陷。我国知识产权单行法对惩罚性赔偿制度赔偿基数的选择次序有着严格的规定，其中《商标法》《反不正当竞争法》《种子法》规定优先依次选择实际损失、侵权获利，后选许可使用费倍数。《专利法》和《著作权法》对实际损失和侵权获利不区分适用次序，但是该二者先选，无法确定时考虑采用许可使用费的倍数。很明显，关于赔偿基数的确定，法律将其选择规定为一个严格的顺序且存在异同，这在诉讼中会直接影响权利人的选择以及权利人在诉讼中的举证，也会影响法院在具体案件中的判断以及对赔偿数额的认定，阻碍惩罚性赔偿制度的适用。《解释》第2条规定权利人在提起惩罚性赔偿诉讼时需要明确赔偿数额、计算方式以及所依据的事实和理由。上述规定选择上有次序顺位，那么权利人便不能同时选择多种赔偿基数的计算方式进行数额认定，也就是意味着，当事人如果严格按照次序选择来确定赔偿基数时，举证的难度大大增加；如果权利人举证的证据不足以达到认定惩罚性赔偿数额计算的要求，那么法院会按照补偿性赔偿数额进行认定，权利人预期要达到的赔偿数额便无法实现。同时有多种选择的可能性，且选择存在顺位，说明不同的选择有不同的计算结果，无法保证法院或者权利人选择

① 马莉莉、邹卫强：《知识产权惩罚性赔偿的法律适用研究——基于恶意侵害知识产权的类型化分析》，载《山东法官培训学院学报》2020年第5期。

的赔偿基数计算出的结果是最优解，有可能会使权利人应该得到的权益没有实现，违背惩罚性赔偿制度设定的初衷，无法体现其立法价值。

（2）赔偿基数选择适用的差距过于明显。笔者在法信网中搜索到的最终以惩罚性赔偿数额予以判赔的214篇判决文书中，有155个案件的法官选择了侵权获利作为赔偿基数，有48个案件法官决定采纳了实际损失作为赔偿基数，剩余案件选择了许可使用费的倍数作为赔偿基数。大量法官直接选择以侵权获利作为赔偿基数计算，选择的赔偿基数不同，带来的不仅是计算结果的不同，更是案件审理过程中双方当事人对于证据内容的列举以及举证责任分配还有计算的方式的不同。法律规定了实际损失为首选的赔偿基数，但是实践中的数据并非以其为首选，至少是第二位序，立法的应然并没有很好地落实到司法实务的实然当中。说明实际损失对于权利人或者对于审判活动来说，是存在认定困难的。权利人意欲在诉讼过程中证明自己的实际损失，需要提供大量侵权销售量的数据；同时，知识产权侵权过程中其独有的信息传播、社会影响和技术认证损耗的人力物力是无法进行价值估量的，更遑论举证加以证明，可见实际损失的证明难度之大。实际损失的无法衡量带来的便是侵权获利的顺位。权利人认为侵权获利可以最大限度地接近自己的实际损失，然而，由于侵权获利的特殊性，需要侵权人提供侵权的数量以及侵权销售额等相关数据和账簿等不利于自己的证据材料，显而易见，鲜少有侵权人会配合提供，甚或有侵权人虚假作证，直接导致实际的侵权获利与法院所能掌握的侵权获利有所出入。相比前两种方式，选择许可使用费的倍数作为认定赔偿基数的方式显得少见。笔者认为，不选许可使用费的倍数的原因是需要证明权利人与侵权人存在许可使用的关系，权利人觉得许可使用关系认定困难，但是提升许可使用费的倍数作为认定赔偿基数的方式在实践中是可行的。

3. 惩罚性赔偿倍数确定的司法认定标准不统一

计算惩罚性赔偿数额还涉及赔偿倍数的确定问题，这也是当前立法规定不明确的地方，赔偿倍数的规定不定也会导致“同案不同判”现象。虽然五个单行法以及《解释》均规定了赔偿倍数是“1–5倍”，但是，具体的倍数分化没有明确，实践中法官在适用倍数问题时也没有对判赔倍数的细化具体缘由予以充分说理，说理部分稍显无力。且有的法院对惩罚性赔偿的倍数认定存在不同理解。在惩罚性赔偿的计算上，有部分法院将基数直接乘以倍数，也有部分法院将基数乘以倍数加 1。笔者从法信网搜集到的以惩罚性赔偿为赔偿数额的 214 份判决书中，有大概 180 份判决书是将基数直接乘以倍数，剩下的法官则是将基数乘以倍数加 1 进行计算，认定计算的方式不同导致结果赔偿数额不一样。笔者认为，究其原因还是目前关于该部分的规定不明确，法官针对规定能做的自由裁量范围过大才导致上述实践现象的产生。同时，倍数的确定并没有相关具体的法律规定与之相匹配，换言之，虽然法律规定了倍数范围限定在 1–5 倍，但是并没有规定哪些情况适用多少倍数，实践中依靠法官自身对于法律的理解去判定，裁量范围过大就会产生"同案不同判"现象。笔者认为关于倍数的认定，可以采用"要素累积法"进行判定。

（二）外部问题：司法实践适用惩罚性赔偿的问题

1. 惩罚功能被法定赔偿分化后的反思

综合分析各大单行法，不难发现，《商标法》《专利法》《著作权法》都惩罚性赔偿列于法定赔偿之前，按顺序逻辑来说，司法实践中惩罚性赔偿应优先适用于法定赔偿。但现实情况却是许多具有惩罚性质的案件最后以法定赔偿的方式令侵权人承担责任。笔者从法信网收集到数据可以印证这一点。一方面，是因为惩罚性赔偿其本身的特殊性，即认定方式的严格和法律规定的不明确；另一方面，由于法定赔偿长期以来的适用惯例以及法律规定趋于完整使法官运用法定赔偿仅须有微小的说理义务。就法定赔偿而言，法官在案件审理过程中对其青睐度更高无非选择法定赔偿可以获得高效率的办案速度以及微小说理义务背后的低风险的优势，法定赔偿的选择会使法官不需要付出太多的时间和精力去查明权利人举证证明的损失或侵权人举证证明的侵权获利，审判速度更快，结案率成就更易达成。且近年来大量增长的知识产权侵权案件率使司法资源不足的大环境下法官们更倾向于法定赔偿的选择。但是笔者认为，即使法定赔偿分化了一部分的惩罚功能，但是其无法取代惩罚性赔偿的地位，二者所评价的过错程度不同，不处于同一层次。惩罚性赔偿必须满足过错形态中的严重故意或至少是故意，若一律适用法定赔偿，会模糊对侵权人过错评价的界限，对权利人来讲是极其不公平，且也无法达到对侵权人恶意行为应该要达到的惩处力度，无益于整个知识产权创新活力源泉的激发。

2. 司法实践的举证难联系“举证妨碍规则”

在知识产权侵权案件中，权利人针对自己的主张存在举证困难的现象，法官由于“举证难”会偏向适用法定赔偿，权利人因此会产生消极举证心理，法定赔偿被滥用，出现惩罚性赔偿被架空的趋势。为了缓解司法实践中此类现象的发生，丰富当事人证据收集手段，提高当事人举证能力，最高人民法院先后制定发行了《关于依法加大知识产权侵权行为惩治力度的意见》《关于加强著作权和与著作权有关的权利保护的意见》等司法政策文件，出台了《最高人民法院关于知识产权民事诉讼证据的若干规定》(以下简称《若干规定》)、《最高人民法院关于涉网络知识产权侵权纠纷几个法律适用问题的批复》，进一步对诉讼证据制度进行完善，为下级法院正确分配举证责任，制裁举证妨碍行为提供了准确指引的方向，大幅度帮助权利人减轻举证负担。涉及知识产权领域的举证问题，最高人民法院特别强调由于知识产权的特殊性，审判过程中举证应当允许当事人通过区块链等方式保存、固定和提交证据。此规定顺应了科技进步和经济发展形势，符合当前我国知识产权审判的现状，鼓励当事人有效利用互联网时代最新手段和方法收集证据，法律界和理论界均认该规定具有积极正面的效果。《若干规定》针对“举证难”问题，在规定里着重强调要坚持诉讼诚信原则，细化了举证责任义务和证据种类类型，专门对“举证妨碍制度”进行了详细的说明，并对妨碍举证的情形作出相应的惩罚规定。①

在知识产权法律制度规定中，“举证妨碍规则”最先是2013年引入《商标法》，后《解释》第5条、《若干规定》第25条都对此作了规定。如果权利人在尽力举证后，需要提交的关键证据掌握在侵权人手中，但侵权人拒不提供，若人民法院责令其予以提供后仍不配合，此时人民法院可以根据规定采用“举证妨碍规则”。不同案件中，法院可以结合具体案情适当降低证明标准，如若无相关证据佐证，一般认为网络信息数据不得直接采纳；但该证据能够符合“举证妨碍规则”，可同时结合

① 详见《若干规定》第1条、第8条、第25条。

其他证据运用优势证据规则采用该证据作出数额判赔结果。"举证妨碍规则"在很大程度上提高了权利人的举证能力，便利了法院查明"侵权获利"等证据的相关数据，极大地促进了惩罚性赔偿制度在知识产权领域的适用。

三、惩罚性赔偿制度的适用条件

（一）主观层面"故意"与"恶意"区分意义

关于主观层面"故意"与"恶意"的区分，五大单行法的规定各有不同，学界和司法实践也有不同意见。笔者认为，区分二者的含义对于实务界和理论界而言均是必要且必须的。张新宝教授在其书中对主观过错的严重程度作了层级排序，从严重程度依次分为："恶意、一般故意（故意）、重大过失、一般过失（过失）、轻微过失。恶意，也称蓄意，是程度最严重的故意。"① 可见，张教授也认为"恶意"与"故意"是需要区分开的，"恶意"是程度更深的"故意"。再者，从词语本意角度看，"恶意"是指极为不良的主观状态，主观意图具有极大的可谴责性，程度之于"故意"要更深。由上文可知，《商标法》《反不正当竞争法》认为构成需要惩罚性赔偿的侵权行为是"恶意"侵权行为，而《专利法》《著作权法》《种子法》《民法典》规定的是"故意"侵权行为。《解释》第 1 条规定也认为"故意"包括"恶意"，《解释》的起草者认为在实践中很难严格区分故意或恶意，因此对两者采取一致性解释，认为其二者等同，但同时也强调商标或商业秘密领域判定惩罚性赔偿适用"恶意"侵权标准，而在其他知识产权领域适用"故意"侵权标准。②《解释》的规定相当于将各个专门法的关于"故意"和"恶意"的标准都统一到《民法典》的"故意"的规定中，乍一看似乎给实务审判带来了"便利"，但是这样的"便利"于法理不合。首先，《民法典》本身就有法条涉及"恶意"的规定，如《民法典》第 164 条第 2 款就规定了"代理人与相对人恶意串通，损害被代理人合法权益的"条款，第 500 条第 1 项规定了恶意

---

① 张新宝：《侵权责任构成要件研究》，法律出版社 2007 年版，第 441 页。

② 孙航：《最高法相关部门负责人就〈最高人民法院关于审理侵害知识产权民事案件适用惩罚性赔偿的解释〉答记者问》，载最高人民法院知识产权法庭 2021 年 3 月 4 日，https://enipc.court.gov.cn/zh-cn/news/view-1078.html。

磋商造成相对人损失的需要承担缔约过失责任条款等。诸如此类用“恶意”进行规定的，说明从《民法典》立法者的角度来看，“恶意”与“故意”需要区分其含义。很明显，不管是从研究层面看或者是通说角度看，“恶意”与“故意”都有其各自的区分意义，“恶意”比“故意”而言在主观上有着更为恶劣的侵权意图，是更具有可惩罚性的。区分二者的不同是具有实际意义的。笔者认为，“故意”是针对行为人对造成损害后果的主观心理状态而言，即法律评价的是行为人应不应当就损害后果承担填补责任；而“恶意”是就行为人行为时的主观心理状态而言，即法律评价的是行为人的行为是否具有道德责难性。二者的侧重点有所不同，“故意”着眼于实际损失的分担，而“恶意”则着眼于行为动机的道德责难性。①再者，“故意”侵权行为的范围一定要比“恶意”侵权行为的范围要大，若将二者不加辨别地一概而论，将无限扩大惩罚性赔偿的适用范围。由于惩罚性赔偿的特殊性，对其适用应该严格进行限制，其针对的对象应当是少数的主观具有高度道德责难性的侵权行为。这也是惩罚性赔偿制度审慎谦抑原则的深刻内核。实务中若将二者直接等同，即认为所有主观为故意的侵权行为都应该施以惩罚性赔偿，势必会“矫枉过正”，用力过猛，随之而来的便是“寒蝉效应”，②社会的创新进步也会因此遭到阻遏，不符合知产强国的美好建设愿景。

（二）客观层面“情节严重”的细化规则

“情节严重”常见于我国各个法律的规定当中。惩罚性赔偿制度中也有规定，各个单行法都有规定需要“情节严重”才能适用惩罚性赔偿。但如何认定很少有法律给出具体的判定方式。③《解释》第4条规定法院应当综合考虑侵权手段与次数、侵权行为的持续时间、地域范围、规模、后果以及侵权人在诉讼中的行为等因素认定，同时具体列举了法院可认定情节严重的多种行为。笔者认

---

① 陈宗波、黄术：《论知识产权侵权惩罚性赔偿基数与倍数的认定》，载《广西社会科学》2022年第5期。

② 刘银良：《知识产权惩罚性赔偿的比较法考察及其启示》，载《法学》2022年第7期。

③ 徐聪颖：《知识产权惩罚性赔偿的功能认知与效用选择——从我国商标权领域的司法判赔实践说起》，载《湖北社会科学》2018年第7期。

为，除兜底条款的“其他情形”外，《解释》规定的关于“情节严重”的具体情形可以分为三大板块。第一大板块为重复性的侵权行为，包括因侵权被行政处罚或被法院判决承担法律责任后再次实施相同或类似的侵权行为，或者“以侵害知识产权为业”。第二大板块是诉讼过程中的违法行为，如伪造、毁坏、隐匿侵权证据或拒不履行保全裁定。第三大板块是侵权行为造成的或者可能造成的严重后果，包括被告侵权获利巨大或原告遭受损失巨大，或者侵权行为可能危害国家安全、公共利益或人身健康。

虽然《解释》针对“情节严重”作出了相关的分类，但是对于如何去认定规定尚不明确，司法实务中存在较多不同的看法。例如，上述第一板块规定的被告被行政处罚或被法院判决侵权后，如果再次实施相同的侵权行为，一般可被认为具有侵权的故意乃至恶意。然而，认定被告再次从事“类似行为”却不一定构成故意侵权，有可能属于自由竞争乃至再创新的范畴；同时，“以侵害知识产权为业”的表述含有大量的不确定，争议较大，怎样界定法律并没有具体的规定。上述的第二大板块的行为基本属于诉讼过程中的不法行为，笔者认为，其可以视为侵权行为人的恶意在诉讼过程中的延续。《解释》中规定的法院责令被告提供其侵权证据而被告无正当理由拒绝提供或提供虚假材料的行为也应当认定为主观恶意延续的外化表现。第三大板块是对侵权后果或潜在后果的描述，当前的《民法典》的侵权编已经规定了此种情况可以得到合理的补偿性赔偿，同时，关于知识产权侵权行为造成的危害，或可能危害国家安全或公共利益（包括人身健康）的行为实际上已经涉及犯罪，需要的是由刑法予以规制。故而，笔者认为，当前的关于“情节严重”的法律规定应该针对上述情况进一步明确才能有益于实务适用。

四、惩罚性赔偿制度的细化计算方式

（一）明确赔偿基数的认定方式

1. 取消赔偿基数的选择次序，提高许可使用费倍数的使用率

关于惩罚性赔偿制度的赔偿基数的确定，在选择哪一种作为赔偿基数时，学界对于次序的顺位选择有不同意见。有学者认为基于计算惯例的考察提出直

接以实际损失作为赔偿基数,而将侵权获利和许可使用费倍数作为认定实际损失的因素认定;[①]也有观点认为直接以侵权获利作为赔偿基数,从实现制度功能之惩罚性的角度出发,认为实际损失与侵权获利并不对等,且将许可使用费的倍数不认为是赔偿基数的认定,其认为以侵权获利作为赔偿基数更为合理。[②]笔者认为,制度规定不应该在赔偿基数的选择上设限,赋予先后顺序的做法实为不可取。换言之,选择“侵权获利”、“实际损失”以及“许可使用费的倍数”到底以谁为先,不应该有顺序的限制,三者在选择中“并驾齐驱”,将选择权以法律的形式赋予权利人进行选择,若权利人无法做出选择再由法院根据已经掌握的证据予以决定。于法理而言,纵观国外对于惩罚性赔偿制度的规定,并未发现有对基数选择进行次序排列的规定。我国关于该制度的规定是借鉴他国的经验而来,但是规定了次序选择并未发现要按照顺序进行选择的法理价值所在。且于实践而言,只要权利人提供的证据足以认定判赔,法院会根据掌握的证据加以确定,就算严格按照法律规定的次序来确定,在当事人提交的证据无法证明时,法院也是消极地等下一顺位的确定,故而,于实践于法理而言,取消惩罚性赔偿基数的次序选择更为合理合法。

2.“法官说理”叠加“举证妨碍规则”破解“举证难”问题

笔者搜索到的文书判决中,权利人在诉讼过程中有提交损害赔偿证据的占比仅约为13%,大多数案件都因为举证难导致最终无法采取惩罚性赔偿进行判赔。可见提供有效的证据对权利人来说存在诸多障碍,实务中,既需要鼓励当事人就损害赔偿问题充分举证,也需要适当发挥法官的说理释明作用,如对计算方法的适用顺序和相应计算方法应具备的基本要素进行释明。法官说理并不是简单将“侵权人主观有侵权故意并实际造成了严重后果,对其予以‘××’的几倍赔偿”作为判决书的内容呈现,更应该详细具体地展开说理,将侵权人的哪些行为值得适用惩罚性赔偿以及如何进行基数倍数计算予以释明。说理

① 欧阳福生:《侵害知识产权惩罚性赔偿数额的确定——谈〈民法典〉第1185条适用的困境》,载《电子知识产权》2020年第10期。

② 参见陈宗波、黄术:《论知识产权侵权惩罚性赔偿基数与倍数的认定》,载《广西社会科学》2022年第5期。

明朗会大大提升司法公信力，在很大程度上也是激励权利人积极维权的明智之举。

权利人可以在权利人的实际损失、侵权人的侵权获利、商标许可使用费三个计算标准中择一主张，并提供相关证据加以证明。但是，由于侵权商品数量、侵权获利数额等主要证据材料都掌握在侵权人手里，若侵权人不会轻易提供真实有效证据，尽管权利人可以通过公开渠道查询行为人销售数量、收入或利润的大概数据，或侵权产品在特定时间段、特定店铺的大概销售数据，但最为有效直接的证据仍是侵权行为人的数据账簿。而破解难题的关键就是举证妨碍制度。司法实践中，在权利人已尽力举证的情况下，若行为人拒不提供相关账簿资料，根据经验法则，法院可以推定行为人的商品销量或侵权获利超过权利人举证的数值，进而推定权利人主张的证据内容成立，并以此作为确定赔偿基数的依据。

(二)赔偿倍数的具体认定规则

1. 要素累积法

笔者研究搜索到的判决书中，发现各个法官对赔偿倍数的确定规则措辞说理均较为简单，如仅表述为“在法定倍数范围内酌情确定”，且“惩罚性赔偿的‘倍数’可以不是整数或仅列举出倍数确定需考量的因素”。[①] 尽管赔偿倍数的确定不可能存在和数学公式一样的精确计算标准，但笔者认为，法官在适用惩罚性赔偿中可以根据行为人的恶意情况和情节严重程度的高低不同，采取“要素积累法”确定阶梯式的赔偿倍数，将各个可以导致最终判定以惩罚性赔偿进行判赔的要素进行归纳分类。《惩罚性赔偿倍数因子分解表》[②](参见表 2)供实践参考，赋予各种侵权主 / 客观因素以相对应的惩罚倍数具体范围，具体如下：

---

① 丁文严、张蕾蕾:《知识产权侵权惩罚性赔偿数额的司法确定问题研究》，载《知识产权》2021年第 2 期。

② 宫晓艳、刘畅:《知识产权惩罚性赔偿适用的要件解构与路径探究——以上海首例知识产权惩罚性赔偿案件为研究范例》，载《法律适用》2020 年第 24 期。

表 2　惩罚性赔偿倍数因子分解

因素	内容
主观因素	侵权客体的知名度：按照范围酌定 0.5–1.5 倍（省内知名、国内知名、国际知名）
	行为人的明知心理：包括磋商、签订合同以及权利人已告知：择一定 0.5 倍
	行为人有重复侵权行为：《解释》列举的情况择一定 0.5 倍，可叠加
	行为人主要以侵权为业：1 倍
	行为人拒不提供证据或者毁灭证据、掩盖事实：1 倍
客观因素	侵权时间长：可细分一年内、三年内、十年内、十年以上。逐级叠加 0.5 倍
	侵权范围广：按照范围酌定 0.5–1.5 倍（省内知名、国内知名、国际知名）
	侵权获利数额：分为数额大、数额巨大、数额特别巨大，分级确定 0.5 倍
	侵权后果严重：若造成权利人身心健康严重受损或公共利益严重破坏，定 1 倍

上表将各个可归责的惩罚因子作了逐级区分，细化了主观因素与客观因素的不同种情况，由于想法尚属于初步研究阶段，还不成熟，希望能对后期法律制定和司法实践提供一定的帮助。

2. 明确倍数是直接“基数乘以倍数”抑或“基数乘以（1+ 倍数）”

对于该问题前已述及，法院对此的认定各不相同。如“惠氏案”中，一、二审法院都认可了适用三倍的惩罚性赔偿，但一审法院采用的倍数计算方式为“基数乘以倍数”，而二审法院则适用“基数乘以（1+ 倍数）”最终判处被告赔偿原告 3000 万元。①

两种不同倍数的选择背后实质是关于惩罚性赔偿与填平性赔偿的适用关系，是两者分别计算适用还是惩罚性赔偿包含填平性赔偿。最高人民法院对于《解释》的司法解读中提到，填平性赔偿和惩罚性赔偿应该分开适用。但是笔者对此有不同的看法。首先，关于惩罚性赔偿的赔偿倍数的规定，各个法律均规定了最低为“1 倍以上”的判赔倍数。其次，《民法典》中规定了“以上”“以下”皆包含本数，这意味着司法实践中惩罚性赔偿倍数至少是“1 倍”。若按照解读的规定，那么计算数额就要再加上填平性损害的 1 倍赔偿，到最后，侵权人至少

① 浙江省高级人民法院民事判决书，(2021) 浙民终 294 号。

要承担赔偿倍数是“赔一罚一”。如此，实质上会导致侵权人最低需赔偿2倍的损失，于法理不合。①

同时，若按照填平性赔偿与惩罚性赔偿分别计算的方式来理解，则在实践中存在不合理地排除1倍以下的惩罚性赔偿的可能性。福州市首例知识产权侵权惩罚性赔偿案件中，福州市鼓楼区人民法院裁判“依照侵权获利的1.5倍计算赔偿金额”，若根据解读理解，则认为该案判决的惩罚性赔偿倍数实质为0.5倍，但是于法无据。按照该理解，法律规定了惩罚性赔偿最多可以判赔至5倍赔偿，如果加上分开计算的填平性赔偿，则实际最多会产生6倍的赔偿效果，这也在无形中增加了侵权人的责任负担。因此，笔者觉得，惩罚性赔偿的规定其实应该将填平性赔偿包含在其范围内，也就是说，在计算倍数的时候，直接以基数乘以倍数作为惩罚性赔偿的损害范围，也是侵权人最终需要承担的责任范围。②

五、结语

惩罚性赔偿制度在我国知识产权领域内的规定已经逐渐覆盖全局，然而由于制度的鲜少适用和法律规定的不够具体导致其立法预设效果无法在实践中得以充分体现。所以，关于该制度的各方面具体规定法律应当着重予以了解并加以制定。这不仅是当下数据时代背景的大环境下知识产权侵权现象频发的要求，更是符合习近平总书记提出的“知识产权强国”的美好愿景。在对制度进行细化的时候应当着重注意该制度在实践运用中出现的问题，结合实践，更好地规范惩罚性赔偿制度，使其更好地为知识产权司法审判服务。

---

① 倪龙燕、董婧:《我国知识产权惩罚性赔偿的司法适用探析》，载《浙江理工大学学报（社会科学版）》2022年第4期。

② 倪龙燕、董婧:《我国知识产权惩罚性赔偿的司法适用探析》，载《浙江理工大学学报（社会科学版）》2022年第4期。

反思与重构:民法典视域下自甘风险的解释论

吴振宇　吉雨馨*

摘要:自甘风险的入典是我国侵权法律体系的重大创新,作为一项独立的免责抗辩事由,其与受害人同意、受害人有过失等侵权抗辩事由有着本质区别。然检视《民法典》施行后自甘风险的司法适用现状,仍然存在适用领域泛化、适用边界模糊及适用机理混乱等局限性,与《民法典》施行前并无实质性差异,有待进一步反思与纠偏。法解释论下,应当结合《民法典》第 1176 条第 1 款之规定厘清自甘风险的构成要件,即主体要件限于文体活动参加者、主观要件为受害人自愿和加害人无故意或重大过失、客观要件为一定风险的文体活动。以法律解释的方式探究自甘风险的规范趣旨,释明其司法适用之道,有利于促进自甘风险与《民法典》其他规则的衔接与适用,充分发挥规范的法典化效应。

关键词:自甘风险　免责　实证　法律解释

一、趣旨探析:自甘风险的法律意蕴

(一)何为自甘风险

自甘风险渊源于英国判例法,法谚有云"volenti non fit injuria",即"同意不产生违法"。[①] 肇始于工业革命中雇员经常遭受人身损害并提起索赔,雇主为减轻自身责任而向法院主张其在雇员参与工作之前已向雇员提供风险警告,雇员

---

* 吴振宇,江苏省南通市中级人民法院法官助理;吉雨馨,江苏省海安市人民法院法官助理。

① 赵峰、刘忠伟:《论体育活动中自甘风险的适用范围》,载《法律适用》2021 年第 11 期。

基于自身意愿而将自身置于风险之中，这一主张得到法官的认可。① 后随着自由观念的滥觞，该规则逐渐演化为加害人在事先已经将潜在的风险告知受害人，进行了充分的提醒或警示，且为受害人提供相应的救助机会，受害人在基于个人自由的基础上选择参与相关风险活动，则由此产生的人身或财产损害由自身负责，并被判例法所确认。② 后随着国家对劳动者权益保护力度的增强，尊崇自由的自甘风险规则受到了一定限制，立法施加了雇主更高的义务，即雇主除向受害人进行风险提醒与警示义务外，还负有相应的保护义务，应为受害人提供与其面临的风险相当的保护措施，若雇主未能对受害人的人身及财产安全提供合理的保护，则对损害发生具有一定过错。③

自甘风险在我国立法层面先见于 2002 年民法草案制定过程中，梁慧星教授认为自甘风险与受害人同意含义相近，即受害人知晓其参与的活动具有一定的风险，并基于自身意愿而从事该种行为，或可致使自身遭受损害，故该规则具有减免加害人过错的法律效果。④ 杨立新教授认为立法可以针对体育活动中的侵权责任作出特殊的免责规定，即"参加或观赏具有危险性的体育活动，视为自愿承担损害后果"。⑤ 但因立法过程中存在诸多不同的意见，2009 年公布的《侵权责任法》并未将自甘风险作为减免加害人责任的特殊规定。

《民法典》编纂过程中，是否规定自甘风险再次成为焦点。有专家提出，针对实践中对抗性体育活动极易人员受伤等情况，规定自甘风险可以对明确学校或其他机构的责任边界提供清晰指导，但自甘风险的适用范围应有相应限制，不可过分宽泛。⑥ 后《民法典》吸纳了自甘风险理论，该法第 1176 条第 1 款规定

---

① Charles Warren, *Volenti Non Fit Injuria in Actions of Negligence*, Harvard Law Review 8, 462 (1894—1895).

② Francis H.Bohlen, *Voluntary Assumption of Risk*, Harvard Law Review 20, 14(1906—1907).

③ Fleming Jr.James, *Assumption of Risk: Unhappy Reincarnation*, Yale Law Journal 78, 191—192 (1968).

④ 梁慧星：《中国民法典草案建议稿附理由·侵权行为编》，法律出版社 2013 年版，第 45-46 页。

⑤ 杨立新主编：《中华人民共和国侵权责任法草案建议稿及说明》，法律出版社 2007 年版，第 89 页。

⑥ 《全国人民代表大会宪法和法律委员会关于〈民法典侵权责任编（草案）〉修改情况的汇报》（2019 年 8 月），载北大法宝网 http://jslx.pkulaw.cn/fulltext_form.aspx?Gid=1090532159&Db=protocol，2022 年 9 月 26 日访问。

“自愿参加具有一定风险的文体活动,因其他参加者的行为受到损害的,受害人不得请求其他参加者承担侵权责任;但是,其他参加者对损害的发生有故意或者重大过失的除外”。这是我国立法层面首次规定了自甘风险,明确了自甘风险的内涵和要件,是侵权责任法律体系的重大创新。

(二)自甘风险的规则边界

《民法典》将自甘风险条款置于侵权责任编的“一般规定”之中,意味着该规则同有过失、免责、自助行为等条款相似,是侵权责任编的原则性条款,相较于其他具体侵权行为而言,自甘风险处于纲领性地位。故应当从体系上理解和适用自甘风险条款,并注意与其他规则相区分,以合理划分其边界。

1. 自甘风险与受害人同意

基于“同意不产生违法”之法谚,受害人同意可以作为违法阻却事由,即受害人在通过明示或默示的方式同意加害人实施对自身可能造成损害的行为,一定程度上可以阻却加害人之行为违法性。[①] 而自甘风险是受害人对其参与的某种活动中可能存在的相应风险知晓并自愿承受,在行为后果上亦能免除加害人责任,故二者在法律效果上具有一定的相似性。

因我国为成文法国家,而立法并未规定受害人同意之侵权抗辩规则,故需对二者进行相应的区分。首先,在加害人主观心态上,受害人同意的前提是加害人故意实施侵害行为,且希望或放任损害后果发生,只是受害人对这一心态是明知的;而自甘风险之加害人通常不具有故意之心态以制造风险,更多的是出于自身过失而产生了某种风险,且该种风险并非一定能够转化为现实损害,且加害人对损害结果的实际产生持否定态度。[②] 其次,在受害人对损害结果的认知上,受害人同意下,受害人对损害行为的性质及结果有着明确的认知,且愿意承受该损害;而自甘风险下,受害人虽然知道自身参与风险行为,但主观上并不希望该风险转化为现实损害,即不能从受害人愿意接受风险而推断出其愿意承受损害结果。最后,在受害人权利救济方面,受害人基于自己意愿同意他人实

① 程啸:《侵权责任法》,法律出版社 2015 年版,第 301 页。

② 王利明:《论受害人自甘冒险》,载《比较法研究》2019 年第 2 期。

施侵害自身人身或财产利益的行为，系自身对该部分权利的处分，并表达了损害发生后放弃寻求法律救济的态度；而自甘风险中受害人因主观上反对损害结果发生，故通常不会在损害发生后放弃寻求权利救济的机会。

2. 自甘风险与受害人有过失

侵权责任评价体系中，常用过错这一要素评价行为人与损害结果之间的法律关系，即行为人实施的行为对损害结果的发生或扩大是否存在过错；若行为人存在一定过错，则应当考量其过错程度，以确定责任分担方式与范围。《民法典》第 1173 条规定了“过失相抵”规则，若受害人对损害的发生或扩大具有过错，则可以减轻加害人的责任。《民法典》制定过程中有专家提出，自甘风险具有特殊性，可以参照适用比较过失制度，而非直接规定为免责事由。[①] 故有必要对二者进行相应区分。

其一，适用范围不同。依据《民法典》的规定，自甘风险仅适用于具有一定风险的文体活动；而受害人有过失作为一项侵权法律体系中一般性规则，适用于所有的侵权行为。其二，受害人是否具有过失不同。自甘风险下，受害人仅是对风险有一定认知，但该认知是在合理范围内的，通常不被评价为过失，如羽毛球运动员对羽毛球运动所具有的风险限于比赛规则之中，在规则范围内实施的行为并不具有过错；而受害人有过失则蕴含着受害人对损害结果的发生具有一定的过错，如故意超出体育运动规则所实施的行为或在损害结果发生后并未及时采取措施防止损失扩大。[②] 其三，法律效果不同。自甘风险是一项“全有全无”的免责事由，若加害人的行为符合自甘风险之要件，则可以直接免除其法律责任，不用承担相应赔偿责任；[③] 而受害人有过失为侵权抗辩规则，法律效果在于减轻加害人的责任，功能在于考察双方的过错程度以划分二者的责任比例与范围，加害人仍需承担一定的赔偿责任。

综上，受害人同意虽同为侵权抗辩事由，且为自甘风险的法理渊源，但我国

---

① 吕姝洁：《民法典自甘冒险制度评析与理解适用》，载《天津法学》2020 年第 3 期。

② 谭小勇：《自甘风险规则适用学校体育伤害侵权的司法价值与挑战》，载《上海体育学院学报》2020 年第 12 期。

③ 邹海林、朱广新：《民法典评注：侵权责任编》，中国法制出版社 2020 年版，第 132 页。

立法对之尚未规定，故法官在裁判说理时应当加以区分。而受害人有过失与自甘风险属于择一关系，二者不可同时适用，若构成自甘风险，应当排除受害人有过失之适用。[①] 概言之，《民法典》视域下，自甘风险已从一项理论中的规则上升为正式的法律规范，作为一项独立的免责抗辩事由，具有阻却加害人行为违法性的法律效果，故在司法适用时应当厘清与其他规则的边界，以彰显其特殊的制度价值。

二、实践检视：自甘风险的实证反思

早在《民法典》出台之前，以自甘风险为裁判依据在实践中并不鲜见，且适用范围并不限于侵权领域，亦可见诸合同、好意施惠等领域，是法官在结合具体案情基础上进行裁判的有益探索，具有一定的能动性。但彼时的探索由不同的司法机关自主进行，缺乏相应的法律依据或上位规范指导，在具体适用时呈现出一定的局限性。现《民法典》以立法的形式对自甘风险作出规范，明确了其内涵和要件，故有必要以《民法典》的相关规定为出发点，系统化检视司法实践中自甘风险的适用现状，以更好地促进该规则与民法典其他条款的衔接与适用。

笔者以“民事案由”“自甘风险”“民法典”三个关键词在中国裁判文书网进行检索，查询到835份裁判文书，以案由为关键词进行区分，排名前三的案件类型为人格权纠纷、侵权纠纷、合同纠纷。通过选取一些具有代表性的文书进行梳理，笔者发现即使在《民法典》已经实施近两年的情况下，自甘风险的司法适用仍然呈现出适用领域泛化、适用边界模糊及适用机理混乱等局限性，与《民法典》实施前的案件类型并无实质性差异，规范的法典化效应未有效发挥，自甘风险的司法适用有待进一步反思与纠偏。

（一）适用领域泛化

适用领域指的是自甘风险应当适用于何种类型的案件，《民法典》视域下，

---

① 董璐、杨江涛：《民法典时代自甘风险的规范解构及其漏洞补充》，载《法律适用》2022年第5期。

自甘风险的适用领域限于一定风险的“文体活动”，尤以“体育”活动较为典型。然经过实证梳理，现阶段法官援引自甘风险规则进行裁判仍然见诸不同领域的案件之中，较为常见的有以下几类：

其一，参加具有一定风险的文体活动，如因篮球运动、羽毛球比赛等体育活动引发的健康权纠纷等，这是较为典型的自甘风险适用情形，符合《民法典》规定中关于自甘风险的适用要件，亦满足了立法对自甘风险的制度趣旨。① 其二，因参与交易活动而遭致的合同履行风险，如行为人明知案涉房屋已被抵押仍然签订购房合同系自甘风险行为，应当承担不利后果。② 其三，从事具有风险的劳动或劳务工作，在工作过程中受到人身或财产损害。③ 其四，自主进入或从事具有一定风险的场域或行为，如受害人回家途中为追求捷径而私自穿越有禁止通行标志的围栏通道而受伤，为寻求刺激而弹跳触摸篮网因篮网断裂而摔倒。④ 其五，自愿危险驾驶或搭乘交通工具，如受害人明知所驾驶或搭乘电动车的行为违反安全管理规定仍继续为之，以致自身遭受损害。⑤ 其六，自愿参加聚会、宴会或团建活动从事超出相应风险活动，如受害人在参加聚会过程中明知自身健康状况不能饮酒而大量饮酒，或饮酒后在回家途中违反规定驾驶车辆引发事故。⑥

以上几类案件中，有的法官直接援引《民法典》第 1176 条自甘风险之规定作为裁判依据，有的法官虽未直接援引《民法典》第 1176 条作为裁判依据，但在说理论证中以自甘风险作为认定受害人对自身损失承担全部责任或免除加害

---

① 吉林省长春市中级人民法院民事判决书，(2021)吉 01 民终 4730 号；北京市第三中级人民法院民事判决书，(2021)京 03 民终 5483 号。

② 重庆市潼南区人民法院民事判决书，(2021)渝 0152 民初 3336 号；湖南省邵阳市中级人民法院民事判决书，(2021)湘 05 民终 2003 号。

③ 重庆市高级人民法院民事裁定书，(2021)渝民申 356 号；湖南省长沙市中级人民法院民事判决书，(2021)湘 01 民终 14260 号。

④ 广东省佛山市中级人民法院民事判决书，(2021)粤 06 民终 3324 号；重庆市大足区人民法院民事判决书，(2021)渝 0111 民初 1287 号。

⑤ 甘肃省高级人民法院民事裁定书，(2021)甘民申 1040 号；浙江省金华市中级人民法院民事判决书，(2021)浙 07 民终 638 号。

⑥ 广东省湛江市中级人民法院民事判决书，(2022)粤 08 民终 2000 号；辽宁省丹东市振安区人民法院民事判决书，(2021)辽 0604 民初 251 号。

人责任的依据，反映司法实践中自甘风险适用的案件领域存在一定程度的泛化现象。

（二）适用边界模糊

法律与文学并不相同，若以文学之概念对待法律术语，会导致法律规则内部混乱，甚至造成错误之司法裁判。[①]因此，若对自甘风险的适用边界未加合理审视而滥用这一法律术语，不仅会混淆案件真正的法律要害，还会削弱自甘风险独立免责的制度价值。实践中，一些司法裁判未审慎区分自甘风险与受害人有过失、害人无过错、公平责任等其他免责减责规则之边界，造成了相关规则的混同适用或同时适用，应当引起反思。

混同适用是指法院未合理区分自甘风险的边界，将该规则与受害人有过失或加害人无过错等规则相混同，最终以自甘风险作为依据进行司法裁判。在“肖某诉胡某等提供劳务者受害责任纠纷案”中，法院认为“肖某作为常年从事建筑工程施工作业人员，具有识别风险、注意自身安全的义务，在明知桥梁正在施工、具备较高风险的情况下，不顾警示标志穿越施工现场以致自身遭受损害，属于自甘风险，负主要责任”。[②]该案中，法官在受害人有过失的情形下使用自甘风险作为论证依据，然其本质应当是一种典型的受害人有过失，与《民法典》语义下自甘风险存在实质性差异。而在“刘某、潘某诉甘肃某园林公墓有限公司违反安全保障义务责任纠纷案”中，法院认为“刘某作为具有丰富驾驶经验的成年人，可以自主判断自身的活动，在明知降雪天气及道路不良的情况下，仍然驾驶机动车上山，属于自甘风险行为，而不应归咎于管理者未尽安全保障义务”。[③]该案中，受害人行为是否属于自甘风险对判断管理人是否尽到安全保障义务以及过错与否有一定影响，但关键在于判断受害人行为性质。若此类案件中以自甘风险作为判断依据会导致法官的论证重心在于受害人的行为分析，而忽视了加害人是否存在过错这一争点，易引起说理论证之中心偏移。

同时适用是指自甘风险作为一项免责抗辩事由，具有完全免除加害人责任

---

① Tiller v.Atlantic Coast Line R.Co., 318 U.S.54（1943）（Frankfurter, J., concurring）.

② 江西省吉安市中级人民法院民事判决书，（2021）赣 08 民终 2258 号。

③ 甘肃省高级人民法院民事裁定书，（2021）甘民申 1040 号。

的法律效果，与公平责任是排斥的，若法官认定受害人行为属于自甘风险，则不可再依据公平责任判决加害人承担相应的法律责任，否则有违免责抗辩的法理。实践中，一些法院在依据自甘风险免除加害人法律责任后，同时适用公平责任判决其承担一定的补偿责任，明显不妥。如“吴某诉张某、某体育俱乐部等人健康权纠纷案”中，法官认为“吴某参加跆拳道训练活动属于自甘风险行为，其在对打训练过程中受伤，而体育俱乐部未能举证其尽到管理义务，应当承担不利后果，并依照公平责任原则判决俱乐部承担三分之一的补偿责任”。[①] 该案中，法官在认定吴某的行为属于自甘风险后，又以公平责任原则判决俱乐部承担补偿责任显然不当，后该案二审被改判，二审法官以俱乐部未尽到安全保障义务为由判决其承担 40% 的赔偿责任。

（三）适用机理混乱

系统论视域下，系统内诸要素在特定环境下相互联系、相互促进、相互作用，而各要素的运动规则与原理即为机理。自甘风险系统下，适用机理包括“一定风险”“文体活动”“参加者”“故意或重大过失”等各要素，而关于“一定风险”“文体活动”“参加者”等要素，因规范的文义存在一定的模糊性，实践中极易引发争议。

其一，关于“一定风险”要素，通常指活动的风险程度，即活动的危险性大小。不同法院对不同种类活动的风险要素认识不同，甚至对同一活动的风险性认识亦有差异，从而出现了“同案不同判”的窘境。如对于篮球、足球等具有复杂竞技规则、较多身体接触的体育活动，适用自甘风险属于普通人的正常认知；但对于滑雪运动，不同于一般的体育运动项目，在参加者因滑雪运动而发生碰撞事故时，是否适用自甘风险存在较大争议。[②] 在“林某诉李某健康权纠纷案”中，法官认为滑雪运动参加者应当根据自身技术水平、地形等因素控制自身的滑行速度，尤其是遵守前方滑雪者拥有对滑雪道的优先权这一关键规则，在进行超越时具有较高的注意义务，对参加者未保持足够安全距离而引发的碰撞事

① 新疆维吾尔自治区库尔勒市人民法院民事判决，(2021) 新 2801 民初 4570 号。

② 叶茂盛等：《我国大众滑雪伤害事故中的滑雪场责任研究——基于 191 个司法案例》，载《武汉体育学院学报》2020 年第 9 期。

故，不适用自甘风险规则。[①] 而二审法院则认为，滑雪运动属于国家体育管理部门确定的高风险性活动，双方当事人因自愿参加滑雪运动而产生的安全事故，应当适用自甘风险规则，并据此对一审判决予以改判。[②]

其二，关于“文体活动”要素，尤其是“文体活动”的适用场景，实践中不同法院亦存在不同观点。一种观点认为，自甘风险不仅适用于具有对抗性的体育赛事活动，还可以适用体育休闲活动，即具有锻炼身心、愉悦心情等效果的活动，且包括此类活动的训练与指导环节。[③] 因此，在体育课中进行的教学训练活动，可以适用自甘风险规则。如在“王某 1、某新兴职业工程学校等教育机构责任纠纷案中”，法官认为在学校组织的体育课上，学生对该体育活动的训练强度、可能发生的身体接触与碰撞等风险应当有所认知，学生因正常体育训练而受到的伤害，认定为自甘风险并无不当。[④] 另一种观点则认为，学校体育教学活动不具有对抗性，参加学生并非职业运动员，安全注意义务不同，故侵权人不可主张自甘风险以免除自身责任。[⑤]

其三，关于“参加者”要素，实践中的争议在于混合体育运动中的参加者，在运动过程中发生的安全损害行为，是否适用自甘风险规则。所谓混合体育运动是指在同一时空场域，分别进行了两种或多种体育活动，如在某一操场的草坪上正在进行的一场足球比赛，因足球运动员的大角度踢球行为，致使足球飞出草坪，撞倒了正在操场外侧环形跑道上进行跑步比赛的运动员，并造成人身损害，对于这一情形，是否适用自甘风险规则，实践中观点并不相同。[⑥] 如在“薛某诉蔡某健康权纠纷”一案中，法院认为事发时虽在同一篮球场地中，但二人一

---

① 新疆维吾尔自治区阿勒泰市人民法院民事判决书，(2022)新 4301 民初 28 号。

② 新疆维吾尔自治区伊犁哈萨克自治州阿勒泰地区中级人民法院民事判决书，(2022)新 43 民终 372 号，类似裁判可见吉林省吉林市中级人民法院民事判决书，(2021)吉 02 民终 3662 号；辽宁省大连市中级人民法院民事判决书，(2021)辽 02 民终 4305 号等。

③ 陈广辉：《侵权法领域自冒风险规则的法律适用——以费佳萍诉周旭东身体权纠纷案为例》，载《法律适用》2017 年第 24 期。

④ 江西省新余市中级人民法院民事判决书，(2022)赣 05 民终 94 号。

⑤ 辽宁省高级人民法院民事裁定书，(2021)辽民申 185 号。

⑥ 赵耀彤：《“自甘风险”原则的教义学结构与实践展开》，载《山东法官学院学报》2021 年第 1 期。

个在玩滑板车，一个在骑自行车，故对薛某认为应当适用自甘风险的主张不予支持。[①]

三、规范重构：自甘风险的教义学解释

法律解释有利于人们更好地理解法律的内涵，从而引导人们更好地遵守法律、维护法律，体现法律的权威与价值。而法律的解释，应当从法律条文的本身出发，尊重法律之文义，以彰显法律的尊严与安定。[②] 前文已述，司法实践中对自甘风险的理解与适用存在不同观点，并引发了诸多争议，故本文将以法教义学的方式，对自甘风险进行解读，为该条款司法适用的统一化与规范化提供借鉴。

（一）主体要件：限于参加者

文义角度出发，自甘风险的适用主体为文体活动的参加者，即自甘风险法律关系中的加害人和受害人应同为参加者，若其中一方非文体活动参加者，应当排除自甘风险之适用。原因在于，自甘风险的危险源于文体活动的参加者，其对该活动的运行规则和由此带来的危险具有超出非参加者的清晰认知，应当对该活动负有较高的安全注意义务，故参加者应天然地承受因其行为而导致的风险。而观众或混合运动中非该活动的参加者，通常较参加者而言缺乏对该活动风险的足够认知，二者负担的风险防范与安全注意义务层级不同，故对于包含非参加者在内的安全事故，应适用其他侵权规则。如对于观众或比赛场地附近的其他人员，若擅自进入比赛区域并产生安全损害，一般适用过错侵权原则；若因组织者的管理存在疏漏而导致的损害，则适用安全保障义务进行侵权评价。

但应当注意，文体活动参加者的外延并非一成不变，可能受特定时空条件的影响而有所变化。一方面，参加者的外延涵射范围可能扩大，在一些开放性

---

① 云南省昆明市中级人民法院民事判决书，(2022)云01民终3602号。类似判决参见山东省聊城市中级人民法院民事判决书，(2021)鲁15民终4920号；辽宁省沈阳市和平区人民法院民事判决书，(2021)辽0102民初22739号。

② 梁慧星：《民法解释学》，法律出版社2015年版，第216页。

或具有互动性的文体活动中，若观众受邀参与此类活动中的某个项目或环节，则其自愿参与活动的行为即可促成自己身份转变为参加者。另一方面，参加者在脱离了自己正在进行的文体活动时，身份可能转变为非参加者。如乒乓球比赛中通常多场次比赛同时进行，若甲在A场地进行比赛的过程中，为捡球而穿越至B场地，被B场地运动员扣杀而来的乒乓球击伤，则甲身份非为参加者，不可适用自甘风险，应考察其过错而适用受害人有过错规则进行评价。

因此，自甘风险的适用主体为文体活动的参加者以及特定条件下由其他身份转变而来的参加者，而不包括观众、路人以及脱离自身活动的运动员。进一步而言，《民法典》实施后，前文所述的合同行为、劳务行为、好意施惠行为等活动当事人因不符合文体活动参加者这一主体要件，不可再适用自甘风险，以避免自甘风险的适用泛化。

（二）主观要件之一：受害人自愿

基于风险自担理论，受害人因自甘风险不可归咎于加害人的原因在于受害人自愿，即其基于自主意愿而从事具有风险的活动，并对自身行为负责。考察受害人自愿要件时，应当注意以下几个方面：

其一，受害人的意思表示应当是自由、真实的。一方面，受害人应当是基于自主意愿而选择参加，即其可以选择参加，亦可以选择不参加，排除欺诈、胁迫或诱骗等意思表示不自由情形。① 另一方面，受害人的意思表示应当是真实的，对自身欲参加的活动可能蕴含的风险具有一定的认知和相应的鉴别能力，属于风险“鉴识”状态。② 因此，若受害人处于重大误解状态，即对风险处于错误认知，未正确评估自身参与行为与可能面对的风险之间的关系，属于自身存在过错的状态，则应当适用受害人有过错予以评价。

其二，受害人应当具有相应的行为能力，③ 尤其是未成年人在参与相关文体

---

① 张新宝：《中华人民共和国民法典侵权责任编理解与适用》，中国法制出版社 2020 年版，第 51 页。

② 李鼎：《论自甘风险的适用范围——与过失相抵、受害人同意的关系》，载《甘肃政法大学学报》2021 年第 1 期。

③ 王泽鉴：《民法学说与判例研究》，北京大学出版社 2015 年版，第 514 页。

活动时，应当具有与之相匹配的行为能力。实践中，未成年人因欠缺完全民事行为能力而缺乏对风险尤其是潜在风险的足够认知，在判断其是否符合“自愿”要件时，要考量其年龄心智、身体素质等情况，考察其对自身行为和相应风险的认知能力，并结合其他参加者的情况，根据事故发生的具体情形，进行合理审慎的评价，以平衡未成年人参与文体活动的积极性与可能发生的风险损害之间的张力。[①] 实践中，若某项文体活动的参加者皆是身体素质相似、心智水平相当的未成年人，则一般可认为参加此类活动的未成年人具有与相关风险相符合的认识能力；若某项活动同时具有未成年人和成年人，且二者在身心素质等方面具有较大差异，则该活动中可能存在超出未成年参加者身心能力的风险，难以适用自甘风险。[②]

其三，受害人的意思表示应当符合公序良俗原则。受害人的意思表示并不是无边界的，既要遵守相关文体活动之规则，又要受到公序良俗之约束。换言之，若受害人在搏击比赛中超出比赛规则，约定“生死有命”，则相关行为并不符合自甘风险之趣旨，不可据此免除加害人责任。

（三）主观要件之二：加害人无故意或重大过失

自甘风险制度下，相关活动的风险源于该活动所特有的内在风险，而不包括与该活动无内生关系的外在风险，如因加害人超出一般注意义务而为的故意侵害或重大过失行为。[③] 一般而言，文体活动具有一定的竞技性，参加者为赢取比赛胜利或追求体育运动之满足目的会实施一些具有对抗性的行为，在比赛过程中难免因行为不当而损害他人人身或财产利益，故法律允许行为人因一般过错而产生的损害后果。但若参加者故意实施加害行为，则超过了人们对文体活动风险的一般认知，违背了大众的道德观念，甚至触犯了相关法律规定，应当评价为不法行为，并受到法律的制裁。于重大过失而言，参加者虽无有意行为加害行为之嫌，但其行为存在超出一般活动风险标准且被参加者普遍认为不合理的地方，如行为人在搏击比赛过程中因疏忽穿戴了不符合比赛标准的拳套以致

① 韩勇：《〈民法典〉中的体育自甘风险》，载《体育与科学》2020年第4期。
② 曹权之：《民法典“自甘风险”条文研究》，载《东方法学》2021年第4期。
③ 钱叶六：《竞技体育伤害行为的正当化根据及边界》，载《法学家》2017年第3期。

对手遭受损害,则不可免除加害人责任。应当注意的是,比赛活动中的“犯规”行为并非一定认定为故意加害行为,应当结合加害人之过错程度与损害后果之间的关联性,参考特定的比赛规则,进行具体判断。[①]一般而言,“犯规”乃有意为之,是行为人故意违反比赛规则之体现,会产生超过正常比赛所产生的风险。但在一些特定比赛活动中,行为人为追求胜利可能会采取一些技术性犯规措施,此类行为通常不具有人身损害性或仅具有轻微损害性,在该犯规所造成的损害并未超出轻微损害的范畴内不可归咎于行为人,以体现体育比赛所具有之技巧性特征。[②]

此外,在考察加害人的行为是否存在故意或重大过失情形时,还应当综合考虑相关文体活动的属性、规则以及普通民众对该活动风险的一般认知,特别是当参加者在改变该活动规则时还应考虑风险程度是否会相应变化,采取与该特定活动风险程度相应的评价标准。如在“陈某、余某等健康权纠纷”一案中,法院认为共同传球游戏虽然符合具有一定风险的文体活动特征,但该活动具有低对抗性的特征,而余某采取较为激烈的对抗行为争抢篮球明显超出了该活动的风险程度,不符合自甘风险的适用要件,余某对事故的发生具有重大过错,应当承担相应的赔偿责任。[③]

(四)客观要件:一定风险的文体活动

前文已述,自甘风险入法的过程中争议颇多,关于其适用范围,民法典二审稿曾规定为“具有危险性的活动”,即未明确指出自甘风险的适用范围,而是具有“危险性”即可。这一规定因语义过于宽泛,极易引发司法实践中自甘风险的适用泛化而遭致许多学者抨击,未被立法机关所采纳。后《民法典》将自甘风险的适用场域进行了较大程度的限缩——“具有一定风险的文体活动”。因

---

① 在“王某诉何某健康权纠纷”一案中,法院认为“犯规是指对体育运动规则的违反,可分为一般犯规、故意犯规和恶意犯规。自甘风险规则的适用应以恶意犯规为限,即加害人恶意犯规时,由于其具有违反体育精神的恶意,违背体育运动的基本价值追求,主观上存在过错,不能适用自甘风险规则,加害人应对其造成的伤害承担相应侵权责任。”四川省成都市中级人民法院民事判决书,(2021)川01民终23435号。

② 李鼎:《体育侵权:自甘风险还是过失相抵》,载《武汉体育学院学报》2020年第5期。

③ 福建省福州市中级人民法院民事判决书,(2021)闽01民终8230号。

此，自甘风险客观要件的解释应当从“一定风险”和“文体活动”两个方面出发，方符合立法之本意。

其一，关于“一定风险”。有观点指出，可以将“风险”划分为低风险、一定风险和高风险，而自甘风险之适用应排除两个端点，即适用“一定风险”之标准。[①] 笔者认为，此种划分属于重复评价，且风险作为一种法律术语，属于主观认知层面的判断，而难以具体量化。故关于“一定风险”之判断，可以从以下方面判断：首先，风险具有固有性。[②] 受害人所遭致的风险应当是其参加的文体活动所固有的内生风险，即该风险是基于活动的属性及自身特点而产生的，如篮球、足球运动中因身体碰撞而具有一定的风险性，龙舟比赛因划桨引起的水面波动而可能带来的翻船风险等，至于因器械、场地等缺陷导致的风险或意外天气、第三人侵权等带来的外部风险，则不属于固有风险之列。其次，风险具有对抗性。依据无对抗则无自甘风险之理念，若相关文体活动不具有对抗性或风险并非因对抗行为而产生，如蹦极、攀岩等极限运动虽然风险性较高但一般不具有对抗性，围棋、象棋等棋类运动为智力比赛而一般不具有风险性，则不适用自甘风险。再次，风险具有现实性。自甘风险的适用前提在于受害人所遭受的是风险带来的现实损害，若仅是观念上的风险，因不具有现实性而难以适用。最后，风险具有时空性。风险应当是受害人在参加特定文体活动中所遭受的，且是活动进行中产生的，若受害人在比赛开始前为提高成绩而进行的准备训练中的风险，则应当排除适用。

其二，关于“文体活动”，一般指代文化和体育两类活动。因文体活动的涵射范围过于宽泛，故相关活动的判断应当在结合风险要件上进行分析，即对于具有一定风险的竞技类比赛通常适用，而对于一般不具有风险的文体活动则排除适用。此外，对于一些非正式但同样具有一定风险的文体活动，如体育课上的教学指导活动、行为人临时进行的共同投篮活动等，应当予以适用。应当注意的是，自甘风险中文体活动一般具有合法性，对于一些违反法律规范的文体

---

① 黄璐：《体育活动侵权适用自甘风险条款的规制与限度——基于〈民法典〉第 1176 条的分析》，载《河北体育学院学报》2021 年第 2 期。

② 石记伟：《自甘风险的法教义学构造》，载《北方法学》2022 年第 1 期。

活动,如地下搏击、超速飙车等,自当排除适用。[①]

四、结语

自甘风险作为一项免责抗辩规则,其在入典前已经积累了一定的理论和实践经验,但存在着一些误区;在其入典后,这些误区理应得到消解。然受到司法惯性的影响,该规则仍然存在着适用领域泛化、边界不清等弊病。法律未经解释一般难以适用于司法实践,而法律解释的目的并不在于条文本身,而是通过法解释学的方式探究立法本意,释明法律适用之道,以指导法官更好地作出价值判断。[②] 本文以法解释学的方式,辅之以实证研究,意图对自甘风险的司法适用进行再解释,以促进该规则与《民法典》其他规则更好地衔接,充分发挥规范的法典化效应。

---

① 张新宝:《侵权责任法》,中国人民大学出版社 2020 年版,第 66 页。

② 苏力:《解释的难题:对几种法律文本解释方法的追问》,载《中国社会科学》1997 年第 4 期。

论证券公益诉讼制度的建构及其进路

——以构建中国特色证券群体诉讼机制立体化格局为视角

练彬彬 *

摘要：资本市场违法违规行为泛滥成灾，广大中小投资者利益受到严重侵害，但现有证券侵权司法救济方式在实践应用中具有诸多局限性，且无法起到保护不特定多数市场主体利益以及社会公共利益的效果。建立证券公益诉讼制度有助于弥补证券私益诉讼制度之不足，其以溯源治理为制度导向，以维护社会公益为功能定位，通过国家公权力的合理介入，形成对证券违法违规行为的有效威慑，从源头预防类案发生。本文通过借鉴域外先进公益诉讼制度经验，并结合我国公益诉讼制度的发展阶段和基本国情，从诉讼程序的设置、公益与私益的诉讼协调、诉讼保障机制等方面提出构建我国证券公益诉讼机制的具体路径：如明确起诉主体、起诉条件、诉讼请求、案件管辖；创设公私益融合、公私益衔接诉讼机制；建立互通研判机制、激励与责任机制、执行分配机制、诉讼费用激励机制等。

关键词：证券侵权　公益诉讼　公私益融合

一、我国现阶段证券侵权司法救济的局限性

自 2019 年 3 月突破 1.5 亿以来，我国证券投资者数量不断增长，到 2022 年 2 月已经达到 2 亿人。[①] 广大中小投资者系我国资本市场投资者的主要构成，

---

* 练彬彬，上海金融法院法官助理。

① 中国证券登记结算有限责任公司官网，http://www.chinaclear.cn/。

而我国资本市场的结构导致中小股东持股比例较低,与上市公司、公司高管的实力悬殊,而上市公司治理尚不完备,大股东或实际控制人滥用控制权侵害中小股东权益的事件频发,中小投资者维权难。民事赔偿是保护投资者合法权益的重要一环,与刑事惩罚和行政执法共同构成了打击证券违法违规行为的有机体系。但目前证券侵权民事赔偿诉讼、代表人诉讼具有取证难、适用限制多等局限性,无法形成对证券市场违法违规行为的有力打击。随着我国注册制改革的深入推进,需要更加健全有效的机制来保护中小投资者权益。证券交易场所是重要的国家资产,证券市场具有敏感度高、统一度高等特点,而证券违法违规行为侵害主体较为广泛,如果仅由分散的投资者分别基于各自受损利益提起诉讼,无法起到对社会公共利益的救济,难以形成对证券违法违规行为的有效震慑及有效预防证券违法违规行为的发生。

1. 覆盖范围有限

尽管2020年7月最高人民法院出台《关于证券纠纷代表人诉讼若干问题的规定》(以下简称《证券代表人诉讼规定》),明确将“虚假陈述、内幕交易、操纵市场”等违法违规案件类型纳入证券代表人诉讼范围,但据调研可知,各地法院目前受理的代表人诉讼类型较为单一,均为证券虚假陈述案件。证券私益救济诉讼制度所能覆盖的范围有限,难以惩治资本市场中众多类型的证券违法行为。为拓宽证券民事侵权诉讼渠道,新修订《证券法》在第六章“投资者保护”中专门规定证券支持起诉和代表人诉讼制度,但立法者设置上述两类诉讼制度的出发点仍在于保护投资者权益,而非维护市场公益。且就目前实践中的应用来看,证券支持起诉及证券代表人诉讼案的提起也均系为了维护投资者私益。

2. 适用条件受限

我国《证券法》第95条规定了普通代表人和特别代表人诉讼制度,而《证券代表人诉讼规定》第5条进一步限定提起代表人诉讼的条件,包括需提供能证明证券侵权事实的初步证据,如行政处罚决定、刑事裁判文书等。实践中法院对舆情风险较大、易造成社会不稳定的案件,持慎重启用代表人诉讼的态度。代表人诉讼制度主要适用于大规模损害纠纷,损失金额较为分散,如果投资者对损害赔偿的具体数额、计算方式不能达成一致,还需要花费大量时间用于协调当事人意见。一旦当事人对损害赔偿的争议较大，或涉及新类型纠纷，大部分投资者可能基于成本收益的考量不予诉讼，“高成本、低收益”导致中小投资者和原告律师缺乏参与代表人诉讼的动力。而特别代表人诉讼制度尽管采用了“明示退出制”，但限定仅能由中证中小投资者服务中心（以下简称中投服）作为唯一代表人起诉，故主要用于处理极少数典型重大案件，证券群体性纠纷司法救济仍面临匮乏的困境。

3. 诉讼请求片面

因证券违法违规行为不仅损害投资者私益，同时也可能侵害社会公益，故对于证券违法违规行为的惩治应当综合考虑。但实践中绝大多数证券侵权民事诉讼、证券支持起诉以及代表人诉讼等私益诉讼制度原告均以“要求侵权行为人赔偿投资者实际损失”作为单一诉讼请求，如果要实现对社会整体公益的保护，就需要加上惩罚性赔偿请求及预防性诉讼请求，且需进一步提起诉讼向实际控制人、大股东等主体追偿。

4. 实际应用不足

笔者以“证券欺诈责任纠纷”为案由，在裁判文书官方网站检索民事案件，裁判日期限定为 2015 年 1 月 1 日到 2022 年 6 月 26 日，检索结果为 2015 年 338 件、2016 年 1813 件、2017 年 5638 件、2018 年 7392 件、2019 年 14119 件、2020 年 13510 件、2021 年 8630 件、2022 年 1327 件，可见证券欺诈责任纠纷案件数量历经多年仍居高不下。① 而中投服 2021 年全年仅提起证券支持诉讼 12 件，2020 年提起 2 件，2019 年及之前共提起支持诉讼案件 24 件（法院受理 19 件）和股东诉讼 1 件。② 全国范围内适用普通代表人诉讼程序至今仅审结 8 起案件③，涉及 11 家上市公司，适用特别代表人诉讼程序仅有广州中院审结“康美药业”案 1 起案件。

---

① 上海金融法院自成立至 2021 年共受理证券虚假陈述群体性纠纷 1.2 万件，案件增幅明显，涉诉领域逐渐从主板市场扩展至新三板、债券、证券资管类产品等。

② 参见中国投资者网官网，https://www.investor.org.cn。

③ 上海金融法院审理的“飞乐音响”案、杭州中院审理的“五洋债”案、南京中院审理的“澄星股份”等 4 案、北京金融法院审理的“乐视网”案、厦门中院审理的“中创环保”案，上海金融法院、深圳中院、南京中院、杭州中院均出台代表人诉讼相关的配套细化规定。

此外,在证券虚假陈述等证券群体性纠纷调解方面,上市公司大多调解意愿不强,主要有以下原因:调解需经复杂内部决策程序,部分大型国企、金融机构无法在短期内完成调解方案审批;通过案件审理可以拖延付款时间;逐一与原告投资者达成调解协议效率较低;现有诉讼费激励机制不够等①,导致现有的"示范判决+调解"方式在司法实践中实际应用并不广泛。

二、其他国家或地区证券领域公益诉讼制度经验借鉴

世界各国或地区采取了不同的公益诉讼机制,在证券侵权领域建立公益诉讼机制也有较多经验,其中具有代表性的是美国的集团诉讼、德国的团体诉讼和我国台湾地区投资者保护团体提起的团体诉讼。

(一)美国集团诉讼

填补损失和阻却违法,是证券集团诉讼的两大目标。②以美国证券集团诉讼为代表,施行类似制度的还有英国、加拿大等。美国集团诉讼关键的驱动力量有三点:选择退出制度、律师风险酬金制度以及美式诉讼费用收取规则。③其重点是解决小额多数侵害的救济问题,主要适用于因虚假陈述引起的民事赔偿案件,包括退出制、代表制等程序机制,以及胜诉酬金制、惩罚性赔偿、败诉方承担诉讼费用等实体法技术。④原告可以提起包含民事损害赔偿、惩罚性赔偿以及收缴违法获益在内的诉讼请求,但根据《私人证券诉讼改革法》,提起惩罚性赔偿诉讼请求的前提条件仅为故意欺诈,以防诉权滥用。律师风险酬金制度指律师通过诉讼获得的收益将作为共同基金,与首席原告及其他诉讼参与人依法进行分配,从而提高律师参与诉讼的积极性。但该机制的诉讼成本较高,且存在律师私益驱动与公益保护失衡的隐忧。证券集团诉讼制度以律师为主导,如果在我国贸然引入该制度有可能会与代理人利益冲突,且造成对证券投资者利益

① 参见上海金融法院网站。

② Private Securities Litigation Reform Act of 1995, Pub.L.No.104-67, 109 Stat.737 (1995).

③ John C.Coffee, *Entrepreneurial Litigation: Its Rise, Fall, and Future*, Harvard University Press, 2015.

④ 吴泽勇:《建构中国群体诉讼程序:评论与展望》,载《当代法学》2012年第3期。

的二次侵害。[①]

（二）德国团体诉讼

德国团体诉讼将诉权赋予依法成立的公益性团体组织，该公益性团体组织为保护其成员利益和其成立宗旨所维护的公共利益，可以以其自身名义提起诉讼，德国团体诉讼适用于操纵市场、内幕交易、短线交易等行为引发的证券小额离散性民事侵权赔偿案件。[②] 团体诉讼以法定保护机构主导为特征，程序、结构较为简单，较易确保公益性，但传统团体诉讼的诉请范围主要限于对侵权行为的制止和预防，而非损害赔偿，故其在实践中的适用受较大限制。[③] 随着团体诉讼的发展，团体诉讼中也逐渐出现了具有补偿性甚至惩罚性的给付之诉，比较有代表性的是德国反不正当竞争法中的不法利益收缴之诉。[④] 尽管不法利益收缴之诉系民事救济，但却包含了惩罚性因素，故其构成了德国民法中独特的救济方式。[⑤]

（三）我国台湾地区团体诉讼

我国台湾地区的证券团体诉讼机制对团体起诉的条件、诉讼权限、上诉、诉讼费用减免、赔偿金交付等诉讼程序作了规定，法理上类似于“债权让与”。首先，在提起团体诉讼方面，对于导致多数投资者权益受侵害的同一证券、期货违法违规行为，“投保中心”在 20 人以上向其授予诉讼或仲裁实施权后，可以自身名义提起诉讼或仲裁，以保护公益；其次，在加入和退出团体诉讼方面，投资者具有选择加入或退出团体诉讼的自主决定权，提起诉讼或仲裁后，因同一案件受侵害的其他投资者可于第一审辩论终结前选择加入或退出诉讼、仲裁；最后，在赔偿金交付方面，投资者加入团体诉讼无须承担任何费用，该“投保中心”系

---

① Samuel Issacharoff, *Class Action Conflicts*, 30 UC Davis Law Review 805 (1996).

② 王新红、彭玲：《我国台湾地区消费者权益司法保护方法简析》，载《时代法学》2005 年第 3 期。

③ Henning von Stechow, Das Gesetz zur Bekampfung des unlauteren Wettbewerbs vom 27.Mai 1896, Berlin2002, S. 164.

④ 德国反不正当竞争法规定，就不正当竞争行为并且基于大量消费者负担获益的行为人，消费者团体可以行使请求权，要求行为人将该收益上缴联邦财政。

⑤ SebastianHeim, *Protection of Competitors, Consumers and the General Public—the New German Act against Unfair Competition*, 1 Journal of Intellectual Property Law & Practice 534(2006).

纯粹公益性法人。我国台湾地区“投保中心”主导集团诉讼的模式规避了美国律师主导模式易引起滥诉以及律师剥削投资者的不足,高度依赖刑事程序系其特点之一,主要以检察署函转的刑事起诉书作为民事起诉的依据,另有少数案件是由投资人申诉或新闻报道后,由“投保中心”主动调查进而提起诉讼。①

纵观世界范围,相比英美法系常见的以刺激当事人和律师的利益动机加上特殊司法制度而推动的“私人检察官”诉讼而言,团体诉讼更接近我们的公益诉讼实践。②我国台湾地区与大陆法治文化背景更接近,其团体诉讼制度对于建立我们的证券公益诉讼制度更具借鉴意义。

三、我国证券公益诉讼机制的具体构建

基于我国已有的公益诉讼实践基础,消费公益诉讼制度的基础框架可为证券公益诉讼的探索奠定基础。同时,可根据我国国情因地制宜地借鉴域外相关制度,以溯源治理为制度导向,以维护社会公益为功能定位,从诉讼程序的具体设置、公益与私益的协调、诉讼机制的保障等方面,探索构建我国证券公益诉讼机制。

(一)诉讼程序:证券公益诉讼应分设民事、行政两类

我国证券公益诉讼设置时,应根据证券公益受侵害的不同情形分设民事与行政两种。

1. 起诉主体:检察机关支持下的多元参与

根据《民事诉讼法》相关规定,公益诉讼的原告主体资格应由法律明确授权,我国目前法律尚未对证券公益诉讼的原告主体资格作出规定。中投服具有专业能力,且通过证券支持起诉、代表人诉讼积累了较多经验,可作为证券民事公益诉讼提起主体。如上述具有原告资格的主体不提起诉讼,且检察机关已履行过诉前程序,如已向适格主体发布诉前公告督促其向法院起诉,公告期满

---

① 林郁馨:《投资人的诺亚方舟——投资人保护中心与证券团体诉讼之实证研究》,载《月旦法学杂志》2014年第6期。

② 单素华:《证券民事公益诉讼机制的司法路径探索》,载《投资者》2019年第4期。

后适格主体仍不起诉时，检察机关才能代为行使诉权。公益组织和检察机关各具一定优势，中投服专业性强，检察机关作为国家公权力部门在刑事案件调查取证方面具有优势，双方可共同形成合力保护中小投资者权益、维护市场秩序。在中投服提起的虚假陈述、内幕交易、操纵市场、特别股东派生诉讼等重大疑难、复杂案件中，检察机关可通过多种方式支持起诉，如协助调查取证、提交支持起诉意见书、出席法庭等，以更好地维护公共利益。

仅有检察机关符合提起行政公益诉讼的主体资格，检察机关诉前应及时发现并纠正可能造成公益受损的行政违法行为，并尽量先向行政机关发送检察建议，以督促其采取措施消除隐患，如果行政机关仍不依法履职，再依法提起诉讼。

2. 起诉条件：存在损害证券市场公共利益可能

证券公益诉讼的保护法益系证券市场公共利益，可以证券监管部门已依法以行政处罚决定等形式认定存在违法行为，或者违法行为已有初步证据可予以证明，社会公益以实际受到侵害作为起诉条件。为避免公益维护的延迟情况发生，不应以证券违法行为已实际受到行政、刑事处罚或制裁作为起诉的必要条件。根据《人民检察院公益诉讼办案规则》（以下简称《公益诉讼办案规则》）第85条第2款有关民事公益诉讼的立案规定，对可能损害证券交易秩序的行为，包括虚假陈述、内幕交易、操纵市场、利用未公开信息交易等行为，即便该行为尚未造成实际损害后果，只要有潜在的可能，中投服等公益组织、检察机关也可及时提起公益诉讼，以发挥证券公益诉讼溯源治理的预防性功能。

证券民事公益诉讼在选案范围上应与中投服等公益组织形成优势互补，比如中投服不能对未作出行政处罚或者刑事判决的案件提起特别代表人诉讼，中小投资者亦缺乏专业能力，对于此类案件检察机关就可以发挥调查核实、收集固定相关证据的职能作用。

3. 诉讼请求：引入且规范适用惩罚性赔偿制度

投资者证券侵权私益救济的主要目的在于索赔，故证券公益诉讼应着力于最大限度发挥公法的威慑功能。因此，证券民事公益诉讼请求的设定应立足于诉源治理的前端化解，除弥补证券违法行为对投资者实际造成的损害外，还应注重矫正扭曲的市场秩序，并有效预防类似侵权行为再次发生。其诉请设定不仅应包括停止侵害、赔偿损失，还可参照《公益诉讼办案规则》第98条第2款规定，对于超出投资者实际损失的情形引入“惩罚性赔偿请求”。例如对部分内幕交易、操纵市场等行为，受多种市场因素综合影响，违法行为人尚未获利或投资者尚未产生实际损失，但市场秩序却严重受损，需要通过惩罚性赔偿或者竞业禁止等惩戒制度实现对违法主体的惩罚和对潜在违法主体的威慑。惩罚性赔偿金具体数额可以参考所有投资者损失之和或侵权上市公司所获全部违法收益，并视其对公益客观侵害程度在10倍范围内酌定进行计算，但也应注意规范其适用条件，应限于补偿性赔偿难以弥补，对市场秩序造成严重侵害的情形。关于赔偿金的管理，可借鉴域外经验通过设立财政专户或由公益机构管理，用于公益维护的目的。同时可以根据具体案件的不同情况，请求判令违法行为人履行相关公开承诺、公开赔礼道歉等。

此外，为更好地与后续私益诉讼衔接，以便私益主体在后续诉讼中引用公益诉讼中所认定的事实进行定性，诉请的设定还可包括请求确认上市公司、实控人、控股股东等行为违法，请求其履行回购、增持义务等。

4. 案件管辖：金融法院集中管辖

对于证券民事公益诉讼案件的管辖，目前法律未作出特殊规定。① 证券民事侵权纠纷中，原告系投资者，被告通常系上市公司、实际控制人、控股股东等，通常以侵权行为地、被告住所地作为管辖法院。但上市公司普遍在当地具有较强经济实力和影响力，管辖法院存在司法地方保护主义倾向，可能导致同案不同判，故建议证券公益诉讼可由涉案公司上市的证券交易所所在地金融法院集中管辖。证券行政公益诉讼则由被诉行政机关所在地法院管辖。

---

① 根据《最高人民法院关于适用〈中华人民共和国民事诉讼法〉的解释》第283条第1款规定，公益诉讼案件由侵权行为地或者被告住所地中级人民法院管辖。根据《最高人民法院关于审理证券市场虚假陈述侵权民事赔偿案件的若干规定》第3条规定，证券虚假陈述侵权民事赔偿案件，由发行人住所地的省、自治区、直辖市人民政府所在的市、计划单列市和经济特区中院或者专门法院管辖，《证券代表人诉讼规定》等对管辖另有规定的，从其规定。省、自治区、直辖市高院可以根据本辖区的实际情况，确定管辖第一审证券虚假陈述侵权民事赔偿案件的其他中院，报最高人民法院备案。

(二)诉讼协调:公益诉讼应与私益诉讼有机结合

在证券侵权领域,涉及公私利益交融的情况较为常见,往往导致不特定公众投资者利益受损。例如在上市公司特别股东派生诉讼中,公司利益由于董监高等管理人员的违法行为而受到侵害,而上市公司流通股的交易性质决定了该公司中小股东是不特定的,上市公司中小股东之利益实质上涉及不特定多数人利益,即证券市场公益,在公司怠于起诉时,可由中投服等公益组织提起诉讼。在探索我国证券公益诉讼机制的具体构建时,要重点考虑如何在已有群体性纠纷诉讼制度对投资者私益救济的基础上,进一步发挥证券公益诉讼维护社会公益的功能,并协调好两者之间的关系。

1. 公私益融合诉讼机制

一种做法是借鉴美国集团诉讼,在同一程序中处理确认请求和损害赔偿请求。[①] 中投服等公益组织、检察机关在接受至少五十名投资者书面授权,且经审查符合公共利益起诉标准决定起诉的,在向法院提起证券公益诉讼请求时,同时可作为诉讼代表人提起代表人诉讼。在起诉状中应向法院列明授权其提起诉讼的投资者名单,以及各投资者在同一侵权行为中利益受损的证据、请求赔偿金额。其中公益性诉请主要包括停止侵权、惩罚性赔偿等,而私益性诉请则为投资者侵权损害赔偿,如果证券侵权行为人非法获利数额超过私益赔偿款、惩罚性赔偿款项之和,还可借鉴德国立法模式增加撇去不法收益的诉讼请求,上述两方面结合起来,即形成公私益融合的诉讼机制。

证券公益诉讼制度在建立初期可赋予当事人根据案件不同情况,选择适用“加入制”或“退出制”的权利。在侵权方赔偿能力有限的情况下,为使积极主张权利的投资者获得相对较多的赔偿,宜采用“加入制”;而在侵权方经济实力较强、有赔偿能力的情况下,为最大限度保护投资者利益,宜采用“退出制”以惩罚侵权方。[②] 在公益诉讼制度趋于成熟时,宜采用“退出制”,以使诉讼判决对利益受损者具有更广泛的既判力。法院应先通过阅卷、询问当事人、调查等

---

① Federal Rules of Civil Procedure Rule 23(b).

② 章武生:《论群体性纠纷的解决机制》,载《中国法学》2007 年第 3 期。

方式对被诉侵权行为的性质、诉请的基础侵权事实等进行审查，通过出具裁定书等方式明确权利人范围，交易记录不符合该范围的投资者可另行单独提起诉讼。同时采取使案件相关当事人广泛知悉的方式对被诉案件情况、诉讼请求、符合权利登记范围的适格投资者条件及加入、退出方式进行公告。如果采用“加入制”，需要投资者在指定期限内向法院申请加入，因通过案件审理、庭审辩论阶段对各方证据、意见进行论证，已经完成了对案件事实的调查，此后的判决及赔偿均会以此为据，故申请加入时间不应迟于法庭辩论终结时。如果采用“退出制”，起诉主体应根据法院出具的裁定书，通过证券登记结算机构查询属于权利登记范围的投资者清单，向法院申请登记，清单内的投资者若在指定期限内向法院作出退出声明，则不再属于原告投资者范围，该投资者可另行主张权利。

2. 公私益衔接诉讼机制

在证券侵权纠纷中，虽然存在侵权行为的事实主张是共同的，但个体损害的存在、损害与侵权行为的因果关系、损害数额等需要每个投资者单独证明，因此，单独的私益诉讼不可或缺，而其中的共通争点则是公益诉讼可以发挥作用的空间。① 正如《上海金融法院实施意见》中提到，公益诉讼可发挥类似于“示范判决”加强版的功效，将群体性纠纷的共性问题如确认侵权行为、违法区间、因果关系等法律事实集中解决，为私益诉讼提供依据以确定不同投资者具体的损失赔偿金额，以实现公益诉讼既判力的扩张，提升诉讼效率。② 关联私益诉讼的原告未参与公益诉讼程序，而被告已在公益诉讼中获得充分的举质证、抗辩等程序权利，故可借鉴我国消费民事公益诉讼向关联私益诉讼既判力扩张的模式，对投资者作单向有利扩张，降低法院审理证券侵权群体性纠纷的司法成本。

3. 公益诉讼中私益权利的程序保障

为平衡证券公益诉讼中的社会公益与投资者私益，有必要对中投服等公

① 单素华:《证券民事公益诉讼机制的司法路径探索》，载《投资者》2019 年第 4 期。

② 因同一侵权行为受到损害的投资者自行提起私益诉讼的，若公益诉讼生效裁判对侵权行为是否成立、侵权行为与投资损失间是否存在因果关系及损失赔付原则等具有共通的事实及法律争点做出对投资者有利认定的，可直接作为投资者私益诉讼的裁判依据。

益组织、检察机关等起诉主体的处分权进行适当限制。就起诉主体放弃诉讼请求、和解、调解或撤诉等行为，法院应根据《民事诉讼法》《证券法》相关法律规定和案件具体情况，判断是否违背社会公益，从而认定其行为效力。在达成调解、和解方案时应征询案涉全部投资者意见，并赋予投资者二次选择退出的权利，可借鉴美国严格通知程序规则，通过精准有效的送达方式予以告知，如从证券登记结算机构调取投资者电子联系方式，与证券监管部门合作搭建电子送达平台等。若有部分投资者不同意，则调解、和解协议对于该退出的投资者不发生效力，法院可依具体情况单独作出判决。一审裁判作出后，起诉主体应基于全体授权的投资者利益及公益考虑，决定是否提起上诉。如果起诉主体决定上诉，应赋予投资者以可选择向法院申请放弃上诉的权利，一审裁判即对其产生效力；如果起诉主体决定不上诉，应在上诉期内将判决或裁定结果以及不上诉的决定及时告知投资者，如果投资者不服一审裁判，应有权对涉及自身部分的诉讼结果提起上诉。

（三）诉讼保障：赋予公益诉讼现实助力

证券公益诉讼在实践推动中，需要多部门发挥各自的优势共同协作，如证券监管部门、中投服等公益组织在行政和解、先行赔付中积累了诸多在行为认定、证据收集、损失核算等方面的经验优势，可以打通证券公益诉讼制度在实践运行中的堵点、痛点，为证券公益诉讼提供助力。

1. 建立加强协作、互通、研判机制

建议拓宽案件线索来源，证券监管部门在稽查办案中应及时与检察机关沟通联络，包括向检察机关移送办案中发现的可能损害社会公益的违法违规行为线索，向检察机关抄送其作出的行政处罚、行政监管措施决定书。检察机关经评估后认为证券市场秩序被破坏，社会公益受侵害的，应当进行立案调查，符合立案标准的，应建议及支持中投服等公益组织起诉或自行提起诉讼，共同研究公益诉讼的后续开展。证券监管部门、证券交易所、证券经营机构等单位应在各自职能范围内支持配合检察机关调查工作，加强协作、互通、研判。

2. 建立激励机制与责任机制

环境公益诉讼在实践中会面临不少阻力，由于政府部门面临着经济上的指标压力，较之于环境保护更为重视经济增长，有时会出现偏袒污染方的情况。证券法领域也难以避免类似问题，不乏政府对当地上市公司进行庇护的情况。此时就需要建立相应的责任与激励机制，如与政府相关部门定期沟通联络并建立相应监督机制，减少外界对证券公益诉讼实施的阻碍。建议设置证券公益诉讼实施激励机制以克服诉讼线索收集的信息不对称，通过在立法中明确赋予组织和个人以“起诉建议权”，鼓励组织和个人对于侵害国家财产、集体财产、公共利益的违法行为向检察机关及投资者公益机构提出起诉建议，并奖励提供有效线索的单位或个人。[①] 同时根据《公益诉讼办案规则》第 24 条规定，通过建立证券监管违法线索举报机制等拓宽证券公益诉讼案件渠道，如此既能发挥相关公众、机构在案件线索发现和专业能力应用方面的优势，也能保障公众知情权、参与权。

3. 完善执行分配机制

违法行为人未在法定期限内履行法院生效判决的，检察机关或中投服等公益组织应向法院申请强制执行，对于执行到位的赔偿款项，应交由具有专门职责的机构如中国证券投资者保护基金保管，二次分配则经由法院通知胜诉投资者申领，赔偿款项具体分配规则可由法院、第三方评估机构等共同商定，赔偿款项领取完毕后，如有胜诉投资者申请继续赔偿，应另行起诉。指定机构向胜诉投资者划转赔偿金时，应及时告知检察机关，检察机关应对赔付款项执行进行监督。

4. 建立诉讼费用激励机制

鉴于诉讼的公益性及公益组织的负担能力，作出有利于起诉主体的诉讼费规定是公益诉讼激励机制的应然选择。如为鼓励中投服等公益组织积极履行投资者保护职能，应积极发挥诉讼费用杠杆作用，对中投服等公益组织发起、参与的证券公益诉讼缓缴案件受理费，如原告胜诉，由被告承担案件受理费，如原告败诉，则可借助公益诉讼基金等对诉讼费用进行分摊，原告确无支付诉讼

---

① 陈刚：《支持起诉原则的法理及实践意义再认识》，载《法学研究》2015 年第 5 期。

费用能力的,可以申请免缴、减缴或缓缴诉讼费用。[①] 申请保全的,免缴财产保全申请费及免提供担保。如由检察机关提起公益诉讼案件,则由国库支付诉讼费用。

四、结语

证券公益诉讼制度的建立,将成为证券私益救济和公共行政执法的有益补充,为维护证券市场秩序等公共利益提供程序便利和制度保障,其以溯源治理为制度导向,通过国家公权力的合理介入,从而形成对证券违法违规行为的有效威慑,从源头上对违法违规行为的发生进行有效预防,提高上市公司治理水平,维护金融安全,保障国家利益。同时通过与私益救济有机衔接、融合,形成对中小投资者权益保护和金融秩序维护的合力,共同构成中国特色证券群体诉讼机制立体化格局,防范化解金融风险,营造良好的法治环境,为资本市场的健康发展提供有力支持。

---

① 刘家兴、潘剑锋主编:《民事诉讼法学教程》,北京大学出版社 2018 年版,第 231 页。

法官应当如何运用案例

汤雨婷 *

摘要：“类案”的发现、证成和运用成为法官在司法实务中越发重要的技能之一。随着案例编报和发布工作的推进以及司法公开程度不断深化，法官可资运用的案例范围十分宽泛。同时，上级法院对法律统一适用、解决法律分歧提出了有关改革和落实要求，给法官在审理过程中运用案例提供了规范指引。如何在众多案例中挑选真正具有相似性的案件并加以规范运用，是困扰中基层法官的一个问题。通过对相关上级要求的进一步梳理和对实务与理论提出的案例研究方法进一步归纳，可以为法官运用案例提供相应的指引，包括明确需要运用案例的待决案件、可资运用的案例范围、确定具体类案的方法和运用案例得出裁判结论的方法这四个具体问题。

关键词：类似案件　类似裁判　比较点　裁判规则

引言

法官为什么需要在待决案件中运用案例？学者和司法实务工作者的观点可以归纳为：一是成文法的未完成性可以通过运用案例来填补。二是运用案例有利于解决“类似案件不类似处理”的问题，是统一法律适用的内在要求。[①] 三是可作为提升审判效率和裁判认可度的辅助工具。[②]“类案”的发现、证成和运用成为法官在司法实务中越发重要的技能之一，如何在浩如烟海的案例资源中

---

* 汤雨婷，江苏省镇江市中级人民法院研究室法官助理。

① 孙海波：《“同案同判”：并非虚构的法治神话》，载《法学家》2019 年第 5 期。

② 郭琳佳：《参照指导性案例的技术和方法》，载《人民司法》2014 年第 17 期。

规范、准确地寻找案例，适用案例明确的裁判规则，对惯用演绎推理的法官群体而言，是一种需要通过反复实践规训而习得的技能。[①]

2010年起，“两高”独具特色的案例指导制度在我国正式确立。最高人民法院相继出台的《〈关于案例指导工作的规定〉实施细则》《统一法律适用工作实施办法》等文件，给法官在审理过程中运用案例提供了规范指引。但从法官独任审理、合议庭评议、法官会议讨论以及审委会研究的过程中不难发现，法官在落实上级要求的同时不可避免地出现方法论上的困难，即法官所运用的方法呈现出难以向外人道明的“个性化”特征，包括检索字段的确定、检索结果范围的厘清、相似案件的识别与区分、案例裁判规则的运用方法等。对于上述问题的回答，有必要结合现有的上级要求规定、判例法研究理论等内容，从中、基层法官的需求出发，对检索和运用类案提出应对方法。

一、哪些待决案件需要运用案例

对广大中、基层法官而言，首先需要明确的问题是哪些在办的待决案件需要运用案例以帮助得出裁判结论或支持裁判结论。根据最高人民法院相关司法指导文件和法院工作实际，笔者认为，存在应当运用案例和可以运用案例的两类情形：

（一）应当运用案例的待决案件

一是属于最高人民法院指导性案例之类案的待决案件。即各级法院的承办法官发现其在办案件在基本案情、法律适用方面与最高人民法院指导性案例存在相类似的情况，应当参照指导性案例所提炼出的裁判要点进行裁判。[②] 这与法官先判断待决案件是否需要检索类案辅助裁判、再找是否存在类似案例的通常逻辑顺序相悖。进一步说明了指导性案例的指导地位，虽然指导性案例不属于正式法源，但是法官应当将之与法律法规、司法解释、司法指导文件等同样作

---

① 吴元元：《司法无言之知的转化机制及其优化——案例研究的知识社会学反思》，载《法学》2019年第9期。

② 《〈关于案例指导工作的规定〉实施细则》第9条规定：“各级人民法院正在审理的案件，在基本案情和法律适用方面，与最高人民法院发布的指导性案例相类似的，应当参照相关指导性案例的裁判要点作出裁判。”

为审判业务的应知应会内容。

二是符合类案强制检索条件的待决案件。为加强法律统一适用工作,最高人民法院明确了九类应当进行类案检索的情形,可以归纳为以下几个方面:(1)待决案件存在适法困难的,如关于某一争议焦点的法律适用十分疑难复杂,缺乏明确的裁判规则,或者尚未形成压倒性的权威观点的。(2)待决案件受到重点关注的,如重大敏感案件,案件涉及群体性纠纷,或者案件引发舆论关注,成为社会热点案件的。(3)待决案件与最高人民法院类案裁判可能发生冲突的,如案件当事人、诉讼代理人提交最高人民法院指导性案例或生效裁判的,承办法官应当进行类案检索。这里实际上进一步扩大了中、基层法官关于应知应会案例的范围,即对于最高人民法院作出的本条线范围内的生效裁判,承办法官也应当及时学习。(4)待决案件的裁判需要纳入审判监督管理范围的,如拟提交法官会议、审委会讨论的案件应当进行类案检索,既能够有效过滤一批可以通过在先案例解决的待决案件,也有利于提高集体决策效率。① 从上述条件看,推行类案检索的目的主要聚焦于增强指导性案例和最高人民法院生效裁判的权威性,帮助解决复杂案件的法律适用难题以及提升审判监督管理的有效性。

(二)可以运用案例的待决案件

除了上述司法解释规定的应当运用案例的情形,法官还存在自发运用案例的情形。法谚云:"法无解释,不得适用。"不同的待决案件需要法官解释法律的程度有所不同。当法官在案件审理过程中发现案件事实和法律规范中描述的事实(假定条件)呈现出"紧张"关系时,即需要解释法律规范的跨度较大、论证任务较重时,其通常倾向于自发寻找适宜的案例,用以帮助得出裁判结论或支持裁判结论。

---

① 《统一法律适用工作实施办法》第6条第1款规定:"办理案件具有下列情形之一的,承办法官应当进行类案检索:(一)拟提交审委会、专业法官会议讨论的;(二)缺乏明确裁判规则或者尚未形成统一裁判规则的;(三)重大、疑难、复杂、敏感的;(四)涉及群体性纠纷或者引发社会广泛关注,可能影响社会稳定的;(五)与最高人民法院的类案裁判可能发生冲突的;(六)有关单位或者个人反映法官有违法审判行为的;(七)最高人民检察院抗诉的;(八)审理过程中公诉机关、当事人及其辩护人、诉讼代理人提交指导性案例或者最高人民法院生效类案裁判支持其主张的;(九)院庭长根据审判监督管理权限要求进行类案检索的。"

案例的自发运用与类案强制检索制度的关系存在一定的模糊。有学者认为，案例的自主运用应当包含类案强制检索制度。[①]笔者认为，这有一定的道理。一方面，从法官自主运用案例的需求出发，最高人民法院要求进行类案强制检索的案件类型与法官需要自发运用案例的类型是高度重合的。另一方面，类案强制检索制度的规范是在逐步探索中推进的，虽然名为“强制检索”，但相关监管手段、规范要求还处于不断完善中，很大程度上仍是依赖于法官的自主运用。

二者之间存在一定的差异也是毋庸置疑的，故笔者在这里仍将类案强制检索与法官对案例的自发运用进一步区分。一是从范围上看，法官自发运用案例的情形是广泛、抽象的，即使不符合类案强制检索的条件，法官仍可能有运用案例的需求。如对法官自由裁量幅度寻找其他类案的参照，对不熟悉的业务类型通过寻找类案提高审判效率等。二是从文义上看，类案强制检索具有“强制”特征，随着最高人民法院相关司法指导文件的出台和检索平台的搭建，对类案强制检索的监管和规范将会越来越详细，其与自发运用存在明显的相异性。

二、法官可资运用的案例范围

近年来，可供法官检索的案例资源不断丰富，法官类案检索的数量结果同样庞大，因而需要法官在检索的同时辅之以适当的范围限制。

（一）案例的基本类型

1. 典型案例。胡云腾法官将案例类型区分为典型案例和普通案例。[②]典型案例即指能够体现法治规则、法治理论或者法治价值的案例，包括指导性案例和其他具有指导价值的案例。指导性案例和具有指导价值的案例的核心区别在于是否具有法律规定的强制指导约束力。案例是否具有指导价值，有来自上级法院等官方的评价标准，如最高人民法院公报案例，最高人民法院公布的典型案例，最高人民法院各审判业务庭主编书目中刊登的案例，各地高级人民法院公布的参考性案例和典型案例，《人民法院案例选》《人民司法案例》等法院系

---

① 于同志：《我们应如何研究司法案例》，载《人民法院报》2018 年 1 月 9 日，第 2 版。

② 胡云腾：《案例是什么？》，载《法律适用（司法案例）》2017 年第 6 期。

统内较权威的法学刊物登载的案例。也可以是非官方认可的指导价值,如商业法律检索平台机构编纂的案例、普通期刊登载的案例以及后案法官通过研读生效裁判文书自主发掘和提炼出的指导价值。①

2. 普通案例指虽然没有典型意义,但仍可作为类案类判和法律统一适用的重要依据的案例。② 笔者认为,普通案例对法官自由裁量权的幅度规范具有一定作用,且相关幅度参照或定量参考需要以一定数量的普通案例作为研究基础。

(二)类案强制检索的案例范围

1. 向上遵循的基本要求。符合类案强制检索要求的待决案件,其检索范围有明确的限定要求。根据《最高人民法院关于统一法律适用加强类案检索的指导意见》(以下简称《类案检索意见》)规定,类案强制检索的范围包括四个顺位(参见图 1),先后顺位的划分标准是以作出生效裁判或对生效裁判给予官方认可的法院层级为判定基础。法官针对待决案件已在前一顺位中检索到可参考的类案结果的,可以不再进行检索。此外,《类案检索意见》还提出,除第一顺位的指导性案例外,法官应当优先检索近三年的案例或者案件。③ 但对于不同时间的生效案例之间的顺位并未加以明确,亦未明确生效时间与法院层级之间的关系。

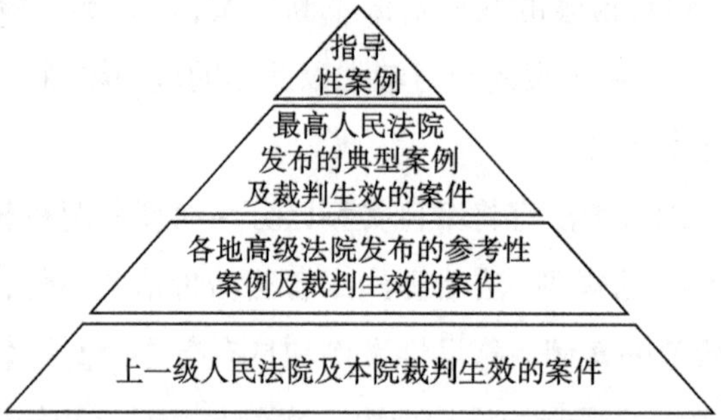

图 1 《类案检索意见》明确的案例检索范围

---

① 于同志:《我们应如何研究司法案例》,载《人民法院报》2018 年 1 月 9 日,第 2 版。

② 胡云腾:《从规范法治到案例法治——论法治建设的路径选择》,载《法治现代化研究》2020 年第 5 期。

③ 《类案检索意见》第 4 条规定:"类案检索范围一般包括:(一)最高人民法院发布的指导性案例;(二)最高人民法院发布的典型案例及裁判生效的案件;(三)本省(自治区、直辖市)高级人民法院发布的参考性案例及裁判生效的案件;(四)上一级人民法院及本院裁判生效的案件。除指导性案例以外,优先检索近三年的案例或者案件;已经在前一顺位中检索到类案的,可以不再进行检索。"

2. 检索实践中的顺位忽略问题。类案强制检索的案例种类和案例的基本类型相比，二者的划分标准不属于同一范畴。前者与法院的层级相关，充分体现了司法实践中遵循上级的习惯，这也是保证法律统一适用和司法权威的必要条件，也有利于解决检索结果太多难以分辨和取舍的问题。后者则与案例体现的具体指导价值相关，而案例的指导价值更依附于案例本身明确的裁判规则，而非完全依附于法院的层级。从发现类案的逻辑来看，法官当然地从相似性出发检索案例，并进行案例的分析与相似性判断，再从案例的层级进一步厘清可以运用的案例范围，也有法官出于便捷，凭借审理经验先检索或询问上级法院和本院的类似案例。实务中，法官对发现的类案容易忽略案例的顺位问题，如对检索到的类案并不考虑范围或穷尽问题，仅以检索到相似案件结果作为检索工作的终结标志。

要解决这一问题可以从检索平台功能的优化角度入手。对法官而言，其运用案例的逻辑起点在于发现待决案件的待解法律问题，因此必然是从案例的指导价值出发进行检索，应当辅之以便捷的筛选功能。即可以根据检索案例法官所在的法院，确定检索结果的法院地域、法院层级的筛选范围，以提醒法官明确案例的优先顺位。

(三)范围外案例的价值判断

1. 类案强制检索情形下的范围外案例。由"向上遵循"产生的其他问题是：当法官在上述所有顺位范围内均未能寻找到可运用的案例时，能否在范围外检索？检索后的参照适用效力和优先顺位如何确定？类案强制检索的范围属于向上检索，是否有必要进行向下检索，以作为辖区内统一法律适用的参照系？笔者认为，首先，法官当然可以将范围外的案例作为检索范围，只是范围外的案例不属于向上遵循，自然也不具备《类案检索意见》隐含的参照适用的约束力。其次，关于范围外案例的优先顺位，由于不具备垂直的审判指导关系，亦不适宜进行明确规定。可供参考的确定思路是：以后案法官综合比较案例的权威性(如是否属于外省高级人民法院确定的参考性案例、是否属于内部权威刊物选编的案例)、考虑待决案件适用裁判规则的结果合理性等为基础予以确定。最后，向下类案检索的必要性是显而易见的——审级职能定位改革背景下，审判权整体下沉，向下检索是高层级法院统一辖区内法律适用问题的基础调研工作，而是否参照、如何参考则需要高层级法院就具体的法律适用问题予以分析和确定，并选择合适的审判指导方式加以推进和落实。

2. 法官自发运用案例情形下的范围外案例。案例的自发性运用是法官寻求内心支持的推理过程。对法官自发运用的案例范围及其参照适用的优先顺位、具体方法等，法律或司法指导文件并无规范要求。由于缺乏明确的法律依据，法官不会也不宜将运用案例的论证过程体现在裁判文书说理中。因此，法官可以针对待决案件中有待解决的具体问题，寻找合适的案例进行分析、研究和运用。例如，对于补偿责任的酌定，法官需要寻找类似案例提供标准参照的，并不像类案强制检索要求的应当优先遵循上级法院，可以地区经济发展的相似程度作为选取案例范围的标准之一。

三、法官如何找到可资运用的具体案例

无论是判例法国家"遵循先例"，还是我们提出的"类案同判""类案类判"，运用案例的前提都是找到待决案件的类似案件。法官进行类案检索、分析比较、确定类案的过程，是一个从初步判断到实质比对的不断聚焦的过程，具体包含三个步骤：一是明确需要运用案例解决的具体法律解释问题，如法律规范缺失、法律依据冲突、法律规则模糊等。二是检索发现可能类似的案件。三是对上述案件进行具体的相似性判断。上述步骤看似存在先后顺序，但实质上是一个综合思考的过程，核心问题在于待决案件与案例比较点的确定和相似性的判断。

（一）检索类案的方法

关键词检索、法条关联案件检索和案例关联检索是常见的案例检索方法。其中，后两种方法高度依赖案例检索平台的算法功能，故本文主要讨论的是关键词检索的方法。

1. 检索字段确定的非标准化问题

类案检索时的关键词实际上是案例中的重要比对点，关键词的选择成为检索的前提并直接决定检索效果。一方面，在先案例库是由众多法官撰写的裁判

文书组成。法官在撰写裁判文书的时候，相关叙述方式、表达内容会存在差异，给法官确定检索字段带来了一定困扰。例如，对于某一法律问题，存在常见的几类表述均可指代；又如，有的名词包含多个概念，难以通过便捷的方式对检索到的案例加以区分和筛选。另一方面，对不熟悉判例援引司法技术的法官而言，关键词检索出现“因人而异”的个性化操作不足为奇。[①] 尤其是对于复杂疑难案件而言，相关的事实信息点非常多，不同法官对于关键词的提取和选定存在很大差别，据此期待平台推送大体相当的类案检索结果，难度显著。

2. 检索字段确定的基本思路

检索字段确定的基本思路问题。从类案检索的实践方法看，事实、争点和适法三个维度都可以成为检索类案的入口。法官可以根据待决案件中有待解决的法律问题，提取事实、争点、适法的关键词予以检索。例如，有的法律问题，法官能够将主要争点提炼为关键词或短语，则可以直接以此进行类案检索。有的法律问题，法官认为解决关键在于找法，即存在两至三个可供适用的法条，或者在找法上不存在争议，在某一条文的理解适用上存在争议，则可以法条为切入口，摘取核心关键字段进行检索。有的法律问题，法官认为解决关键在于确认案件事实的法律性质，但对于找法范围尚未能够精确限缩，则可以案件事实为切入口进行检索。法官视案情的不同，可以通过不同的类案检索切入点，实现更加高效精准的检索目的。

3. 检索字段的类型化表达：事实要件 + 法律后果

法官进行类案检索、分析比较、确定类案的过程，本身是一个从初步判断到实质比对的不断聚焦的过程。进行类案检索时，法官其实已经明确，何种法律与事实是影响甚至决定案件裁判的关键要素。有学者提出“事实要件 + 法律后果”表达模式，可供法官在实际操作时参考。[②] 此种表述主要具备三方面的优势：一是从逻辑结构上，提醒法官进一步审视待决案件的法律推理是否存在逻辑问题。二是帮助法官进一步审视，所提取的待决案件的关键事实与法律问题

① 曹磊、刘晓燕：《类案检索应用的困境与破解——以助力法官裁决及文书撰写为视角》，载《中国应用法学》2021 年第 5 期。

② 刘树德、孙海波主编：《类案检索实用指南》，北京大学出版社 2021 年版，第 136-139 页。

是否存在冗余。三是帮助法院在进行类案判定时,快速确定可供比对的关键事实和法律要素。

(二)比较点的确定

根据《类案检索意见》的规定,最高人民法院确定类案的三个比较维度为基本事实、争议焦点、法律适用。理论和实务界对类案的判断标准虽然表述不尽相同、各有侧重,但基本也是围绕上述三个维度展开。①

1."基本事实""争议焦点""法律适用"维度的关系

争议焦点与诉讼当事人的诉(控)辩主张、所涉法律规范、事实证据情况都息息相关,是法律适用、基本事实相互交织后产生的。法官必须对基本事实和法律适用这两端精准把握,才能准确归纳案件的争议焦点:只有熟稔法律才能够在纷繁复杂的案件事实中体会到哪些事实或要素导致了争议焦点的出现;同样地,也只有详细把握事实,才能判断事实中的哪些要素或缺少哪些要素使现有法律规范无法为待决案件提供法律解决方案。

2.关键事实的提取

当初步检索到类案后,还需要对案例进行精细分析和比对,确定案例是否与待决案件相类似。对此,首先需要确定的是何为分析和比对的对象。从前文可知,争议焦点是连接待决案件与案例之间的桥梁。②因为法官寻找案例的问题导向是非常明确的——寻找待决案件中某一问题的法律解决方案。只有紧紧围绕适用法律存在模糊或困难的争议焦点搜寻,案例中的裁判规则才更具有逻辑上的"可靠性"。但是,争议焦点相同的案件并不意味着其具备了相似性基础。实务中存在着争议焦点相似但在关键事实方面有所差异的案件,甚至是非常微

---

① 例如,王利明教授提出"类似因素包括案件事实、法律关系、争议点、争议的法律问题相类似",参见王利明:《成文法传统中的创新——怎么看案例指导制度》,载《人民法院报》2012年2月20日,第2版。张骐教授提出"可以通过案件争议焦点的比较、案情的比较、关键事实的比较等途径判断是否属于类似案件",参见张骐:《再论类似案件的判断与指导性案例的使用——以当代中国法官对指导性案例的使用经验为契口》,载《法制与社会发展》2015年第5期。张志铭教授提出"在定性分析中确定待决案件事实与案例事实在整体性质上是否涉及相同的法律问题,在定量分析上两案的具体情结是否可以视为相同",参见张志铭:《中国法院指导案例制度价值功能之认知》,载《学习与探索》2012年第3期。

② 张骐:《再论类似案件的判断与指导性案例的使用——以当代中国法官对指导性案例的使用经验为契口》,载《法制与社会发展》2015年第5期。

妙的事实差异也会导致两个案件完全不同。因此，争议焦点可以成为发现类似案例的入口，但不足以作为案件比较点的确定。从演绎推理逻辑来看，还需要提取案件的关键事实作为比较点。但即使一个简单案件，其包含的事实也是大量的。因此，法官需要确定提取哪些“关键事实”进行比对。所谓关键事实是指法律规范构成要件所描述的事实，是根据事物本质构建的类型化事实，只有关键事实才是“在法律上具有比较意义的事实”[①]。那么，有无一定的客观方法帮助确定关键事实？这是为比较点的确定寻求理由支撑的过程，包含了法官的思维范式、价值判断和法律推理，与法官已有的司法理念、知识结构和生活经验相关，与案件所处的社会背景都相关。[②]对于储备一定法律知识和实务经验、受过系统法律方法学习的法官而言，判断待决案件和案例的关键事实并不十分困难，但是仍然陷于一种难以言明的“窠臼”中。且由于社会环境的复杂多样，法官在判断时所需考量的价值维度更多，也增加了确定关键事实的难度。虽然从正向出发提供明确的指引规则难度较大，但是法官可以通过假设的方式来检验关键事实是否需要提取。即当这一事实不被提取，对案件的裁判是否存在影响。此外，还可以从技术层面寻找确定关键事实的方法，如可以结合在先案例的判决理由来提炼关键事实，即通过发现前案法官在撰写判决理由时选择了哪些事实以及作了何种评价，来发现案件的关键事实。

（三）相似性的判断

通过提取案件的关键事实，可以使两案的比较点相对具体、确定，为判断相似性提供了初步基础。那么，案件相似性的判断过程是否可以依靠理性和客观方法来予以确定？

在成文法的语境下，案件之间相似性的判断通常是以隐性的或不规范的方式进行的，且缺乏专业性训练，故相似性判断绝非易事。针对案件的相似性判断标准，孙海波教授提出了四点基本印象，即类案判断标准是客观存在的，是复杂的，是具有一定相对性的，且不是单一的，并进一步提出了“相关相似性”的

① 张龑、程财：《类案事实相似性判断中“类”之确定性考量》，载《山东法官培训学院学报》2022年第2期。

② 张骐：《论案例裁判规则的表达与运用》，载《现代法学》2020年第5期。

概念，通过找出关键事实的相关相同点、不同点，进行二阶评价，综合判断相关相同点是否比不同点更具压倒性的优势，从而证成或否证同案。①

笔者在这里尝试作出一个粗浅、简约的归纳：相似性判断是一个程度判断的问题，在不断聚焦的实质比对过程中，法官需要运用类比推理做好关键事实的相似性比较和相异性比较，并进一步分析相似事实和相异事实的关键程度，决定是否为类似案件。具体步骤为：相似性比较→相异性比较→权重分析→确定是否属于类案→如初步认为属于类案，通过假设结果的逆向检验，确定是否需要排除"相似性"，即通过后果考量逆向检验参照适用案例裁判规则的实质正义和社会接受程度。

四、法官如何运用案例得出裁判结论

法官运用案例是为了寻找法律解决方案，其运用的内容是案例所包含的裁判规则，运用的方式应当体现为严谨的类比推理和演绎推理论证方式，运用的结果是在裁判文书中展现为说理内容。

（一）如何提炼案例的裁判规则

"正是由于案例中存在裁判规则，才有可能在案例的指导下实现类案同判。"② 法官在审理过程中运用案例，其实是运用案例中体现的裁判规则。

提炼裁判规则包含两个问题，即从案件中提取哪些信息以及如何表达的问题。关于信息的提取，与确定关键事实的逻辑思考过程是同一的，因为关键事实的确定本身与裁判规则中争议问题的确定密不可分。笔者不再赘述，本部分主要讨论裁判规则的表达问题。

在成文法语境下，法官需要在法律规范的框架内解释并适用法律，裁判规则应当起到沟通、连接案件事实与法律规范的作用。③ 和法律规范相比，它是事实针对性更强的规则；和个案的裁判思路、论证说理相比，它又是具有适用同类

① 孙海波：《重新发现"同案"：构建案件相似性的判断标准》，载《中国法学》2020 年第 6 期。
② 张骐：《论案例裁判规则的表达与运用》，载《现代法学》2020 年第 5 期。
③ 张骐：《论案例裁判规则的表达与运用》，载《现代法学》2020 年第 5 期。

案件的法律解决方案，应当具有涵摄其他案件事实的包摄性。因此，提炼裁判规则时，要注意其一般性和普遍性应介于法律规定和个案裁判思路之间，在逻辑结构上包含争议问题和法律解决方案两部分内容，在表达上应当具有一定的技术规范。一是封闭性表述，即避免出现“什么”“多少”等开放性表述内容，而使用“是否”“应当”等封闭性表述内容。二是要有具体性描述。须与法律规范的高度抽象相区分，这是案例裁判规则的价值所在。同时，法律解决方案的价值在于可以同样适用于类似的法律问题，因此也不宜太具象，严格限制案例的关键事实将导致案例无法得到运用。美国法学家卢埃林指出，将待决案件的适用限制严格的判例事实之内，是彻底废掉判例的一种常见方法。[①] 从类案检索经验看，要运用法律的通用概念，对争议问题和法律解决方案使用“一般性的语言”进行归纳，即将具象的事实从法律事件、法律行为的层次进行抽象。

（二）如何运用裁判规则得出裁判结论

面对两个可能的相似案件时，无论是选择类似处理还是区别处理，法官都应为自己的决定提供充分的理由。

1. 遵循类似案件类似处理的基本原则

法律的性质之一就要平等处理或平等对待，对于本质上相同的事物或现象，法律应给予相同的法律评价。[②] 运用案例其实是一种论证工具，笔者结合拉兹教授的公式表达作一个简化的说明：

（1）假设在先的案例案件事实有 abcdef，abc 属于关键事实的具体情形且应当提炼表述为 ABC，存在 ef 不影响得出裁判结论。据此可提炼的裁判规是“ABC → X”，即 ABC 可涵摄的具体事实可推出 X 的法律后果。

（2）法官认为待决案件中的案件事实 a’ b’ c’ 是 ABC 的具体情形，待决案件中还存在在先案例中没有的事实 g 和与之相反的事实¬ e、不存在案例中的事实 f。法官通过价值判断认为，存在 g 和¬ e、缺少 f 不足以排除适用“ABC → X”，则得出待决案件也可适用“ABC → X”的裁判规则。

---

① ［美］卢埃林：《荆棘丛：关于法律与法学院的经典演讲》，明辉译，北京大学出版社 2019 年版，第 61 页。

② ［德］卡尔·拉伦茨：《法学方法论》，陈爱娥译，商务印书馆 2003 年版，第 65 页。

在成文法国家，法官运用案例进行论证的过程的最大区别在于，应当在法律规范的框架下进行论证。即在上述类比推理过程中交织运用含有法律规范的演绎推理。例如，对于细化法律规则型的裁判规则——概念解释型，其推理过程可简化为：待决案件与案例类似→待决案件可参照裁判规则→待决案件属于某一法律规范的小前提→裁判结论。

2. 待决案件拟与案例裁判规则背离裁判的处理

一是指导性案例的背离适用。如果诉讼当事人在审理期间提出指导性案例与待决案件属于类似案件的，但法官认为待决案件不应当适用指导性案例的，则法官在裁判时负有严格的说理论证义务：对案例和待决案件进行区分，论证待决案件与指导性案例不属于类似案件。笔者认为，除了需要对关键事实的比对进行论证，还需要法官把握和体会裁判要点背后体现出的有关法律原则、政策和价值判断。当待决案件关键事实的价值评价与裁判要点所蕴含的价值取向一致时，可以将待决案件归属于裁判要点的构成要件之下。此外，如果法官发现待决案件与指导性案例确实属于类似案件，但从个案裁判角度，不宜参照指导性案例的，关于这一情形，最高人民法院明确规定，如指导性案例与新法、行政法规或司法解释相冲突或被新的指导性案例取代的，则其不再具有指导性。① 但此类情形仍应从法律适用分歧解决或完善法律统一适用的角度层报解决，不得径直背离适用。

二是须进行类案强制检索的待决案件对在先案例的背离适用。法官如认为待决案件需要对强制检索范围内的案例背离适用，应当如何处理？对此，各级法院均相应提出了审判监督管理要求，如合议庭应当建议提交部门专业法官会议讨论，院庭长应当依照程序召集部门专业法官会议讨论等。② 法官可以通过集体讨论程序确定待决案件的处理方案。

3. 案例之间裁判规则存在差异或冲突的处理

法官检索到的数个类案之间存在冲突，应当如何处理？回答这一问题的前

---

① 最高人民法院《关于案例指导工作规定的实施细则》第 12 条规定。

② 最高人民法院《统一法律适用工作实施办法》第 11 条规定。

提是，要明确案例之间产生差异的原因，即属于事实要素的差别，还是法官对法律理解的差别。如果是事实要素的差别，则本质上还是属于相似性判断的问题，应当通过类比推理的方式进一步进行实质比对。如果是法官对法律理解的差别，本质上是属于在先案例之间的法律适用分歧问题。对此，最高人民法院针对其生效裁判间的法律适用分歧提出了解决办法，部分高级法院也相应进行了有益探索。当前，最高人民法院、高级法院以及部分中级法院相继出台了关于解决法律适用分歧的办法或细则，法官可以相关案例的法院层级，层报审委会研究讨论解决。

此外，在研究决定在办案件的处理方案时，法院参考的具体因素包括多个方面，且须充分考虑法律效果、政治效果、社会效果的统一。笔者认为，仍有三个优先的基本原则，可供确定参照何者的问题。一是纵向层级优先。这是法律统一适用的内在要求，也是类案强制检索制度明确的优先顺位，体现了案例的"参酌力"层级。二是时间相近优先。随着社会发展和法律变迁，与待决案件时间相近的案例其面临的司法需求与待决案件的问题更加贴合，因此说服力通常更大。三是横向相近优先。即对于所处经济发展条件、社会环境等类似因素相近区域的案例，其规则的说服力更大。

（三）如何将案例融入裁判文书说理

法官处理待决案件时参照指导性案例的，应当将指导性案例作为裁判理由引述，注明指导性案例的编号和裁判要点，但不得作为裁判依据引用。关于在裁判文书中运用指导性案例的研究较多，笔者在此主要讨论其他案例融入裁判文书说理的方法。

由于案例不属于我国的正式法源，法官习惯于依照法律而非判例作出裁判。司法实务中，出于法律方法习惯和谨慎心理，法官并不会将上述运用类比推理、演绎推理的过程直接体现在文书中。法官常见的处理办法包括：一是直接搬运案例的说理过程，对所运用案例的裁判说理进行仿写、改写。即重塑案例的演绎推理过程，将法官内心的类比推理等综合论证过程转化为演绎推理过程，以法律解释方法代替类比推理论证。二是直接运用裁判规则得出结论，不作过多的法律解释。三是比照案例体现的裁判规则，逆向进行法律解释。此种情况主要发生在在先案例的裁判说理理由也不具体，但后案法官根据裁判思路或结论获得启发的情形。

有学者提出，在当前的案例的参照适用只能作为三段论式法律适用的辅助手段。[①] 笔者认为，这一观点有一定的道理。在当前的裁判文书样式要求下，法官将案例裁判规则运用到具体情况，使裁判规则的运用符合法律的精神，仍主要依靠运用法理予以诠释。

（四）如何回应诉讼参与人适用案例的请求

司法实务中，诉讼参与人运用案例支撑和强化己方主张、反驳对方主张已经成为一种经常性的做法。关于法官如何对提交类案进行判断的问题，与法官自行发现、证成和运用案例的过程并无明显差异。需要注意的是，诉讼参与人提交类案，并不能替代法官应当运用案例情形下的责任。相反，如果诉讼参与人提交的是指导性案例或者最高人民法院生效裁判，则法官应当负有类案检索的义务。关于法官如何予以规范回应的方式，最高人民法院作了三方面规定：一是要求纳入合议庭评议内容，主要针对的是诉讼参与人提交指导性案例或者最高人民法院生效类案裁判支持其主张的情形。合议庭应当将所提交的案例或者生效裁判与待决案件是否属于类案纳入评议内容。[②] 二是要求在裁判文书中予以回应，主要针对的是诉讼参与人引述指导性案例作为控辩或诉辩理由的情形。法官应当在裁判文书中回应是否参照了该指导性案例并说明理由。具体而言，法官应当在"本院认为"部分，将诉讼参与人提出的指导性案例作为其针对某一争议焦点的主张所对应的论据进行回应。[③] 三是允许灵活回应，主要针对的是诉讼参与人提交指导性案例以外的其他类案作为控辩或诉辩理由的情形，法官可以通过释明等方式予以回应。[④] 关于灵活回应的要求是否排除了法官直接在文书中予以回应的情形？从文义解释看，最高人民法院使用的是"可以"通过释明等方式回应，并未排除法官在文书中直接回应的方式，但从当前法官制

---

① 冯文生：《审判案例指导中的"参照"问题研究》，载《清华法学》2011 年第 3 期。

② 《最高人民法院统一法律适用工作实施办法》第 8 条规定。

③ 《〈关于案例指导工作的规定〉实施细则》第 11 条规定。

④ 《类案检索意见》第 10 条规定。

作裁判文书的外部压力来看，法官直接在裁判文书中回应的内驱力不足，也是当前进一步探索法官运用案例方式的主要限制。

五、结语

“类似案件类似处理”是法律统一适用的内在要求，也是人民群众对司法公正期待的应有之义。本文旨在以中基层法官为视角，立足案件审理的实务环节，对法官如何运用案例的规范要求进行梳理，并在总结相关研究理论的基础上努力提供一定的实用参考方法，以期为法官提高审理效率起到一定的帮助作用。

帮助信息网络犯罪活动罪“明知”含义廓清及推定适用*

张　雯**

摘要：具体明确且有针对性的“知道”是帮助信息网络犯罪活动罪“明知”的唯一内容。客观主义立场能够降低法官个人价值取向对“明知”认定的影响，保障“明知”认定的客观性与合理性，并有助于帮助信息网络犯罪活动罪“明知”的认定实现立法的类型化向司法的个罪定型化转变。从协调规范的角度出发，应当使用推定规则代替“应当知道”在规范中的表述。推定兼具实体法与程序法功能。为避免“明知”的推定规则为功能主义所用，推定规则的规范构建不仅需要考虑刑事政策，还应当接受责任理论的制约并受到基础价值的指引。降低或转移证明责任是刑事推定规则的基本属性。刑事司法解释中有关帮助信息网络犯罪活动罪“明知”认定的规则，实则混合了便利司法人员定性的操作性规则和设定义务以转移证明责任的推定规则。推定结论的或然性特征要求司法实践严格限制适用推定规则。

关键词：帮助信息网络犯罪活动罪　明知　应当知道　刑事推定

一、引言

为加强对网络犯罪的惩治，尤其是网络诈骗、网络赌博、网络洗钱等涉信息网络犯罪，《刑法修正案（九）》增设帮助信息网络犯罪活动罪，对维护人民群众

---

*　该文原载《青少年犯罪问题》2022 年第 6 期。

**　张雯，华东政法大学刑法学博士研究生。

合法权益、维护正常网络秩序发挥了重要作用。以帮助信息网络犯罪活动罪起诉的犯罪人数在 2021 年各类刑事犯罪中起诉人数排名第三，第一和第二分别为危险驾驶罪和盗窃罪。帮助信息网络犯罪活动罪是我国刑罚处罚早期化、前置化的产物之一，亦是刑事立法活跃化下刑罚功能向一般预防转变的趋势的征表之一。在 2019 年 11 月 1 日《最高人民法院、最高人民检察院关于办理非法利用信息网络、帮助信息网络犯罪活动等刑事案件适用法律若干问题的解释》（以下简称《解释》）发布前，帮助信息网络犯罪活动罪判决仅有 116 份。可见，从《刑法修正案（九）》生效到《解释》发布前，立法者为本罪设定的功能并未被司法实践激活。然而，在 2020 年公安部开展“净网”“断卡”等行动后，全国各检察机关起诉的涉帮助信息网络犯罪活动罪案件增幅大幅提升，2019 年起诉 499 人；2020 年起诉 13673 人；2021 年共起诉 129297 人；2022 年 1 月至 9 月，起诉 92576 人。① 其中，2021 年起诉人数是 2020 年的 9.5 倍。②2021 年，上海检察机关共受理网络犯罪审查逮捕案件 5938 件 11806 人，同比分别上升 126.6%、106.1%；办案量为 2017 年以来之最。③ 实践中本罪适用情况从最初的“爆冷”到如今的异常活跃，足以说明本罪的适用以及司法认定思路存在一定的问题。

过度犯罪化引起了对帮助信息网络犯罪活动罪处罚正当性的质疑。网络犯罪帮助行为的客观增长、主观要素的认识偏差以及根植的定罪思维，都是限制帮助信息网络犯罪活动罪的犯罪圈所应当注意的要点。但是，这些问题都未能真正触及核心——对帮助信息网络犯罪活动罪“明知”认定标准的松弛，或许才是导致帮助信息网络犯罪活动罪在实践中被扩张适用的“罪魁祸首”。有实证研究表明，相当数量的帮助信息网络犯罪活动罪案件的判决中，将行为人“明知自己的行为可能被用于犯罪活动”与行为人“明知他人实施犯罪”等同，大幅度降低了“明知”的认定标准，从而导致帮助信息网络犯罪活动罪司法认

① 《数据变化看检察：今年 1 月至 9 月起诉帮信罪 9.2 万余人》，载最高人民检察院官网，https://www.spp.gov.cn//zdgz/202210/t20221030_591202.shtml。

② 《最高人民检察院工作报告——2022 年 3 月 8 日在第十三届全国人民代表大会第五次会议上》，载《中华人民共和国最高人民检察院公报》2021 年第 2 期，第 11 页。

③ 《上海市网络犯罪检察白皮书（2021）》。

定呈现出不当扩张的状态。①

如何认定“明知”与“应知”的关系,刑法、立法解释以及司法解释对此一直予以关注。新近的刑事立法以及司法解释均涉及“明知”内涵的认定。例如,《刑法修正案(十一)》将第219条第2款中的“明知或应知”修改为“明知”,以保持立法模式的统一与协调。2009年后新增的司法解释打破了将“应当知道”作为“明知”下位概念的惯例,并且采取“具体列举+兜底条款+除斥条款”的“明知”认定复合模式。如此,似乎可以得出“明知”不包含“应知”的结论。然而,在解释“明知”的“兜底条款”“除斥条款”时,由于司法实践中对“明知”的证明予以简化,仍难免存在将“明知”的内涵扩张至“应当知道”的情况。帮助信息网络犯罪活动罪“明知”作为主观要素欲充分发挥限缩处罚范围的功能,还需通过“明知”的认定规则来实现。由于主观要素的证明特点,尤其是在零口供的情形下,“明知”的认定需要借助推定予以实现。因此,有必要对我国刑法和司法解释中关于“明知”推定规则作出类型化分析和合理的界定,在统一司法认识的前提下探索帮助信息网络犯罪活动罪“明知”推定规则的适用路径。

二、“知道”:帮助信息网络犯罪活动罪“明知”的唯一内容

信息网络安全与国家安全紧密相关,习近平总书记指出涉信息网络犯罪已然成为危害我国国家政治安全、网络安全、社会安全、经济安全等重要风险之一。尽管司法实践中对网络诈骗、网络赌博、网络洗钱等涉信息网络犯罪的打击长期以来都保持高压状态,但相关案件依旧频发。为应对涉信息网络犯罪形式不断翻新、与新技术伴生而产生的新型犯罪,实践中倾向于放宽主观明知的认定标准,② 以实现深化打击网络犯罪的网络安全保障目标。如此,帮助信息网络犯罪活动罪的“明知”认定已落入功能主义的陷阱。

---

① 张磊、张萌:《帮助信息网络犯罪活动罪司法适用问题研究——以131份判决书为视角》,载《青少年犯罪问题》2021年第4期。

② 肖恩:《通讯传输支持型帮助信息网络犯罪活动罪“明知”的认定》,载《检察日报》2021年7月13日,第7版。

(一)“明知”表述不一致

就规范的表述而言，刑法总则中“明知”作为主观罪过的认识要素包含“知道”和“应当知道”，但在刑法分则中，除“明知”的表述外还存在“明知或应知”并列规定的表述[①]，即分则中“明知”的表述包括“明知”和“明知或应知”。在《刑法修正案(十一)》对第219条侵犯商业秘密罪修改前，该罪是《刑法》分则中唯一采取“明知与应知”并列的立法模式。这一立法表述与分则其他规定之间明显存在不一致、不协调。另外，司法解释中有关“明知”的表述亦未与《刑法》保持一致。

司法解释曾一度将“应当知道”作为“明知”的下位概念予以明确规定，并在一段时间内形成了惯例。例如，《关于办理侵犯知识产权刑事案件具体应用法律若干问题的解释》第9条，在“明知”认定规定的兜底规定(其他知道或应当知道是假冒注册商标的商品的情形)中将“知道”“应当知道”作为“明知”的下位概念并列规定。再如，《关于办理毒品犯罪案件适用法律若干问题的意见》第2条，明确规定关于毒品犯罪嫌疑人、被告人主观明知是指“行为人知道或应当知道所实施的行为是走私、贩卖、运输、非法持有毒品行为”。而在刑法分则中，“明知”在绝大部分条文中是单独出现的，即使是侵犯商业秘密罪第2款，亦是将“明知”与“应知”并列，并未采取司法解释将“知道”或“应当知道”作为“明知”的下位概念的表述模式。如《刑法》第171条运输假币罪“明知是伪造的货币而运输”，第291条之一第1款编造、故意传播虚假恐怖信息罪“明知是编造的恐怖信息而故意传播”等。

司法解释中关于“知道”“应当知道”的规则均与故意犯罪中“明知”的认定有关。纵观司法解释，所有的“明知”均是对刑法分则中故意犯罪的认识因素的规定，没有一个与过失犯罪有关。[②] 而刑法总则中规定的“明知”并不与故意直接画等号。明知作为故意的认识因素存在，但在主观罪过的范畴内，尤其是从“明知”与“预见”的关系看，“明知”是有兼容过失的可能的，而非

---

① 2017年《刑法》第219条第2款规定：“明知或者应知前款所列行为，获取、使用或者披露他人商业秘密的，以侵犯商业秘密论。”

② 闻志强：《论刑法中的“明知”》，华东政法大学2017年博士学位论文，第274页。

仅是故意的征表。[①]“知道”是对事物具有认识的一种客观状态，“对事实或道理有认识”是“知道”的基本含义；[②]“知道”所认识的对象既可以是过去已经发生的，也可以是当下正在发生或未来可能发生的。“预见”是“根据事物的发展规律预先料到未来”；[③]“预见”是站在当下而着眼于未来的一种认识。因此，其所认识的对象是发生在未来的。有观点认为，“明知”的认识可能性程度较高，而“预见”的认识可能性程度较低，即以认识的程度作为区分“明知”与“预见”的标准。[④]然而，无论是“明知”抑或“预见”都是一种客观的认识状态——“知道”，而“知道”并不能够表明认识程度的高低。况且，主观罪过并非仅包括认识因素，在行为人认识到危害结果可能发生时，仍需要结合希望或者放任的意志因素证成故意。基于此，“明知”包含“预见”的认识对象，但两者在认识程度上并无高低之分，“明知”是故意成立的充要条件的结论似乎不能成立。

需要强调的是，《刑法》第 14 条、第 15 条是规定行为人对危害后果“必然发生”“可能发生”的两种认识情形，即行为人主观上对危害后果的认识包含必然性和可能性两种判断。尽管“明知”与“预见”的认识程度高低并不是区分两者的标准，但两者的认识内容亦并非完全相同。在“明知”包含“预见”的认识对象的前提下，就认识包含的情形而言，“明知”对危害结果的认识既可能是必然性的也可能是可能性的判断，而“预见”对危害结果的认识只能是可能性的判断。简言之，“明知”包含“预见”。诚然，故意与过失的认识因素的规范表述分别是“明知”“预见”，并由此形成了“明知”即故意、“预见”即过失的教条式理解，但这只是一种对“明知”内涵表面化、直观的解读。

（二）“明知”内容确定之客观立场选择

“明知”是必须予以证明的主观构成要件要素，然而，帮助信息网络犯罪活动罪的“明知”并不能直接从实行行为中直接得到确证。这亦是划定网络帮助

① 闻志强：《主观罪过视野中的“明知”》，载《青岛科技大学学报（社会科学版）》2018 年第 3 期。
② 中国社会科学院语言研究所词典编辑室：《现代汉语词典》，商务印书馆 2005 年版，第 1745 页。
③ 中国社会科学院语言研究所词典编辑室：《现代汉语词典》，商务印书馆 2005 年版，第 1668 页。
④ 高铭暄、马克昌：《刑法学》，北京大学出版社 2011 年版，第 93 页。

行为与中立帮助行为亟待解决的难题。为他人提供互联网接入服务等技术支持或者提供支付结算等帮助仅收取较低服务费，或者从事合法的网络经营业务但对于被帮助人是否利用自己经营的业务从事犯罪并无必然性或偶然性认识，在此类情形中，认定行为人对被帮助人犯罪行为的主观上存在“明知”是论证行为不法的前提。笔者认为，“明知”的认定应当基于客观主义的立场。司法人员对规范构成要件要素的认定应当选择行为人的客观立场，以行为人行为时为观察视角并作出合理妥当的判断。尤其是对“明知”的认定，司法人员在认定时难免会掺入个人价值偏好和评价立场。因此，为避免出现与公众认知偏差较大的裁判结果，对于需要伦理道德、社会文化以及社会经验认识评价的规范构成要件要素来说，司法人员诠释的标准与方式至关重要。[①] 宾丁首倡并由麦茨格尔发展完善的“行为人所属的外行人领域的平行”评价标准，可以为“明知”的认定提供具体的判断标准。依照此标准，在判断规范构成要件要素的场合，并不要求行为人了解规范概念的法律定义，只要求行为人认识到刑法规范保护所涉及的事实关系已足，或者说，行为人以自己的认知水平所理解的事实在规范化概念中的立法者评价无须行为人认识到。[②]

事实上，司法解释中已有体现“行为人所属的外行人领域的平行”评价标准内容的“明知”认定规则，如 2008 年最高人民法院《全国部分法院审理毒品犯罪案件工作座谈会纪要》认为“明知”的判断，应当依据被告人实施毒品犯罪行为的过程、方式、毒品被查获时的情形等证据，并结合被告人的年龄、阅历、智力等情况综合判断。此外，2022 年 3 月最高人民法院刑事审判第三庭、最高人民检察院第四检察厅、公安部刑事侦查局《关于“断卡”行动中有关法律适用问题的会议纪要》(以下简称《“断卡”会议纪要》)，认为在认定行为人主观“明知”时，需要结合行为人的认识能力、既往经历、交易对象、与信息网络犯罪行为人的关系、提供技术支持或者帮助的时间和方式、获利情况、出租、出售“两卡”的次数、张数、个数等客观因素。2019 年最高人民法院、最高人民检察院《解释》第

---

① 王昭振:《论规范的构成要件要素司法诠释的标准与方法》，载陈兴良主编:《刑事法评论》(第 23 卷)，北京大学出版社 2008 年版，第 363 页。

② [日]町野朔:《刑法总论讲义案 I》(第 2 版)，信山社 1995 年版，第 225 页。

11条强调综合多种客观证据认定“明知”。可见，“明知”认定规则的设计应以行为人行为时作为观察视角，将司法人员个人价值偏好和立场对“明知”认定客观性的影响降至最低，最大化地保障“明知”认定的客观性与合理性。

立足于客观主义的立场设计“明知”的认定规则，除了选择行为人行为时作为观察视角，选择与构成要件相关的客观事实作为判断素材亦是应有之义。司法裁判认定“明知”的方法是运用日常经验法则对行为人是否认识到特定事实、特定行为等作出判断。因而，司法实践中对分则罪名中“明知”的认定，均是基于各个罪名的实行行为及关联的客观事实判断行为人是否认识到特等事实或特定行为。“明知”是一种事前认识，因此，司法裁判中认定“明知”时，应当避免事后的因果倒推逻辑，以结果的现实化替代“明知”的认定。换言之，不能仅根据行为与结果间存在事实上的因果关系，或者某种已经发生的事实来确定行为人的刑事责任。“行为人所属的外行人领域的平行”的评价标准，正是从事前的角度出发设计“明知”的认定规则。

帮助信息网络犯罪活动罪的主观“明知”认定的关键在于如何实现立法层面的类型化向司法层面具体犯罪的定型化转变。有学者认为，应当进行双向对应性的规范解释路径，即在立法与司法层面上双向对应，实现立法的类型化向司法的个罪定型化转变。换言之，立法概括的类型化与司法具体个案的定型化相对应。[①]针对刑法分则中“明知”的认定规则设计问题，既涉及事实问题，也包含相应的法律理解和适用问题，需要法官在司法裁判中进行解释和评价，以实现立法的概括类型化向司法的个案定型化的转变，从而作出合理妥当的判断。从刑法解释的角度来看，帮助信息网络犯罪活动罪“明知”的认定和判断，对司法裁判提出了难题，除了在事实层面进行认定，还需要一定的规范和价值评价对带有主观色彩的“明知”进行认定，这部分需要法官在具体情形中合理考量行为人立场和行为时视角的客观立场予以综合判断。

帮助信息网络犯罪活动罪的行为规范为明知他人利用信息网络实施犯罪仍为其提供技术支持或其他帮助的。相比传统的结果犯和损害犯，帮助信息网络

① 肖中华：《空白刑法规范的特征及其解释》，载《法学家》2010年第3期。

犯罪活动罪的行为规范可以归纳为以下两类。其一,不以结果的出现为必要构成要件要素,将提供技术支持或其他帮助的行为规定为犯罪。例如,行为人在电商平台上提供解锁账号服务。其二,将提供某些特定物品的行为规定为犯罪。例如,向他人提供银行卡、电话卡。从教义学的角度来看,由于无须证明行为会引发无可避免的危险,因此,明知他人利用信息网络实施犯罪活动仍为其提供技术支持或其他帮助的行为至多是抽象危险犯。立法者之所以将"明知他人利用信息网络实施犯罪活动仍为其提供技术支持或其他帮助的行为"正犯化,是为了防卫社会风险,即立法者在这类行为中看到了危险。诚如前文所述,"明知"认定规则的设计需要选择与构成要件相关的客观事实作为判断素材,就帮助信息网络犯罪活动罪而言,它的行为规范即是设计"明知"认定规则的最佳素材。

立法者将第一类帮助信息网络犯罪活动罪行为规定为犯罪,意图在于明确指出他们所担忧的危险,即担忧他人因获得了行为人所提供的技术支持或其他的帮助,更加便利地实施犯罪或使犯罪危害扩大。针对这一行为类型设计"明知"认定规则时,需要将行为人提供技术支持或其他帮助时所要求的超过的内心倾向客观化。就此类行为的"明知"认定而言,虽然行为人提供的技术支持或其他帮助内容并不为法律所禁止,但提供行为本身是违法行为或合法性欠缺行为。《解释》第 11 条第 3 项即对行为人超过的内心的客观化表述。收取较高费用或采用隐蔽的方式交易,以及此种异常即为"明知他人利用信息网络实施犯罪"的客观表现。

立法者将第二类帮助信息网络犯罪活动罪行为规定为犯罪,意图在于为预防更严重的实害结果发生,降低证明要求以前置处罚。由于行为人提供的技术支持或其他帮助的目的在于帮助他人逃避监管或者规避调查,即目的不法,因此,此类行为一经实施即能作为"明知他人利用信息网络实施犯罪"的客观化表现。就该类行为的"明知"认定而言,在事实评价层面,只要行为人主观上对其所提供的技术支持或其他帮助能够帮助他人逃避监管或者规避调查等不法目的存在认识或者认识可能性即可,不要求行为人对他人逃避监管或规避调查等不法目的存在明确、具体的认识。在规范评价层面,尽管行为人不明确认识到其所提供的技术支持或其他帮助是规范意义上逃避监管或者规避调查的行为,但是从行为人生活环境、出入场所、接头暗语、交易习惯、交易金额等客观情况，能够认定行为人对于所提供的技术支持或其他帮助可以逃避监管或者规避调查存在认识或认识可能性的，就可以认定行为人“明知他人利用信息网络实施犯罪”而提供技术支持或其他帮助。例如，只要行为人认识到其提供的技术支持或其他帮助具有隐瞒身份、销毁数据、掩饰真实通信地址等功能，即可认定行为人主观上对他人利用信息网络实施犯罪存在“明知”。

(三)“明知”的规范解读

从规范本身出发，“明知”就是知道而不包括应当知道。尽管“明知”包含必然性认识和可能性认识两种认识情形，但可能性认识与应当知道并不具有相同的内涵。事实上，本来不知道但在特定条件可能知道才是对应当知道的正确解读。换言之，应当知道是一种推定而不是对“明知”的规范解读。帮助信息网络犯罪活动罪“明知”的含义只能是明确知道，“是具体的、有针对性的明知，不能为了减轻证明的困难便背离刑法解释的基本原理，任意扩大明知的认定范围”[①]。应当知道并非指向犯罪过失中的结果预见义务，而是推定的“明知”。“明知”的推定规则是一种证明方法，而非证明“明知”的替代方法。[②]虽然司法解释乃至立法解释常常将应当知道默认为“明知”的一种情形，但仅从字面含义将“应当知道”解释为“明知”，会混淆“明知”的规范理解与证明方法。妥当的做法应当是将司法解释文件中的“应当知道”理解为“明知”的推定规则。应当知道是司法裁判中综合全案事实，足以断定行为人不可能不知道的情形，它是“明知”的一种证明方法，与本案证据无法证明行为人确实知道相关客观事实的情形存在根本的区别。

事实上，已经有司法解释选择了有别于将“知道”“应当知道”并列规定的做法。譬如，2009 年《最高人民法院关于审理洗钱等刑事案件具体应用法律若干问题的解释》(以下简称《洗钱犯罪解释》)强调，为了避免司法实践中可能出现的将过失的情形纳入“明知”的误解，坚持我国洗钱犯罪仅包含故意犯罪的

---

① 孙运梁:《帮助信息网络犯罪活动罪的核心问题研究》，载《政法论坛》2019 年第 2 期。

② 杨新绿:《网络服务提供者明知的法理学分析比较》，载《天津法学》2017 年第 4 期。

立法本意，最终删除了《洗钱犯罪解释》草案中“应当知道”的表述。[①]由此可见，对于“应当知道”属于“明知”的认识，《洗钱犯罪解释》持鲜明的否定态度。与此同时，司法解释文件开始出现以“可反驳的客观推定”替换“应当知道”，尽管此种替换更多地表现为形式意义，但至少“应当知道”推定规则的属性被突出强调了。[②]并且，通过客观证据来推定行为人主观是否具有“明知”的做法，进一步凸显了推定的客观立场。

“明知”作为主观要素具有限缩客观行为解释的功能。刑法分则中“明知”包括对特定事实状态的明知与特定行为的明知。无论是特定事实状态抑或特定行为，都不以人的意志为转移的客观事实和客观存在；因此，对它们的明知都在人的意志以外。况且，特定事实状态与特定行为在很多时候是相互伴随的。例如，帮助信息网络犯罪活动罪中的“明知”是对“他人利用信息网络实施犯罪活动”这一特定事实的明知，但该特定事实中还包括“利用信息网络实施犯罪活动”特定行为的“明知”。从帮助信息网络犯罪活动罪构成要件可以看出，“明知”是构成要件符合性论证的逻辑起点。基于此，帮助信息网络犯罪活动罪中“明知”是行为人承担刑事责任的前提，亦是划定帮助信息网络犯罪活动罪刑事责任的范围和边界的依据。由于，帮助信息网络犯罪活动罪的实行行为并不具有类型性和定型性，即使认为“提供……技术支持”是概括性的归纳，也无法认可“提供……帮助”是存在核心行为的类型化行为。

固守知道为“明知”唯一的内容，可以实现限制帮助信息网络犯罪活动罪处罚范围的目的。本罪“明知”的内容是行为人知道被帮助人利用其提供的帮助实施犯罪活动，但从法条的表述看，立法者对被帮助人实施犯罪的罪名并未明确化、具体化，若仅依此认定应当知道也是“明知”，那么本罪很可能沦为空泛的网络犯罪“口袋罪”。“明知”包含必然性认识和可能性认识两种认识程度，必然性认识是达到行为人内心可以确信的认识状态，而可能性认识只是达

---

① 刘为波：《〈关于审理洗钱等刑事案件具体应用法律若干问题的解释〉的理解与适用》，载《人民司法》2009 年第 23 期。

② 王新：《我国刑法中“明知”的含义和认定——基于刑事立法和司法解释的分析》，载《法制与社会发展》2013 年第 1 期。

到行为人内心的一种盖然性认识、或然性认识或概括认识程度。由于“明知”包括可能性认识,实践中,司法机关往往会混同“应当知道”与“明知”的可能性,从而将“怀疑且无所谓(放任)”纳入“明知且放任”的范围之内。[①] 网络中立帮助行为处罚根据成为帮助信息网络犯罪活动罪司法实践中的难题,是此种粗犷的认定思路的后遗症之一。网络服务提供者并不明确知道所提供的服务被用于信息网络犯罪活动,仅知道所提供的网络服务可能被用于信息网络犯罪活动的时候,司法实践中往往会倾向于认定网络服务提供者构成帮助信息网络犯罪活动罪。例如,行为人通过互联网有偿承接解封微信账号的业务,检察机关认为,行为人虽并没有认识到他人利用解封后的账号实施犯罪活动的必然性,但有认识的可能性,仍然提供帮助,构成帮助信息网络犯罪活动罪。[②] 诚然,帮助信息网络犯罪活动罪的“明知”不要求行为人对被帮助人利用其提供的帮助实施信息网络犯罪活动有确切的认识,但即使仅要求行为人具有概括的认识,也应当要求行为人有认识到被帮助人利用所提供的帮助实施犯罪的必然性或可能性。换言之,行为人在仅具有模糊性认识的状态时,纵然被帮助人确实利用他所提供的帮助实施了犯罪活动,也不能以这种倒推的因果当然地证明行为人主观上具有“明知”。

三、价值衡量:帮助信息网络犯罪活动罪“明知”刑事推定规则建构

“推定是由法律规定并由司法人员做出的具有推断性质的事实认定。”[③] 虽然推定是一种司法证明规则,但由于它涉及刑事违法性的判断,因此它也是一个实实在在的实定法问题。诚然,推定规则需要在刑事政策的大背景下考量,但就它的设定初衷而言,推定规则是为了解决归责问题,因此,它还应当接受责任理论的制约。否则,推定规则将被刑法功能主义所利用,以强调刑罚社会治理工具的属性。诉讼活动虽然以正义为根本遵循,但基于它的现实性,经济性

① 刘艳红:《网络中立帮助行为可罚性的流变及批判——以德日的理论和实务为比较基准》,载《法学评论》2016 年第 5 期。

② 卢金增、林凡茂:《帮他人解封社交账号赚取差价》,载《检察日报》2021 年 8 月 20 日,第 4 版。

③ 何家弘:《从自然推定到人造推定——关于推定范畴的反思》,载《法学研究》2008 年第 4 期。

必须被考量。程序并不回答何为正义，而是指引人们如何追求正义。尽管迟到的正义总比没有等到的正义要好一点点，但不会有人乐意无期限的等待与生活如影随形。从这个角度出发，程序的经济性也是正义不可或缺的一环。

（一）"明知"刑事推定规则建构须规范化

推定是一种解决司法证明困难、提高诉讼效率的证明方法，它的基本功能是给司法人员提供认定未知事实的简便方法。从法律效果上看，推定兼具实体与程序的双重功能。① 因此，尽管推定的本质属性为司法证明方法，但它的设计不仅需要考虑价值评价还应当涉及规范性评价。尤其是对"明知"等主观内容而言，推定拥有改变构成要件证明方式的作用。司法实践中对帮助信息网络犯罪活动罪的"明知"认定存在诸多疑难争议问题。例如，行为人对被帮助人实施信息网络犯罪活动主观上是否需要明知具体犯罪行为以及可能涉及的罪名等。对相关问题，由于理论上亦存在分歧，尚未形成对实践具有相当影响力的通说，影响了法律统一适用。"明知"推定规则于理论上的分歧传导至司法实践表现为以下两种观点的相峙：其一，由于银行卡、电话卡的办理已经实行实名制管理，出租、出借、出售"两卡"时即可认定行为人应当具有违法性认识，而不再要求行为人主观上对被帮助对象的行为性质有进一步的明确认知；其二，应当对出租、出借、出售"两卡"的行为人主观"明知"推定规则的作出限制，不能仅因为行为人向他人提供"两卡"即推定其主观上具有明知。② 基于此，笔者认为，对于帮助信息网络犯罪活动罪主观"明知"的推定规则需要加强规范化研究。

伴随着信息网络快速发展，网络诈骗、网络赌博、网络洗钱等犯罪形式和犯罪方式已经发生了翻天覆地的变化。特别是在《解释》适用后，帮助信息网络犯罪活动罪案件的数量急剧上升，给办案人员带来了巨大的压力，而行为人"明知"他人实施信息网络犯罪活动的主观证明即是压力源之一。在帮助信息网络犯罪活动罪案件数量居高不下的大背景下，设计推定规则以疏通本罪司法认定难点具有必要性。需要注意的是，虽然推定规则是为了解决司法证明难题，但

---

① 琚明亮：《证明困难视阈下的事实认定与刑事推定》，载《政治与法律》2020 年第 2 期。

② 《帮助信息网络犯罪活动罪的司法适用——首期实务刑法论坛研讨实录》，载民主与法制网，http://www.mzyfz.com/html/1349/2022-02-22/content-1555648.html。

由于其直接关涉责任认定，因此，它的构建仍然需要在刑事法律框架内进行。换言之，推定规则的构建除了要遵循日常经验法则，还需要充分调动其联结立法与司法的积极作用，以实现保障人权、促进人的自由发展的刑法目的作为最终落脚点。

首先，帮助信息网络犯罪活动罪推定规则的构建需要对刑事政策予以把握。2020 年 12 月，中共中央印发《法治社会建设实施纲要（2020—2025 年）》，要求"推动社会治理从现实社会向网络空间覆盖，建立健全网络综合治理体系，加强依法管网、依法办网、依法上网，全面推进网络空间法治化，营造清朗的网络空间"。实际上，这对帮助信息网络犯罪活动罪"明知"推定规则构建提供了基本的政策方向指引，即进一步深化治理涉信息网络犯罪。刑事推定可以帮助克服刑事诉讼中的证明困难，是实现社会治理政策目的的有效工具，从犯罪治理角度来看，对帮助信息网络犯罪活动罪需要从严治理，但就帮助信息网络犯罪活动罪"明知"的推定规则规范构成而言，其仍然应当遵循宽严相济刑事政策的精神。

具言之，其一，以"以宽济严"为基本导向，谨防帮助信息网络犯罪活动罪演变为新的"口袋罪"。就帮助信息网络犯罪活动罪"明知"证明而言，在司法实践中存在简化证明标准的问题，从而导致了帮助信息网络犯罪活动罪认定范围过于宽泛的问题。帮助信息网络犯罪活动罪"明知"的推定规则应当以实现"三个效果"的有机统一为核心。在确保良好的法律效果前提下，全面客观把握不同时期、不同地区的经济社会状况和社会治安形势，充分考虑人民群众的安全感和惩治犯罪的实际需要，争取更好的社会效果和政治效果。其二，在推定规则适用中体现宽严相济刑事政策"区别对待"的精神内核，对贩卖"两卡"团伙头目和骨干，向未成年人、在校学生、老年人等特殊群体收购"两卡"，对境外电信诈骗集团提供帮助者以及行业"内鬼"，依法从严处理；对未成年人、在校大学生向他人提供"两卡"的，在法律允许的范围内从宽处理。《"断卡"会议纪要》中对此作了明确的规定，这也是司法总结过去经验后的自我调整。

其次，帮助信息网络犯罪活动罪推定规则构建应当接受责任主义的指导。司法实务人员认为，帮助信息网络犯罪活动罪的"明知"要件在司法实践中应当严格、审慎把握。[①]2021年6月最高人民法院、最高人民检察院、公安部联合发布《关于办理电信网络诈骗等刑事案件适用法律若干问题的意见（二）》（以下简称《意见（二）》）第8条着眼于解决帮助信息网络犯罪活动罪“明知”认定难题，在总结既往办案经验的基础上，增加了一种认定“明知”的情形，即“收购、出售、出租单位银行结算账户、非银行支付机构单位支付账户的”可以认定为《解释》第11条规定的“其他足以认定行为人明知的情形”。由于金融监管机构对单位银行结算账户和非银行支付机构单位支付账户的申请开立有更高的要求和约束，相关部门对申请设立此类账户的监管和警示提醒；并且，司法实务人员根据已有经验来看，非法交易的此类账户大多被用于实施电信网络诈骗等违法犯罪行为，基于以上原因，行为人收购、出售、出租单位支付结算账户的行为，可以认定其认识或可能认识他人利用其提供的帮助实施信息网络犯罪活动。[②]根据相对违法性理论，刑法应当秉持独立性，行政违法性认识不是刑事违法性认识的必要条件，不能仅以行为人知道“两卡”不能买卖、转让还实施买卖、转让等行为，或者银行在办卡时已经提示不能买卖、转让，就推定行为人主观上具有这里的“明知”。况且，这样的推定看似遵循了日常经验法则，实则是一种从结果倒推的主观逻辑，并不符合证明规则的要求。此外，当我们将观察视角从帮助信息网络犯罪活动罪司法适用扩大至社会生活，必然会发现转让“两卡”并非一定会用于信息网络犯罪，完全可能出于逃避实名制等其他目的。

最后，帮助信息网络犯罪活动罪“明知”推定规则的构建应当由“具体列举＋兜底条款＋除斥条款”的模式，转变为“抽象概括＋具体列举＋除斥条款”的模式。“法官个人经验的法律规则化”是推定规则合理性的基础，尽管它需要及时根据现实情况作出调整，但经验总结后的抽象概括才是推定规则适用的一般原则。推定规则的抽象概括同兜底条款相似，同样具备包容新类型、新情况的功能。更何况，兜底条款的适用还要受到同质性解释原则的限制，而同

① 《帮助信息网络犯罪活动罪的司法适用——首期实务刑法论坛研讨实录》，载民主与法制网，http://www.mzyfz.com/html/1349/2022-02-22/content-1555648.html。

② 刘太宗、赵玮、刘涛：《“两高一部”〈关于办理电信网络诈骗等刑事案件适用法律若干问题的意见（二）〉解读》，载《人民检察》2021年第13期。

质性解释的标准即为列举条款共同反映出的“明知”推定的核心内容。需要强调的是,即使仅考虑程序的经济性,直接引用推定规则的抽象概括条款的效果更佳。帮助信息网络犯罪活动罪“明知”推定规则的构建,既要尊重推定规则适用的理论基础,还需要充分考虑办理帮助信息网络犯罪活动罪案件的现实需求。“办理刑事案件、适用刑事法律如果只满足于对法律的教义学解读,不与人民群众的关注、关切共鸣互动,就可能背离人民群众的公平正义观念,辜负他们对公平正义的期待。”① 因此,帮助信息网络犯罪活动罪“明知”推定规则的构建应当牢牢把握住严谨的法理以彰显司法理性,在公认的情理中展示司法良知。

《阅微草堂笔记》中有这样一个案例:“门人吴生冠贤,为安定令时,余自西域从军还,宿其署中,闻有幼男幼女,皆十六七岁,并呼冤于舆前。幼男曰:此我童养之妇,父母亡,欲弃我别嫁。幼女曰:我故其胞妹,父母亡,欲占我为妻。……问同丐者,则曰:……但闻其以兄妹称,然小家童养媳与夫亦例称兄妹,无以别也。有老吏请曰:……断离断合,皆难保不误,然断离而误,不过误破婚姻,其失小;断合而误,则误乱人伦,其失大矣。”② 在此案中运用日常经验法则的逻辑推理并不能得出妥当的答案,经验丰富的老吏所言“断离而误,误破婚姻,其失小;断合而误,误乱人伦,其失大”,其实是在婚姻和伦理的冲突中选择了更为重要的伦理。逻辑推理的尽头是法官心中的“价值取向”,是司法的良知。可见,“抽象概括+具体列举+除斥条款”的“明知”推定模式能够将价值取向贯穿其中,使其成为可以自我更新但又能保持核心价值不变的可持续发展的稳固结构。

(二)“明知”刑事推定规则构建原理

诚然推定是以法官个人经验为基础,且这种经验实则是对基础事实与推定事实之间的伴生关系或常态关系的归纳与总结,③ 但它仍然是具有法律规定的属性。即推定是被法律固定的经验法则。基于此,推定规则的建构和适用都是

① 胡云腾:《习近平法治思想的刑事法治理论及其指导下的新实践》,载《法制与社会发展》2022年第5期。

② 《阅微草堂笔记·如是我闻》,韩希明译注,中华书局2014年版,第805页。

③ 何家弘、黄健:《贪污罪非法占有目的之推定规则初探》,载《法学杂志》2016年第10期。

一种法律活动。“推定是人们基于日常经验法则而来的。人们对社会上的某种现象进行反复认识之后，逐渐掌握了其内在规律，对这种内在规律的认识即经验法则，具有高度的盖然性。由于事实推定的机理基于盖然性，因而得出的结论并非是必然的，而存在或然性。”① 推定的方法源于日常经验法则，因此推定规则建构的机理根植于盖然性的日常经验法则，从这个角度看，推定的结论并非完全确定的，而更多表现为或然性。“在司法实践中，对明知的认定大都根据客观事实予以推定。推定对解决司法证明困难、实现法益保护和提高认定事实效率等具有重要意义。然而，推定只能是一种高度盖然性的结论，如果适用不当有可能带来事实认定的错误。”② 为了保证程序正义的实现，确保推定结论的合理性、正确性，设计推定规则时应该包含容许行为人反驳的内容，在行为人做出合理解释的基础上推倒推定结果的成立。从语法上看，帮助信息网络犯罪活动罪的“明知”属于“明知＋违法行为”的组合，即明知的内容为认识或可能认识到他人利用其提供的技术支持或其他帮助实施信息网络犯罪活动。因此，在设计帮助信息网络犯罪活动罪“明知”推定规则时，应当围绕帮助信息网络犯罪活动罪的行为规范与认识或可能认识到他人实施信息网络犯罪之间是否符合盖然性经验法则，即两者之间是否有伴生关系或常态联系。由于，建构推定规则的基本原理即是根据经验法则在已知事实与待证事实之间创设法律关系，因此，推定规则所创设的法律关系，必须建立在已知事实与未知事实之间存在伴生关系或常态联系等可以肯定高度盖然性的情形下。

有学者从刑事推定的创设及规制视角分析了实体法学者与程序法学者在建构推定规则时关注点的不同。实体法学者强调在法教义学基础上，对构成要件本身的推定机能阐释以及个别构成要件要素的推定功能界定，而忽视或无视刑事推定于证据法上最原始的创设动因与作用范围；而程序法学者则更关注刑事推定概念下的证明责任、证明标准以及推定事实的证明力等内容，就研究结论在实务中是否具有妥当性与可接受性等问题则较少关注，从而导致刑事推定

---

① 刘科：《帮助信息网络犯罪活动罪探析——以为网络知识产权犯罪活动提供帮助的犯罪行为为视角》，载《知识产权》2015 年第 12 期。

② 刘宗武：《推定明知须把握基本规则》，载《检察日报》2016 年 11 月 2 日，第 3 版。

在立法论层面上的模糊不定。[①] 基于此,"明知"推定规则规范构成的探究视角不应当局限在单纯的实体法解读或程序法塑造,而应当以刑事一体化的视角作为切入点。《解释》第11条以"列举+兜底+反驳"的方式规定了帮助信息网络犯罪活动罪"明知"推定规则。该款规定虽然吸收了惩治电信网络犯罪的经验,以服务司法实践为宗旨,但整体而言该款属于回应型、被动式的规则。尽管概念法学强调法律是由概念组成的封闭系统,但是,如前文所述,仅依靠纯演绎推理的法律适用显然不是正义的审判。当下,即使推定的本质是一种司法证明方法,但在司法实践中它的适用仍然以实定法规范为前提。换言之,实践中,"明知"推定规则的适用由证明方法异变为法规范的理解与适用,这显然不能全部反映出推定规则兼具实体法与程序法的功能特征。

(三)"明知"刑事推定规则构建路径

探索"明知"推定的内生规律并以此为据建构具体规则,才是解决当前帮助信息网络犯罪活动罪实务困境的妥当路径。一方面,帮助信息网络犯罪活动罪"明知"的推定规则应当立足于吸收实践中较为成熟的经验做法,并将之提炼、归纳为抽象的司法规则,旨在为司法裁判提供明确依据,有效地服务于司法实践。另一方面,由于帮助信息网络犯罪活动罪"明知"推定兼具程序法和实体法意义,并且与罪刑法定原则的确定性侧面直接关联,因此,其应当由立法机关和司法权力机关以规范化条文的形式被固定,以指引司法人员适用推定规则并避免司法认定的武断。

首先,在建构推定规则时,最重要的是要科学合理地概括基础事实。推定的可靠性取决于基础事实的真实性,只有基础事实得到充分证明,对相关事实的证明责任才能被免除,才能在司法中适用推定规则。有学者总结,"从个别到一般"的推定规则可分为择一型与综合型。择一型推定以"极其显然"的单一基础事实可推定待证事实成立,综合型推定则需要综合多个"合理联系"的基础事实推出待证事实。[②] 可见,基础事实是推定规则的主要对象,而无论是"极

① 琚明亮:《证明困难视阈下的事实认定与刑事推定》,载《政治与法律》2020年第2期。
② 杜邈:《刑事推定规则的特征、类型与司法适用》,载《法律适用》2022年第2期。

其显然”抑或“合理联系”，都只是运用日常经验法则判断基础事实与推定事实间伴生关系或常态联系盖然性程度的结论。根据司法实践中处理帮助信息网络犯罪活动罪案件经验。《解释》遵从了“从个别到一般”的推定规则方法，并根据司法实践中处理帮助信息网络犯罪活动罪案件的经验，列举了推定“明知”的几类客观事实。然而，《解释》并未抽象出“明知”推定规的一般情形，而是设置了兜底条款以周全“明知”推定规则的外延。随后，《意见（二）》明确指出，帮助信息网络犯罪活动罪的“明知”应当结合行为人的认知能力、既往经历、交易对象、与实施信息网络犯罪行为人的关系、提供技术支持或者帮助的时间和方式、获利情况以及行为人的供述等主观因素，综合认定基础事实是否存在。尽管该规定仅是构建抽象概括的“明知”推定规则的方向性表述，但其已经具备了抽象概括规则所要求的一般性特征。

其次，建构推定规则时，应当注意推定是关于未知事实间接认定的法律规定的本质属性，如此既能够有效地避免推定与推断概念的混淆，还可以提高推定设立的合理性和推定运用的规范性。[①] 因此，在建构帮助信息网络犯罪活动罪“明知”推定规则时必须遵循逻辑和经验法则，即行为人认识或可能认识他人利用所提供的帮助实施信息网络犯罪活动与提供帮助行为之间存在伴生关系或常态关系。实践中，虽然帮助信息网络犯罪活动罪符合司法解释列举相应的情形，但认定行为人“明知”被帮助人利用其提供的帮助实施信息网络犯罪活动的规则，还“应当经得起生活事实的常识性检验，不应该机械化、庸俗化地理解司法解释的内容”[②]。只有如此，依据“明知”推定规则作出的裁判方能引起群众的共识，发自内心地认同判决结果，此时，刑罚的预防作用才真正发挥。另外，需要注意的是，依据“明知”推定规则得出的结果应当允许行为人反驳。《布莱克法律词典》的作者强调，不可反驳的推定“实际上就是法律规则”[③]；而《元照英美法词典》的作者则认为对不可反驳的推定“更恰当地应该称为法律规则或

---

① 何家弘、黄健：《贪污罪非法占有目的之推定规则初探》，载《法学杂志》2016 年第 10 期。

② 邢红霞、田然：《司法推定的证明方法及其限制——以集资犯罪“非法占有目的”为视角展开》，载《法律适用》2019 年第 22 期。

③ Bryan A.Garner, *Black's Law Dictionary*,7th ed.,West Group,1999,p.1204.

法律拟制”[1]。换言之，依据推定的基本原理，不可反驳的推定并不是根据基础事实与推定事实之间的伴生关系做出的推断，而是法律基于一定的价值考量做出的规定。[2]

最后，在建构推定规则时，应当追求公平、正义、平等的价值目标。“与程序法上对刑事推定理想功能的预设所不同，实务部门对实体法的适用中多就刑事推定表现出一种惯习性与偏向性的入罪化倾向，即将其本应受到合理限定的证据法功能不当扩大至实质性的犯罪构成层面，进而使其成为风险社会下刑法控制的又一制度性工具。”[3]可见，融入公平、正义、平等基础价值的推定规则对谨防刑法过分工具化大有裨益。诚如前文所述，推定依据日常经验法则在已知事实与未知事实之间创设法律关系，简言之，推定规则是一种法律规定。然而，何种“经验法则”可以被选择为推定创设法律关系的依据，或者说经验法则是如何被发现的。事实上，对此问题的回答，涉及一个古老的法哲学问题——法的正当性为何？笔者认为，自然法已经或较为妥当地回答了这个问题。西塞罗认为自然法是衡量人定法的唯一标准，因为法律的目的是维护国家的统一和人民的安全与幸福，所以，范式国家制定的法律，符合这种目的的才是“真正的法律”。[4]公平、正义、平等这些最本质的原则或精神，就是法的基本精神和内在规律。孟子曾言：离娄之明，公输子之巧，不以规矩，不能成方圆；师旷之聪，不以六律，不能正五音；尧、舜之道，不以仁政，不能平治天下。今有仁心仁闻，而民不被其泽，不可法于后世者，不行先王之道也。故曰：徒善不足以为政。徒法不能以自行。此处，虽然孟子仅论证了法律的局限性，但这也从另一个角度表明了法律应当包含一些超越规范的内容以消解这种局限性。越是贴合公平、正义、平等的法律，越是容易被公众由内心产生认同并自觉遵守。具体到帮助信息网络犯罪活动罪“明知”的推定规则设计时，应当以公平、正义、平等为价值目标，以实现保障人权、促进人的自由发展为最终目的。如《“断卡”会议纪要》

---

① 薛波：《元照英美法词典》，法律出版社2003年版，第1084页。
② 何家弘：《从自然推定到人造推定——关于推定范畴的反思》，载《法学研究》2008年第4期。
③ 琚明亮：《证明困难视阈下的事实认定与刑事推定》，载《政治与法律》2020年第2期。
④ 张宏生主编：《西方法律思想史》，北京大学出版社1983年版，第59页。

明确指出对于交易双方存在亲友关系等信赖基础，一方确系偶尔向另一方出租、出售“两卡”的，要根据在案事实证据，审慎认定“明知”。此即在引导司法人员依据推定规则认定行为人“明知”时应当将保障人权、促进人的自由发展作为根本价值目标，在司法裁判中展示司法良知，避免得出与公众朴素的正义观相反的裁判结果。

四、规范协调：帮助信息网络犯罪活动罪“明知”推定规则之确认与适用

刑事推定是基于某些举证困难甚至不能的特殊情况而设置的减轻或转移证明责任负担的制度。[①] 通过设立推定来认定行为人主观上“明知”他人利用其提供的技术支持或其他帮助实施信息网络犯罪活动，既要保证司法裁判的正确性，也要保证司法裁判的公正性，还要保证司法裁判的经济性。基于此，在司法实践中，推定即有利于减少不必要的重复性证明活动，从而降低司法的成本，还可以避免个别难以证明的事实问题成为认定整个案件事实或争议的阻碍或拖累，从而提高司法的效率。[②] 然而，从根本属性上看，推定毕竟是法官个人经验的规则化，因此为避免法官在推定中杂糅过多的个人取向，不仅有必要规范“明知”推定构成，更有必要在犯罪类型多样且不断发展的现实下，统一“明知”推定规则适用的认识和理解。

（一）“明知”推定规则之确认

诚然推定是一项诉讼证明制度，但刑事规范中的推定规则具有一个重要特征——刑事推定规则均是由实体法规定的。[③] 从这个层面来看，如何确认和理解刑事推定规则的属性是其适用的重要前提。有学者从推定结论的程序法效果出发，将刑事推定规则归纳为结论性推定和可反驳推定。[④] 结论性推定所得出的结论不允许反驳，如前所述，结论性推定是立法者基于一定价值、政策考量后设定的法律规则。尽管结论性推定的本质是实体法规范而非证据法规范，但它仍然

① 汪建成、何诗杨：《刑事推定若干基本理论之研讨》，载《法学》2008 年第 6 期。
② 何家弘、黄健：《贪污罪非法占有目的之推定规则初探》，载《法学杂志》2016 年第 10 期。
③ 龙宗智：《推定的界限及适用》，载《法学研究》2008 年第 1 期。
④ 龙宗智：《推定的界限及适用》，载《法学研究》2008 年第 1 期。

与法律拟制存在区别。因为，在法律拟制的情况下，仅涉及构成要件“该当性”是否符合的问题，并不涉及事实和判定问题。还有观点认为在抽象危险犯中，对行为一经实施或特定情形下即肯定“危险”存在或可能存在，是以可能的危险性作为推定主观心态存在。[①]笔者认为，抽象危险犯是立法者对危险判断的价值选择，处罚的前置化或早期化更多地表明了立法者对某些行为处罚必要性的态度，因而这既不是法律拟制亦不属于推定。基于推定的基本功能——在已知实施和未知事实之间创设法律关系——观察《刑法》不难发现，目前仅有第 282 条第 2 款非法持有国家绝密、机密文件、资料或其他物品和第 395 条第 1 款巨额财产来源不明罪中存在推定规则。

刑事司法解释与刑事诉讼的联系较刑法而言，紧密程度更高，但这是否即意味着刑事司法解释中有关“明知”的认定规则均属于推定呢？对此问题的回答，需要依据刑事司法解释中规范的具体类型予以分析。笔者认为，目前刑事司法解释中有关主观要件的规范包括以下三类。

第一，便利司法人员定性的操作性规范。该类规范立足于司法实践问题，着眼于总结既往案件的处理经验，区分不同情况并选择具有典型性、指导性、可参照性的情形，旨在统一司法认识、避免司法武断，指导司法人员更便利地适用法规范。例如，2022 年《最高人民法院关于审理非法集资刑事案件具体应用法律若干问题的解释》（以下简称《非法集资解释》）第 7 条[②]中有关非法占有目的的认定的规定。诚然，根据自由心证这一现代诉讼证明力判断的一般原则，即能够依据经验对待证事实作出自由评价，且不会受到法规范或司法解释条文的

---

① 参见李恩慈：《刑法中的推定责任制度》，载《法学研究》2004 年第 4 期。

② 《非法集资解释》第 7 条规定：“以非法占有为目的，使用诈骗方法实施本解释第二条规定所列行为的，应当依照刑法第一百九十二条的规定，以集资诈骗罪定罪处罚。使用诈骗方法非法集资，具有下列情形之一的，可以认定为‘以非法占有为目的’：（一）集资后不用于生产经营活动或者用于生产经营活动与筹集资金规模明显不成比例，致使集资款不能返还的；（二）肆意挥霍集资款，致使集资款不能返还的；（三）携带集资款逃匿的；（四）将集资款用于违法犯罪活动的；（五）抽逃、转移资金、隐匿财产，逃避返还资金的；（六）隐匿、销毁账目，或者搞假破产、假倒闭，逃避返还资金的；（七）拒不交代资金去向，逃避返还资金的；（八）其他可以认定非法占有目的的情形。集资诈骗罪中的非法占有目的，应当区分情形进行具体认定。行为人部分非法集资行为具有非法占有目的的，对该部分非法集资行为所涉集资款以集资诈骗罪定罪处罚；非法集资共同犯罪中部分行为人具有非法占有目的，其他行为人没有非法占有集资款的共同故意和行为的，对具有非法占有目的的行为人以集资诈骗罪定罪处罚。”

限制，可以说《非法集资解释》第7条所列举的七种行为对认定行为人主观上具有非法占有集资款目的均具有合理性，并且据此得出的裁判并不会与公众的朴素认知相反。但是此类条文化的规定仅是以概括的方式列举了司法实践中常见、典型的情况，简化了司法人员适用法条的过程，其中既不包含降低证明标准等具有假设性的内容，又不包括转移证明责任的内容，因此不是推定规则。

第二，确认构成要件事实的解释性规范。在部分故意犯罪中，"明知"是行为符合构成要件的前提，亦是定罪的关键。如前所述，在司法实践中，"明知"的认定一直存在较大的争议与困难。基于此，刑事司法解释对这部分犯罪的"明知"认定作出规定，在规范中消解由经验差异引起的分歧。例如，2002年最高人民法院、最高人民检察院、海关总署联合发布的《关于办理走私刑事案件适用法律若干问题的意见》对可反映行为人对走私的"明知"的情形予以列举。[①]虽然，此类刑事司法解释中所列举的情况均可以表明行为人主观上存在"明知"，进而根据日常经验法则能够合乎逻辑地推断出行为人主观上具有犯罪故意，但同前一种类型相似，它们亦没有转移证明责任。需要强调的是，在控方应当承担证明行为人主观上具有犯罪故意尤其是"明知"的证明责任时，通常而言，可以综合行为人行为时的客观情况等判断其是否"明知"，而不需要专门举证证明其主观方面。此外，由于依据推定规则得出的结论仅具有或然性，因此，允许反驳并非推定规则的独有特征。从这一角度出发，即使条文中含有允许反驳的内容，也并不能据此直接认定该条款为推定规则。

第三，设定义务以转移证明责任的推定规则。转移证明责任是推定规则于程序上的基本属性，诚如前文所述，推定规则兼具实体法与程序法的功能，但其

① 《关于办理走私刑事案件适用法律若干问题的意见》第5条第2款规定："走私主观故意中的'明知'是指行为人知道或者应当知道所从事的行为是走私行为。具有下列情形之一的，可以认定为'明知'，但有证据证明确属被蒙骗的除外：(一)逃避海关监管，运输、携带、邮寄国家禁止进出境的货物、物品的；(二)用特制的设备或者运输工具走私货物、物品的；(三)未经海关同意，在非设关的码头、海(河)岸、陆路边境等地点，运输(驳载)、收购或者贩卖非法进出境货物、物品的；(四)提供虚假的合同、发票、证明等商业单证委托他人办理通关手续的；(五)以明显低于货物正常进(出)口的应缴税额委托他人代理进(出)口业务的；(六)曾因同一种走私行为受过刑事处罚或者行政处罚的；(七)其他有证据证明的情形。"

功能的真正发挥仍然离不开其司法证明方法基本属性的证成。降低证明难度或转移证明责任是推定规则作为一项司法证明制度的基本属性。证明责任转移与推定的内在联系体现为:在刑事诉讼中,证明责任承担方若不能有效履行其证明责任,则应承受不利的推定后果。2007 年《最高人民法院、最高人民检察院关于办理与盗窃、抢劫、诈骗、抢夺机动车相关刑事案件具体应用法律若干问题的解释》第 6 条为涉盗窃、抢劫、诈骗、抢夺机动车的行为人,就其买卖、抵押、拆解、拼装、更改车辆标识等行为设定了合法来历证明义务。① 该类规则通过为行为人设定义务,将"明知"的证明责任由控方转移至行为人,"鉴于推定系证明责任转移的情况下,未能有效履行证明责任的行为将被确认不利事实的一种机制,这一认定应属推定"。② 另外,由于该司法解释中将推定机动车来源非法作为认定行为人"明知"的前提条件,以不能证明机动车合法来历作为推定行为人"明知"的基础事实,因此,这里是不能将机动车来源非法与"明知"隔离开来。

(二)"明知"推定规则之适用

目前,设定了帮助信息网络犯罪活动罪"明知"推定规则的司法解释主要为《解释》《意见(二)》《"断卡"会议纪要》。《解释》第 11 条规定的帮助信息网络犯罪活动罪"明知"认定规则并非全部为推定规则,该条款实际上混合了便利司法人员定性的操作性规则和设定义务以转移证明责任的推定规则。《解释》第 11 条第 1 项"经监管部门告知后仍然实施有关行为的"即违法认知型推定,第 2 项"接到举报后不履行法定管理职责的"即不作为型推定,以及第 3 项"交易价格或者方式明显异常的"交易异常型推定,符合设定义务以转移证明责任的推定规则属性。《意见(二)》第 8 条增加了两种可以认定为《解释》第

① 《最高人民法院、最高人民检察院关于办理与盗窃、抢劫、诈骗、抢夺机动车相关刑事案件具体应用法律若干问题的解释》第 6 条规定:"行为人实施本解释第一条、第三条第三款规定的行为,涉及的机动车有下列情形之一的,应当认定行为人主观上属于上述条款所称'明知':(一)没有合法有效的来历凭证;(二)发动机号、车辆识别代号有明显更改痕迹,没有合法证明的。"

② 龙宗智:《推定的界限及适用》,载《法学研究》2008 年第 1 期。

11 条第 7 项“其他足以认定行为人明知的情形”,[①]其中“电信、银行、网络支付等行业从业人员利用履行职责或提供服务便利,非法开办并出售、出租他人手机卡、信用卡、银行账户、非银行支付账户等的”即滥用职务便利型。违法认知型、不作为型、交易异常型和滥用职务便利型推定规则为行为人设定了识别交易方寻求技术支持或其他帮助合法的义务。“法律不可能强迫一个人做到他的才智所允许的最好程度。”[②]法律不是纯粹的善恶,尽管正确和恰当的行为也是道德的一部分,但它们代表了对人类所能达至的最高境界,因此,没有实施不正确、不恰当的行为并不意味着是一种需要承担法律责任的错误。行为人为他人提供技术支持或其他帮助时,原本不负有核实他人寻求技术支持或其他帮助合法的义务,因为行为人完全可能出于对行政行为的误解或确实不能履行信息网络平台监督和管理义务或者乘人之危借机抬价等原因,但《解释》第 11 条第 1~3 项却以交易方寻求技术支持或其他帮助合法的义务的不履行或不能履行,而要求行为人承担由此产生的不利后果。

《解释》第 11 条第 4~6 项的规定、《意见(二)》第 8 条“收购、出售、出租单位银行结算账户、非银行支付机构单位支付账户的”以及《“断卡”会议纪要》中有关“明知”认定的规则[③],均属于便利司法人员定性的操作性规则,它们是司法解释制定者在总结帮助信息网络犯罪活动罪“明知”认定的经验后,通过条文化的方式归纳、概括司法实践中多发、典型的情况,并且这些情况下司法人

① 根据《意见(二)》第 8 条第 2 款的规定,收购、出售、出租单位银行结算账户、非银行支付机构单位支付账户,或者电信、银行、网络支付等行业从业人员利用履行职责或提供服务便利,非法开办并出售、出租他人手机卡、信用卡、银行账户、非银行支付账户等的,可以认定为《解释》第十一条第(七)项规定的“其他足以认定行为人明知的情形”。

② [美]富勒:《法律的道德性》,商务印书馆 2005 年版,第 11 页。

③ 《“断卡”会议纪要》第 1 条规定:在办案过程中,可着重审查行为人是否具有以下特征及表现,综合全案证据,对其构成“明知”与否作出判断:(1)跨省或多人结伙批量办理、收购、贩卖“两卡”的;(2)出租、出售“两卡”后,收到公安机关、银行业金融机构、非银行支付机构、电信服务提供者等相关单位部门的口头或书面通知,告知其所出租、出售的“两卡”涉嫌诈骗、洗钱等违法犯罪,行为人未采取补救措施,反而继续出租、出售的;(3)出租、出售的“两卡”因涉嫌诈骗、洗钱等违法犯罪被冻结,又帮助解冻,或者注销旧卡、办理新卡,继续出租、出售的;(4)出租、出售的具有支付结算功能的网络账号因涉嫌诈骗、洗钱等违法犯罪被查封,又帮助解封,继续提供给他人使用的;(5)频繁使用隐蔽上网、加密通信、销毁数据等措施或者使用虚假身份,逃避监管或者规避调查的;(6)事先串通设计应对调查的话术口径的;(7)曾因非法交易“两卡”受过处罚或者信用惩戒、训诫谈话,又收购、出售、出租“两卡”的等。

员运用自由心证也能对这一事实作出评价。因此，这些规定旨在为司法人员适用法律提供具有操作性的指引。如前文所述，这些规定既没有降低证明标准使行为人“明知”他人实施信息网络犯罪活动的认定具有假定性，亦没有为行为人设定义务以转移证明责任，上述司法解释的内容不是推定规则。例如，《“断卡”会议纪要》明确指出，在判断行为人是否具备“明知”时，应当重点审查行为人是否具有“跨省或多人结伙批量办理、收购、贩卖‘两卡’的”表现，该规定并未降低“明知”的证明标准或转移证明责任，而是旨在提示司法实务人员于此种情形下行为人具有“明知”的可能性较高，但仍然需要综合全案证据作最终判断。

有观点指出，违法认知型、不作为型和交易异常型三类推定规则在司法实践处于“沉睡”状态，没有发挥统一“明知”认定的作用的原因在于推定规则设定的“行为模式要求过高或几乎不可能成立”。① 笔者认为，这三类推定规则在司法实践中被虚置，并非由于司法解释的规定与实践脱节，而是因为司法实务人员有意识地限制“明知”推定规则的适用。将在司法实践中提炼的经验进行概括从而规范化，再经由规范的适用向司法实践作出反馈，这一良性互动的过程正是推定规则的精华所在，亦是其生命力所在。依据日常经验法则所得出的推定结论，不仅符合司法认知而且亦能够解决“明知”证明困难，但推定结论的或然性特征不应当被忽视。从刑事规范角度分析，根据帮助信息网络犯罪活动罪“明知”的推定规则得出的结论是行为人“应当知道”他人实施信息网络犯罪活动，通过降低证明难度或转移证明责任的方式推定行为人于行为时“(有)知道”的主观心态②。然而“应当知道”涉及刑事政策的考量，因此，无论是从实体法层面限缩帮助信息网络犯罪活动罪的犯罪圈而言，抑或从程序法严格限制不利被告人推定的适用范围来说，在司法实践中限制帮助信息网络犯罪活动罪“明知”推定规则的适用，均具有一定的积极意义。

---

① 朱军彪、郭旨龙：《网络共同犯罪中“明知”推定的规范协调》，载《北京警察学院学报》2020 年第 4 期。

② 王新：《我国刑法中“明知”的含义和认定——基于刑事立法和司法解释的分析》，载《法制与社会发展》2013 年第 1 期。

在对帮助信息网络犯罪活动罪以及相关司法解释中"明知"推定规则进行充分确认和理解后，于司法实践中适用推定规则时，一方面，应当明确基础事实并禁止多重推定。一般而言，司法解释在构建推定规则时应当采用"抽象概括+具体列举+除斥条款"的模式，这也为司法实务人员选取基础事实提供了指引方向。若出现新类型行为时，不仅需要司法人员运用日常经验法则从多个角度衡量基础事实与推定事实之间是否存在高度盖然性，还需要司法人员根据同质性解释原则对新类型行为是否符合抽象性概括作出判断。此外，刑事推定规则必须具备严格的发动条件，只有在现有证据基于特定逻辑顺序下能够组建成一条环环相扣、层层递进、合乎逻辑的证据链时，才能运用日常经验法则推定已知事实与待定事实之间的伴生关系或常态关系是否存在。在这一过程中，需要警惕多重推定的情形，即推定事实不能作为另一个推定的基础事实。"进行二次推定，其推定事实有可能异化为主观擅断，不利于发现案件真相和保障人权。"① 否则，势必在原有的风险之上增加新的风险，有违推定适用的节俭性原则。另一方面，必须时刻警惕滥用推定规范。"明知"的推定是立足于日常经验法则，旨在已知事实和未知事实建立法律关系。高度盖然性是司法实践确认此种法律关系存在的标准，然而，由于每个个体对"明知"的认识均存在差异，况且这种认识亦会伴随着具体情景的变化而改变。因此，"明知"的推定必然包含了错误的部分。在帮助信息网络犯罪活动罪的罪状本身具有相当开放性的前提下，无论从尊重罪刑法定原则、保障人权的角度，抑或从公正司法的角度看，都应当限制帮助信息网络犯罪活动罪"明知"的推定规则的适用。诚然，帮助信息网络犯罪活动罪"明知"的认定确实在司法实践中引起了较大争议且亟待解决，但不同于其他国家在刑事诉讼中保障被告人的沉默权，我国《刑事诉讼法》已经明确规定了嫌疑人有如实供述的义务。换言之，如实供述已然体现了要求行为人分担证明责任的内容。基于此，考虑到我国刑事诉讼中被告人的相对弱势地位，在司法实践中运用推定规则时，必须保持谨慎的态度。这不仅是因为"明知"推定规则的适用会引起帮助信息网络犯罪活动罪处罚范围扩张的司法

① 刘宗武：《推定明知须把握基本规则》，载《检察日报》2016年11月2日，第3版。

困境，还在于推定规则的设定本身就包含政策性的需要，其明确性的不确定将会直接冲击司法解释的合理性根基。

五、结语

纵然人心无法被剖白，但裁判仍然需要直面难以捉摸的人心。推定规则为证明帮助信息网络犯罪活动罪“明知”提供了一条路径，但这条路绝非平坦大道，而是沿峭壁而上的险路。在可以预见的未来，涉信息网络犯罪的形势将依旧严峻，与之相对的打击与治理网络犯罪的刑事政策亦会秉持严厉的态度。帮助信息网络犯罪活动罪正在发展成为容纳线上线下违法违规行为的“口袋”，并伴随着“明知”认定证明简化的危险。[①] 在贯彻落实依法治国的大政方针下，全链条、全方位打击涉信息网络犯罪，需要进一步强化司法协作、统一认识，为应对不断变化、更新的犯罪类型明确依据。同时，在理解与适用帮助信息网络犯罪活动罪有关规范，尤其是“明知”的推定规则时，应当认识到涉信息网络犯罪治理是一项系统化工程，它需要多元社会治理制度参与其中，警惕帮助信息网络犯罪活动罪成为涉信息网络犯罪的兜底罪名。甚至以刑罚作为后盾，威慑信息网络相关产业链条上负有履行审查监管义务的参与者，从而将技术发展伴随的风险转嫁至从业者身上，这样会使相关产业丧失创新的源动力，并增加企业的试错成本。

① 冀洋：《帮助信息网络犯罪活动罪的证明简化及其限制》，载《法学评论》2022 年第 4 期。

公平何以体现：个人独资企业与投资人个人合并破产探析

——以企业债务与个人债务平等清偿为视角

沈东连　臧士衡*

摘要：当个人独资企业破产，投资人个人也负有个人债务时，个人独资企业的债权人受清偿率与投资人个人受清偿率是此消彼长的关系。如何平衡二者债权人之间的利益冲突，法律没有明确的规定，而随着关联企业实质合并破产制度和个人破产制度实践的不断深入，结合两项制度的立法精神和实践经验，可以逐步探寻如何通过个人独资企业与投资人个人合并破产的方式有效平衡债权人之间的利益。

关键词：个人破产　债务清偿　实质合并

2012年12月18日施行的《最高人民法院关于个人独资企业清算是否可以参照适用企业破产法规定的破产清算程序的批复》明确，个人独资企业可参照企业破产法规定进行破产清算。由于个人独资企业属于非法人组织，即使在破产过程中适用企业破产法，现实中也面临众多窘境。实践中，个人独资企业财产与投资人个人财产往往存在错综复杂的牵连关系，故在个人独资企业破产程序中常有投资人个人的债权人向独资企业申报破产债权的现象。因各地法院对部门法相关规定理解存在一定偏差，造成各地对上述裁决思路标准不一，存

* 沈东连，江苏省宿迁市泗洪县人民法院民二庭法官助理；臧士衡，江苏省宿迁市中级人民法院民二庭法官助理。

在同案不同判的现象,这对我国司法追求公平正义产生消极影响。

随着个人破产在全国实践试点的不断深入,个人破产制度正式完善入法已经提上日程,笔者认为这或可能成为解决上述问题的切入口,将个人与企业合并破产可能更有利于保障各方主体权益,更具公平性。[①] 本文将从个人独资企业破产程序中投资人个人债务的处置出发,分析各地法院裁决思路的原因,以社会主义核心价值观中的公平原则为考量基准,论证以个人与个人独资企业合并破产的方式保障债权公平受偿的必要性与可行性,以期为个人独资企业破产提供新思路。

一、案例再现:裁决思路的博弈(实务中的混乱适用)

(一)否认对投资人享有的债权可认定为个人独资企业破产债权

在"毛某国与衢州市衢江区全旺镇罗塘岗新型建材厂管理人破产债权确认纠纷案"[②] 中,法院认为个人独资企业与投资人在法律上均有相对独立的诉讼主体地位,个人独资企业资产与债务与投资人个人的财产与债务均是独立的。企业只有在清偿完企业债务后仍有剩余资产的,才能将该资产向投资人分配。案件中企业已破产,资产已不够偿还企业债务,故个人的债务更不能在破产中得到偿还。法院认为投资人个人债务在企业破产时不可向个人独资企业申报债权。

(二)肯定对投资人个人享有的债权可认定为个人独资企业破产债权

在"唐某与宿迁市洪扬冲压件厂破产债权确认纠纷案"[③] 中,法院认为,首先个人独资企业属于非法人组织,财产独立性较差,所需要承担的是一种团体的有限责任与其成员的无限责任相结合的责任形式,与其出资人形成互不分离、互为连带、互相转承的法律关系。同时,独资企业的财产为个人所有,投资人应以其所有的财产偿还其个人债务。对个人享有的债权和对企业享有的债

① 赵吟:《连带责任视角下个人与企业合并破产的准入规范》,载《法学》2021 年第 8 期。
② 浙江省衢州市衢江区人民法院民事判决书,(2018)浙 0803 民初 552 号。
③ 江苏省泗洪县人民法院民事判决书,(2021)苏 1324 民初 2869 号。

权应平等受偿。当投资人的财产不足以同时清偿企业债务和个人债务时，如仅将企业资产用于清偿企业债务，则人为创设了企业债权较个人债权的优先受偿权，使得个人债务的债权人的权益受到严重损害，违反了债权的平等性，于法无据。故法院认为投资人的个人债务在其独资企业破产时可向企业申报债权。

（三）实务中对两份裁决的认可度

笔者通过向省、市、区三级法院20名业务人员询问调查他们对两份判例的认可度，他们主要有三种观点见图1。

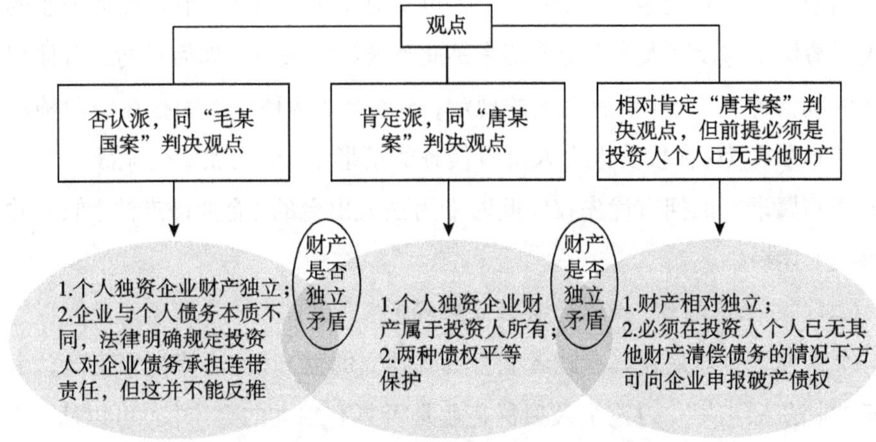

图1 省、市、区三级法院对两份判例的态度

同时笔者以"个人独资企业破产债权"为关键词，通过网络检索相关的案例分析和论文，最大维度内统计对上述两种判例（两种观点）的认可度，发现亦呈现两极分化观点（否认派、肯定派数据相同[①]）。但值得注意的是，已有人提出同等性质债权应当进行相同保护的观点，较为公平的做法可引入"双重优先原则"，即当个人独资企业和投资人单方资不抵债时，企业债权人优先从企业中受偿，个人债权优先从个人财产中受偿，即双方债权人分别优先受偿，个人独资企业财产还债后的剩余部分应分配给投资人，并视为单独财产的一部分，用来

① 笔者将前文"毛某国与衢州市衢江区全旺镇罗塘岗新型建材厂管理人破产债权确认纠纷案"中否认对投资人享有的债权可认定为个人独资企业破产债权的观点简称为否认派，相对方即为肯定派。

清偿投资人债权人；反之，单独财产还债后的剩余金也应用来清偿企业债务[1]。该原则为英美法系著名的平衡原则，起初适用于解决合伙企业债务与合伙人债务平衡问题。因个人独资企业与合伙企业均属于非法人组织，且个人独资企业财产独立性相较于合伙企业较差，故引入该原则。

二、因素分解：理论、制度的冲突导致操作者理解偏差

（一）个人独资企业破产制度的缺失

当个人独资企业破产，投资人个人也负有个人债务时，个人独资企业的债权人受清偿率与投资人个人受清偿率是此消彼长的关系。如何平衡二者债权人之间的利益冲突，法律没有明确的规定，导致上述两种观点的存在。两种观点分歧的本质即为：在投资人个人也有债务的情形下，个人独资企业破产时的财产究竟归属谁？谁拥有优先权？此时专为法人出台的《企业破产法》似乎并不能解决上述纷争。

（二）"非法人组织"财产是否独立难确定

个人独资企业是否具有或者能否具有独立的财产权，法律从未明确。由于属于"非法人组织"，讨论个人独资企业是否具有独立的财产权，可以从"非法人组织"的财产权问题出发。通过《民法典》第 2 条，我国确立了三元民事主体构造，将民事主体分为"自然人""法人""非法人组织"三大类型。

非法人组织是否具有或者能否具有独立的财产权，我国目前尚无明确的定论。部分学者认为非法人组织可以拥有独立的财产权。因为能够享有财产权是一个民事主体不可分离的法律特性，其在法理上必然可以享有财产权益。

非法人组织获得投资人出资，那么在同一份财产上就不能存在一个在权利内容上与该财产权相冲突的其他财产权，一份财产上不可能存在两个重合的所有权，既然投资人已经实施了出资行为，就不能还对该财产享有所有权。[2] 投资

---

① 蒲文明律师师团队：《破产债权确认：个人独资企业破产情形下投资人应如何承担债务责任？》，载微信公众号"名律案评"2019 年 12 月 1 日，https://mp.weixin.qq.com/s/RJey4xaoI418JMYTwyoQOw。

② 张新宝、汪榆淼：《〈民法总则〉规定的"非法人组织"基本问题研讨》，载《比较法研究》2018 年第 3 期。

人对非法人组织享有的权利为投资性权利，与非法人组织自身的财产权不同。据此，有学者提出“财产区隔”[①] 效果，一是对于非法人组织的设立人、出资人而言，将其自身的财产隔离于组织的债权人请求之外；二是对于非法人组织而言，将非法人组织自身的财产隔离于组织成员（投资人）的债权人请求之外。前文观点中的否认派即间接认可该观点。

部分学者认为个人独资企业财产归投资人个人所有。在民法典未颁布前，我国有学者将个人独资企业纳入“非法人团体”行列。所谓“非法人团体”是指不具有法人资格但依法能够参加民事活动的组织体，但不包括不具备法人资格的一切组织体，非法人团体拥有一定的财产，但与法人独立财产不同，其不要求享有财产所有权，但至少应有对财产的处分权，[②] 独资企业属于“非法人团体”，故其不能享有财产所有权，仅有财产处分权。有人认为个人独资企业的投资人对企业债务承担的是无限责任，这种情况下，企业的财产与投资人个人的财产无法分开，故对财产进行划分没有必要。[③]《布莱克法律词典》也解释“独资企业”是指个人拥有全部资产且承担全部责任，并以其个人能力控制企业。这让部分学者坚信个人独资企业的财产属于个人所有。该派学者的意见成为肯定派的支撑点。

值得注意的是，亦有人提出个人独资企业的财产应当具有相对独立性。

（三）“财产区隔”亦未明确于立法技术中

在技术操作法律立法方面，对于个人独资企业相对于投资人是否存在“财产区隔”，各部门法规定不统一。

《个人独资企业法》第 2 条明确规定个人独资企业的财产为投资人个人所有。何谓财产所有权？按照《民法典》第 240 条规定，是指所有权人对自己的不动产或者动产，依法享有占有、使用、收益和处分的权利。

---

① 张新宝、汪榆淼：《〈民法总则〉规定的“非法人组织”基本问题研讨》，载《比较法研究》2018 年第 3 期。

② 梁慧星：《梁慧星谈民法》，人民法院出版社 2017 年版，第 147 页。

③ 回沪明、孙秀君：《个人独资企业法及配套规定新释新解》，人民法院出版社 2003 年版，第 379 页。

无独有偶,《最高人民法院关于民事执行中变更、追加当事人若干问题的规定》(以下简称《执行规定》)第13条规定个人独资企业出资人作为被执行人的,人民法院可以直接执行该个人独资企业的财产。这也间接认可企业的财产直接归投资人所有,在执行环境下无须考虑该企业是否有债务,亦无须等待企业债务偿还完毕后将剩余财产留予清偿投资人个人债务,债权偿还无优先顺序,企业资产可直接"拿来"清偿个人债务。综合上述可得出,既然财产属于投资人,那么对投资人享有的债权当然可用企业的财产来予以清偿,在财产被拍卖分配时,能够参与分配。虽然上述法律确认个人独资企业财产归投资人所有,但并未明确投资人在使用该财产时是否有限制,且执行程序中的直接以企业财产清偿投资人债务的做法又似乎说明并无财产区隔这一说法,故这成为肯定派的法律依据。

但根据《民法典》第102条、第104条的规定,"非法人组织"能够以自己的名义从事民事活动,同时其在自己的财产不足以清偿债务时,才轮到出资人或者设立人承担清偿债务的责任,这就间接认可"非法人组织"应当有自己的名称、组织机构和独立的财产。个人独资企业同样适用该规定。加之个人独资企业本身可以参照《企业破产法》进行破产清算,《民事诉讼法》亦规定"非法人组织"能够以自己的名义参加诉讼。诸如此类,既然承认了非法人组织的存在,就不能将其完全等同于"自然人",一个民事主体的存在,当然让实务操作者产生独资企业应当有自己的财产的印象,毕竟众多法律均未明确个人独资企业财产是否独立,这也是上文"否认派"的法律依据。

(四)个人独资企业:人身权利能力与财产权利能力的分离

将"双重优先原则"[①]适用于个人独资企业破产程序中,形似公平,实则有待商榷。当企业的资产已不能足够清偿自身的债务时(破产阶段),又何来剩余资产清偿投资人个人债务?此时双重优先原则已无适用的意义。

回归问题的本质,笔者认为实务中不同的裁决操作,根本源于操作者误读"非法人组织"主体性质的问题,忽略了个人独资企业、公司法人、个体工商户

① 具体参见前文对于"双重优先原则"的释义。

三者之间的区别和联系。其实“否认派”观点的依据倾向于将“个人独资企业”混同于“一人有限公司”，过于强调独资企业的财产独立性，难免有将“非法人组织”主体地位等同于“法人”的嫌疑。而“肯定派”过于强调“个人独资企业”财产归投资人所有，不存在独立资产，似乎又忽视了“非法人组织”作为民事主体的存在。

作为“非法人组织”的个人独资企业其主体性质介于“法人”与“个体工商户”之间，没那么绝对的独立却又没那么“附属”。非法人可以以自己的名义参加民事活动，但财产归属于投资人个人。主体独立性方面由强到弱可表达为：企业法人＞个人独资企业（非法人组织）＞个体工商户。

有观点提出《个人独资企业法》第17条与《民法总则》赋予个人独资企业以民事主体资格之间存在矛盾。①亦有观点提出《民法典》规定，个人独资企业可以以自己的名义参与诉讼活动，这当然是说明“企业”是民事主体资格的享有者，但《个人独资企业法》却规定企业的财产为投资人所有，这又承认了投资人是企业财产的享有者，造成了人身权利能力的享有者与财产权利能力的享有者不统一的局面。②实务裁决者在面对部门法看似矛盾的规定时，理应将判决内容与各部门法相印合，不能存在顾此失彼。故裁决者在已有法律的基础上不能择一条而决，应当综合部门法考虑，在追求公平、公正的基础上，维护法的统一性。如果融合各部门法的规定，上述所谓的“矛盾”许是“个人独资企业”的微妙之处：有参加民事活动的资格、名义、办公场所等，但财产却又相对归属于投资人（人身权利能力的享有者与财产权利能力的享有者分离），财产独立性较差。对《执行规定》第13条亦可理解为：该规定适用的前提是作为被执行人的投资人名下无其他财产，所以得出的结论是：在投资人无其他财产可用于清偿债务时，投资人的债权人可要求通过其名下独资企业财产予以清偿，而在个人独资企业破产清算阶段，在投资人无其他财产的前提下，其债权人可向破产的

① 张新宝、汪榆淼：《〈民法总则〉规定的“非法人组织”基本问题研讨》，载《比较法研究》2018年第3期。

② 张力：《法人与非法人组织的体系区隔及其突破——以“类型”序列论改造〈民法通则〉第37条》，载《甘肃政法大学学报》2007年第5期。

个人独资企业申报债权。

三、救赎途径:个人独资企业破产与投资人个人破产的合并

从首部系统规定个人破产制度的《深圳经济特区个人破产条例》开始,我国个人破产制度立法的实践已经如火如荼地展开。个人破产制度作为我国破产法的“另一半”,是完善和填补破产程序功能的重要一环,随着个人破产制度实践的不断深入,不可避免地会遇到企业破产制度在过往发展过程所遇到的各类问题,在这些问题中合并破产就是一个个人破产制度建立后亟待明确的衔接问题,同关联企业合并破产一样,个人与企业的合并破产也是避免因牵连关系而影响公平受偿的救赎途径,而正如上文所述,个人与个人独资企业之间的财产混同问题显然更为突出,此时通过投资人与个人独资企业合并破产的方式能够有效实现债权的公平受偿。

(一)举重以明轻:个人独资企业与个人合并破产

法律应如此调整人的行为,以使财富和负担得以公正地分配,互相抵触的利益得被公正地衡量,法律应对在一个社会中出现的各种法律问题予以公正的解决。[①] 围绕利益衡量公正性角度,其实无论是选择“否认派”还是“肯定派”观点去解决个人独资企业与投资人个人之间的债权债务关系均失之偏颇。在投资人个人无其他财产予以清偿债务时,“否认派”绝对性将投资人个人的债权人排斥在享有财产分配主体之外,显然有失同性质债权应当平等保护的原则。而“肯定派”如果将投资人个人的债务纳入企业破产范围内处置,但又不将投资人的财产合并处置,显然亦不公平,虽然后期所有债权人(无论是个人独资企业的还是个人的)还可向投资人再次请求清偿债务,但实际又将债务清理的程序重新走一遍,显然不符合效率原则。

实质合并是美国破产法官根据其衡平权限创造的一种适用于关联企业破产情形的公平救济(原则),核心关键点在于以整体视角对关联企业的财产进行合并,在否认各关联公司的独立人格的前提下,对关联企业提出的个别求偿要

---

① [德]齐佩利乌斯:《法学方法论》,金振豹译,法律出版社2009年版,第74页。

求予以消灭，从而确保债权人的公平清偿。[①] 随着经济的发展，关联企业雨后春笋，为追求破产法的公平价值、程序价值，在关联企业破产程序中适用实质合并规则有其客观需要。“举重以明轻”作为财产独立性较强的关联企业尚可进行合并破产，为维护法的统一性，尊重各部门法的规定，鉴于个人独资企业与投资人之间特殊的财产关系，为保障各方债权人利益，在我国个人破产制度已广泛开展，选择将个人独资企业与个人合并破产诚然是最公平、最具效率的策略。

（二）逻辑的延续：从关联企业合并破产的裁定标准出发

2018 年 3 月最高人民法院制定的《全国法院破产审判工作会议纪要》（以下简称《会议纪要》）中明确了关联企业实质合并破产的适用原则及标准，依照《会议纪要》第 32 条规定，实质合并要符合“法人人格高度混同、区分各关联企业成员财产的成本过高、严重损害债权人公平清偿利益”三项标准，[②] 这三项标准的形成是对我国司法实践中逐步形成的合并破产法理逻辑的总结，因此我们不妨延续关联企业合并破产的法理逻辑，以“参照适用”的视角审视个人与个人独资企业合并破产的可行性。

1. 人格混同标准

所谓人格混同是指本应处于平等地位的两个及以上主体在彼此的关系中逐渐由其中一个主体占据主导地位的情形，不同于关联企业的人格混同风险是在经营过程中逐渐显露，个人与个人独资企业的人格混同风险是个人独资企业制度设计之初就天然存在的，尽管法律赋予了个人独资企业独立的经营活动地位，但个人独资企业的经营活动始终是围绕投资人个人的利益展开的，这就使得在对外关系中个人独资企业难以作出具有独立性的意思表示，尤其是在与投资人个人的自身利益出现冲突时，个人独资企业的意思表示难逃投资人个人意志的干涉，[③] 投资人在对外人格上占据了明显优势的主导地位。

---

① 徐阳光：《论关联企业实质合并破产》，载《中外法学》2017 年第 3 期。

② 王静、蒋伟：《实质合并破产制度适用实证研究——以企业破产法实施以来 76 件案例为样本》，载《法律适用》2019 年第 12 期。

③ 梁上上：《个人独资企业的几个法律问题》，载《浙江大学学报（人文社会科学版）》2002 年第 3 期。

个人与个人独资企业的人格混同在诉讼中更易显现,笔者随机通过中国裁判文书网搜集了50个由投资人与个人独资企业作为共同被告的案例,在这50份裁判文书中,有32份中投资人与个人独资企业聘请同一个代理人并作共同答辩;12份中投资人与个人独资企业分开答辩,但答辩意见基本相同;4份中投资人与个人独资企业分别就不同事项答辩;2份中投资人与个人独资企业未到庭参加诉讼。可见,在诉讼过程中个人独资企业的答辩意见缺乏独立性已属常态,意思表示的缺乏独立对应的即是意志乃至人格的独立困难,个人独资企业无法作出与投资人利益相悖的意思表示。因此,个人与个人独资企业之间的关系更具牵连性,更容易出现人格混同情形进而符合合并破产的适用条件。

2. 资产分离困难标准

上文中我们已经得出个人独资具有相对于企业来说较弱的资产独立性,质言之,从实质上区分投资人个人与个人独资企业的资产是困难的抑或非终局性的,因为无论是《执行规定》中直接执行个人独资企业的资产的规定,还是《批复》中提到的个人独资企业的债权人仍然可以在个人独资企业破产后就其未获清偿的部分向投资人主张权利的规定,都说明从实质上是难以区分二者之间的资产的,无论先行就二者中哪一个主体启动破产程序,都无法避免对另外一方的资产进行处置。

另外,即使先从形式上先对二者之间的资产进行区分,我们也只能就“是否投入企业经营活动”这一外观进行区分,主要的依据就是企业的账簿、凭证、工作记录等来筛选出以企业名义进行的经营活动,但在投资人与个人独资企业人格混同的前提下,由于无法确认个人独资企业的哪部分经营活动是独立作出的意思表示,使得从形式上也难以准确区分二者的独立资产。正如美国司法实践对资产分离标准的论述所言,分离投资人个人与个人独资企业各自的独立财产是“令人绝望的”。[①]

3. 债权人收益标准

公平地保护全体债权人的利益是债权人收益标准的核心,也即要求在适用

---

① 赵惠妙、左常午:《我国关联企业实质合并破产的裁定标准》,载《法律适用》2022年第4期。

合并破产后债权人预期所得的债权实现额不会减少,之所以不会减少甚至会有所增加在于进行合并程序时所节省下来的司法成本和交易费用,关键就在于避免了程序上的重复。个人与个人独资企业的财产混同必然会带来占据很大比例的关联债权和重复债权,单独就其中一个主体破产会引起债权总额的不当减损,在这一点上与关联企业的合并是一致的。

公平受偿的另一层含义在于对特殊性质的债权也要给予特殊的保护,在个人与个人独资企业合并的视角下,个人的债权与个人独资企业的债权中都存在需要特殊保护的优先债权。对于个人独资企业来说,职工债权是企业破产程序中所必须优先保护的债权,对职工债权保护的优先性显然要大于投资人个人的普通债权。对于个人来说,投资人由于自然人的属性负有赡养老人和抚养子女的义务,《深圳经济特区个人破产条例》第 89 条中就规定了个人欠付的赡养费、抚养费、扶养费和专属于人身赔偿部分的损害赔偿金应优先清偿,并且在个人独资企业破产程序中规定了个人独资企业的债权人在个人独资企业破产分配后仍可就未受偿部分向投资人追偿,那么当投资人申请个人破产时,个人独资企业的债权人未受偿的债权因未消灭且仍可以得到确认,此时对于投资人个人的优先债权人显然是不公平的,也有悖于破产法公平原则的基本精神,此时只有通过将投资人个人与个人独资企业合并破产,根据债权的性质确定对投资人个人的债权人与个人独资企业的债权人的分配顺序和比例,才能够有效保障受偿的公平。

因此,无论是从合并破产法理逻辑上的应然角度,还是从司法实践运行常态的实然角度,投资人个人与个人独资企业的合并破产都具有相当的可行性,也符合破产法债权公平受偿的基本精神,应当作为个人破产制度中的配套衔接机制预先做好制度安排,在出现投资人个人与个人独资企业独立性无法明晰时审慎启动合并破产程序。

四、制度设想:个人与个人独资企业合并破产相关程序问题

在个人与个人独资企业合并破产具备可行性的前提下,如何让制度落地,需要我们预先为制度建立提供原则性的乃至更为具体的规范指引,要兼顾个

人与个人独资企业各自不同的主体属性对二者合并破产的程序规范先行做好设想。

(一)“双重”符合破产条件的必要性考量

在关联企业合并破产程序中,有一类情形目前仍颇具争议,即在认定企业间存在关联关系的前提下,法院能否直接裁定将其中未经破产申请程序或是不符合破产条件的企业纳入合并破产程序,产生争议的原因在于我国现行的破产制度中破产程序属于依申请启动的程序,尚无明文规定赋予法院依职权启动程序的权利。实践中对此未形成定论,各地的审判规则中既有依职权直接裁定合并,确保合并达到实质效果的肯定派,亦有规定合并必须以各企业均具备破产条件的否认派。

个人与个人独资企业中合并破产程序中也面临这一问题,具体而言,存在两种情形:

一是个人独资企业符合破产条件,但投资人个人尚不存在资不抵债情形。在这种情形下应审慎考量个人进入破产程序的必要性,首先,个人独资企业所涉及的财产并非一定是投资人个人名下的全部财产,如经初步审查后投资人个人除去个人独资企业涉及的资产外还具有相当的偿债能力,存在之后继续承担个人独资企业破产程序中未予解决的债务的现实可能性,则不宜直接将个人纳入破产程序中一并合并。其次,个人破产相较于企业破产还具有其他特定的条件,如个人需符合“诚实且不幸”主观条件,是否适宜进入个人破产程序还可能需要经过听证程序等审查程序,直接将个人纳入破产程序可能不利于个人的债权人救济权利的实现。当然如经初步审查个人偿债能力较弱或个人的债权人提起申请,则应按照合并破产的三项裁定标准进行审查。

二是投资人个人符合破产条件,但个人独资企业尚不存在资不抵债情形。《执行规定》第 13 条已规定在投资人个人无其他财产的情况下可直接执行投资人名下个人独资企业的资产,因此在适用三项裁定标准对投资人与个人独资企业之间财产关系进行审视后,如已符合混同标准则可以直接裁定将个人独资企业一并纳入合并破产程序,即在同时符合三项裁定标准和《执行规定》第 13 条适用情形下可直接裁定合并,之所以与个人不符合破产条件不能径行合并的处理方式不同，在于混同情形下个人独资企业的人格、财产都已不存在客观的独立性，且即使不将个人独资企业纳入破产程序中来，在投资人个人破产程序中也将会依据《执行规定》第13条规定对个人独资企业财产进行处置，换言之，如在投资人个人破产程序终结后仍未对个人独资企业一并处置，此时依靠于投资人个人出资设立的个人独资企业客观上已无存续必要，此时再对可能已成空壳的个人独资企业单独处置客观上仅是程序的空转。

由此可见，在启动个人与个人独资企业合并破产程序时，只要投资人个人已符合破产条件，则可以适用三项裁定标准审查是否可以合并破产，而在仅有个人独资企业符合破产条件时，还应对投资人个人的偿债能力和债权状况额外进行审查。

（二）合并案件的管辖

《会议纪要》中提到关联企业破产实质合并，应采用集中管辖的方式，由关联企业中的核心控制企业住所地人民法院管辖。但个人与企业破产的程序合并，无集中管辖的要求。另外，由于个人与企业破产法管辖权标准不一，程序合并的两个破产程序很有可能由不同法院管辖。根据《企业破产法》第3条，破产案件由债务人住所地人民法院管辖。虽然我国暂时未出台全国性的个人破产法，但在立法草案中将个人破产案件的管辖规定在债务人法院，《深圳经济特区个人破产条例》中也规定，该条例的适用范围是：对在深圳经济特区居住，且参加深圳社会保险连续满三年的自然人；管辖法院是深圳市中级人民法院，由此可以看出，《深圳经济特区个人破产条例》将破产管辖权归于债务人所在地人民法院。

在个人与个人投资企业合并破产程序中的管辖问题中，投资人所在地与个人独资企业所在地相同的情况自不必说，应由二者共同所在地的法院管辖，这也是最常出现的情况，但实践中当然也存在投资人与个人独资企业所在地不同的情况，此时应参照企业合并破产的核心控制企业集中管辖原则，依据个人独资企业与投资人个人财产之间的比重指定管辖法院，如个人独资企业的资产仅为投资人资产的一部分甚至一小部分，则应该由投资人个人所在地法院管辖，反之若个人投资企业的资产占很大比重甚至基本等同于全部资产，则应由个人独资企业所在地法院管辖。当然,债权数量、债权人分布等其他因素也应在指定管辖的过程中加以考虑,由上级法院权衡后进行指定。

(三)管理人的选定

如何指定管理人是在合并破产程序实践中最先需要解决的难题,在关联企业实质合并破产中目前主流的方式都是合并后指定一个管理人办理整个合并破产程序,如浙江省高级人民法院印发的《破产案件管理人指定工作流程》中采取的是由在先指定的管理人或是母公司的管理人担任合并后的管理人,《重庆市第五中级人民法院破产案件管理人指定办法》中规定原则上由在先进入破产程序的债务人的管理人担任,若有需要也可另行指定管理人。由同一个破产管理人能为程序合并带来诸多便利。首先,一个破产管理人,在获得全部财产信息的情况下,能更快厘清债务人财产。若有两个以上破产管理人,基于各自代表的破产程序,可能对债务人财产的认定持有不同观点,反而影响程序进行。其次,一个破产管理人,破产管理人可自行协调案件进展,一并通知债权人申报债权、召开债权人会议等。

那么在个人与个人独资企业合并破产程序中是否也应该指定一个管理人呢?尽管个人破产在程序上有所参照企业破产,但在价值取向上却有不小的区分,个人和企业的破产管理人在履行职责时,通常会考虑不同的方面,甚至持有不同的观点。个人破产中的破产管理人想尽力促成债务人获得再生机会,因此关注豁免财产的提取以及债务人的免责考察期等问题。而企业破产中的破产管理人想最大程度保护各债权人的利益,因此重点关注债权人会议召开和债权分配问题。不同观念下,破产管理人在程序中考虑的侧重点不同。由于观念上的不同,破产管理人甚至会对同一事项做出不一样的认定结果。如企业破产中的管理人关注债权人利益的最大化,在认定合同是否继续进行、是否处置财产时往往考虑最终破产清偿率。而个人破产中的管理人关注个人再生问题,因此合同是否继续进行,财产是否处置,要从长远考虑。不同的考虑因素下,认定结果可能不一。因此目前对于个人与个人独资企业合并破产程序中指定管理人的问题仍具争议。

尽管是否指定一个管理人仍具争议,但必须要明确的是在个人与个人独资企业合并破产案件中的管理人，无论是代表个人独资企业还是代表个人，都需要对企业破产和个人破产有深刻理解，人民法院在指定管理人时要优先考虑对两个程序均有办理经验的备选管理人，只有在兼顾二者各自的权益、综合两方面的理念的前提下才能保证合并程序的运转顺畅。

五、结语

个人独资企业是商事制度中最为特殊的主体之一，其运行机制虽然灵活便利，但也带来了责任承担的客观复杂性，投资人个人与个人独资企业之间的关系是个人独资企业制度中最核心也最具争议的部分。合并破产的程序的精神在于突破法律主体的独立性，以“一次性纠纷解决”原则为指引，这对于化解个人与个人独资企业间多发的财产混同、人格混同、管理混乱的问题现状无疑是有利的，关联企业合并破产已经提供了有益的实践经验，为提前对照做好个人与个人独资企业合并破产的制度设计打下了坚实的基础。

当前，司法实践中对个人破产研究正如火如荼地开展着，我们也应保持“热实践”和“冷思考”，毕竟个人破产对于中国的司法环境和政治环境来说都是一个新的课题，一方面要“迈大步子”，发挥主观能动性走出具有中国特色的个人破产道路，另一方面理论研究也要适时先行，提前对可能出现的问题进行论证，个人与个人独资企业破产就是个人破产与企业破产衔接中必然会遇到的问题，个人破产的中国化道路想要走好走稳，仍需要实践界和理论界的进一步深入研究。

总括意外伤害保险的法律结构

——以共享单车保险的个案分析为例 *

李　飞 **

摘要：总括意外伤害保险的法理阐释及其法律结构可借助共享单车保险的个案研究来展开。依保险人的承保方式而言，共享单车意外伤害保险将传统上总括保险的范围从财产保险拓展至人身保险，且有其正当性基础。鉴于意外伤害险较之责任险的优势，为激励投保人为被保险人购买总括意外伤害险，应允许投保人在保险合同中附加以被保险人向其求偿为成就标准的解除条件。同时，共享单车保险既然是总括意外伤害保险，那就只存在一个保险合同，用户骑行数据的传输成功应视为针对该合同履行所附加的条件而非附生效条件。作为一种特殊类型的团体保险，总括意外伤害保险合同不能以保险利益原则为特别生效要件。

关键词：总括意外伤害保险　共享单车保险　附解除条件　团体保险　保险利益

总括保险合同基本上仅以其财产保险合同的性质为人所知，其是否可能呈现为某种类型的人身保险合同？有人简要地指出，总括保险合同可以是一种财产保险合同抑或人身保险合同。[①] 除此之外，再无详论。颇值留意的是，在段某、尤某秀与 ofo 小黄车运营商东峡大通（北京）管理咨询有限公司、中国太平洋财

---

* 该文原载《北京联合大学学报》2023 年第 7 期。

** 李飞，南开大学法学院副教授。

① 王卫国：《保险法》，中国财政经济出版社 2009 年版，第 229 页。

产保险股份有限公司北京分公司之间(以下简称“段某、尤某秀诉ofo小黄车运营商案”)发生的诉讼中,两审法院的判决均史无前例地将这类保险合同定性为总括保险或流动保险。[①]鉴于总括保险合同充其量仅系依保险人的承保方式进行分类所形成的保险合同类型,实务色彩及技术性明显,目前在抽象的理论意义层面尚难言有多么深厚的法理基础,故此,委实有必要透过检视典型的实务个案开辟研究新通道,以尽力判别人身保险性质的总括意外伤害保险共通性的核心构造并理顺对应的规制思路。

作为“段某、尤某秀诉ofo小黄车运营商案”的时代背景,在共享单车行业发展过程中,以何种机制有效保障用户的骑行安全一直广受关注。ofo小黄车率先自2016年上半年开始为每位规范用车的用户购买用车保险:附加意外伤害医疗保险和旅行人身意外伤害保险。多家共享单车的运营商陆续跟进,为用户投保意外伤害险成为业界共识,并受到官方认可。如交通运输部等十部门联合发布的《关于鼓励和规范互联网租赁自行车发展的指导意见》、北京市交通委员会等十一部门联合发布的《北京市鼓励规范发展共享自行车的指导意见(试行)》和上海市政府印发的《上海市鼓励和规范互联网租赁自行车发展的指导意见(试行)》都要求运营商为用户购买意外伤害险。但需注意的是,一方面,实务中也有以摩拜单车为代表的少数运营商选择了为租车人购买第三者责任险;另一方面,政府部门的监管规则远非上述列举的部分。梳理各地方政府监管层面出台的规范性文件可以发现,就险种配置所呈现的不同立场有如下核心差异:赋予运营商选择险种的自由抑或直接决定由运营商购买意外伤害险。[②]

回到段某、尤某秀诉ofo小黄车运营商的共享单车保险个案,作为目前检索到的唯一一则事关意外伤害保险合同是否成立、有效的判例,笔者认为,“段

① 该案产生了四份民事判决(裁定)书:湖北省钟祥市人民法院民事判决书,(2017)鄂0881民初2747号;湖北省荆门市中级人民法院民事裁定书,(2018)鄂08民终232号;湖北省钟祥市人民法院民事判决书,(2018)鄂0881民初1411号;湖北省荆门市中级人民法院民事判决书,(2019)鄂08民终995号。

② 李飞:《共享单车保险的法律构造》,载《东岳论丛》2022年第8期。

某、尤某秀诉 ofo 小黄车运营商案”看上去反映了保险人的立场(运营商与保险人签订合作协议 + 被保险人与保险人签订个人意外伤害保险)与为法院支持的被保险人的立场(总括意外伤害保险)之间的对立,而其实质恰恰是个人保险与团体保险(如后文所述,总括意外伤害保险属于一种团体保险)在规范路径上的分道扬镳。保险人的立场源自意图既享受团体保险保费低廉等好处,又能避开团体保险的合规限制,但由该案来看效果上对被保险人并不友好且法理上难以说通;为法院所支持的被保险人的立场则不再采用这种迂回路线,意在直接运用团体保险的形式满足被保险人的保护需求。为此,本文尝试从对共享单车保险予以总括意外伤害保险之定性切入,立足团体保险的独特规范逻辑,解释总括意外伤害保险制度构造的法理正当性及规范意涵,并以此展望其广阔的应用场域。

一、以总括保险合同为框架

由前文可知,人身保险合同在司法实践中被认定为总括保险合同的判例,可谓未尝绝非无其例。下文将从三个角度阐释“段某、尤某秀诉 ofo 小黄车运营商案”判决中的总括保险合同之定位的合理性。

(一)在逻辑上并非不可能

首先,总括保险合同通常被归入财产保险合同类别是经验使然。这一认识形成于对实务中上述若干典型例证之个别观察,并非基于对保险实践的充分归纳和全面总结,不能排除存在人身保险性质的总括保险的具体险种和实例。

其次,从总括保险合同在《保险术语》中所处的位置也可有此逻辑推论。依 2019 年 4 月 1 日实施的保险行业首个国家标准《保险术语(GB/T 36687-2018)》对“总括保险合同”作如下界定:“保险人对一定标准所限定范围内的、泛指的而不是特定的某种保险利益或保险标的的损失承担保险责任的保险合同。”这一界定显然并未将总括保险合同的适用空间限定于财产保险合同。从《保险术语(GB/T 36687-2018)》规定相关概念的排布结构上也能看出一些端倪。《保险术语(GB/T 36687-2018)》将总括保险合同作为“5.1 合同种类”项下“5.1.1 一般概念”中的一种保险合同类型,而“5.1.1 一般概念”与其后的

"5.1.2 财产保险合同术语" 及 "5.1.3 人身保险合同术语" 处于同级标题之列，于 "5.1 合同种类" 标题之下。这在逻辑上意味着总括保险合同的性质并不绝对单一，既可能是一种财产保险合同，又不排除是一种人身保险合同。

（二）与总括保险的特征相符

共享单车意外伤害保险是否可归为总括保险，识别的关键标准在于判断其是否与总括保险的特征相符。

1. 保险标的的可变动性。总括保险合同是指以可变动的多数人或物的集体作为保险标的的保险合同。[①] 总括保险合同并无特定保险标的，乃 "保险不一定之利益者"，[②] 仅泛指某种保险权益或某类保险标的而投保一定金额者。[③] 这导致保险标的处于变动无定状态，[④] 往往等到危险发生后，随着某一具体的保险标的确定下来才进入理赔程序。

共享单车行业需持续维护广泛的用户群基础。共享单车意外伤害险的被保险人并非某一特定的、具体而明确的个别骑行用户；相反，共享单车的用户是一个群体，直至保险事故发生，才对实际状况进行理赔调查，实现被保险人的特定化后予以赔付。

2. 保险标的的可确定性。有人就总括保险标的的不确定性特别说明："保险契约，普通虽以特定之利益为其目的，然为便宜上，则以包括的契约，而保险不一定之利益者亦有之。" 尽管没有特定的保险标的具体确定在该类保险合同中，但却约定仅在一定标准所限定的范围内就某一类保险标的或某种保险利益而投保一定金额。[⑤]

在利益第三人合同中，作为受益方的第三人可以在合同订立之后选定。[⑥] "段某、尤某秀诉 ofo 小黄车运营商案" 中的共享单车意外伤害保险合同是典型的利益第三人合同，被保险人对应的正好是第三人。被保险人具体系何人

---

① 魏华林主编：《保险法学》，中国金融出版社 2007 年版，第 54 页。
② 陈稼轩：《实用商业词典》，商务印书馆 1935 年版，第 1101 页。
③ 王效文、孔涤庵编：《保险学》，商务印书馆 1934 年版，第 7-8 页。
④ 袁宗蔚：《保险学》，合作经济月刊社 1981 年版，第 155 页。
⑤ 李玉泉：《保险法》，法律出版社 2019 年版，第 47 页。
⑥ 《国际商事合同通则》第 5.2.2 条。

尽管未在运营商和保险人订立保险合同时直接确定下来,但该保险合同却将在个案中识别具体的被保险人所要求满足的条件列了出来。依此标准选定的被保险人的骑行信息成功传输给保险人就是对“个别保险利益”的“补行告知”,系“投保人依已成立的保险合同履行义务的行为”,而“通常并不理解为投保。”① 这切合于利益第三人合同的第三人可在合同订立后选定的情形。

3. 预定总保险金额。“总括保险,即在一个保额下包括所有产物之保险。”② 可确定下来的保险标的对应的是不变的总保险金额,正所谓“其单位虽变动无定,而保险金之总额,常一定不变”。③

与总括保险性质的财产保险常限定一个总的保险金额保持一致,该总括意外伤害保险合同只笼统规定每一符合约定条件的被保险人最高可获理赔的总保险金额,即意外伤害保险金额 30 万元、意外医疗保险金额 1 万元。在任何地点发生的保险事故,保险人在总的保险金额内,承担保险责任。

4. 只存在一个保险合同。总括保险合同的出现是为了简化手续、提高效率、节省成本,实际上是一种大包干性质的保险。④ 当发生保险事故保险财产遭受损失时,被保险人对每批出运的货物不必再逐一通知保险公司,保险人也不再根据每批货物的不同种类按不同费率计算保险费。

在“段某、尤某秀诉 ofo 小黄车运营商案”中,依保险合同的规定,所有符合约定条件的 ofo 使用人均是该合同项下的被保险人,由于共享单车租赁关系产生及履行的即时性、流动性,运营商为各个 ofo 用户于每次租用关系发生前单独、分别投保,不仅存在操作困难,还不能节省管理与核保费用,无法享有团体保险在保险费率上相对低廉的优势。况且,如将数据传输视为各个独立的投保,并因此成立各个单独的保险合同,那会给如何理解它们与营运企业、保险人此前所签订的保险合同之间的关系带来困惑。

---

① 湖北省荆门市中级人民法院民事裁定书,(2018)鄂 08 民终 232 号。

② [美]许布纳(S. S. Huebner):《财产保险学》,罗玉东译,商务印书馆 1943 年版,第 88 页。

③ 陈掖神:《保险业》,商务印书馆 1930 年版,第 29 页。

④ 周国良、王明初编:《新编保险学》,上海外语教育出版社 1998 年版,第 105 页。

(三)依承保方式的归类

无论是就保险消费者实现理赔权利而言,还是对于保险人有效规避理赔风险与把握保险合同精细化的发展趋势来说,当事人在签约前或经由司法途径明确保险合同的类型对各方的切身利益将产生重要影响。以保险人的承保方式为根据,"段某、尤某秀诉 ofo 小黄车运营商案"的二审民事裁定书将共享单车意外伤害保险界定为总括保险或流动保险。① 总括保险与流动保险极其相似,唯一的区别是保险人收取保险费的办法:不同于流动保险的保险费系由投保人逐笔缴纳,总括保险的保险人是一次收齐保险费。以货物运输保险为例,采用总括保险的情况下,在确定总保险金额后,保险人采取一次收齐保险费的办法,然后逐笔递减每装运一批货物的保险金额,直到总金额全部扣除完毕。② 根据"段某、尤某秀诉 ofo 小黄车运营商案"保险协议第 5 条的约定,保险人每月核对一次承保人数,运营商就保险人报送的承保人数核对无误后于 10 个工作日内缴纳保险费。这表示运营商每月缴纳一次保险费,而非一次性由保险人全部收齐。因此,ofo 共享单车意外伤害保险其实是流动保险。保险费的缴纳方法固然对合同当事人有直接利害关系,但就两者相对于个人保险的区别而言,有必要权且忽略这点差异,重视二者在基本构造上的共性。这应该就是一些文献中将总括保险作为一个包含流动保险的宽泛概念之缘由。③ 不止于此,甚至有法院判决认为货物运输预约保险合同也是一种不定期总括保险合同。④

另从承保方式来看,因被保险人在保险期间内会有变动,保持了开放性、流动性,对保险人来说,保险事故发生前,被保险人的姓名尚待确认,遂有"待记名"的称号。故而总括人身保险合同又形象地被称为待记名保险合同,⑤ 属于一种团体保险。⑥ 之所以说是团体保险,是因为共享单车的用户在数量上不少于 3

① 湖北省荆门市中级人民法院民事裁定书,(2018)鄂 08 民终 232 号。

② 丁继锋主编:《保险学》,西南财经大学出版社 2018 年版,第 150 页。

③ 郑玉波:《保险法论》,三民书局 2019 年版,第 37 页。

④ 广州海事法院民事判决书,(2010)广海法初字第 564 号。

⑤ 李飞:《共享单车保险的法律构造》,载《东岳论丛》2022 年第 8 期。

⑥ 温世扬、蔡大顺:《论我国团体保险法制完善的路径选择——以要保人的资格规制为中心》,载《法学杂志》2016 年第 1 期。

人，该群体可以认为是由符合保险合同限定条件的所有用户组成的一个特定团体，该特定团体又定然不是以购买保险为目的而组成，而是以团体之优势力量提供用户福利与保障，且众多被保险人用户共同为一份共享单车意外伤害保险合同所涵盖。这些特性完全满足《中国保监会关于促进团体保险健康发展有关问题的通知》第1条关于团体保险的界定。就待记名保险合同的架构而言，前述ofo小黄车案件中的运营商所主张的“运营商与保险人签订合作协议+被保险人与保险人签订个人意外伤害保险”所对应的恰好是《欧洲保险合同法原则》（Principles of European Insurance Contract Law）第18:301条规定的“选择型团体保险”，即保险人与团体组织者之间订立的框架合同和保险人与团体成员之间在该框架下订立的个体合同之结合。这里的框架合同虽非保险合同，[①]却对保险方案具有决定作用，[②]从根本上确立了团体保险与个人保险的分野。此非孤例，法国法及德国学说皆认可选择型团体保险的类型及其法理。[③]而前文所述ofo小黄车的运营商试图忽略此一框架合同的重要地位，仅从个体合同层面认定个人保险而否定团体保险的立场显然存在重大问题。

再者，由于团体保险的危险选择单位为团体，成员的变动不改变危险选择的条件（如投保比率、最低投保人数等）便不构成承保危险的变动，从而不影响团体人身保险合同的效力。[④]建筑意外伤害保险是一个行之有年的例子。《建设部关于加强建筑意外伤害保险工作的指导意见》先在第2条规定了该保险的范围是“应当覆盖工程项目”，后又在第6条规定采取不记名方式投保更符合行业规范及设立保险合同关系的真实意思：“鉴于工程建设项目施工工艺流程中各工种调动频繁、用工流动性大，投保应实行不记名和不计人数的方式。”就此而言，亦非不可概括性地以待记名团体意外伤害险称之，等同于“段某、尤某秀诉

---

① 如《摩尔多瓦民法典》（Civil Code of the Republic of Moldova）第1914条第2款规定，第25章的保险法条文不适用于框架合同。

② Petr Dobiáš, *Group Insurance and Reinsurance Business in the Legal Relations with an International Element,* ICLR, 2016, Vol. 16, No. 2, p. 209–220.

③ Mariusz Fras, *The Group Insurance Contract in Private International Law*, Netherlands International Law Review, 2019, Vol. 66, p. 507–535.

④ 樊启荣：《保险法诸问题与新展望》，北京大学出版社2015年版，第442页。

ofo 小黄车运营商案”中的总括意外伤害险。

二、险种为意外伤害险

人身保险性质的总括保险在险种配置上可否以意外伤害险为内容值得讨论。大多数运营商及政府部门出台的有关规范性文件中为何选择了以用户为被保险人的意外伤害险，却未选择以运营商自己为被保险人的责任险？若意外伤害险确实是不二之选，又该如何激励运营商为用户购买意外伤害险？共享单车意外伤害险合同是否为附生效条件的合同？

（一）意外伤害险优于责任险

意外伤害险与责任险因功能有别且兼具优缺点而不易判断何者较优，[①]那意外伤害险为何受到绝大多数共享单车运营商的青睐，并在中央及地方层面治理共享单车行业的规范性文件中受到推崇，而责任险却在共享单车行业发展过程中受到冷遇了呢？除了共享单车发生的事故大概率是骑行者的人身意外伤害之事实，[②]法律层面的主要原因还在于意外伤害险较之于责任险更符合被保险人、投保人的利益期待。

就理赔流程的复杂程度而言，被保险人通过意外伤害险较责任保险更容易快速获得保险金赔付。责任险的目的是转移运营商应承担的损害赔偿责任的风险，而保险人承担保险责任的前提是要厘清运营商应负的法律责任。如保险事故的发生肇因于第三人，则用户只能追究对方的侵权责任，无法获得责任险的保障。当保险事故的发生与运营商经营行为有关时，共享单车安全事故的责任划分往往又不明确，用户和运营商之间发生旷日持久的纠纷，[③]造成基础法律关系拖累、延滞保险法律关系的展开，甚至使保险丧失防患于未然的机能，这势必有损共享单车企业的声誉。如摩拜单车的运营商投保的是责任险，且理赔条件

---

① 叶启洲：《浅谈公共自行车的风险与保险》，载《月旦法学教室》2018 年第 192 期。

② 李飞：《共享单车保险的法律构造》，载《东岳论丛》2022 年第 8 期。

③ 这源自运营商极力推卸责任的倾向，如在摩拜单车的用户服务条款中约定：“如用户不幸发生任何意外或事故，除非用户能证明该意外或事故是因自行车本身的固有缺陷直接导致的，否则本公司不承担相应任何法律责任。”

苛刻，因用户骑摩拜单车造成的伤害总是纠纷不断。为了凸显保护用户权益的经营理念，运营商投保意外伤害险便可免于将其置于用户的对立面，用户自保险人取得保险金不以明确运营商的赔偿责任为前提，尤其该险种也适用于保险事故是由非运营商造成的情况。运营商此际虽无义务承担赔偿责任，但鉴于受害者有支付丧葬费、医疗费用的现实压力，在道义上就不得不面对给予适度救助的社会期待，此时运营商为用户投保的意外伤害险就可扮演重要的角色。[①]这不仅为用户提供了作为增值服务的人身安全保障，增强了其对共享单车企业的信任感及适应性，同时也塑造了运营商对使用者负责任的形象，有效降低了企业应对意外事故这类突发事件的损失风险。

再者，不同险种的适用对用户的保障力度有不同的影响。不同险种会附带产生保险代位权得否适用及对应的用户保障力度不同的效果。如运营商投保的是责任险，由于责任险的独特法理在于其实质是替代责任而非填补损失，保险人赔付用户之后不能向运营商行使保险代位权，[②]用户也不能再向运营商要求损害赔偿责任。如运营商投保的是意外伤害险，其中的损失赔付部分（如医疗费用等支出）无疑可由保险人行使保险代位权，但定额给付部分（如死亡、残疾保险金等）无法适用保险代位权。[③]即便意外伤害险中同时包括损失补偿部分和定额给付部分，也是按照能区分的区分对待，不能区分的，否定保险代权在整个保单中的适用，体现出优待被保险人的倾向性。[④]那么，在运营商购买的是意外伤害险场合下，用户便除了可以得到保险金赔付，还有机会在保险关系之外经由损害赔偿请求权另行获得更多额外给付。[⑤]不仅如此，在责任险的场合，若用户作为第三人对损害的发生或扩大与有过失，保险人赔付的保险金数额自然会随着作为被保险人的运营商的赔偿责任的减轻（《民法典》第 1173 条）而减少；相反，在意外伤害险场合，因加害人与被害人的过失对保险给付无任何影响，所

---

① 江圣元：《待记名业务团体保险之探讨》，载《万国法律》2009 年总第 165 期。

② 在一般的责任险中，例外可由保险人向被保险人行使保险代位权的情形，参见樊启荣编著：《责任保险与索赔理赔》，人民法院出版社 2002 年版，第 20 页。

③ 王文宇、林国全等：《商事法》，中国人民大学出版社 2008 年版，第 437–438 页。

④ 武亦文：《保险代位的制度构造研究》，法律出版社 2013 年版，第 46 页。

⑤ 在人身保险中虽无所谓获利可言，但这的确也是一种值得关注的道德风险。

以不会出现类似减免保险金赔付数额的问题。[①]

此外，运营商选用意外伤害险而非责任险也有规避、防范道德风险的考虑。责任险的保障范围并不局限于骑行中发生的本应由运营商负责的人身损害赔偿，用户骑行中造成的财产损害后果亦属于责任保险的保障范畴，但鉴于保险人遭遇财产损失索赔的道德风险较高，就难怪保险人会在保险合同中设定苛刻的条件了。而意外伤害险依其性质并不对财产损失予以理赔，被保险人以伤害自身的方式谋求保险金的道德风险很低，当然就划定了保险责任范围。换言之，通过险种的选定来限制保险责任的范围更为简单易行，且降低了保险人面临的道德风险。

（二）对被保险人行使损害赔偿请求权的限制

鉴于意外伤害险较责任险的明显优势，理应将如何激励营运企业购买意外伤害险置于首要地位。问题在于，该以何种法理上更为妥适的名目协调、制约用户的保险金给付请求权与损害赔偿请求权？

首先，投保人以被保险人未履行赠与合同约定的义务而行使撤销权并联动对保险合同行使任意解除权的后果并非总能奏效。在利他保险合同当中，投保人与被保险人之间被认为是对价关系，投保人出于惠赠作为第三人的被保险人之目的与保险人建立保险合同比较常见。[②]在 ofo 共享单车意外伤害险中，如营运企业与用户之间的赠与合同依《民法典》第 661 条约定了身为受赠人的用户得到保险金给付后不向运营商提出求偿的不作为义务，用户违反了这一约定义务，作为赠与人的运营商可依《民法典》第 663 条撤销赠与。营运企业可否行使赠与合同的撤销权从而限制取得保险金给付的用户再行使损害赔偿请求权？依《民法典》第 665 条的规定，赠与合同被撤销后自始即无法律效力，赠与人得请求返还赠与物。其后果反映在保险法律关系层面就是由投保人行使任意解除权。虽然投保人解除人身保险合同具有溯及力，但如果保险合同已完全履行甚或在保险事故发生后，投保人便无解除权可言了。[③]既然如此，运营商也就无从

---

① 叶启洲：《浅谈公共自行车的风险与保险》，载《月旦法学教室》2018 年第 192 期，第 39-44 页。

② 董庶、王静：《试论利他保险合同的投保人任意解除权》，载《法律适用》2013 年第 2 期。

③ 温世扬主编：《保险法》，法律出版社 2016 年版，第 142 页。

阻止用户取得保险金给付后继续向其主张损害赔偿请求权。

其次,通过对意外伤害保险合同附解除条件应该可以使运营商保持购买意外伤害险的有效激励。投保人和保险人可将用户向营运企业行使损害赔偿请求权作为解除条件附加在保险合同中。所附解除条件是合同的附款,不同于非合同附款的保险合同的解除条件,甚至还可以对已完全履行的保险合同约定保险金返还的内容。[①]因保险合同所附的解除条件是否成就取决于用户取得保险金给付后是否会再向运营商求偿,且运营商与保险人订立保险合同时并不能确定用户得到保险理赔后是否会继续向运营商求偿:若不向运营商求偿,则所附解除条件未成就,保险合同有效且用户继续拥有保险金;若向运营商求偿,则所附解除条件成就,保险合同对该用户失效且用户应返还保险金。同时,所谓保险合同失效仅是针对特定用户而言,并非对所有用户都产生合同失效的结果。从团体保险合同的内容可分性进行解释而言,因为团体保险的本质目的是为每一成员提供保障,所以团体保险与个人保险最大的不同之处在于合同内容的可分性,团体保险契约应具一部可分之特性,合同效果对于个别被保险人彼此独立而不受其他成员影响。事实上,从民法上对此予以对应解释亦非不可能:依《民法典》第156条关于民事法律行为部分无效不影响其他部分效力的规定,而保险合同是一法律行为,可得出保险合同部分失效不影响其他部分法律效力的结论。

综上,应当允许甚或经由立法引导在意外伤害保险合同附解除条件,这样既可以激励投保人购买意外伤害险,也可以在保险事故的发生与投保人有关时给予被保险人以救济选择权。

(三)履约附条件而非生效附条件

共享单车是一种新的运营模式,合同三方当事人根据共享单车的特点,在ofo共享单车平台意外伤害保险项目协议中决定采用手机应用软件实时传输数据来确定被保险人、保险起止时间、位置等信息,属于合同成立后各方应承担的

① "行为人表示将条件成就的效果溯及于条件成就之前时,从其意思。"王利明主编:《中国民法典释评·总则编》,中国人民大学出版社2020年版,第388页。

义务的约定，而非保险合同成立的要件。[①] 问题在于，用户的骑行数据传输的约定既然是保险合同的组成部分，那这一约定是否可构成“条件”，从而该共享单车意外伤害保险合同为附生效条件的合同呢？

所谓附生效条件是为合同的生效与否附加了或然性，而前提则是该合同已经成立，即营运企业与保险人之间签订的意外伤害保险合同业已成立。所附生效条件的成就以使用者的用车数据成功传输至保险人为标志，从而意外伤害保险合同的被保险人得以确定的同时该合同生效。如果从附条件的合同角度理解，那必然相当于营运企业和保险人就每一个用户在骑行时的意外伤害风险均订立了一个保险合同。该解释貌似可行，对保险人最为有利，且在用户的用车数据必然会及时、准确地传输给保险人时，对各方当事人均无不利。然而，这终究是过于理想化的解释。首先，无论有多少用户成为被保险人，保险合同其实始终同一。即便保险人或每个用户都认为存在一个独立的保险合同，但这个合同提供的保险保障内容是一样的；而之所以各个保险合同均别无二致，是因为无法否认它们委实就是运营商与保险人签订的同一个合同而已。将原本就只有一个的合同刻意解释为若干个内容相同的合同有矫揉造作之嫌。叶启洲指出，赋予共享单车的运营商以代理人地位为用户分别订立保险合同在台湾地区有其实践基础，[②] 但在用户尚未具体确定的情况下就事先授予运营商以缔约代理权的合法性基础显然存疑。其次，以用车数据成功传输作为保险合同生效的条件欠缺正当性。保险人当然有激励通过设定用户的用车数据成功传输这样的条件来控制其承保风险，虽然用车数据是否一定会传输成功并非被保险人所能操控，但传输失败的风险——如“段某、尤某秀诉 ofo 小黄车运营商案”中那样——却是由用户承受。每一用户是否能直接享受到保险保障，从而省却与运营商掰扯不清的麻烦，事先皆面临不确定性，诚无稳定的预期可言。恰如“段某、尤某秀诉 ofo 小黄车运营商案”的二审民事裁定书所言：“用户既不能控制保险条款的设计，也不能控制使用信息的保存与传输，如果符合约定条件的 ofo

---

① 湖北省钟祥市人民法院民事判决书，(2018)鄂 0881 民初 1411 号。

② 叶启洲：《浅谈公共自行车的风险与保险》，载《月旦法学教室》2018 年第 192 期。

使用人的信息未被传输，因此被排除于被保险人范围，则有违诚实信用原则。”[①] 故而，这种一厢情愿的安排无论如何谈不上公平、合理，明显与注重保险消费者保护的要求不合拍。更有甚者，如此一来，不但运营商试图借助保险机制分散、规避风险的效果将大打折扣，而且从宏观上未尝不可以说，共享单车经济的健康、长远发展无疑会因此缺失一根支柱。最后，不将用户用车数据的成功传输作为保险合同的生效条件会对运营商的后续行为产生正向激励。如不把传输数据成功作为保险合同的生效要件而只是运营商依保险合同应负的一项义务，则一旦出现数据传输失败，保险人可以运营商未履行合同约定的义务为由拒绝理赔，当事故的发生又恰与运营商脱不了干系时，运营商就只能自行赔偿用户的损失。相应地，运营商为减少因此而自行赔付用户损失的风险，必然会在技术层面更加注重数据上传的成功率。这对确保用户的稳定预期、发挥保险合同的效用至关重要。

既然“段某、尤某秀诉 ofo 小黄车运营商案”中的意外伤害保险合同不可能是附生效条件的合同，那就是说该合同在用户扫码骑行的数据成功传输并非针对合同生效所附的约款。既然如此，该案的保险协议第 5 条关于保险人根据北京优全技术公司的系统每日导出的数据出具相应保单的约定应作何解释？于此场合，似只能认为该约定所指向的是当事人履行合同义务的行为。而这种基于私法自治的约定并非不被允许，且又不能归之于所谓的附生效条件。“倘当事人非以法律行为效力之发生，而仅以其履行系于不确定之事实者，虽亦属约款之一种，惟此约款并非条件，应解释为于其事实发生时，为权利行使期限之届至。”[②] 循此思路，北京优全技术公司的系统成功接收到用户骑行数据并导出给保险人时，表明履行合同预期的不确定事实已发生，这恰为保险人履行其合同义务之时，也是保险人不依约履行义务可被追究违约责任之时。再回顾上文提及的 ofo 共享单车平台意外伤害保险项目协议中的相关约定可知，将用户骑行数据成功传输的约定解释为当事人对保险人的履约行为的要求，恰好解决了无

① 湖北省荆门市中级人民法院民事裁定书，(2018)鄂 08 民终 232 号。

② 郑冠宇：《民法总则》，新学林出版股份有限公司 2019 年版，第 428 页。

法将合同中附加的该约定归入附条件情况下的定位难题，不但与法院将数据传输作为保险合同成立后涉及义务履行相关的约定之裁判意见相吻合，而且也与在运营商与保险公司之间仅存在一个意外伤害保险合同的主张相契合。

此外，将保险合同中约定的条件解释为对合同义务履行行为的限制可达到将其解释为对合同效力附生效条件的类似效果。虽然在保险条款中设置限定条件可防范团体保险丧失借由团体关系的限制来达成危险综合化的功能（俗称"团单个卖"，即本不具备团体关系的个人成为团体成员，影响集体风险的评估而造成逆向选择的不当现象），但在保险合同中约定的被保险人身份的限定条款不必像叶启洲那样将其"界定为保险契约之特别生效要件（类似法律行为之停止条件）"。[①] 原因在于，其一，只是因为某些不适格的成员进入团体关系就使整个保险合同不生效，对团体关系中适格的团体成员而言极不公平。毕竟保险合同只有一个，如何使适格的团体成员得到生效保险合同应有的保障无疑是首要考虑的问题。其二，将该类条件解释为对保险人履行义务施加的约定限制具有区别对待的意义。哪怕合同已经生效，由于保险人履行义务的约定要求没能满足，保险人也可拒绝理赔。如此一来，面对已经生效的保险合同，不适格的成员理所当然无法取得保险人的保险金给付，适格的团体成员却仍能够得到生效合同的保障，诚可谓自得其所。因而，将保险合同中约定的条件解释为对合同义务履行行为的限制在实际效果层面表现更佳，同样可以避免与团体无关之人进入团体保险而出现因"团单个卖"产生的危险集中与逆向选择问题。

三、团体保险与保险利益原则不相干

前已述及，总括保险性质的共享单车保险又称待记名团体意外险。共享单车保险作为一种团体保险尤其需要认真对待的是其保险利益原则问题，即运营商作为投保人，为符合条件的用户投保意外伤害险是否与人身保险利益制度相龃龉？

---

① 叶启洲：《团体保险之要保人、眷属关系与保险利益有无之认定》，载《月旦裁判时报》2010 年第 3 期。

（一）不适用保险利益原则的理由

像在“段某、尤某秀诉ofo小黄车运营商案”中坚持以被保险人同意与否作为预判投保人有无保险利益从而决定保险合同是否有效的思路，固然遵守了现行法的规则，却不免给人造成墨守成规、舍本逐末的印象。

事实上，以被保险人同意视为具有保险利益的立法不适用于团体保险。其一，保险利益原则在团体保险中无适用空间。在团体保险中，没必要抱持保险利益原则不可或缺的观念。基于谋求成员福利而生的团体保险具有偏重社会保险的色彩，应从受益人范围的限制、团体的适格性、成立团体的宗旨等方面判断是否存在及如何防范道德风险，诚不宜如同规范个人保险的道德风险一样深究保险利益问题。[①]“段某、尤某秀诉ofo小黄车运营商案”涉及的共享单车意外伤害险合同或许正是为团体保险排除保险利益原则的适用提供的一个例证：虽然运营商作为投保人对处于被保险人地位的用户的生命与身体无保险利益可言，但一方面，用户作为单车租赁合同的承租方是运营商开展经营活动求之不得的客户，运营商断无凭借意外伤害保险就用户的生命或身体进行赌博或从事道德风险行为的动机可寻；另一方面，作为被保险人的用户轻易也不会冒险制造意外伤害的假象谋求保险金的赔付。从运营商向用户赠送保险而言，作为被保险人的用户面对的是纯获利益的合同，而哪怕对于被保险人是无民事行为能力人纯获利益的保险合同，都不必经法定代理人追认表示同意，[②]何况并非无民事行为能力人的单车用户呢？

既然保险利益原则于此不适用，那么，被保险人纯获利型的利他合同性质的意外伤害保险合同的生效自然就无须被保险人同意。“既以被保险人为受益人，则实与生存保险无异，又何必以征求同意为契约有效之要件乎？”[③]为了凸显被保险人有机会反对保险赠与的效果，马宁将被保险人的同意及合同效力相

---

① 李飞：《共享单车保险的法律构造》，载《东岳论丛》2022年第8期。

② 湖北省高级人民法院民事判决书，(2018)鄂民再288号。

③ 孔涤庵：《保险法》，商务印书馆1935年版，第120页。

关联，认为应赋予被保险人通过同意与否表明其是否接受保险合同的权利。[①]然而，该见解仍是站在保险利益对合同生效不可缺位的角度所作的推论。实际上，被保险人并非保险合同的当事人，无法像受赠人拒绝赠与合同一样否定保险合同本身，只能退而求其次，主张对该保险合同的内容不予接受：被保险人如果想要拒斥这一安排，可以在保险事故发生后不接受保险金的赔付或者在保险事故发生前声明放弃可能的索赔。该理解清楚呈现了被保险人与受赠人法律地位的不同，成功绕过了被保险人的同意所代表的保险利益原则，也不影响被保险人因厌恶自己被人投保而作出抛弃保险金的意思表示。

其二，以被保险人同意的方式认定保险利益难以适应团体保险的实践需求。将被保险人的同意视为投保人对被保险人具有保险利益的识别标准预设的是以个人保险为典型场景；否则，《保险法》第 31 条在立法技术上就不会把“与劳动者有劳动关系者”单独列于被保险人同意的前面了。个人保险的被保险人人数少，以传统方式获取他们的个别同意理所当然。而在被保险人众多的团体保险中，固守分别同意的要求不仅可能因手续过于烦琐、低效而严重抑制善意的投保行为，还可能助长有些保险人的机会主义承保倾向，[②]甚至可能出现投保团体利用其强势地位迫使被保险人成员同意为其投保等扭曲现象。[③]为扭转实务中用人单位为劳动者投保团体保险普遍都没有经过劳动者同意的困局，2009年《保险法》修订后直接认定投保人对与其有劳动关系的劳动者有保险利益，不再执着于取得被保险人同意了。这恰巧说明要求投保人在投保团体保险时取得被保险人同意从而认定具有保险利益并不现实，反倒可能会阻碍团体保险的投保，不利于对被保险人成员的保护。

其三，应当从团体保险以被保险人的同意来认定保险利益实践的彻底失败中汲取教训。具体到建筑职工意外伤害团体保险这样的待记名团体意外险为例，被保险人变动频繁，缔结保险合同时根本就无法确定被保险人。保险实务

---

① 马宁：《保险利益原则：从绝对走向缓和，抑或最终消解？》，载《华东政法大学学报》2015 年第 5 期。

② 李伟群、尹灿灿：《人身保险利益原则存废研究之我见》，载《上海保险》2019 年第 5 期。

③ 樊启荣：《保险法诸问题与新展望》，北京大学出版社 2015 年版，第 442 页。

显示,对于保险公司要求提交的被保险人名单,投保人只能造假,[①] 又凭何认为投保人提交的被保险人同意的凭证可信?法院在这类案件判决的立场很明确:对保险人以受害者不在被保险人名单内为由拒赔的主张不予支持。而其理由在于,即便保险单要求提供施工人员名单,“但在保险单中的特别约定的免责事由中并未对按建筑工程总造价计费方式投保的须提供相应的施工人员名单作出约定,亦未对赔偿范围及赔偿人数等作出提示和补充约定”。[②] 其实,这也表明以取得被保险人同意来认定保险利益的规定在适用范围上有其限定性,至少与待记名意外伤害团体保险的特性存在矛盾。

其四,比较法上有先例。团体保险本质上近似于社会保险,着重成员福利之功能,但业务经营又采取个人保险的做法,因此,美、加、欧诸国均另订规范监管团体保险业务,不细究保险利益之适用问题,[③] 借此体现政府鼓励团体保险的态度。如于2014年1月1日施行的捷克《民法典》第2827(2)条清楚地规定了被保险人的同意不适用于团体保险合同之缔结;美国纽约州《保险法》第3205条(c)款甚至明确提到,投保待记名(blanket)意外或健康保险不需经团体成员同意;2008年的《德国保险合同法》第150条第2款也规定“公司年金计划的团体人寿保险”免被保险人的同意。

(二)可能的路径与现实问题

在立法技术上有两个备选方案可用于破除保险利益的迷思:其一,径直删除《保险法》第31条关于人身保险适用保险利益原则的规定;其二,修法增订团体保险作为第31条的例外。然而,鉴于《保险法》第31条尚无排除适用保险利益原则的规定,尤其是参照同条以拟制的方式规定用人单位对劳动者具有保险利益,那么,在立法技术上自可同样处理,径直将满足规定条件的团体保险规定为具有保险利益即可,无须突兀地另订例外规则。

---

① 朱宁:《不在团体被保险人名单中施工发生意外能否要求保险公司理赔》,载《检察日报》2020年8月26日,第7版。

② 新疆维吾尔自治区克孜勒苏柯尔克孜自治州中级人民法院民事判决书,(2022)新30民终24号。

③ 方明川:《我国团体保险与保险利益问题新论》,载《寿险季刊》1996年第101期。

我国目前就团体保险的保险利益原则采取的做法趋于保守。根据《中国保监会关于促进团体保险健康发展有关问题的通知》(以下简称《通知》)第3条的规定,保险公司承保团体保险合同,应要求投保人提供被保险人同意为其投保团体保险合同的有效证明和被保险人名单。然而,同一条文针对投保待记名意外伤害团体保险(如建筑工程意外险、乘客意外伤害保险和游客意外伤害保险等)明确规定了例外,即"投保时因客观原因无法确定被保险人,或承保后被保险人变动频繁,但是可以通过客观条件明确区分被保险人的团体保险"作为"特殊情形",在经保险公司总公司审核同意后,保险人承保便不再要求投保人提供被保险人同意的有效证明和被保险人名单。这为保险人开展该类型的保险业务经营提供了正当性根据。但依《关于裁判文书引用法律、法规等规范性法律文件的规定》第6条的规定,在法院的裁判文书中,该《通知》作为规范性文件并不能直接予以引用,而仅是"可以作为裁判说理的依据"。回到"段某、尤某秀诉ofo小黄车运营商案",在原保监会下发《通知》近三年半之后作出的二审民事裁定书中可看到,尽管依《通知》的规定法院对被保险人表达同意的方式之认定以及因之判定投保人对被保险人具有保险利益显属多此一举,但法院引用该《通知》第3条的目的在于说明这种团体保险方式为法律所允许,且称之为总括保险或流动保险,却不知因何故对此一例外情形无须取得被保险人同意的规定置之不理,而是坚持适用《保险法》关于以被保险人的同意视为投保人具有保险利益的规定。[①] 在该案的判决中被保险人的同意固然得到了成功的证明,但假如被保险人的同意在另一个同样的案件中无法得到证明的话,难道法院就要因此作出相反的判决?哪怕是类推适用深圳市标榜投资发展有限公司、鞍山市财政局股权转让纠纷二审民事判决书的做法,[②] 判决合同无效后由保险人承担缔约过失责任的范围包括可得利益损失,使保险人赔偿了相当于合同有效时等同于保险金给付的数额,但总不能说后续的其他案件中都存在缔约过失责任及可得利益损失。此一临时、备用的裁判思路终非长久之计。这也提醒

---

① 湖北省荆门市中级人民法院民事裁定书,(2018)鄂08民终232号。

② 最高人民法院民事判决书,(2016)最高法民终802号。

我们,有必要在《保险法》修订时将《通知》的相关规定一并纳入,以避免再出现不顾该规范性文件内容之良善仅因其效力等级低而不受法院重视的情况。倘不如此,实难消除 ofo 小黄车的运营商在《通知》下发的第二年即以一纸合约为用户群体投保意外伤害险结果却不受法院待见的尴尬。

四、结论

作为人身保险实务上因应被保险人团体的保险需求所发展出来的特殊保险类型,总括意外伤害保险事实上具有一定的危险过滤与危险综合的效果。这就决定了总括意外伤害保险有较为广阔的应用场景。除了匹配共享单车领域的需求,前文提到的法定强制险性质的建筑职工意外伤害保险同属著例之一,此外,亦可在诸如游乐园、公共交通运输等行业用于保障游客、乘客的权益,保险人应根据具体情况向市场供应该类保险。

综上所述,共享单车意外伤害保险属于总括意外伤害保险有其正当性。首先,共享单车保险作为一种总括保险,就决定了用户骑行数据的传输成功不能成为保险合同的所附的生效条件,只能视为保险合同履行所附加的条件。其次,共享单车保险作为意外伤害险,在法理上应注意在激励投保人为被保险人购买总括意外伤害险与允许投保人在保险合同中附加以被保险人向其求偿为成就标准的解除条件之间的谋求平衡。最后,共享单车保险作为一种特殊的团体保险,合同效力上不应受制于保险利益原则的拘束。总括意外伤害保险的应用广泛,但要发挥其更大作用,尚待加强研究,尤其应以在团体保险领域系统而深入的研究为依托来推进总括保险的立法完善。

区块链在“同案同判”目标建设中的辅助应用与路径探索

刘　婷*

提要：区块链存证技术率先成功落地并广泛应用后，区块链随之延伸至司法审判管理等诸多领域。本文着眼于“同案同判”目标建设领域，挖掘区块链新的应用场景，结合理论与实例深度分析区块链“同案同判”具体实现路径。区块链在辅助实现“同案同判”目标时有别于传统的指导性案例制度、人工智能下的类案检索模式，更具天然技术优势。在“同案”识别上，区块链依托分布式记账、共识机制的核心技术，基于更庞大的案例库精准识别；在“同判”质效上，区块链依托时间戳、不可篡改的特征寻找“先例”的时间足迹，同时借助智能合约将权威统一裁判案例、共识算法案例、最密切法律条文推送给法官，辅助实现遵循先例的效果。而在司法责任落实方面，“区块链同案同判辅助系统”亦是对法官个案价值判断的技术检验。当前“同案同判”区块链技术尚未被开发应用，相关理论研究虽有涉及，但数量极少且深度不够，本文立足于此并结合理论与实例进行创新路径探索，以期为推进长三角地区智慧法院建设有所裨益。

关键词：区块链技术　同案同判　路径设计　司法责任制

中本聪于2008年11月1日发表《比特币：一种点对点的电子现金系统》一文，从此区块链迅速进入人们的视野，推动全球信息化技术和产业进入新的革命浪潮。习近平总书记在主持中共中央政治局第三十四次集体学习时强调，要建设数字中国、智慧社会，打造具有国际竞争力的数字产业集群，推动互联网、大

---

* 刘婷，上海市静安区人民法院法官。

数据、人工智能同产业深度融合。[①] 与此同时,我国司法审判领域也开展了“区块链+司法”模式探索,打造智慧法院。区块链技术在司法领域极具应用价值,其去中心化、共识机制、分布式记账、智能合约等技术特点和难以篡改的特性,已在司法存证领域率先研发并有配套立法,于2019年开始被广泛应用。2021年12月1日,《最高人民法院关于统一法律适用工作的实施办法》正式施行,对促进“同案同判”的类案件检索制度提出进一步强化要求;最高人民法院于2022年5月23日发布了《关于加强区块链司法应用工作的意见》,要求大力推进区块链技术与多元解纷、诉讼服务、审判执行、司法管理等工作的深度融合,并要求探索区块链司法应用场景的延伸。基于此,本文旨在对区块链技术更多应用场景的创新探索,充分挖掘该技术在实现“同案同判”目标方面的辅助应用功能,提升同类案件裁判权的科技应用水平,推动信息技术与法治建设融合促进。

一、区块链司法应用新领域:辅助实现“同案同判”目标

区块链技术近年来在司法领域的应用尤其是智慧法院的建设是一个不断探索和推进的过程。从2015年开始,围绕区块链技术的法律研究进入人们的视野,截至2022年8月21日,仅在某文献检索平台上发表的期刊论文仅数年就达到1601篇,其中涉及司法领域的论文占26.48%,然仅有4.48%(19篇)涉及区块链技术在审判中的应用研究,而“同案同判”的区块链技术应用研究则只有1篇。可以说区块链技术在立案信息流转应用、调解与审判流程衔接应用、审判与执行衔接联动等司法领域均已试水,但区块链技术在司法审判领域的研究与应用仍然较浅,尚属拥有无限可能的蓝海。

“同案同判”是司法所欲追求的重要目标,是历年来的司法顶层部署绕不开的话题。2015年7月,“智慧法院”概念应运而生,各地高级法院顺应其“现代科技应用与司法审判活动深度结合”的本质,在最高人民法院《关于申报司法大数据专项工作任务的通知》部署下,为抓住解决“同案不同判”现象的新希

① 《把握数字经济发展趋势和规律 推动我国数字经济健康发展》,载《人民日报》2021年10月20日,第1版。

望，牵头在当地建立了大数据平台。通过审判信息资源库加大对司法大数据的研究力度，加快案件关联信息的实时汇聚。2017年，《最高人民法院司法责任制实施意见（试行）》明确规定了"类案及关联案件检索"机制，该机制成为司法责任制改革的重大举措。2018年至2021年最高人民法院陆续出台《关于进一步全面落实司法责任制的实施意见》《关于建立法律适用分歧解决机制的实施办法》《关于统一法律适用加强类案检索的指导意见（试行）》《关于统一法律适用工作的实施办法》，作为确立类案检索制度出台的一系列文件，均是为了统一裁判尺度，达成"同案同判"。① 司法改革的顶层设计者也开始在司法各领域中全面推进区块链等信息技术的深度应用，以实现在类案裁判中统一法律标准和尺度的目标。

二、区块链技术在"同案同判"中的应用基石与优势

（一）"同案同判"目标实现的现有路径类型

纵览当前辅助实现路径，案例指导制度和人工智能类案推送是司法追求"同案同判"这一重要目标得以实现的有力方式。

1. 传统人工筛选下的案例指导制度

《最高人民法院关于案例指导工作的规定》确定了"同案同判"的裁判原则，从裁判中抽取争议点的解决方法，并将其凝练为具体的规则，置于案件的首部，以指导今后审理的同类案件。② 在审理同类或类似案件时，如果缺乏背离指导性案例裁判规则的充足依据，法官将可能面对双重约束——来自上级法院的审判监督和本院的审判管理。③ 当然，除案例指导制度外，公报案例、各层次精品案例评选也对"同案同判"起到了一定积极作用。

2. 现代人工智能技术下的类案检索制度

办案平台内嵌的"类案检索"模块、法官智能辅助办案系统、中国裁判文书

---

① 孙海波：《类案检索在何种意义上有助于同案同判？》，载《清华法学》，2021年第1期。

② 《最高人民法院关于案例指导工作的规定》第7条规定："最高人民法院发布的指导性案例，各级人民法院审判类似案例时应当参照。"

③ 胡云腾等：《〈关于案例指导工作的规定〉的理解与适用》，载《人民司法》2011年第3期。

网或是“法信”等平台都是较为常见的人工智能检索工具，其提供了海量的文书辅助法官判断决策。2018 年 1 月，最高人民法院正式启用“类案智能推送系统”，将大量同类案件裁判文书的内容要素进行拆分、提取、整合，再结合一定的算法规则，将眼前待决案件相关或相似的案件通过司法审判大数据系统自动推送给裁判人员，以智能、自动化的方式将同类简易案件加以解决。

3. 现有路径的“优”与“缺”

（1）指导性案例制度的优点与缺点

最高人民法院发布的指导性案例具有相当高的权威性和指导性，其裁判要点在裁判文书中可直接成为参考适用、统一裁判尺度的类案论证内容。而诸如公报案例、精品案例也具有一定的参考意义。但从目前的实践应用来看，指导性案例数量少，范围窄，指导性效果不强，大多需要人工筛选，费时费力，其选取的案例基本都是典型案例，且发布周期较长。新类型案例的裁判思路一般无法从指导性案例中获取。①

（2）类案检索制度的优点与缺点

人工智能下的类案检索系统响应迅速，操作便捷，在检索效率、检索范围、检索精确度等方面无疑都有所提升，相对法官人工检索传统方式，其通过人工智能加载，可以快速、高效地预测和解决大量同类型案件。但法官进行类案检索时，往往会搜索到海量“同（类）案”，很难从搜索结果快速获得最贴近待决案件、符合当下裁判要旨的先决判例。且司法本质上是一种类推思维活动，智能的技术手段很难甚至无法化解价值判断问题。再者，类案检索库的素材收集深度和广度都不够，生效裁判案例是法官主动提交上传的，并不是完整的样本库，法官们其实最期待智能检索系统能够提供对于疑难案件的裁判帮助，但目前的类案检索库系统还停留在应用简单或者常规案件中。②

（二）区块链在“同案同判”中的技术理论基石

区块链技术的内在特征为司法审判改革提供了重要契机，智慧法院的探

---

① 周翠：《民事指导性案例：质与量的考察》，载《清华法学》2016 年第 4 期。

② 左卫民：《从通用化走向专门化：反思中国司法人工智能的运用》，载《法学论坛》2020 年第 2 期。

索、互联网法院的建立使司法更加信息化、智能化、现代化，区块链其内在的技术特征成为进一步辅助"同案同判"实现的技术理论基石。

1. 分布式记账模式、去中心化的通信模式保障案件要素同步更新不易丢失，搭建完整裁判文书库

在区块链技术中，大量共同记账的主体作为节点，构建成区块链网络，在这个网络中任何加入的服务器都可以成为一个节点，每个节点将一段时间内收到的数据和代码，存放在带有时间戳的区块中，在全网其他所有节点上均会同步这个新加入的数据代码，以确保区块链网络数据在整个区段的一致性，从而使整个区间得到有效保障。① 而在司法裁判领域，当一份判决上链后，其案件焦点、核心裁判规则经哈希后提取保存，在节点中同步储存在区块中，其他节点也可通过调取相同节点获取该份上链文书。区块链技术多节点共建的优势使每一份上链的文书源源不断地汇入区块链平台中，形成完整的文本库，提高了后续对比、推送同类文书的准确性，为实现"同(类)案同判"打下更为完整的裁判文书库基础。

2. 区块链不易被篡改的特性保障司法数据稳定

在区块链中对一个数据进行一系列的操作，其操作在每个时间点都会被记录下来，进行连续、永久、完整地保存。② 尽管单个节点的数据能被成功修改，但该改动行为并不会得到全网的直接认可，只有所有节点中的数据被修改，或者在全网掌握超过 51% 节点的情况下才会导致数据被篡改。这就保障了电子法律数据、既往生效判决录入司法大数据库后，电子司法数据不会轻易被撤回或恶意篡改，保障了司法公信力。

3. 时间戳按序推送同类文书，时间脉络式呈现裁判思路演化

区块链实际上是层层嵌套而成的时间戳，每一项数据都有时间标记，形成无法篡改和伪造的资料库，时间戳凸显了区块链的关键技术特征。一份裁判文书上链时自动形成的时间戳，既可实现不被篡改也可使法官在寻找同(类)案件

---

① 何蒲等:《区块链技术与应用前瞻综述》，载《计算机科学》2017 年第 4 期。

② 陈秀惠:《为什么区块链的去中心化很重要》，载《计算机与网络》2018 年第 21 期。

判决时获取最新、最符合当下法律和社会背景的裁判结果,也可帮助法官在研判案件裁判思路时脉络式梳理文书背后法理的演变历程,进而判断是否适用先决判决抑或重新编写符合当下法律逻辑的裁判文书。

4. 智能合约的应用简化案件要素的提取,分类导入裁判指引快速生成同类裁判文书

区块链作为基础技术将交易的整体记录纳入共识系统,与共识相匹配,可以自动执行智能合约条款。现今逐步推广应用的智能合约,一般为了降低代码翻译误差,通常会要求合约条款清晰、具体、可执行。这一应用特征可便捷实现"同案"的识别,也更贴近"同案"裁判规则的推送。当法官将待决案件输入区块链节点后经对比自动匹配文书库中的素材,当满足合约规定的条件时,智能合约就会被自动执行,按照符合条件的样本层级排列推送供法官选择。

5. 哈希值计算在区块链数据存储与验证中的运用,实现更为精准推送同类案件

区块链上存储的是用共识算法计算出的数据信息的哈希值,具有唯一性与可识别性。通过对比眼前案件要素和争议焦点的哈希值,可以准确、快速地在数据库中找到相同哈希值的"同案",将"同案不同判"的案件排除,实现同(类)案件判决结果相一致。同时,若部分案件中存在不宜公开的内容,哈希的存在可以将涉密或涉隐私等内容予以隐藏,以再次哈希所得哈希值参加数据库对比,更能合法、合理保护涉案当事人的权益。

(三)区块链技术与案例指导制度、类案检索在实现"同案同判"实效方面的对比

1. "同案同判"既有实现路径与区块链实现路径之共通

我国已有多种方式保障"同案同判"目标的达成,正如前述,我国已构建案例指导制度及类案检索技术落地和运用。无论是指导性案例、人工智能下的类案检索还是区块链技术的应用,其基础还是遵循先例。以案例或技术手段辅助审判人员高效、稳定地判断相同案件要素的裁判方向,减少传统单一法律检索的人力,将办案精力更多倾向于疑难复杂新型案件。

2. 区块链在“同案同判”目标实现中更具天然技术优势

(1)区块链分布式记账模式及不可篡改的特性保障裁判文书库更完整呈现

区块链强调众多参与主体的参与性，每一位法官都可以将自己的案例按照协议规范存入区块链节点上并记账发布，完善法律文书库，让参与的所有主体都能共享案例。[①] 当相关文书签发完成后自动上链，一旦符合生效条件即刻上传区块链节点，既无须人力参与，也因其一旦上链即无法被篡改保障了司法稳定及公信力。

(2)区块链时间戳辅助法官寻找“先例”的时间足迹

区块链中的关键技术时间戳，满足了文书库中按时间脉络呈现“同案”生效文书，也可实现该类案件裁判思路的演变脉络呈现，辅助法官掌握案件法律背景及法理逻辑。同时，时间戳的存在也方便了文书验真，一旦上链文书发生修改即刻在时间戳上得以体现。

(3)区块链智能合约将权威统一裁判案例、共识算法案例、法律条文推送给法官

海量同类文书中搜索结果使优先层级筛选工作耗费大量精力。这样的问题通过区块链下的智能合约应用就能得以很好地解决。当法官获得与待决案件最贴切的样本推送，要将先决文书中的裁判分析导入待决案件中时，区块链通过技术设计分层级实现不同方式的“先例”或条文推送：

①权威统一裁判案例推送：当存在既定指导性案例时将率先引入相关裁判要旨，指导性案例作为具有较高权威性的裁判要旨；若法官拒不适用时将会被区块链的共识机制所拒绝，避免不同判的裁判结果。同理，公报案例、精品案例也可以推送法官予以优先参考适用。

②共识算法案例推送：在区块链上链裁判库中，将经共识算法基础上形成的绝大多数统一判决优先推送给法官，待法官进行个案价值判断。

③法律条文推送：在区块链上链裁判库中，在识别同(类)案基础上将先例(含指导性案例、共识算法案例)中的最密切法律条文优先推送法官，待法官个

---

① 田海鑫:《区块链技术和理念在同案同判中的应用》，载《人民法院报》2019年11月14日刊，第2版。

人价值判断（参见表 1）。

表 1 指导性案例、类案检索、区块链实现“同案同判”路径对比

项目	检索方式	响应速度	便捷性	可靠性	案例衍生指导
指导性案例	人工检索	耗费时间较长	案例数量有限，发布具有周期性	最高法发布，可靠性高	针对某类型案件，延伸启示较少
类案检索	智能检索	快，但庞杂	海量文书，需人工筛选，工作量大	可撤回修改	针对搜索案例提供先例或法律，无延伸指导
区块链	智能推送	快，且精准	通过哈希、智能合约比对，推送结果与待决案件相近	一经即上链不可篡改，可靠性高	智能合约、时间戳的运用可梳理裁判要旨脉络

三、区块链在同案同判具体路径探索的实证分析

在理顺“同案同判”适用的基本技术特点后，最重要的仍然是“同案同判”目标建设的实现路径设计问题。当下在司法领域区块链技术在裁判阶段的试点应用还较少，区块链“同案同判”辅助应用系统的开发更是在理论探索阶段，笔者通过具体案件的实证分析阐述区块链在实现“同案同判”目标建设中的可行性路径。

（一）基于案例库寻找“同（类）案”先例——同（类）案识别

区块链进行同（类）案识别，主要依靠将待决案件的核心要素哈希后进入案例库进行匹配识别相近的既存哈希值，这与人工智能下的类案检索较为相似，但在识别后的案例呈现存在差异。区块链较为核心的时间戳技术特征实现案例识别后通过寻找“先例”的时间足迹，按层级优先顺位排列输出。

在裁判模块，首先基于区块链框架创建区块链平台，其中包括所有法院节点。其次针对相关案件的裁判进行收集，形成一个足够大的案例库。然后通过区块链技术（如通过智能合约）自动提取相关案件核心要素，如合同具体约定、责任承担等各个节点及争议焦点，将所述案件信息写入区块链平台中，转换为哈希值。当案件遇到部分不宜公开的内容不宜在区块链上呈现时，可将该不宜公开内容先行转化为哈希码替换写入节点。此时通过区块链的共识机制及智能合约进行识别匹配与待决案件哈希值相近的“先例”哈希值，一旦达成共识，将

最接近的案件发送给法院节点以供参考。[①] 待决案件在案例库中可能匹配到海量同(类)案例,此时区块链优于类案检索的技术特征在此体现,即区块链的时间戳核心技术特征实现检索中寻找“先例”的时间顺位,输出结果按时间脉络排序呈现。

(二)“先例”优先推送制度设计

1. 权威性统一裁判、案例优先推送

(1)具体逻辑分析:最高人民法院发布的指导性案例和生效案例裁判具有相当高的权威性和指导意义,其裁判要点可以直接参照适用。而《关于统一法律适用工作的实施办法》更是明确规定“九类案件”[②],特别是对“四类案件”监督管理中,上述裁判结果影响较大的司法公信案件,审判人员应当优先适用推送案件。[③] 而公报案例和精品案例亦可作为数量较少的指导性案例、生效类案裁判的补充,起到参照适用的作用。对于上述指导性案例和生效类案的裁判,可在进入案例库采用技术标注参考“判例”,在处理同一类(类)案件时,法官应持统一的裁判尺度进行判别。

(2)具体案例展示:在某买卖合同中,车辆经销商在未如实告知消费者新购车辆存在外观瑕疵的情况下,将保险杠拆装喷涂处理完毕,超出正常维修及质量检测范围。消费者据此主张返还购车款的惩罚性赔偿责任,并以 3 倍的价格对车辆进行赔偿。

(3)案例应用分析:以上述买卖合同纠纷为例,关于经销商对消费者未如实履行告知义务是否构成欺诈,存在最高人民法院第 17 号指导性案例。那么同

---

① 《一种基于区块链的类案同判方法、设备及介质》专利申请书,申请人山东爱城市网信息技术有限公司,申请号 201911348810.5。

② 《统一法律适用工作实施办法》第 6 条第 1 款规定:“办理案件具有下列情形之一的,承办法官应当进行类案检索:(一)拟提交审委会、专业法官会议讨论的;(二)缺乏明确裁判规则或者尚未形成统一裁判规则的;(三)重大、疑难、复杂、敏感的;(四)涉及群体性纠纷或者引发社会广泛关注,可能影响社会稳定的;(五)与最高人民法院的类案裁判可能发生冲突的;(六)有关单位或者个人反映法官有违法审判行为的;(七)最高人民检察院抗诉的;(八)审理过程中公诉机关、当事人及其辩护人、诉讼代理人提交指导性案例或者最高人民法院生效类案裁判支持其主张的;(九)院庭长根据审判监督管理权限要求进行类案检索的。”

③ 《关于进一步完善“四类案件”监督管理工作机制的指导意见》第 2 条中“四类案件”即前引“九类案件”的第(三)、(四)、(六)种情形。

(类)待决案件在区块链中输入核心要素进行"先例"检索时,第17号指导性案例将在推送结果中排于优先位供法官适用于裁判文书中(参加图1)。

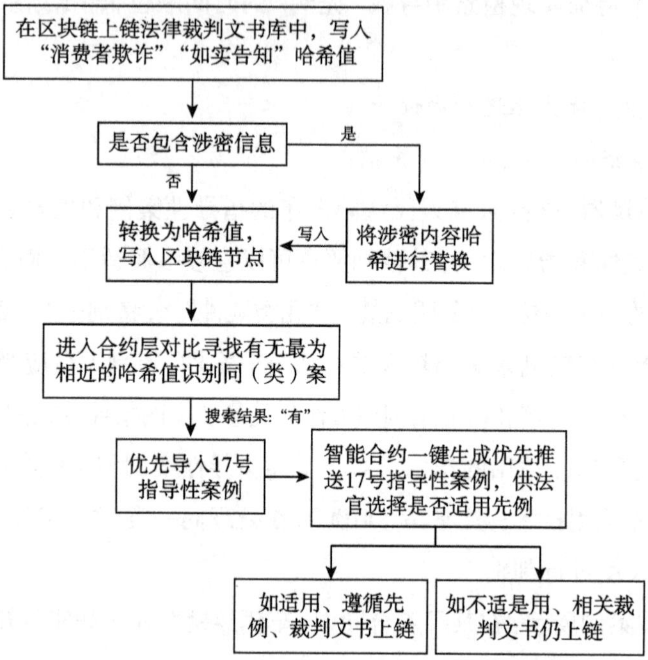

图1　存在指导性案例的区块链技术支持路径

2. 共识算法案例优先推送

(1)具体逻辑分析:司法实践中,除小部分存在指导性案例等裁判尺度已统一、按相关规定在案件审理过程中法官必须参照适用的案件外,大部分案件都可归化为某一具体类型案件,属于"同(类)案",此时更多是区块链的共识算法发挥先例推送作用。区块链的共识算法在待决案件信息进入区块链节点时匹配相近案例后运行,经匹配达成共识后将符合条件的同(类)案"先例"推送给法官,供法官判断是否适用所推送先决判例。

(2)具体案例展示:在某银行"惠民贷"业务诉违约借款人承担违约责任类案件中,银行设置了基础利率和放款优惠利率两种不同利率,当借款人发生逾期时合同最终利率将以基础利率为准,并以此为基础计算逾期利率。该类型案件中虽为相同合同文本,但对于逾期利率的计算方式出现了两种不同的判决结果。一种判决是按照合同约定，逾期利率按照基础利率上浮计算；另一种则是因为网签合同无法证明银行完成合同交付，法官遂作出有利于借款人的解释，按照放款利率上浮计算借款人违约成本。

（3）案例应用分析：在上述类似案件中，区块链技术可通过共识算法优先推送“先例”，尤其是在部分批量性案件中的先例推送，以避免“同案不同判”的情况出现。以上述合同为例，通过收集相关借款合同判决加入法院区块链节点作为判决“先例”，再将待决案件的借款合同内容如利率、违约责任、签署方式等要素转化为哈希值写入区块链平台，或是引入的智能合约直接提取转换为哈希值，再通过区块链技术对比最为接近的先例推送。通过匹配获取该类型案件的先决判例，避免相同合同、条款文本产生不同适用选择的结果，也可实现批量性案件中存在先决判决的“同案”快速“同判”（参见图 2）。

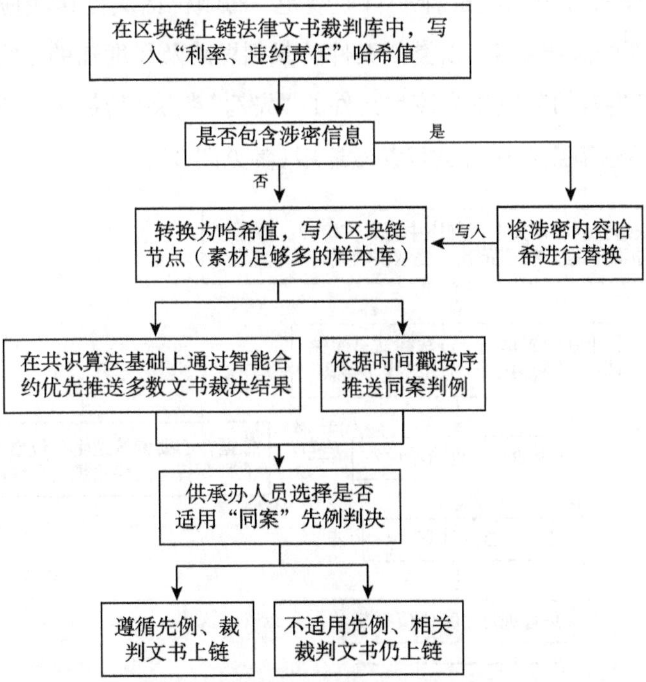

图 2　共识算法判决推送相关区块链技术支持路径具体示例

3. 最密切法律条文的优先推送

（1）具体逻辑分析：实现同案同判，实质是案件裁判结果的统一。除足够庞大的裁判案例库外,更为重要的是现行有效的法律法规、司法解释及裁判要旨并行推送。当区块链算法推送指导性案例、同(类)案先例判决时,可实现并行推送待决案件最密切法律条文,供法官在现行法律规定的框架下判断“同案”是否遵循先例“同判”。新类型案件在案例库中不一定存在先决判例,在判例不够多的案件中,裁判观点及裁判尺度也有小概率会出现差错,此时通过对照推送的裁判要旨、条文等,也可帮助法官对待判案件作出认定。

(2)具体案例展示:某保险公司根据最新保险市场需求精算推出的某险种,在发生实际事故后是否应予以赔付,尚不存在先决案例,因此无法从样本库中搜索到生效判决。

(3)案例应用分析:在上述保险合同案件中,案例库中无法提供生效样本,此时并行推送的法律条文即发挥作用,结合法官输入的关键词按照“裁判要旨→现行法律法规→司法解释→行业规范”的顺位向其推送相应险种的裁判指导及最密切的法律条文,以类似案件的裁判思路及尺度辅助法官作出最终判决,并以最终生效的判决作为该类案件的“先例”判决,依据区块链分布式记账技术在上链后供节点上所有法官参考适用(参见图3)。

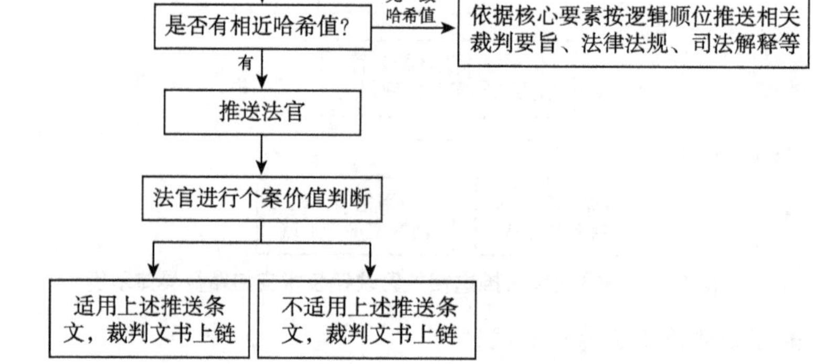

图3 法律条文推送相关区块链技术支持路径具体示例

上述三种优先推送的设计在区块链案例推送中起到平行参考的作用，除了必须遵循指导性案例裁判要旨统一裁判尺度，“先例”的存在并不意味着法官只能机械适用，区块链在提供案件裁判思路的同时，将法律条文的演进脉络并行呈现出来，辅助法官判断待决案件是否参照先决案例。

（三）在区块链同案同判辅助应用中的法官个案价值判断

1. 遵循“先例”为区块链同案同判辅助应用中的基本原则

① 指导性案例、最高人民法院生效案裁判推送遵循：根据前述《统一法律适用工作的实施办法》，对于待决案件，当区块链识别到存在指导性案例、最高人民法院生效类案裁判时，法官应当优先参照适用。法官在进行个案价值判断时，若对于虽存相似之处、但确有充分理由不宜参考指导性案例，或案件构成要件实然不同时，才能选择不参考适用的指导性案例或生效类案裁判。对于应当参照而未参照的裁判，将会在案件二审或再审中被依法纠正。

② 共识算法案例推送遵循：前述一系列落实指导性案例运用、加强类案检索工作指导文件都是为了统一裁判尺度，实现“同案同判”，也是维护司法公信力的基本要求。法官在进行个案价值判断时，应遵循共识算法的先例推送，保障裁判尺度在辖区内的统一适用。

③ 最密切法律条文推送的遵循：在法官对先决案裁判尺度存疑或案例库无“先例”的情况下，通过并行呈现的法律条文库，在解读法律、司法解释中寻找或归纳解决同（类）案件统一的裁判要旨，明确待决案件的裁判方向。

2. 法官因个案价值判断选择不适用区块链推送“先例”

区块链在“同案同判”目标构建中起到辅助应用的角色，并非排斥法官对个案进行价值评判。法官在经价值判断后也会作出不适用区块链推送“先例”的选择。

（1）案情相同，但当事人举证程度不尽相同

“以事实为依据”，证据作为“法庭之王”，完整的证据链是法官作出最后裁量的事实依据，对于同一事实的举证程度不一致自然导致判决结果的不尽相同。

(2)对法律法规或裁判规则的理解不尽相同

法理语言其表述都会带有一定的概括性和抽象性,会导致法官在适用相关条款时产生歧义,有时在同一部门法中会出现同词不同意的现象。不同的语境对法律语言形成了不同的理解,从而使适用法律在法官的自由心证下出现了一定的偏差。

(3)法律的变迁与法律规范之间的冲突

在同一位阶或是不同位阶的类案中会出现类案规则不一致的情况,这种情况下要实现统一裁判尺度,就会变得越发困难。① 法官在适用法律上的选择不同,也终会导致最终指向的结果不同。

(4)对案件事实把握或对法律条文理解失当

法官在案件办理过程中存在对于关键案件事实疏漏,或者在法律条文的选择适用和把握上有所欠缺所导致的"同案不同判"情况。

3. 区块链"同案同判"辅助功能对法官个案价值判断的检验——司法责任制的落实

《统一法律适用工作实施办法》确立了类案全面强制检索机制,实质是为确保类案裁判标准和法律适用的统一,而区块链辅助系统的设计,通过对法官个案价值判断的检验,成为落实司法责任制的有效途径。

(1)区块链辅助系统对举证程度不一情况的检验记录

同(类)案件的裁判走向可能因当事人举证能力的不一而导致裁判结果不一。虽案情类似,但输入节点的证据材料因客观原因而不一致,区块链据此推送的案例可能也不是同(类)案的先例判决。此时,针对同(类)案发生不同判情况,经区块链辅助系统的检验,法官将不会因不同判而承担责任。

(2)区块链辅助系统对法律条文理解不同情况的检验记录

每个法官对于法律条文都可能产生不同的解读理解,而区块链的法律条文库将辅助法官搜寻对于存疑问题的权威解读。当因法律理解不同导致"同案不同判"发生,区块链将检验法官价值判断的过程,若存在权威、统一司法解释或

---

① 孙海波:《类案检索在何种意义上有助于同案同判?》,载《清华法学》2021年第1期。

指导意见而法官未予适用时，法官将承担错案责任；若尚不存权威解释时，该理解分歧将作为待研究方向予以记录，成为日后审判指导法律适用的研究基础，不轻易与法官司法责任挂钩。

（3）区块链辅助系统对法律变迁引起冲突情况的检验记录

社会经济背景、价值观念的变化会带来法律法规的修订或是不同位阶法律之间的冲突。经区块链辅助系统检验，当法官进行个案价值判断后，对因存在法律冲突争议而导致不同判的，属于法律尚存争议问题，需对争议法律条文予以进一步研究，不轻易与法官司法责任直接挂钩。

（4）区块链辅助系统对事实疏漏或理解失当情况的检验记录

司法实践中确存在因法官未适用区块链推送“先例”或法律条文，而对案件事实或法律条文援引失当导致的错判，此时经区块链辅助系统检验将直接与法官司法责任挂钩，承担错案责任。

（四）区块链同案同判辅助应用的区域试点探索

区块链应用对技术支持的要求相对较高，司法实践中要加以运用尚需分批、有序试点，加以完善后逐步推广。区块链分为公有链、联盟链和私有链，可分别运用于不同应用场景。区块链同案同判辅助的应用试点以若干主体共同参与并管理的联盟链为宜，而长三角一体化发展建设正是区块链辅助应用试点的绝佳契机，其较高的经济水平和社会发展程度为区块链应用提供了扎实的基础，较高的区域开放合作程度为区块链研究和实践搭建了融合的平台。当前，上海市第一中级人民法院、苏州市中级人民法院、杭州互联网法院、合肥市中级人民法院已围绕电子存证合力打造长三角司法区块链联盟，为区块链进一步更广泛的应用前景提供了成熟的载体，以满足长三角一体化发展对司法的新需求。区块链技术在“同案同判”辅助应用亦可以借鉴现有电子存证实践经验，率先在长三角地区探索联盟链区域试点，优先推广区域性同案同判目标实现。

四、区块链技术下“同案同判”目标建设的配套完善

（一）区块链与“同案同判”融合的技术准备

要实现“同案同判”，需要在同一区块链中纳入各层级、各地区法院，逐步

完成构建中的最高人民法院“司法链”，但“司法链”目前主要作用于司法存证领域。要在更多司法领域推动区块链技术的应用，区块链技术的可接受度是需要充分考虑的，特别应充分考虑科技应用水平相对落后的地区。因对计算机对性能和运算能力有极高的要求，区块链数据的不断增多将不断增加计算机存储和读写的负担，这就要求各地法院在硬件设备上有更高的投入。因此，可以在科技程度较为靠前的地区先行展开区块链技术在“同案同判”的裁判领域应用的试点工作，充分开发应用场景，待技术成熟、运行简便后加以推广覆盖。

（二）培养具有区块链思维与司法背景的复合型人才准备

区块链本身作为专业性极强的综合性系统，是一门跨学科、跨领域的技术应用，如果没有具备一定区块链知识素养的人才的支持和推动，其产业的发展进程将会受到很大的制约。同时，智能化手段的辅助仅能停留在工具层面，技术的发展并不能以替代法官实质判断，更为重要的实质判断仍需由法官进行，对于是否可以适用推送的“同案同判”素材样本或是裁判规则的决定权还在有着深厚法学功底的法官手中。因此，培养具有区块链思维与司法背景的复合型人才也是当下亟须快速推进的准备工作。

（三）打破数据壁垒，实现跨部门互联互通的交互准备

司法数据不单由法院一方产生，单次司法活动可能涉及多次的横向与纵向流通，包括上下级流转、跨机构流转、诉讼参加人间流转等。现在各个数据系统之间的壁垒重重，也即“数据孤岛”现象比较严重，对司法信息化的进程产生了滞后的影响。[①] 在一个案件中可能因司法数据无有效联动产生“同案不同判”的情况，尤其是对程序性正义存在较大影响，更会对裁判结果产生实质性的影响。因此，要推动区块链技术在司法领域的应用，须在司法机关主导、社会协同、多方参与的协同发展思维下，搭建司法内部共享链，建立常态化的信息交换与共享机制，形成数据存储的多方可查、中立可信空间，[②] 鼓励在我国科技发展规模

---

① 赵龙、刘艳红：《司法大数据一体化共享的实践探微——以破除“数据孤岛”为切入点的逻辑证成》，载《安徽大学学报（哲学社会科学版）》2019 年第 6 期。

② 李鑫、刘沛琦：《区块链司法应用：动因、路径及方法论》，载《湖湘法学评论》2021 年 12 月第 2 期。

较高的如长三角等地区率先探索“区块链 + 司法”跨部门数据互联互通，以有条件接入，推动区块链司法应用良性发展。

（四）落成区块链技术的合法合规路径设计的法律融合准备

当下“区块链 + 司法”正在加速建设，而对于区块链技术的司法认定规制尚未完备，各类规章制度都处于亟待补全的阶段。除了加速试点工作，亟须根据司法程序与诉讼规则、证据规则的要求，完善关于司法区块链的相关技术标准、安全规范和认证审核制度，确保区块链服务供应商遵守标准、实现合规的有效路径。从理念、原则到具体制度实现区块链技术与司法的衔接，避免冲突与不自洽，从技术 + 制度 + 司法机构共同推进区块链的司法建设。

五、结语

“同案同判”是追求现代法治、司法自我认同的重要途径，而现代科技的加入为“同案同判”最终实现加上了飞翔的翅膀。区块链技术所蕴含的特性在“同案同判”中具有充分展现的可能性，以遵循既有裁判为基础，凭借分布式记账技术所搭建的完整裁判文书库，在共识机制、智能合约、哈希值、时间戳等技术特征辅助加成下，精准识别“同（类）案”；梳理裁判思路，优先推送“同判”结果。区块链同案同判辅助系统可以有效为司法审判人员减负，为落成智慧法院在裁判领域的一体化建设带来更大的跨越；亦是对法官个案价值判断的再检验，进一步借助智慧科技的力量科学落实司法责任制。

合议庭审判责任制改革的困境反思与进路探究

——以合议庭共同责任与成员个人责任的厘定廓清为切入

马晨贵 *

摘要：合议庭作为人民法院行使审判权的基本审判组织，其审判责任制改革始终是司法改革绕不开的题目，越来越成为各方关注的焦点。但因立法规定简要等原因，深化合议庭审判责任制改革尚须细化规范。本文以合议庭共同责任及成员个人责任的厘定廓清为切入，全文共分四个部分，第一部分，从立法考察与样本考察的角度对制度现状进行全面的审视梳理。第二部分，深入分析提炼合议庭审判责任制"共同责任疲软"与"个人责任加重"的问题成因，检视责任过错难以认定以及豁免与追责程序存在的不足。第三部分，以"权责统一"、责任与保障并重为原则，结合国内外司法实践经验，论证改革进路。第四部分，设计构建合议庭审判责任制改革"内外有别"的完善路径，包括明晰合议庭对外共同责任及对内个人责任边界，探索差错责任的分配比例，构建个人责任有限豁免兼顾个人惩戒程序，规范个人违法审判责任承担方式等，以期为深入推进我国合议庭审判责任制改革的高质量发展和创新提供有益参考。

关键词：合议庭　审判责任　司法改革　共同责任　个人责任

引言

在当前全面推进以司法责任制为核心的司法体制改革背景下，合议庭审判责任制改革虽然是司改单项，却有着牵一发而动全身的复杂性与系统性，成为

* 马晨贵，上海市闵行区人民法院审判监督庭法官助理。

全面落实司法责任制的核心一环。中央强调以审判责任制为核心，将全面落实司法责任制部署为重大改革任务。[①] 习近平总书记也曾多次就推进司法责任制改革作出重要指示，强调“要紧紧牵住司法责任制这个牛鼻子”。[②] 而建立权责统一、权责明晰的合议庭审判责任制，正是牵好这“牛鼻子”的缰绳之一。但历经多轮改革，实践中关于合议庭共同责任[③]与成员个人责任[④]的承担问题仍未厘清，致使“共同责任疲软”与“个人责任加重”等问题依然存在，违法审判责任过错认定以及豁免、追责程序的构建尚显滞后，改革的预期目标并未完全实现。本文即以当前实践中改革困境为导向，以合议庭共同责任与成员个人责任的厘定廓清为切入，通过试点梳理、抽样调查、法理探究与国内外经验借鉴等论证方法，试图明晰合议庭共同责任与成员个人责任的边界，探讨差错责任的具体承担比例，明确责任豁免程序及责任惩戒机制、规范个人的违法审判责任承担形式等，拟制构建合议庭审判责任制改革进路。

一、现状梳理：合议庭审判责任制运行状况考察

（一）合议庭审判责任制的立法考察

合议庭审判责任制作为司法改革的重点难点，历次的司法改革纲要均对其提出了新的要求，是我国司法改革纲领性文件中始终列明的重点难点，也是司法改革绕不开的题目和各方关注的焦点。最高人民法院发布的多部司法解释，均立足于健全完善审判权力运行制度体系，规定了推进完善合议庭审判责任制的主要步骤和具体内容，但对于责任制内涵以及改革的路径和方法等内容的规制均不够清晰。[⑤] 对于案件差错责任、合议庭共同责任、成员个人责任的分配、责任豁免及违法审判责任追究形式等问题，立法规定也鲜有涉及（参见表 1）。

---

① 最高人民法院政治部、最高人民法院司法改革领导小组办公室编：《人民法院全面落实司法责任制读本》，人民法院出版社 2021 年版，第 1 页。

② 2015 年 3 月 24 日，习近平总书记在中共中央政治局第二十一次集体学习上的讲话。

③ 本文所称“共同责任”，特指合议庭对外共同承担的连带审判责任。

④ 本文所称“个人责任”，特指合议庭内部成员间各自应承担的审判责任。

⑤ 赵瑞罡：《司法改革背景下合议制度研究》，法律出版社 2018 年版，第 139 页。

表 1　合议庭审判责任制的相关立法规定

名称	目标	审判责任
《四五改革纲要》	建立中国特色社会主义审判权力运行体系,完善以审判权为核心、以审判监督权和审判管理权为保障的审判权力运行机制,落实审判责任制,做到"让审理者裁判,由裁判者负责"	完善主审法官、合议庭办案责任制。按照权责利相统一的原则,明确主审法官、合议庭及其成员的办案责任与免责条件
《五五改革纲要》	深化人民法院司法体制综合配套改革,全面落实司法责任制。健全以司法责任制为核心的审判权力运行体系,健全审判权力运行机制	全面贯彻让审理者裁判,由裁判者负责,强化合议庭的法定审判组织地位,依法确定职责权限,确保权责一致
《最高人民法院关于人民法院合议庭工作的若干规定》	规范合议庭的工作程序,充分发挥合议庭的职能作用	全体成员共同对案件认定事实和适用法律负责
《最高人民法院关于进一步加强合议庭职责的若干规定》	进一步加强合议庭的审判职责,充分发挥合议庭的职能作用	合议庭组成人员存在违法审判行为的,应当按照《人民法院审判人员违法审判责任追究办法(试行)》等规定追究相应责任。规定合议庭成员评议时发表意见不受追究的情形
《最高人民法院关于完善人民法院司法责任制的若干意见》	优化审判资源配置,明确审判组织权限,完善人民法院的司法责任制	合议庭成员对案件的事实认定和法律适用共同承担责任。违法审判责任追究时,根据合议庭成员是否存在违法审判行为、情节、合议庭成员发表意见的情况和过错程度合理确定各自责任
《最高人民法院关于深化司法责任制综合配套改革的实施意见》	全面落实司法责任制,努力让人民群众在每一个司法案件中感受到公平正义	完善审判权力和责任清单,列明合议庭审判长、承办法官及其他成员的权责内容

注:对于"规定""目标""责任"等出于行文方便,作了简化,实际省略掉的是与"合议庭审判责任直接相关的"等表述,特此说明。

《最高人民法院关于人民法院合议庭工作的若干规定》以及《最高人民法院关于进一步加强合议庭职责的若干规定》(以下简称《合议庭职责若干规

定》),虽明确了全体合议庭成员应当共同对承办案件的认定事实以及适用法律负责,但就合议庭内部如何具体划分责任未作细致规定。《最高人民法院关于完善人民法院司法责任制的若干意见》(以下简称《司法责任制意见》)阐明了追究合议庭违法审判责任的情形,[①] 并且首次对合议庭审判责任的共同责任与个人责任进行了划分,但对于共同责任对外表现形式,个人责任的承担方式等分离的情形都浅尝辄止,未作更细化的分层讨论。[②] 此后出台的《最高人民法院关于深化司法责任制综合配套改革的实施意见》(以下简称《综合配套改革意见》),虽再次提及应当细化责任清单,但该意见也未就合议庭审判责任承担的具体要求进行详细列明。

(二)合议庭审判责任制的实践样本考察

1. 合议制案件审判责任追究情况考察

笔者以S市M区人民法院[③] 的合议制案件审判责任追究情况为分析样本,通过审判管理系统,随机选取了该院审理的一审为普通程序合议制的100件二审发改案件,因均未被认定为错案,因此并未对合议庭及其成员追究审判责任。即使在绩效考评方面,也仅有32%的案件承办人因案件被发改而受到一定影响(参见表2)。对此可以认识到,审判作为判断性的工作,法官在认定事实、证据审查和适用法律方面等完全可能存在不同认识,案件因此发改不等于是错案,并不能成为追究审判责任的理由,但对于个别遗漏案件重要当事人或者乃至遗漏诉讼请求等重大程序错误的案件,不予追究合议庭及成员可能有失公允,也不利于合议庭审判责任的落实。

---

① 《最高人民法院关于完善人民法院司法责任制的若干意见》第25条、第26条。

② 万国营:《审判权力运行机制改革研究——以完善审判权力结构为思路的理论分析与制度构建》,人民法院出版社2018年版,第73页。

③ S市为直辖市,M区人民法院为基层人民法院。

表 2 抽选 M 法院审理的 100 件一审为合议制经二审发改案件

二审案件类型及数量	二审裁判结果及案件数	一审采纳审委会意见的案件数	合议庭成员责任承担情况
民事二审发改案件 60 件	裁定发回重审 20 件	6 件	1. 选取的 100 件二审发改案件均未被认定为错案。2.32 位案件承办人因案件被发改,在年终绩效考评时被扣相应分数,但是对合议庭其他成员无影响。3. 一审判决系采纳审委会意见作出的,对合议庭成员均无影响
	撤销原判,依法改判 40 件	15 件	
行政二审发改案件 20 件	裁定发回重审 9 件	2 件	
	改判 11 件	2 件	
刑事二审发改案件 20 件	裁定发回重审 12 件	5 件	
	改判 8 件	3 件	

2. 合议制案件审判责任抽样考察

笔者以 S 市 M 区人民法院的合议庭审判责任制运行情况为研究样本,根据该直辖市高级人民法院发布的合议庭审判责任制文件以及合议庭审判责任制的实践现状为基础,通过问卷抽样调查的形式,试图更加直观地了解和反映法官关于合议庭审判责任制的意见、反应以及感受,从而对合议庭审判责任制改革的运行情况进行细致梳理。笔者采用匿名填写问卷的方式,面向各业务庭室的法官,发放调查问卷 100 份,收回 100 份。其中正、副庭长各占 10%,曾担任过审判长的法官占比 87%,根据回收问卷得出统计结果。

从样本法院法官对合议庭审判责任制的认知情况来看,合议庭审判责任制在运行中呈现出以下特点:

(1)合议庭审判责任的落实。

合议庭成员认为目前的合议庭审判责任制尚未完全落实的比例达 56%。追责发生少是原因之一,占比 43.1%。合议庭审判责任追究并未发生预设的作用,差错责任若发生追责,主要会在绩效责任中体现,但并不明显,违法审判责任则发生比例更低。47.7% 的不清楚关于合议庭审判责任制的相关法律规定,当前立法制度缺位是主要原因之一。还有高达 81.8% 的受访者不清楚本院相关规定。

(2)合议庭共同责任与成员个人责任边界。

合议庭成员从自身审判责任承担角度考虑,尤其是在当前法官需承担案件终身责任的背景下，明显更倾向于由合议庭共同承担责任，占比49%，主要原因在于受访者认为合议庭为基本的审判组织，应当共同承担责任，不应再加重个人的负担，如果确须个人承担责任，则受访者大都选择分情况考虑，占比43%。对于共同责任与个人责任具体如何区分、何时承担、由谁承担等问题，高达88%的受访者表示不清楚合议庭共同责任与成员个人责任的边界。

（3）合议庭差错责任的承担方式。

通说认为，一般差错责任（瑕疵责任）指案件在事实认定、法律适用、文书制作等方面存在较明显的瑕疵，但不影响裁判结果的正确性时，合议庭成员应承担的审判责任。[①] 重大差错责任是指因过失认定事实严重偏差或适用法律明显错误，导致案件处理结论错误，或者审理程序明显违反法律规定时，合议庭成员应承担的审判责任。违法审判责任是指在审判工作中，故意违反法律、法规，或者因重大过失导致裁判错误并造成严重后果时，合议庭成员应承担的审判责任。关于差错责任内部如何追责的问题，受访法官对此争议仍然较大，有法官认为合议庭作为一个审判组织，无论对外还是对内，追责都应该适用连带责任，同意该意见的受访者占比37%。但也有合议庭成员认为应当根据《司法责任制意见》的要求，依据过错程度等按照份额比例分担责任，受访者中占比63%，但责任比例具体多少，亦有争议。从不同审判部门来看，刑事审判部门受访者选择"合议庭共同负责制"的比例要稍高于民商事审判部门受访者，反映了案件性质不同可能会造成合议庭责任追究制度设计的不同。

二、实践检视：合议庭审判责任制"内外无别"成因探究

基于现状梳理，本部分以问题为导向，从审判实践出发，围绕合议庭共同责任（对外）与个人责任（对内）承担进行问题检视，分析合议庭审判责任制的现实困境，探究其作为司法改革纲领性文件列明的重点难点，历经数轮合议制度改革，"言说热闹却又止步难前"之问题成因。

---

① 张仲侠：《审判团队——以合议庭审判资源配置与规则重构为视角》，人民法院出版社2018年版，第51页。

(一)共同责任与个人责任边界划分不清

通过前述立法考察及样本考察可知,历次司法改革纲要在设计改革蓝图时对合议庭审判责任承担问题均有提及,并且每一次纲要的提出,都是对完善合议庭审判责任制的一次助推。但具体到实践中,缺乏关于责任承担的具体标准,仅凭纲领性文件的指引,立法层面的制度缺位情况依然存在。①现有法律制度关于合议庭审判责任制的规定都不够具体,尤其是关于共同责任与个人责任的划分更是浅尝辄止,有些甚至并未涉及。关于具体的差错责任分配比例,各法院间分歧也较大,不利于全国范围内的制度统一。如今,无论是理论界还是司法实务界,对于出台将合议庭共同责任与个人责任相分离,明确合议庭审判责任承担范围及相关程序的具体指导意见,需求十分迫切。

(二)"共同责任疲软"的极端化倾向

"打在别人身上的板子不痛",是传统的责任追究方式下沉默、消极的合议第三人所抱心态的最佳诠释。②合议庭作为基本的审判组织,其成员平等共同参与审理案件,应当对外共同承担责任。③但实践中,为规避职业风险,成员不愿意共同担责的问题却一直存在。合议庭面对疑难复杂及社会影响较大案件时,发扬集体智慧极可能"变异"为全体成员共同规避职业风险,倾向于向上层层汇报请示,通过利用案件请示手段,将案件的审判责任移交院长、庭长、审委会或上级法院,转嫁责任风险,导致"集体决定,无人负责",实质是推卸责任,看似层层监督制约,实则由于集体研究决定,合议庭共同责任将大大降低。共同责任与个人责任边界不清的问题,结合不合适的考核指标,将有可能在实践中导致目标转化,使得合议庭不敢下判、不愿下判,造成合议庭审判责任制从提高绩效走向它的反面。

(三)"个人责任加重"的极端化倾向

当合议庭共同责任无法"甩"出去时,在当前严格审判责任的背景下,合议

① 李少平:《司法责任制的理论与实践》,载《中国审判》2016年第22期。

② 何键、凌蔚:《从缺位、越位到就位——双重视角下合议庭负责制之重构》,载万鄂湘主编:《审判权运行于行政法适用问题研究》,人民法院出版社2011年版。

③ 刘思齐:《人民法院审判权运行制度及其改革问题研究》,法律出版社2020年版,第214页。

庭成员又纷纷陷入“多做多错，少做少错”的错误意识中，进一步导致了成员推卸责任，合议庭审判责任几乎完全落在审判长与主审法官身上。作为基本的审判组织，审判长及主审法官对于其签发的案件均应当负责。① 当追究审判责任时，审判长及主审法官会成为追责的第一责任人，其他合议庭成员的审判责任也会部分或全部由审判长或主审法官承担，这种共同责任与个人责任的混同，更加导致了审判责任分配的混乱。无论是人民法院内部的案件考核还是媒体的报道监督等，都习惯于将案件的审判责任归结于案件的审判长与主审法官。② 承担按份责任还是承担连带责任？若承担按份责任，该比例又该如何确定？若承担连带责任，对于过错程度较轻的合议庭成员，则是否又有失公平，相应追责程序如何设计，同样亟须解决。

（四）个人违法审判情节过错难以确定

合议庭评议案件采取民主集中制原则，这使得多数意见更容易被追责。③ 合议庭成员在案件合议时将趋利避害，慎重发表少数意见。实践中，“合而不议”成为常态，一方面，合议庭评议笔录作为划分成员审判责任的重要依据，并没有得到法官应有的重视，笔录大多由法官助理或者书记员按照模板草拟，交由合议庭成员签字后即归档；另一方面，合议庭评议笔录记载往往过于简略，大多由主审法官先发表意见，其他成员均记录“无异议”，这样的评议笔录无法真实、客观反映合议庭成员的评议观点。因此，以这样的合议庭评议笔录作为责任划分的依据，难以真实反映合议庭成员各自的过错程度。

（五）“内外”责任豁免及追责程序不健全

合议庭审判责任制有可能存在共同责任与个人责任相竞合的情形，而基于当前合议庭及其成员的审判责任的负担形式，目前的合议制改革试点中，存在偏向于“重追责、轻豁免”的现象，而合议庭追责程序与免责豁免程序相结合机制尚未构建，使得合议庭成员以各种方法逃避和分散审判责任，从而实质上侵

① 孙海龙：《审判权运行机制改革》，法律出版社2015年版，第30页。

② 葛洪义：《关于司法改革的几点认识》，载《法制与社会发展》2014年第6期。

③ 李梦龙：《审判团队与合议庭的关系——以中级法院为视角》，载《人民司法（应用）》2017年第34期。

害合议庭审判独立,反噬司法公正。并且合议庭审判责任豁免、倒查与问责制度不完备,未将一般差错责任、质量瑕疵责任与重大过错责任、违法审判责任分层对待,使得合议庭审判责任的追责程序不完善。再根据《司法责任制意见》的精神,对于经监察部门审查并确认违法的,需要呈报给惩戒委员会,由委员会讨论决定,形成惩戒意见。这样处理,虽然形式上不再依靠行政化的处理程序,但具体惩戒操作仍取决于领导及部门的决策,行政化影响依然存在。

三、多维考量:理论探究与域外借鉴之论证求索

(一)法理证成:落实合议庭审判责任制的原则要求

1. 权责统一

"让审理者裁判,由裁判者负责",权力与责任对等始终是践行审判责任颠扑不灭的真理。按照权责统一的原则,合议庭成员享有多大的审判权力即应担负起多大的责任,没有责任约束的权力必将导致权力的任性。合议庭需要对裁判的行为和裁判的结果负责,坚持权责对等,有权必有责。实践中,需要明确合议庭审判责任制不等于问责制,不能因为实行严格的审判责任制,反而使合议庭办案无所适从、缩手缩脚。① 应当确保法官在合议庭审理过程中的主导性作用,这一点不能改变。

权责统一作为落实司法责任必须坚持的一项核心原则,就落实合议庭审判责任制,需要从以下两个方面来予以贯彻。

一是将权责统一原则贯彻合议庭审判责任制运行的始终。审判权力是合议庭审判责任的来源,责任是对权力的约束,审判权作为判断权和裁量权,是国家权力的具体表现形式之一。② 唯有坚持权责统一,才能最大限度防止合议庭成员在审判权行使时的恣意与任性,形成有效制度约束,促使合议庭依法规范运行对审判权。

① 徐胜萍、张雪花:《司法改革语境下合议制度理论的借鉴与重构》,载《法学杂志》2017年第38期。

② 马渊杰:《认真看待审判责任制的新内涵》,载《人民法院报》2015年9月30日。

二是以权责统一原则作为合议庭审判责任落实的正当性基础。实践证明，之所以在合议庭审判责任制中出现责任推诿扯皮等情形，与权责不相一致有极大关联。目前合议庭成员审判责任不清，看似层层负责，实则无人担责。[①]只有坚持权责相一致，真正实现权力与责任相统一，职责与义务相对应，才能理顺合议庭正确行使审判权和司法问责的内在关系，保障合议庭成员审判责任追究的正当性以及公平性，确保合议庭依法独立公正行使审判权。[②]同时，对于合议庭违法审判行为亦应当问责，发挥合议庭在案件审理过程中的主导性作用，确保合议庭集中精力尽好责、办好案。

2. 责任与保障并重

完善合议庭审判责任制的根本目的是使裁判者承担起办案主体责任，促进司法公正高效，非因法定事由、法定程序，合议庭成员依法履职行为不受追究。[③]合议庭审判责任的追究不能以损害合议庭审判独立性为代价，否则合议庭审判责任制的运行效果将与预期目标背道而驰。合议庭审理裁判时，组成人员均应受到保护，以免承担其他损害赔偿责任。如德国民诉法规定，法官只在不影响其独立性的范围内接受职务监督。[④]现有立法在规定追责事由的同时，同样提出了合议庭成员不承担审判责任的豁免情形。

3. 以对外承担共同责任为前提

合议庭审判责任制的运行过程中，对外承担时首先应当是共同且连带的责任。只有当合议庭共同责任承担完毕，需要进一步追究成员责任时方可以根据共同行为中个体因素的综合考量，确定成员审判责任的大小与责任比例。对内部具体比例划分的科学性可以进一步探讨，但是应当在合议庭对外承担共同责任后再采取内部追责措施。合议庭特别是对于责任区分的时候，应当与绩效考核的定量考核相区别，前者的原则适用于后者尚可，但是后者的方式方法决不

---

① 赵瑞罡:《司法改革背景下合议制度研究》，法律出版社 2018 年版，第 144 页

② 刘峥、何帆、危浪平:《〈关于深化司法责任制综合配套改革的实施意见〉的理解与适用》，载《人民司法》2020 年第 25 期。

③ 李少平:《司法责任制的理论与实践》，载《中国审判》2016 年第 22 期。

④ [德]罗森贝克·施瓦布·戈特瓦尔德:《德国民事诉讼法(第 16 版)》，李大雪译，中国法制出版社 2007 年版，第 664 页。

可以回溯到前者。[①]当然，合议庭共同责任的承担确实有别于单个法官或者合议庭成员的审判责任，合议庭审判责任的追究并不必然以个体的审判责任作为前提条件。

（二）合议庭审判责任制的试点考察

实践是理论之源，合议庭审判责任制作为一项“自下而上”产生的制度，其改革优化亦是一个“自下而上”的推进过程。部分地方法院遵循“先实验，后规制”原则，围绕合议庭共同责任与个人责任承担，在辖区内率先开展试点工作，积累了丰富的试点经验。

1. 上海市法院试点经验

上海市第二中级人民法院率先发布了《合议庭运行工作规定（试行）》，就合议庭的责任追究机制，明确了成员差错责任的认定标准以及相应的责任范围。此后，上海高级人民法院出台的《关于法官、合议庭办案责任制的规定（试行）》，明确了因实体问题导致案件被评定为存在差错，且原合议庭就该错误形成意见一致的，合议庭的审判长、主审法官、参审法官一般按照 4∶4∶2 的比例承担责任，审判长同时担任主审法官的，审判长与另两名参审法官一般按照 6∶2∶2 的比例承担责任。[②]阐明了合议庭内部成员间承担差错责任的具体分配比例。

2. 重庆市法院试点经验

重庆市第四中级人民法院出台了《审判权运行机制改革试点实施方案》，确定合议庭成员审判责任承担应当按照业绩共享、责任共担为基本原则。一般以审判长、主审法官、其他法官或陪审员 3∶5∶2 的比例承担责任。[③]审判长同时为主审法官的，应当按照审判长、参审法官或陪审员 6∶2∶2 的比例承担。[④]陪审员作为合议庭组成人员亦应当承担相应的审判责任。

3. 深圳市法院试点经验

深圳市中级人民法院出台了《深圳市中级人民法院办案责任追究办法（试

① 张雪纯：《合议制裁判研究——基于决策理论的分析》，法律出版社 2013 年版，第 57 页。

② 上海市高级人民法院：《关于法官、合议庭办案责任制的规定（试行）》第 17 条。

③ 重庆市第四中级人民法院：《审判权运行机制改革试点实施方案》第 13 条。

④ 重庆市第四中级人民法院：《审判权运行机制改革试点实施方案》第 13 条。

行)》,设立"案件评查委员会",在审委会领导下,独立开展案件评查工作。由资深法官组成案件评查组织,专司案件评查工作,并作出相对中立的专业性评查意见,以确保评查权威性和办案责任落实。[①]案件质量评查委员会向审委会负责,并受其监督,主要履行制定完善案件评查制度、开展案件评查、确定案件质量等级等工作职责。具备中立性、专业性特点,其评查过程、评查意见更易于被各方所接受。

依据最高人民法院《关于审判权运行机制改革试点方案》的要求,全国有多个地区的法院参与了试点工作,上海、重庆、深圳作为司法改革领域的排头兵,具有一定的代表性,都已出台了具有自身特色的相关实施细则,并取得了不错的成效。

(三)比较研究:域外合议庭审判责任制借鉴

从当前各国法治的发展沿革角度分析,以大陆法系地区为例,总体上各国的法律制度都处于不断互相学习借鉴的状态,最终在立法上表现为"互相融合"的趋势。[②]目前这种融合的趋势还在加快,合议庭审判责任制的改革同样不例外。

1. 重视审判责任豁免的运用

各国关于审判责任的承担,在传统上仍赋予法官豁免权,法官往往对于依据其审判权力所作裁判不受控诉。如德国《法官法》第26条规定"法官只在不影响其独立性的范围内接受职务监督"[③]。德国初审法院审理的一般案件是独任审判,相对复杂或刑事案件刑期较高的由一名法官与两名陪审员组成合议庭。审判责任豁免权在德国等大陆法系国家的传统上一直没有成为日常诉讼须过多考虑的问题,因为德国等国家的法官接受来自当事人的控诉极少。

2. 惩戒机制逐渐强化

法国法院设有司法官高等委员会,德国联邦最高法院和州高等法院设有

① 深圳市中级人民法院:《深圳市中级人民法院办案责任追究办法(试行)》第276条。

② 王利明:《司法改革研究》,法律出版社2002年版,第484页。

③ 最高人民法院司法改革小组编:《美英德法四国司法制度概况》,韩苏琳编译,人民法院出版社2008年版,第422页。

纪律法庭，均通过建立专门的法官惩戒机构不断强化合议庭审判责任制。基于维护司法公信力的需要，通过扩大法官惩戒的适用范围，明确凡是法官作出影响公民对司法公信力质疑的行为，均将成为遭受惩戒的触发因素。“社会可能容忍其他职业的粗鲁和不诚实，但法官却要因这种行为受到惩罚”①。公民对司法的高期待与严要求，使得合议庭成员的追责事由不断扩大，法官在审判工作内外的行为均有可能引起追责，其判断标准为法官的行为损害司法公信力的程度。

综上，目前域外大陆法系国家，如德国、法国，既重视合议庭成员的豁免，亦强化惩戒机制。我国在合议制度改革进程中，可借鉴域外经验，在强调合议庭的审判责任的同时，明确合议庭内部成员的利益保障。权责相辅相成，推进合议庭共同责任与个人责任的分离。

四、内外有别：合议庭审判责任制预行进路之理性构建

此部分基于前文的完整论述以及前置要素探究，以合议庭共同责任（对外）与个人责任（对内）的厘定廓清为切入，对合议庭审判责任制的完善路径进行预行建构，对相关法律问题积极提出回应之策。

（一）明晰合议庭对外共同责任边界

若要打消合议庭成员“打在别人身上的板子不痛”的心理，首先需要明晰合议庭对外共同责任的边界。既要避免不当的“个体责任”取代“共同责任”，又要防止“集体负责等于无人负责”的奇怪现象。②而这一前提是严格明晰合议庭共同责任以及个人责任的承担边界，要求严格记录合议庭成员在案件审理各阶段的参与度，详细载明合议庭成员的评议意见，杜绝尚未发扬集体智慧，即层层汇报的情形，坚决避免合议庭将决定权轻易移交院庭长与审委会。经审委会评定为差错的案件，原合议庭评议意见无误的，合议庭不应对外承担责任。③但因合议庭向审委会报告案情时遗漏甚至隐瞒了重要证据及事实，误导审委会基

① 熊秋红：《法官责任制的改革走向》，载《人民法院报》2015年7月22日，第8版。

② 赵瑞罡：《司法改革背景下合议制度研究》，法律出版社2018年版，第256页。

③ 李少平：《司法责任制的理论与实践》，载《中国审判》2016年第22期。

于合议庭提供的信息表示作出错误决定的，审委会对此无责任，而合议庭应首先对外承担共同责任，此后，再对内对相应成员追责。

（二）廓清合议庭对内个人责任分配

在首先坚持合议庭共同责任的前提下，再根据成员个人行为、过错程度等划分具体责任承担比例。根据成员职责和分工的不同，参照上海法院司法实践经验，可对个人责任作如下细化：因实体问题导致案件被认定为差错，且原合议庭意见一致的，合议庭的审判长、主审法官、参审法官（陪审员）一般按照4∶4∶2的比例承担责任；审判长同时担任主审法官的，审判长与另两名参审法官（陪审员）一般按照6∶2∶2的比例承担责任。[①]是否应当要求陪审员也承担审判责任，实践中有较大争议，比如上海市法院试点即未将陪审员纳入合议庭的审判责任承担主体，但重庆市法院试点即明确陪审员也应承担审判责任。笔者认为，陪审员作为合议庭的成员，既然同审判员平等享有审判权力，亦应承担相应审判责任。同时应注意，需要提高合议庭对评议笔录制作及签署的重视程度，认识到笔录是评定责任承担的重要参考依据。如果院长、庭长对案件进行了审批，则也应当在全部责任中承担部分责任。审判长与承办法官对于案件的审理裁判工作，职责要求同样重要，应当承担相同的责任比例。

（三）落实责任有限豁免与惩戒追究程序

合议庭成员对于重大差错责任应视情况来承担，在追究合议庭成员审判责任的同时，应坚持依法履行职责豁免的基本原则，这样才能确保合议庭敢下判、能下判，确保合议庭独立行使审判权。合议庭成员依法履职应该依法享有豁免权，如今，德国、法国等大陆法系国家，都制定了相关法规对合议庭法官依法履行职务的行为实施保护，目的就是使得合议庭在行使其职权能够有充分的保障。因此，应当进一步赋予合议庭成员差错责任的一般豁免权，当合议庭成员在履行司法职责时，非因枉法裁判等严重行为损害当事人权益或社会公共利益的，不应承担违法审判责任。[②]将豁免与追责并行，二者不可偏废，从而避免合

---

① 上海市高级人民法院：《关于法官、合议庭办案责任制的规定（试行）》第17条。

② 蒋惠岭：《合议庭的本质属性与改革路径》，载《法律资讯》2013年第9期。

议庭成员推卸责任，转嫁责任风险，保障合议庭独立审判的权力。

审判监督庭作为合议庭案件差错责任认定的职能部门，应当承担推动合议庭内部行政化的追责机制向外部逐渐司法化的法官惩戒机制转变的职责。合议庭成员享有就案件是否存在差错的陈述权与答辩权，法官惩戒委员会应当保障合议庭成员对两项权利的正当行使。就案件已查明的事实认定及法律适用，由法官惩戒委员会作出相应惩戒处分的建议。通过制定严谨系统的责任追究程序，确保责任认定的中立性、专业化，提高人民法院的司法公信力，实现对合议庭成员依法惩戒与保障履职相统一。

（四）规范违法审判责任的承担方式

根据现有法律规定，在追究合议庭成员违法审判责任时，考虑的因素及适用情形较为复杂，例如法官是否实施了违法审判行为、行为与结果发生之间的原因力大小、过错程度、成员发表意见的情况、违法审判行为对错误裁判的影响力等。在确定个人责任大小时，应根据案件流程，综合对错案产生的影响大小，分别确定成员的主次责任主体。不断完善责任倒查与问责制度，将合议庭共同责任与个人责任区分开来，细化违法审判责任承担方式。同时，应注意在多主体责任情形下，责任如何量化关系着审判责任追究的落实，在一般情况下，对于违法审判责任的追究采用的是按份原则，由合议庭成员按照自身审判责任的大小承担部分责任。

五、结语

法治建设仍然在路上，司法改革只有进行时。构建权责统一、权责明晰的合议庭审判责任制是一个需要不断解放思想、更新观念和推动理论与制度创新的过程。当前，合议庭审判责任制改革方兴未艾，尚须在司法实践中不断总结经验、汲取智慧。基于以上内容，本文另在《司法责任制意见》等相关规定基础上起草了《最高人民法院关于加强和规范合议庭审判责任的若干规定（建议稿）》，以期对实践有所裨益。

附录：

最高人民法院关于加强和规范合议庭审判责任的若干规定

（建议稿）

为贯彻中央关于深化司法体制改革的总体部署，完善人民法院的司法责任制，依据《中华人民共和国人民法院组织法》等法律，结合审判工作实际，制定本规定。

第一章　总　　则

第一条　人民法院应当根据本规定，积极推进合议庭审判责任制改革，努力让人民群众在每一个司法案件中感受到公平正义。

第二条　以权责统一为原则，落实审判责任承担与法官权利保障并重，建立健全合议庭审判责任制，合议庭成员在职责范围内对办案质量终身负责。

第三条　合议庭全体成员对案件认定事实和适用法律对外承担共同责任。

第四条　合议庭审判责任分为案件差错责任和违法审判责任。案件差错责任分为一般差错责任和重大差错责任。

第五条　一般差错责任是指案件在事实认定、法律适用、文书制作、诉讼程序等方面存在较明显的瑕疵，但不影响裁判结果的正确性时，合议庭成员应承担的审判责任。

第六条　重大差错责任是指因过失认定事实严重偏差或适用法律明显错误，导致案件处理结论错误，或者审理程序明显违反法律规定时，合议庭成员应承担的审判责任。

第七条　违法审判责任是指在审判工作中，故意违反法律、法规，或者因重大过失导致裁判错误并造成严重后果时，合议庭成员应承担的审判责任。

第二章　案件差错责任的认定和追究

第八条　因下列情形导致案件处理结论被改变的，不追究案件差错责任：

（一）当事人放弃或部分放弃权利主张的；

（二）对影响案件处理结论的事实和证据的审核认定有争议，根据证据规则能够予以合理说明的；

（三）当事人提供新的证据的；

(四)对法律、法规、规章、司法解释具体条文的理解和认识不一致,在专业认知范围内能够予以合理说明的;

(五)因当事人过错或者客观原因致使案件事实认定发生变化的;

(六)法律规定修订或相关政策调整的;

(七)案件裁判所依据的其他法律文书被撤销或变更的;

(八)其他可不认定差错责任的情形。

第九条 因实体问题导致案件被认定为差错,且原合议庭意见一致的,合议庭的审判长(主审法官)、承办法官、参审法官或陪审员一般按照4∶4∶2的比例承担责任;审判长担任承办法官的,审判长与另两名参审法官或陪审员一般按照6∶2∶2的比例承担责任。

第十条 如果案件在合议庭评议时有不同意见,成员提出少数意见是正确意见或明确指出原多数意见错误的,该合议庭成员不应承担相应责任,其他合议庭成员承担的责任份额相应增加。但如果该成员提出的少数意见与认定差错的审查理由并不一致且该少数意见也存在不当的,或者该成员作出的少数意见的相关评议理由过于简单的,该合议庭成员亦应在责任范围内酌情承担审判责任。

第十一条 审判委员会讨论决定的案件被认定为差错的,合议庭意见是正确意见的,合议庭不承担责任。因合议庭汇报时遗漏主要事实、重要证据,导致审判委员会作出错误决定的,合议庭成员应承担相应责任。

第十二条 审判监督部门设立专门的案件评查委员会,选任资深法官组成,对合议庭差错责任进行评定。认定合议庭成员须承担案件差错责任的,相关责任认定结论应记入责任人个人业绩档案,作为业绩考核、评优评先、等级管理等事项的重要依据。

第十三条 合议庭成员在案件审理的各个阶段,除确有证据证明存在徇私枉法、滥用职权、渎职等违法审判行为外,依法履行职责的行为不受法律和纪律追究。

第三章 违法审判责任的认定与追究

第十四条 合议庭成员根据其是否存在违法审判行为、情节、发表的个人意见情况和过错程度，合理确定各自违法审判责任。

第十五条　有下列情形之一的，应当依纪依法追究相关人员的违法审判责任：

（一）向合议庭、审判委员会汇报案情时隐瞒主要证据、重要情节和故意提供虚假材料的，或者因重大过失遗漏主要证据、重要情节导致裁判错误并造成严重后果的；

（二）制作诉讼文书时，故意违背合议庭评议结果、审判委员会决定的，或者因重大过失导致裁判文书主文错误并造成严重后果的；

（三）存在贪污贿赂、徇私枉法、滥用职权等违法行为；

（四）严重违背司法职业道德；

（五）其他故意违背法定程序、证据规则和法律明确规定违法审判的，或者因重大过失导致裁判结果错误并造成严重后果的。

第十六条　经认定承担违法审判责任的，对相关合议庭成员依照《法官法》《公务员法》《人民法院工作人员处分条例》等相关规定予以处理。

第四章　附　　则

第十七条　在案件审理中负有法官助理、书记员、司法警察等工作职责的审判辅助人员，承担与其工作职责相适应的责任，责任认定和追究程序参照本规定执行。

第十八条　本规定未作规定的，按照《中华人民共和国人民法院组织法》的规定处理。

第十九条　本规定由最高人民法院负责解释。

第二十条　本规定自公布之日起施行。

人工智能生成物可保护性的哲学思考

刘　恒*

摘要：受“作品反映人格”观念和“作者”观念的影响，人工智能生成物可否获得著作权法的保护以及人工智能可否成为著作权的主体，在学界一直备受争议。然而，作品观和作者观仅仅只是一种人为构建，是为了满足特定历史阶段的社会利益需求而产生的，是近代主体哲学在法律上的反映。而作为结构主义哲学观的“作者之死”的提出，极大地冲击了主体哲学以及作者在著作权法中的地位和价值，顺应了时代发展的潮流，为人工智能生成物获得著作权法的保护，提供了有益的借鉴。

关键词：人工智能　作者观　结构主义哲学　独创性

一、人工智能及其生成物的概念界定

在著作权法领域，人工智能所带来的法律问题主要是人工智能是否属于著作权法所规定的“作者”范畴，以及人工智能生成物在著作权法意义上的可保护性问题。然而，一些学者对人工智能及其生成物的概念存在错误的解读，这给问题的讨论和解决带来一定的障碍。明确人工智能及其生成物的概念是解决人工智能生成物在著作权法意义上的可保护性问题的首要任务。

（一）人工智能的概念界定

所谓人工智能，就目前的技术水准而言，其在广义上包括“工具性人工智能”与“自主性人工智能”两种，在狭义上则仅指“自主性人工智能”。工具性

---

* 刘恒，浙江省余姚市人民法院法官助理。

人工智能，就如其名称所表述的，其本质上即人类进行作品创作时的工具。自古以来，人们进行作品创作之时都离不开工具的辅助，从笔、墨、纸、砚到计算机再到所谓的智能化设备，其无非创作工具伴随着技术进步的革新，工具为何并不影响人类借助工具所创作的作品的可保护性。著作权法意义上，人工智能生成物的可保护性问题在于自主性人工智能所生之内容的可保护性。自主性人工智能生成物即无人类智力介入而由智能化设备自主生成的作品，如俄罗斯的 Deep Dream 系统，其可以通过学习艺术家们的绘画风格，从而自主生成画作，这些画作在专业人士看来，无不具有艺术价值，足以将之冠以“艺术品”之称谓。[①] 本文所欲讨论的人工智能即为狭义上的人工智能，亦即自主性人工智能。

(二)人工智能生成物的概念界定

所谓人工智能生成物，学界一些学者将其称为“人工智能创造物”，这一称谓并不贴切。我们在讨论与人工智能生成物相关的问题时，往往以人工智能生成物在著作权法中的可保护性为论点，即人工智能生成物是否具备成为著作权之对象的资格。当然，我国著作权法还包括领接权，而本文所述之著作权乃狭义上的著作权，即仅指作者权，而著作权是以作品为对象的权利。我国《著作权法实施条例》第 2 条对作品的概念作了较为明晰的界定，作品即为“文学、艺术和科学领域内具有独创性并能以某种有形形式复制的智力成果”。可见，某物要构成作品，须具备四个条件，即领域限定、具备独创性、具备可复制性、为智力成果。所谓领域限定，日本学者中山信弘将其意义描述为“将实用性物品从作品中分离出去，使之成为实用新型、外观设计等工业产权的保护对象”。[②] 李琛教授据此将其意义归纳为“区分著作权与工业产权”，[③] 而工业产权的对象本身便处于生产、生活等实际应用领域之中，如外观设计专利权的对象即为与特定产品相结合的应用型装潢设计；而著作权的对象则往往处于精神领域，以审美为价值目标，以人类的感知为价值实现之途径，即人们感知到作品之美，作

① 张思敏：《人工智能成果的著作权保护研究——以机器人完成的稿件、画作、歌曲为例》，西南政法大学 2017 年硕士学位论文，第 2 页。

② ［日］中山信弘：《多媒体与著作权》，张玉瑞译，专利文献出版社 1997 年版，第 19 页。

③ 李琛：《著作权基本理论批判》，知识产权出版社 2013 年版，第 117 页。

品的价值即告实现。[①] 人工智能生成物作为具有审美价值的物品,其并非处于实际应用领域而处于精神领域自无疑问。人工智能生成物在表现形式上,与一般的作品并无实质性差异,故其具备可复制性亦无疑问。而所谓的独创性,其具有两层含义:首先,作品须独立完成而非抄袭他人之作品而来,其作为一种客观判断,以作品文字表述相似程度的事实为依据,人工智能生成物是否为抄袭他人作品而来,其实并无判断上的障碍;其次,作品须具备一定程度的创造性,一部作品由某个主体创造,即表明这一作品源自该主体,创造在于产生新的东西,而"新"与"旧"的划分是相对于主体的感官和需求而言的,故"创造性"的判断必带有一定的任意性,其并非单纯的事实判断,更多的是一种价值判断。人工智能生成物是否具有独创性的关键在于其是否具有创造性,即人工智能生成物是否为"新"的东西,是否有资格冠以"创造物"之头衔。而"智力成果"作为作品的属概念,其在世界知识产权组织发布的《著作权与邻接权法律术语汇编》一书中被描述为"智力创造物",[②] 两者在实践中意义近似、功能相同,即无论是"智力成果"还是"智力创造物",其均区分了产生作品的劳作性质——作品是智力活动的外在结果,而非体力劳作的结果,而劳作作为产生作品的过程,其是不可逆的,故我们无法借助劳作的性质来界定劳作结果(作品)的性质。相反,劳作的性质应根据作品的性质予以判断,即人工智能生成物若为"创造物"则产生人工智能生成物的过程必是创造的过程,是一种智力活动。综上,以"人工智能创造物"描述人工智能生成物,其将结论置于前提之中,颠倒了逻辑论证的顺序,"人工智能创造物"这一表述是否恰当,答案自了然于心。

(三)人工智能生成物取得可保护性的障碍

上文已述,要在著作权法意义上讨论人工智能生成物的可保护性,关键在于论证人工智能生成物为"创造物",即人工智能生成物的产生过程是一个创造的过程,是一种智力活动。司法实践中普遍认为,知识产权法所保护的对象是以人类智力为基点构建的,只有人类的智力成果才能称为真正意义上的智力成

---

① 李琛:《著作权基本理论批判》,知识产权出版社 2013 年版,第 118 页。

② 世界知识产权组织编:《著作权与邻接权法律术语汇编》,刘波林译,北京大学出版社 2007 年版,第 262 页。

果，其必然是由自然人创作而成的，而人工智能生成物是一种大数据和计算机算法相结合的运算结果。显然，这种意义上的“创造”更为复杂，其包括理性、灵感、思想及情感。人工智能生成物虽有着人类智力创作成果的表象，但其生成过程决定了其不属于现行著作权法意义上的“作品”，难以享有著作权。

然而，“创造”一词源自西方中世纪的欧洲教廷，当时的人们认为，上帝是创造万物的神，即便是人类，也不过是上帝的创造物，其经造物主的双手创造而来，诞生于世不足二百年，①“创造”是上帝的专属动词。而到了文艺复兴时期，哲学家们对人之主体性的探究使创造的主体不再仅是上帝，人类同样具有创造事物的主体意识。笛卡儿作为主体哲学的启蒙人，其“我思故我在”一说将人类描述为思维主体，而作为思维主体的人在哲学上是处于第一性的，是万物的“阿基米德点”。② 主体哲学的发展到了黑格尔时期达至巅峰，黑格尔认为，人之主体意识所带来的创造价值不仅停留在意识层面，其对于现实的客观存在一样意义重大，人之主体意识赋予了物以灵魂，即物扬弃了主体意识的纯粹主观性。

以此看来，创造的主体若非上帝，也只能是具有主体意识的人，而人工智能没有生理性大脑，显然不具有主体意识，恐难成为创造之主体，这也正是学界否定人工智能生成物在著作权法上的可保护性的主要理由之一。如王迁教授认为，人工智能生成物的产生过程无非对既有的程序化算法和规则的利用，而算法与规则无论多么精密，其本质上仍与一般的计算机程序一样，是一个在不断的试错中获得最优解的过程，其不具有类似人的主体意识。③ 但问题也许并非这么简单。

二、“作者”概念的由来

从近代哲学发展史来看，创造的主体若非上帝，也只能是具有主体意识的

① ［法］米歇尔·福柯：《词与物：人文科学考古学》，莫伟民译，上海三联书店 2001 年版，第 402 页。

② ［英］罗素：《西方哲学史》（下卷），马元德译，商务印书馆 1976 年版，第 79 页。

③ 王迁：《论人工智能生成的内容在著作权法中的定性》，载《法律科学（西北政法大学学报）》2017 年第 5 期。

人，而从事文艺创造活动的主体，我们一般称为作者。我国《著作权法》第 9 条亦明确规定，著作权人包括作者。探明人工智能是否属于著作权法意义上的作者，抑或对著作权法意义上的“作者”概念予以重新评估，对于人工智能生成物获得可保护性具有深刻意义。

（一）作者并非自古便有

在古希腊，人们认为诗篇创作的灵感源自缪斯女神，在写作之前，定要向其祈求赐予诗篇创作的灵感。① 柏拉图认为，“诗人并非借自己的力量在无知无觉中说出那些珍贵的句子，而是由神凭附着来向人说话”。② 即诗人所作之诗篇并非来自其自身的意识，而是神明在支配着诗人写作，是神明赋予了诗人创作的力量。亚里士多德认为，“所有的写作，实质上均为摹仿，只是有三点不同，即所借助之媒介不同，所取之素材不同，所采之方式不同”。③ 可见，亚里士多德将诗篇之写作描述为对现有素材的摹仿而非创造，只有神才是现有素材的创造者。在古代中国，孔子提出了“述而不作，信而好古”的思想④，其与苏格拉底一样，并未给后世留下任何著作，所谓《论语》也仅是其所说之话的整合，是对典籍的重述，究其原因，乃为尊重先贤。

综上，神学时期的西方并无“作者”一说，人们并不承认诗人的写作是一个创造的过程。在中国，书籍的写作者至多只是典籍的整理者或学说的重述者，作者并非自古便有。

（二）印刷特权的消逝与作者的诞生

郑成思教授认为，版权是伴随着印刷术的出现而产生的，故其认为中国作为最早发明出印刷术的国家，在古代社会便有了版权，且中国古代有版权保护制度，其理由在于宋朝时期的图书之上有禁止私人翻译的符号，而这一符号可谓版权标记。⑤ 但安守廉教授并不这么认为，其认为版权在本质上是以作品为对

---

① ［古希腊］赫西俄德：《工作与时日·神谱》，蒋平、张竹明译，商务印书馆 1991 年版，第 26 页。
② 伍蠡甫、胡经之主编：《西方文艺理论名著选编》（上卷），北京大学出版社 1985 年版，第 7 页。
③ 伍蠡甫、胡经之主编：《西方文艺理论名著选编》（上卷），北京大学出版社 1985 年版，第 42 页。
④ 《论语》第七章，述而篇。
⑤ 郑成思：《版权法》（上），中国人民大学出版社 2009 年版，第 4–5 页。

象的财产权，即版权确立的标志是“承认作品的财产性”，作品从“共享知识”演变成“知识财产”才是版权制度的本质特征。而宋代禁止他人私自翻印其目的在于维护诚实的道德风尚和善良的社会风俗，但作品仍处于共享流通的领域，其私人财产之地位没有得到承认。[①] 实际上，任何制度的产生都是某一社会群体集体利益诉求和利益角逐的结果，且这一社会群体要强大到足以催生出相应的制度。中国古代虽有出版业却稀疏分散，在当时的社会环境下不成气候，不足以强大到可以催生出版权制度。而在英国，《安妮法》是特许出版制度被废除后为了维护丧失特权的出版商的利益而制定的，[②]《安妮法》作为第一部近现代意义上的版权法，明确给予作者以权利保护，作者自此诞生。在法国，大革命推翻了特许印刷制度，巴黎书商为了维护自身的印刷特权提出“作者”的概念，并主张作品源自作者，且自己的特权是通过与作者交易而取得的，是合乎正义理性的。[③] 由此可见，“作者”这一概念是以人为的观念构建为基础的，其并非与生俱来的。即便是作者权体系国家所主张的“作品反映人格”也无非一种文化观念，我们当然可以认为“作品不反映人格”，我们也一样可以认为作品之外的其他知识产权的对象同样反映人格，如发明便反映了发明专利权人的技术素养、想象力等；反之，既然专利权的对象不反映人格，著作权的对象同样也可以不反映人格。[④] 由此，“作者”概念的范围理应伴随着社会的进步而适当扩大，抑或是对“作者”概念作出新的评估，以满足高新技术迅猛发展的时代背景下不断膨胀的社会需求。

(三)“作者”观念与社会需求

法律毕竟是第二性的，法律文化观念的构建应服从于自身调整社会关系的规范价值。著作权构建初期，要使人们接受一个从未有过的、全新的“作者”概念并非一件容易的事，故此时的著作权制度要着意强调作者的地位以及作者与

① 李琛：《著作权基本理论批判》，知识产权出版社 2013 年版，第 68 页。

② 李琛：《著作权基本理论批判》，知识产权出版社 2013 年版，第 19 页。

③ ［西］德利娅·利普希克：《著作权和邻接权》，联合国译，中国对外翻译出版公司 2000 年版，第 18 页。

④ 李琛：《著作权基本理论批判》，知识产权出版社 2013 年版，第 169 页。

作品之间的联系。但随着社会经济的发展，资本开始介入作品的创作，使作品创作的集体化趋势增强，如一部电影作品的完成往往凝聚了从编剧到导演再到摄像等多个人的集体智慧以及制片方的资金投入，为了保障制片方能够收回投资并赢得利润，由制片方享有著作权是合理的，其也是维护市场经济秩序之所需。

从社会需求的角度来看，首先，人工智能生成物具有财产性。当下文化市场中，人工智能生成物的财产性特征已逐渐凸显，如在拍卖会上，谷歌公司研发的人工智能 DeepDream 所生成的绘画作品被高价拍下。作为以保护财产利益为功能之一的著作权法对人工智能生成物予以保护是值得考虑的。其次，人工智能生成物在一定程度上丰富了人类的精神世界，其与著作权法关于“促进社会主义文化和科学事业的发展与繁荣”的立法目标不谋而合。

据此，我们可以预想，随着科技的进步与社会的发展，“作者”观念必将逐渐淡去，在面对人工智能生成物的可保护性问题时，是否要坚持传统的“作者”观念应服从于社会的实际需求。因此，重新评估《著作权法》第 9 条所规定的“作者”概念，未尝不是一种有益探索。

三、“作者”概念的重新评估

“作者”概念作为一个人为构建的哲学观念，从哲学角度进行研究是可取的，有利于站在第一性的意义上对“作者”概念予以重新评估。在哲学研究领域，从“上帝之死”到“人之死”再到“作者之死”，哲学家们对作者在作品创作中的作用纷纷提出了疑问，极大地动摇了作者的地位，冲击着“作者”观念。

（一）“上帝”概念的重新评估

尼采在其早期创作的作品《悲剧的诞生》中写道，“我相信日耳曼人的一句话：一切的神明都必将死亡”。[①] 他声称是人类杀死了上帝，上帝之死，人类是罪

① 刘文献：《从创造作者到功能作者：主体范式视角下著作权作者中心主义的兴与衰》，载《厦门大学法律评论》2016 年第 2 期。

魁祸首。[①] 尼采认为，不是上帝创造了人，而是人创造了上帝，上帝只不过是人们自己刻画出来的一种“事物”，或是社会公认的一种道德公设。他说：“上帝不过是人造物，他从我们自身的灰烬和热焰中而来，而并非从彼岸而来。”[②] 如此一来，既然是人创造了上帝，人自然也可以杀死上帝。费尔巴哈在其所著之《基督教的本质》一书中写道：“上帝实质上就是人的精神，而一个人的意识、灵魂与内心就是他的上帝。”[③] 即在费尔巴哈看来，上帝在本质上就是人，因为上帝就是人自身的灵魂，而上帝所创作之物即是人之所创造之物，因为上帝就是人自身的意识；于是乎，上帝之死即为人之死，因为上帝的本质就是人的本质。

但尼采的“上帝之死”并没有就此肯定主体的消亡，尼采说：“神明死了，而超人诞生了。”[④] 即尼采所谓的“上帝之死”仅是主体形而上学的终结，而取代上帝的超人却最终获得了成为主体的资格。

（二）“人”概念的重新评估

尼采的“上帝之死”启示着哲学界去进一步探究“主体之死”的话题，为此，福柯提出了“人之死”的哲学观点。福柯认为，上帝死后人也就不复存在了，在福柯看来，“人与上帝之间有着割不断、道不清的亲缘关系，无论是上帝创造了人，还是人创造了上帝，上帝与人已经融为一体，或者两者是孪生兄弟，亦或者两者互为父子，既然上帝已死，人又怎能苟活于世，除非是那些丑陋无比的侏儒”。[⑤] 福柯认为，人是知识随着时代的发展而不断变革的历史必然，是知识的排列组合被打乱重新编排后的结果。在他看来，知识的变革与编排经历了四个阶段：16 世纪即文艺复兴时期，知识与客观事物是统一关系，两者互为表里，知识就是客观事物，客观事物就是知识；17 世纪到 18 世纪，知识与客观事物是再现关系，即知识再现了客观事物；19 世纪，知识已不再再现客观事物，表现主体与客观事物之间的联系，而人们也开始去探究事物背后的本质；到了当代社

---

① [法]尼采：《快乐的科学》，黄嘉明译，漓江出版社 2000 年版，第 151 页。
② 《尼采文集》，楚图南等译，改革出版社 1995 年版，第 145 页。
③ [法]费尔巴哈：《基督教的本质》，荣震华译，商务印书馆 1984 年版，第 43 页。
④ 《尼采文集》，楚图南等译，改革出版社 1995 年版，第 189 页。
⑤ 马利红主编：《福柯集》，上海远东出版社 1998 年版，第 80 页。

会，知识仅是彼知识的指代，所有的知识显然已经形成了一个自给自足的循环系统，而知识也仅是这一系统内部的自我指涉。福柯认为，16 世纪到 18 世纪的三个世纪里，知识占据了整个社会的核心地位，而到了 19 世纪，知识的地位开始动摇，具有知识的人成了社会的中心，于是乎，“人”这一概念便形成了。[①]康德认为，关于人类的哲学观点总是游移于先验与经验之间，但可以肯定的是，人类的栖身之所是连续的主体历史，但结构语言学的产生却使“人”之概念遭到怀疑，人们开始觉得结构是无意识的，而结构是无限的，人是有限的，有限的人又怎能承载得了无限的结构呢？人作为一种新的知识结构，正在快速地逝去。

“人之死”作为结构主义哲学观，它的提出极大地冲击了主体哲学，主体哲学是理性对非理性的否定，是独白式理性对所有非理性事物的对抗；而结构主义哲学则是对主体哲学以独白的方式对抗非理性的否定，[②]其以结构的无意识否定了大写主体的社会核心地位，宣告了主体的死亡。

(三)“作者”概念的重新评估

受“人之死”哲学观的影响，法国哲学家巴特提出“作者之死”的观点，“作者之死”是结构主义哲学在文学艺术领域内的扩张。巴特认为，作者一旦开始了写作的过程，他也便开启了死亡的过程，作者将一件事写成作品时，这一件事便脱离了现实。如巴尔扎克在其所著的《萨拉辛》一书中，刻画了一个任性的、迷离的、爱慕虚荣但却感情细腻的阉割男子，我们很难说得清这一角色以及该角色在作品中的经历究竟是来自巴尔扎克的个人经验，或是来自其对女性哲学的崇尚，或是来自普世的智慧，抑或是来自其内心的浪漫主义情怀。因此，写作在本质上就是在毁灭起因。[③]

同时，巴特认为，启蒙运动在法国激发了理性主义的思潮，而这一思潮在文学艺术领域则表现为“作者”观念的树立以及作者核心地位的确立。因此，作者不是与生俱来的，在人为构建的“作者”观念的影响下，人们开始将作品都归

① 刘北成编著:《福柯思想肖像》，北京师范大学出版社 1995 年版，第 131 页。

② 刘文献:《从创造作者到功能作者：主体范式视角下著作权作者中心主义的兴与衰》，载《厦门大学法律评论》2016 年第 2 期。

③ 《罗兰·巴特随笔选》，怀宇译，百花文艺出版社 2005 年版，第 294 页。

为作者自我意识的流露和思想情感的外化。如梵高的画作便是其癫狂性情的流露。然而，实际上，作品并非作者自身话语的表达，而是作品中的一词一句在述说着故事，这是超现实的，而正是这种超现实主义，使作者的手可以脱离其意识来写作，也许大脑还没来得及做出反应，作品就已经完成了。而随着词语句式表达的日渐丰富，作品与作者之间所谓"父与子"的关系将被彻底打破，作者并非先于作品而存在，作者在写作时，其意识会在现有文字表达中来回检索，并将这些表达整合堆砌成新的作品。作品和作者可谓是同时态存在的，抄写整理者正在逐渐取代作者，而作品也仅是各种词句、符号的整合汇编体，是各种现有素材的编织物。原始写作已被深深地埋没，作品不再反映作者的个性，不再是作者个人情感的外化。因为结构是无意识的，结构可以被不断地重复，不断地堆砌编织，但作品是有限的，结构是无限的，作品永远不可能超脱结构。①

此外，巴特认为，作者必将死亡，而其死亡的价值在于读者的诞生。作品是众多因素的汇集点，站在这一汇集点上的人，是读者而不是作者，因为写作毁灭了起因，其唯有的价值便是目的，作者是堆砌文句的编织者，而读者才是文句真正的解读者。即作品所流露出的抽象观念，需要读者去解读所谓的"作品思想"，而"作品思想"与"作者思想"并不等同，甚至是完全独立的。

对"作者"概念的重新评估是结构主义哲学在文学艺术领域的扩张，其打破了作者与作品之间所谓的"父与子"关系，写作不过是堆叠文句的机械动作，作者也不过是文句的编织者罢了，而作品的价值源自读者并非作者。由此，我们就人工智能生成物可否受著作权保护的问题进行探讨时，不应过分被"作者"观念所束缚，重新评估"作者"概念非常必要。

四、人工智能生成物的可保护性探析

正如上文所述，法律毕竟是第二性的，"作者"概念的重新评估也将影响著作权法的修订与实施，这也为人工智能生成物获得著作权法上的保护创造了机遇。结构主义哲学认为，作者在开始写作的那一刻起便同时开始走向了死亡，

---

① 《罗兰·巴特随笔选》，怀宇译，百花文艺出版社 2005 年版，第 300 页。

作品不再是作者个性与思想情感的反映，其只不过是各种词句的堆叠，是符号相互作用的结果。[①]"作者"并非与生俱来，如民间广泛流传着的一些歌谣、故事、寓言等，它们的作者是谁并不重要，只是随着时代的发展，为了满足社会的某些利益需求，明确作品的作者是有必要的。科技的进步带来了人工智能，顺应时代的潮流，在立法及司法实践中，借鉴结构主义哲学观在顺应时代潮流中的发展，给予人工智能生成物一定的保护确是有必要的。

（一）人工智能生成物的立法保护路径探析

《著作权法》第1条表明，著作权法的立法目的在于鼓励有益于社会主义精神文明、物质文明建设的作品的创作和传播，促进社会主义文化和科学事业的发展与繁荣。借鉴结构主义哲学观，对"作者"概念予以重新评估，将一部作品是否具有价值的考量交给了社会公众，即考量一部作品是否有价值，在于其是否有利于促进社会主义文化和科学事业的发展与繁荣，这与我国著作权法的立法目的不谋而合。作品是众多因素的汇集点，其包括多重文化的对抗和妥协以及各种话语表达方式的冲击和融合，而站在这一汇集点上的人是社会公众，不是作者。一部作品的文化意义、话语价值，只能由社会公众来决定，如一部文学作品，读者通过解读这一作品所包含的思想，理解作品的内涵，从而最终使那机械式的文句表达被赋予了灵魂。作者不过是堆砌文句的编织者，而作品的价值源自社会公众对作品的解读，作品价值的发挥，离不开读者智力的运用，作品思想情感的表达和内涵的流露，无不凝结着读者的智力。因此，甚至可以说"智力成果"所称为"智力"，其在一定方面也可以是读者的智力。

由于过程是不可逆的，我们只能根据结果的性质来界定过程的性质，人工智能生成物若为有利于促进社会主义文化和科学事业的发展与繁荣，则产生人工智能生成物的过程必被赋予创造的价值，其也必将受到著作权法的保护。显然，优秀的人工智能生成物经社会公众解读后，被赋予了文化意义和话语价值，而这种意义和价值，是作品的灵魂。这种意义和价值，亦是未来著作权法修订过程中不可忽视的重要因素之一。在新一轮的著作权法修订过程中，以顺应时

① 王逢振、盛宁、李自修编：《最新西方文论选》，漓江出版社1991年版，第447页。

代发展的潮流，淡化第 9 条中的“作者”概念，对于一部作品是否应受到著作权法的保护需更多的站在社会公众的角度，若人工智能生成物具备审美价值，且在文化市场中，该生成物具备财产价值，则该生成物理应受到立法的保护。

（二）人工智能生成物的司法保护路径探析

《著作权法实施条例》第 2 条明确表明，作品是指文学、艺术和科学领域内具有独创性并能以某种有形形式复制的智力成果。据此，在司法实践中，法官在审理一起著作权纠纷案件时，对于当事人是否享有涉案作品著作权的考量，首先在于对涉案作品是否具备独创性的考量。重新评估“作者”概念后，在司法实践中，就人工智能生成物是否具备独创性的考量，仿佛不再是一个难以解决的问题。

独创性的价值在于其是作者获得著作权的权利依据之一，一部作品由某个主体创造，即表明这一作品源自该主体。“作者”概念的重新评估，使独创性价值得到重新评估，所谓独创性的价值，其至多体现在词句的创新性排列和对现有表达的创新性模仿之上。而词句与词句之间只是相互指涉的关系，所谓的创新性模仿，也不过是词句体系内部的自给自足。

而人工智能的工作原理恰在于对现有艺术和文学表达的学习、积累和模仿。人工智能生成物的产生大致需要经历三个阶段：首先，从人类社会已有的文学艺术作品中广泛且大量地收集和积累信息，然后在此基础上按照一定的算法处理收集和积累到的信息，最后通过一些输出设备来呈现出样式丰富的文学艺术表达。即其是一个积累、运算、输出的过程。在这一过程中，人工智能根据算法对已有文学艺术表达进行创新性排列和创新性模仿，并最终生成新的表达，这一过程不是一种汇编，更不是剽窃或抄袭，而是一种新的创新性表达。“作者”概念被淡化后，人工智能生成物作为一种创新性表达，理应被赋予独创性价值。因此，法官在审理涉及人工智能生成物的著作权纠纷案件中，对于生成物是否具备独创性，应着重考量经人工智能运算形成的生成物在对已有文学艺术表达进行创新性排列和创新性模仿方面的美学价值及市场价值。

五、结语

从浪漫主义的主体哲学到“作者之死”的结构主义哲学，作者的地位和价值处在一个不断变化的动态过程之中。作者地位和价值的变化，是社会需求随着时代进步而变化的反映，是历史的必然。科技发展带来了人工智能，社会的利益需求也随之发生了巨大的变化。随着社会的不断发展，著作权法所流露的观念必将随之得到革新，人工智能生成物必将在未来成为人类精神文明世界的一支主力军，人工智能生成物在著作权法上的可保护性问题也将是学术界及实务界不可回避的重要问题。在借鉴结构主义哲学的基础上，对“作者”概念予以重新评估，在立法及司法实践中，给予人工智能生成物一定的保护，值得引起每一位立法者及司法参与者的思考。

自甘风险条款的适用现状审视与规则解读

——基于法教义学视角下的实证研究

陈　露*

摘要：无论是学界抑或《民法典》，对自甘风险已有相关表述。但是，自甘风险条款固有的语义模糊性仍造成该条款在实务应用中出现“类案不同判”的现象，因此，自甘风险条款的构成要件以及责任承担在司法实践中尚有解读空间。本文将从法教义学的视角出发，围绕司法实践中反映的问题，通过检索中国裁判文书网相关案件的方式，试图填补自甘风险条款中的语义空隙，力求提升该条款与实务间的耦合性。

关键词：自甘风险　适用问题　规则解读　法教义学

引言

在《民法典》确定自甘风险条款前，学界对自甘风险规则的经典表述为自甘风险指被害人原可以预见损害之发生而又自愿冒损害发生之危险，而损害结果真不幸发生。[①]《民法典》颁布后，自甘风险规则升级为法律具有明文规定的独立抗辩事由。《民法典》第1176条规定，“自愿参加具有一定风险的文体活动，因其他参加者的行为受到损害的，受害人不得请求其他参加者承担侵权责任；但是，其他参加者对损害的发生有故意或者重大过失的除外。活动组织者的责任适用本法第一千一百九十八条至第一千二百零一条的规定。”该条规定

---

* 陈露，阜宁县人民法院法官助理。

① 曾世雄：《损害赔偿法原理》，中国政法大学出版社2001年版，第261页。

了自甘风险条款的构成要件,包括主体要件、主观要件、客观要件,还将活动组织者责任排除在适用范围之外。但是,自甘风险条款固有的语义模糊性仍造成该条款在实务应用中出现“类案不同判”的现象,因此,自甘风险条款的构成要件以及责任承担在司法实践中尚有解读空间。本文将从法教义学的视角出发,围绕司法实践中反映的问题,通过检索中国裁判文书网相关案件的方式,试图填补自甘风险条款中的语义空隙,力求提升该条款与实务间的耦合性。

一、实务检视:自甘风险条款的适用问题

在《民法典》颁布前,实务中早已有适用自甘风险规则的诸多先例,其在适用过程中出现的问题,即使在《民法典》将自甘风险规则确立为法律条款后仍旧存在。

(一)内检:自甘风险条款的构成要件涵摄问题

1. 文体活动与非文体活动之间适用混乱

《民法典》规定自甘风险条款的适用范围为“文体活动”,但在实务中自甘风险的适用范围却不仅限于“文体活动”,还包括建设工程施工合同风险承担①、场所管理者风险承担②、提供劳务受损者风险承担③、机动车交通事故风险承担④等事由。这些活动显然与“文体活动”不存在交叉或种属关系,已然超出“文体活动”的语义射程,既无法从扩大解释的语义解释角度囊括在自甘风险条款构成要件中,也无法从解决司法实践问题角度补充该条款构成要件的内在空隙。相反,在非文体活动中适用自甘风险条款反而会造成实务中对自甘风险条款的构成要件更加认识不清,从而有悖条款设立之初衷。

在《民法典》正式确立自甘风险条款前,司法实务中在非文体活动中适用自甘风险规则者不在少数。有学者当时通过检索中国裁判文书网的有关自甘冒险的案例,将这些案件进行分类:对抗性活动案件、危险同乘案件、擅入危险区

---

① 辽宁省沈阳市中级人民法院民事判决书,(2022)辽01民终7002号。
② 重庆市第四中级人民法院民事判决书,(2021)渝04民终455号。
③ 湖南省益阳市中级人民法院民事判决书,(2022)湘09民终329号。
④ 四川省德阳市中级人民法院民事判决书,(2021)川06民终1421号。

域案件、户外探险活动案件和冒险性娱乐活动案件。[①] 其中，危险同乘案件、擅入危险区域案件显然并非自甘风险规则的构成要件涵摄范围，理应排除在适用范围之外。

2. 文体活动之间适用混乱

"文体活动"的概念在学界中众说纷纭，有将"文体活动"等同于"大体育"的论述，将"文体活动"定义为包括各种体育活动及其他以健身、休闲、娱乐为目的的身体活动[②]；也有从文义解释的角度将"文体活动"简单解释为文化活动、体育活动和文化性体育活动；或者将"文体活动"解释为文娱活动和体育活动[③]。与此相对应，司法实务中对自甘风险条款在各类文体活动中的运用也不尽相同。在常见的竞技体育比赛领域，法官通常倾向援引自甘风险规则，如北京市高级人民法院在韩某某申请生命权、健康权、身体权纠纷再审审查一案中认为，"二审法院根据竞技体育比赛惯例，参赛者一旦参加比赛，视为自愿承担比赛中的风险，即自甘风险原则，来确定竞技体育比赛中因对抗而产生的伤害行为，在适用归责原则时不同于一般的侵权行为，而应看加害者是否严重违反比赛规则或故意致人损害，并无不当"。[④] 在"文体活动"以内、竞技体育比赛以外的领域，法官却甚少适用自甘风险规则，比如北京市高级人民法院在夏某某与周某某等因骑行运动导致的生命权、健康权、身体权纠纷案中拒绝适用自甘风险规则，并指出，"对于骑行这样的群众性户外运动应该予以鼓励并进行保护。但是，鼓励不等于放任。如果以自发性活动和自甘风险为由而豁免活动组织者和参加者的起码的注意义务，实际上是对骑行安全的漠视"。[⑤] 又或者，在武术运动领域，武术运动虽然具有一定风险，接受武术培训人员或者其监护人一般对此也确实应当知悉，但对武术培训服务提供者来说，法官对其仍适用关于公共场所管理人未尽安全保障义务造成他人损害的应承担侵权责任的规定，而不

① 张素华、顾红松：《自甘风险的适用范围与责任承担》，载《三峡大学学报》2020 年第 6 期。

② 韩勇：《〈民法典〉中的体育自甘风险》，载《体育与科学》2020 年第 4 期。

③ 董璐、杨江涛：《〈民法典〉时代自甘风险的规范解构及其漏洞补充》，载《法律适用》2022 年第 5 期。

④ 北京市高级人民法院民事裁定书，(2016)京民申 1407 号。

⑤ 北京市高级人民法院民事裁定书，(2018)京民申 569 号再审审查与审判监督。

适用自甘风险原则。①

3. 参加者的认定标准混乱

《民法典》规定适用自甘风险条款的主体为文体活动的“参加者”。但在实践中，法官对参加者的概念和内涵却认识不一。比如，北京市朝阳区人民法院在宋某与周某因羽毛球活动发生损害的健康权纠纷一案中以自甘风险为由判决驳回原告诉讼请求，成为《民法典》颁布后首例适用自甘风险条款的案例。在此案中，原告宋某与被告周某及案外4人在朝阳区红领巾公园进行羽毛球“3V3”比赛，为典型意义上的文体活动“参加者”。但后又有湖北省武汉市中级人民法院以自甘风险为由二审改判并驳回因横穿篮球场被撞伤的李某对张某和学校的诉讼请求一案②，此案将未参与到文体活动中的观众类人员也视为“参加者”。不论是从文义解释的角度抑或是体系解释的角度来看，将观众类人员视为“参加者”难免有类推解释之嫌疑。

（二）外视：自甘风险条款的责任界限模糊

1. 自甘风险与公平责任

实务中分三种情况，一是同时适用自甘风险和公平责任；二是适用公平责任，不适用自甘风险③；三是适用自甘风险，不适用公平责任④。第二种和第三种皆是将自甘风险视为独立抗辩事由，与公平责任成互斥关系，唯第一种将两种责任承担方式杂糅在一起，形成所谓的综合运用模式。比如辽宁省沈阳市中级人民法院（2018）辽01民终7045号二审民事判决书中表述：“曹某在踢毽球活动中未存在违反竞技规则的行为，对武某某的损害后果并不存在过错，武某某自愿参加踢毽球活动系自甘风险行为，双方当事人对本案损害后果的发生均没有过错，一审法院根据本案实际情况，适用公平责任原则，酌定由曹某对武某某的损失予以一定数额的补偿，符合本案的综合案情，并无不妥。”根

---

① 辽宁省大连市中级人民法院民事判决书，（2021）辽02民终8666号。

② 董璐、杨江涛：《〈民法典〉时代自甘风险的规范解构及其漏洞补充》，载《法律适用》2022年第5期。

③ 江苏省淮安市中级人民法院民事判决书，（2016）苏08民终1328号。

④ 云南省昆明市中级人民法院民事判决书，（2015）昆民三终字第849号。

据《民法典》关于自甘风险的责任承担规定，“因其他参加者的行为受到损害的，受害人不得请求其他参加者承担侵权责任”，意即自甘风险的责任承担模式应为“全无或全有”，实务中在认定受害人为自甘风险的情况下，仍根据公平责任判定加害人承担一定比例的补偿责任的做法，或许其中含有诉讼维稳和社会利益考量，但在维护《民法典》条款的逻辑性、体系性和统一性上，确属失之偏颇。

2. 自甘风险与过失相抵

自甘风险与过失相抵在实务中存在两种适用方式：一是适用过失相抵，不适用自甘风险；二是适用自甘风险，不适用过失相抵。但是这两种适用方式有时根据的案情基本相似。比如在北京市第二中级人民法院（2020）京 02 民终 2503 号民事判决书中，李某因与其他参加者争抢篮板导致右膝受伤，因此诉请篮球运动协会承担相应的损害赔偿费用。二审法院在判决中适用自甘冒险规则，认为篮球比赛属于对抗性较强的体育竞技活动，该活动本身存在固有风险，李某作为篮球运动员明知该类活动存在安全风险，仍然自愿参加，表明其应当认识到在比赛活动中可能引发的受伤风险，李某的行为构成自甘冒险。但在上海市第一中级人民法院（2020）沪 01 民终 324 号民事判决书中，受害人颜某与白某及其他同学在体育课的自由活动时段打羽毛球，白某在接球时，羽毛球拍打到颜某眼睛，后确诊为外伤性青光眼。法院判决适用过失相抵规则，认定案发时当事人参与的是羽毛球运动，存在一定风险，但白某显然没有尽到该项义务，存在过错，而颜某既然参与该运动也应认识到其风险，因此其也存在一定过错，因此白某与颜某分别承担 20% 的责任。该种情况表明因对自甘风险构成要件要素的认识不清，实务中对其与过失相抵规则出现了适用标准不一等问题。

（三）小结

自甘风险条款的设立有其独立的法律价值和社会价值，实务中不应忽视对其构成要件要素的精准解读以及不应混淆其与其他侵权责任的边界。

二、价值证成:自甘风险条款的独立价值

(一)宏观层面:维护法律权威

在自甘风险条款确立前,涉及文体活动中受害人赔偿问题的,法院一般适用公平责任或过失相抵,自甘风险有时仅仅出现在说理论证部分作为判断受害人是否存在过失的工具。在自甘风险条款确立后,法官开始运用该条款判定文体活动中不存在过错的加害人不承担责任。但是仍有大部分案件存在将自甘风险条款和公平责任、过失相抵等其他侵权责任综合运用,以致有学者否认自甘风险的独立抗辩价值,主张自甘风险条款应和公平责任、过失相抵综合运用。[①]这样的看法无疑否认了《民法典》确立自甘风险条款的意义,使自甘风险条款失去其确立的正当性、合理性。而且,由于类似的案件多以公平责任判决,学校将尽可能减少具有危险性的体育活动以规避风险。如果主持正义的法律倒逼学校以牺牲学生身心健康甚至民族复兴之利益为代价,既违背教育方针及其自身发展规律,也违背我国集体主义思想之文化传统,更有违公平正义之司法精神价值。[②]

(二)中观层面:促进文体发展

以对抗性较明显的体育运动为例,体育运动作为"人的自然化"的努力,是人类生存所必需的,其可以全周期、全人群保障人的身体健康,因此,体育锻炼被认为是促进和维护身体健康最为经济、最为适用的手段。[③]体育被人们作为促进健康的首选方式。体育消费作为一种社会文化消费现象,是一个社会发展到特定历史时期的产物,历史实践表明,体育是人民生活水平发展到一定阶段后的较高层次需求。[④]体育运动中,对参加体育运动而致权利受损的双方进行侵权

---

① 周晓晨:《论受害人自甘冒险现象的侵权法规制》,载《当代法学》2020 年第 2 期。

② 谭小勇:《自甘风险规则适用学校体育伤害侵权的司法价值与挑战》,载《上海体育学院学报》2020 年第 12 期。

③ 李力研:《野蛮的文明体育的哲学宣言》,中国社会出版社 1998 年版,第 427 页。

④ 钱学峰、田茵:《美国体育中的自甘风险类型及其价值研究》,载《成都体育学院学报》2018 年第 5 期。

责任上的救济是必要的，但在利益补偿和自由维护间应设定一定的标准，因人的行为自由既出自法律对边界的圈定，也出自其内心对危险的预期。如果体育运动中适用自甘风险条款的标准不一，且多为受害人和加害人按照比例承担赔偿责任的，则将大大限制个人在体育活动中的自由性。因此，精准适用自甘风险条款对于促进我国体育产业的发展具有重要的价值和作用。

（三）微观层面：完善法律功能

主流观点认为侵权法律具有救济补偿、制裁、预防、维护行为自由的功能，但是一般认为救济补偿为主要功能，其他功能为次要功能，彼此之间形成主次互补有层次的功能体系。因此，在重视主要功能的同时也不能忽视次要功能。自甘风险条款既以受害人在认识到危险存在的情况下仍坚持参加相关文体活动为前提，也要求加害人不具有故意或重大过失，体现了自甘风险条款重视救济补偿的主要功能的同时，也关注维护加害人的行为自由。如果在文体活动中，受害人“自甘”风险，加害人无故意或重大过失的，仍对双方适用公平责任，则是对《侵权责任法》其他功能价值的漠视，也是对个人行为自由的侵害。因此，在《民法典》的侵权责任编中确立自甘风险条款并在实践中精准适用，有利于发挥其维护行为自由的功能，进一步完善侵权法律的功能体系，更充分地保障所调整的侵权责任法律关系中主体的合法权益。

（四）小结

自甘风险条款的独立价值不仅体现在促进法律发展方面，也体现在维护社会整体利益方面。正确认识自甘风险条款的独立价值有助于司法实务中的适法主体重视对自甘风险条款的精准适用。

三、优化探索：自甘风险条款的规则解读

基于前文分析的自甘风险适用问题及价值证成，笔者将从法教义学的角度并结合司法实际对自甘风险构成要件进行要素式解读，并在此基础上揭露自甘风险责任承担的特殊性。

（一）要素式解读：明晰自甘风险条款构成要件

1. 客观要件：一定风险的文体活动

首先，2018年《〈民法典〉侵权编草案二审稿》第954条设定了最开始的自甘风险规则，其内容是“自愿参加具有危险性的活动受到损害的，受害人不得请求他人承担侵权责任，但是他人对损害的发生有故意或者重大过失的除外。活动组织者的责任适用本法第九百七十三条的规定”。此时，自甘风险的适用场合为具有危险性的文体活动。显然，具有危险的活动范围太宽泛，对自甘风险作此规定不仅可能造成自甘风险规则的滥用，而且混淆了自甘风险规则与一般侵权规则的界限，使自甘风险规则失去独立存在的理由。基于此种考量，最终《民法典》中的条文表述将“具有危险性的活动”限缩为“具有一定风险的文体活动”。

其次，如前文所述，文体活动的概念并未有一致解释，有“大体育”之范围，或“文化活动与体育活动”，又或“文娱活动与体育活动”。笔者赞同“文体活动”为“文娱活动与体育活动”之意。比如，湖北省武汉市中级人民法院（2021）鄂01民终2816号民事判决书中将KTV确认为自甘风险的适用场所，如将“文体活动”中的“文”限缩为“文化活动”之意，则如KTV之类的场所很难被包含在该项文义解释中，但从目的解释的角度出发，自甘风险的设立初衷之一便是给予文体活动参加者尽可能多的自由，以促进文体事业健康充分发展，若是采取“大体育”之概念，则又有泛化自甘风险适用基础之虞，故而采“文娱活动与体育活动”之意最为适宜。

最后，“文体活动”应以具有“一定风险”为前提，若是文体活动中不具有危险的活动，比如棋类、跑步、轮滑等项目，则当然被排除在自甘风险构成要件涵摄范围之外。因为，只有文体活动具有一定危险，受害人的“自甘”才有其存在的法律价值和现实意义。而且，此风险应属于该文体活动中常见的、固有的风险以致该风险能被加害人预见，如在篮球运动中碰撞的危险，此类危险属于篮球运动中常见的、固有的风险，加害人可以援用自甘风险条款免责。

2. 主体要件：参加者

笔者认为“参加者”应限定为文体活动中的常见的、固有的参与者，像篮球运动中的篮球运动员，篮球运动员在篮球比赛中难免会在格挡、跳跃等动作中和对方发生肢体碰撞，从而导致骨折，因此篮球运动员在参加篮球运动时应当预见此种风险的发生，进而作出“自甘风险”的默示使加害人予以免责。但是，在篮球运动观众席上的人员则不应包括在“参加者”的应有之义中，比如前述案件中因横穿篮球场被撞伤的李某不应该被认定为文体活动中的参加者，其因撞伤事实导致的损害赔偿请求应运用一般侵权规则判定其是否具有过错以及过错程度，进而根据过错程度分摊双方责任，而不是对其适用自甘风险条款。

另外，应将“参加者”与活动组织者的概念相区别。对于文体活动组织者的责任不应适用自甘风险规则，因其主体不适格，按照《民法典》规定应适用《民法典》第1198条至第1201条的规定。活动组织者在安排活动内容、采用活动规则时不存在过错的，对活动过程中发生的损害免于承担侵权责任。如果活动组织者存在过错，而又不存在加害人时，对活动组织者不加以承担侵权责任，则受害人的权益将得不到救济。

3. 主观要件：自愿

参加者的参与“自愿”应包括认识因素和意志因素。比如篮球运动员在篮球运动中应认识到存在与其他参加者碰撞导致骨折的危险。在认识到该类文体活动中常见的、固有的风险的基础上仍坚持要参与的，满足“自愿”中的认识因素和意志因素，该当自甘风险条款中的主观要件。同时，自愿，可能是行为人自主决定参加文体活动，例如行为人利用周末自行前往体育馆参加篮球运动、足球运动，也可能是行为人接受单位或学校安排参加文体活动，例如参加单位组织的篮球比赛、代表班级参加学校足球比赛等。[①] 在这些活动中，如果发生了损害，根据《民法典》第1176条的规定，也可以适用自甘风险规则的。

4. 主观过错要件：一般过失

民法典规定其他参加者对损害的发生有故意或者重大过失的，应承担相应的侵权责任。该款规定从反面反映了适用自甘风险条款应以加害人对损害的发生仅存在一般过失为前提。如果加害人在参加相关文体活动时具有故意或重大

---

① 韩煦：《自甘风险规则：规范分析与司法适用》，载《人民司法（应用）》2020年第12期。

过失的，则表明其违反了在参加文体活动时应尽的注意义务，民法典对该种违反应尽却未尽义务的行为持否定评价，故而具有故意或重大过失者不受自甘风险条款之庇佑。比如，足球比赛中足球运动员将球踢向球门时，守门员截取成功则极有可能遭受相应损害，但足球运动员的射门行为并未犯规，不存在故意或重大过失，因而其不必承担相应侵权责任。

针对体育活动中的"犯规"评定，有学者针对体育活动的犯规提炼了五个考量要素：参与的自愿性、专业程度、运动类型、违规程度、年龄和精神状况。[①]笔者认为此种观点可予以参考。

（二）界分式解读：划定自甘风险条款责任承担

1. 自甘风险与公平责任

首先，公平责任与自甘风险的最大差别体现在构成要件的差异上。公平责任以双方均无过错为前提，其立法出发点是平衡加害人与受害者之间的权益分配，力争将社会效益发挥最大化。自甘风险则要求将加害人的一般过失作为主观考察要件，以此判定加害人在文体活动中未违反注意义务，进而确定由受害人自担责任，其立法出发点是为维护文体活动中参加者的最大自由，进而促进文体活动的活力。两者在构成要件上存在的互斥关系决定相关案件只能择其一而适用，而不能竞合。

其次，从法理上来说，自甘风险作为一项独立抗辩事由，不能沦为只是判定文体活动参加者是否具有过错的一项工具，前述辽宁省沈阳市中级人民法院（2018）辽01民终7045号二审民事判决书判定受害人系自甘风险的目的只是用来辅证加害人不具有过错，并未将其视为独立抗辩事由，且最后在认定双方均无过错的基础上适用了公平责任，此处对自甘风险的表述无疑从侧面否定了其内在的独立价值。

2. 自甘风险与过失相抵

首先，从民法典对两者的规定来看，自甘风险中加害人须具有故意或重大过失才能承担侵权责任，一般过失的情况下加害人无须承担侵权责任，即自甘

① 李鼎：《体育侵权：自甘风险还是过失相抵》，载《武汉体育学院学报》2020年第5期。

风险规则将加害人的一般过失拟制为不具有主观过错，换言之，在自甘风险中加害人不具有过错，受害人不一定有过错。而显然，过失相抵适用的前提为加害人具有过错。因此，两者在构成要件上存在相当大的差异。

其次，有观点认为可以从以下几个具体方面区分自甘风险和过失相抵：一是体育运动本身的激烈性和专业程度，专业运动应更多适用自甘冒险规则，而业余运动应更多适用过失相抵规则；二是体育运动中固有风险的发生概率和危险程度，由于比赛的对抗性和身体接触的频率不同，参与者对于可能受到伤害的认知和预期也存在差异，因此体育运动中固有风险的发生概率和危险程度是构成适用自甘冒险还是过失相抵规则的区分依据；三是受害人的自愿程度，对于前者，受害人自愿承担了可能发生的损害后果，而过失相抵规则中，受害人没有自愿承担任何可能的损害后果，只是过程中存在不当的行为和过错；四是受害人自身认识到相应风险的能力，如果最终判定受害人对文体活动中风险的认识能力较差，其应适用过失相抵规则。① 笔者对此观点予以赞同。

（三）小结

自甘风险条款与公平责任、过失相抵相比，其构成要件以及责任承担均有其特殊性。在实务中适用自甘风险条款时应紧抓其内在的特殊性，不可将其与其他责任承担方式混淆。

四、结语

自甘风险在被民法典确立为正式的法律条款前，在司法实务中已积累有一定的实践基础。但是，不论是在民法典颁布前抑或颁布后，实务中对自甘风险条款的适用仍存在标准不一的问题。应当明确的是，自甘风险条款有其存在的独立价值，法官在适用该项民法典新确立的条款时应紧抓其构成要件以及责任承担的特殊性，做到精准适用，进而实现自甘风险条款在司法实践中法律价值与社会价值的统一。

---

① 沈劼：《民法典背景下自甘风险与过失相抵规则界分标准研究》，载《东南大学学报》2021 年第 23 卷增刊。

数字经济下商业秘密条款的适用探讨
——以数据的商业秘密构成三要件为角度

江　怡*

摘要: 数字经济下,数据的开发和市场应用已成为互联网行业主要运营模式,而数据的保护模式却难以确定。实践中数据侵权多以诉诸反不正当竞争法的原则性条款为救济,而商业秘密条款之运用甚微。数据类商业秘密日渐成为经营者进行市场竞争的重要资源,也成为商业秘密司法解释中特别新增的一类客体,因此,在确立以网络和算法为依托的新业态中,数据这一客体的秘密性、保密性、商业价值如何认定,成为商业秘密条款适用的重点。本文以上述三要件为主要内容,针对不同类型数据和具体场景进行分析,确立以商业秘密路径保护数据类经营信息的审查重点和认定思路,发挥商业秘密条款的司法价值。

关键词: 数据　秘密性　保密性　商业价值

一、问题的提出

数字经济时代,数据构成市场主体至关重要的生产要素,建立数据资源产权、促进数据资源使用业已成为"十四五"规划的一项重要内容,数据之定性与利用显得尤为关键。然而针对数据的属性和法律地位,学界观点纷纭,提出了数据新型财产权、数据资产权、数据访问控制规制等理论,[①] 尚无一致结论。在

---

* 江怡,杭州互联网法院员额法官。

① 梅夏英:《数据的法律属性及其民法定位》,载《中国社会科学》2016 年第 9 期;龙卫球:《数据新型财产权构建及其体系研究》,载《政法论坛》2017 年第 4 期;高富平:《数据流通理论》,载《中外法学》2019 年第 6 期。

2021 年实施的《民法典》中增加了对个人信息的规定，但对数据主要体现在第 127 条中的纲领式提及，尚未涉及具体的权利属性和保护模式。因此，数据的经济价值虽然已经得到理论界和相关产业的共识，但数据的权属、利用和访问规则、数据安全等法律问题仍待解决。

目前，新的商业模式和技术需要依赖大量的数据，数据类商业秘密逐渐成为市场主体参与商业竞争、促进创新发展的重要抓手。关于企业的数据权益如何保护、遭受的数据侵权又如何救济，实践中，当事人主张及司法判例多选择反不正当竞争法之原则性条款及互联网专条，例如淘宝诉美景案、蚁坊诉微梦科创案、字节跳动诉微梦科创案等[①]，鲜有依据商业秘密条款。《最高人民法院关于审理侵犯商业秘密民事案件适用法律若干问题的规定》(以下简称《商业秘密司法解释》)第 1 条特别新增列举“数据”作为经营信息的一种，为市场主体展现了从商业秘密的路径保障数据权益的新角度，同时也为企业商业秘密的保护和数据知识产权的推动提供了连接点。在具体审判中，如何结合目前的商业模式和业态特征，适用商业秘密条款；如何从商业秘密路径角度，提出数据类经营信息的认定标准和保障模式，成为亟须探讨的重点。根据《反不正当竞争法》第 9 条第 4 款规定的内容，商业秘密的构成须满足三个要件：秘密性、保密性和商业价值。区别于传统模式下商业秘密客体，数字经济下以数据作为生产要素，其存储、传输的新特征带来商业秘密条款适用的新认定，特别是围绕数据这一客体是否具有秘密性，是否符合保密性，以及数据的商业价值判断，理论和实践中并无充分的探讨和成熟的保护模式。2021 年杭州铁路运输法院审理了一起杭州某网络科技有限公司诉汪某商业秘密纠纷案件[②]，针对直播平台的打赏中奖实时数据是否构成商业秘密进行了认定，该案中原告主张的数据系该平台的后台中奖实时数据(中奖礼物的名称、分类、礼物单价、消耗嗨币、送出数量、中奖数量、中奖金额)，原告以该数据构成商业秘密诉请被告承担侵权责任，并主张适用惩罚性赔偿。该案中详细说明了在当下网络经济中大量存在的数据类

---

① 杭州市中级人民法院民事判决书，(2018)浙 01 民终 7312 号；北京知识产权法院民事判决书，(2019)京 73 民终 3789 号；北京市高级人民法院民事判决书，(2021)京民终 281 号。

② 杭州铁路运输法院民事判决书，(2021)浙 8601 民初 609 号。

经营信息,如何认定是否符合商业秘密条款所要求的秘密性、保密性和商业价值,对于理论探讨和司法适用提供了一个参考,本文即以此为出发点,重点围绕商业秘密构成要件,分析数据在上述三方面的要求,探讨数字经济环境中商业秘密条款的具体适用,以期为反不正当竞争法中该类侵权案件在数据领域的认定规则提供借鉴。

二、数据的秘密性要件适用

《商业秘密司法解释》第3条诠释了反不正当竞争法意义上的不为公众所知悉的具体要求,根据该条规定,商业秘密的秘密性要件界定了其标准为:并非"普遍知悉"与"容易获得",对象为权利人所在行业领域的相关人员,而非社会公众或普通公民角度。大数据环境下,信息载体的新型化和多样化,以及广泛的获取渠道,使得信息的秘密性判断较传统环境更加复杂。

(一)"普遍知悉"或"容易获取"的数据

目前,大量互联网企业通过平台汇集用户数据,而平台本身通过开放性吸引消费性用户的访问和经营性用户的入驻,因此,上述数据本身来源于公开领域,且处于公开状态,该数据可能为原始数据,亦可能是衍生数据,但因其已属"普遍知悉",难以符合秘密性要件。同时,若经营者针对上述已公开的数据,进行简单的收集、统计、分析,但尚未达到实质性的投入,未产生独立于该数据的新信息,即获取信息的渠道和方式简单,无须投入大量成本即可获取,因其属于"容易获取",亦不符合秘密性要件,这在 Sasqua Group, Inc. v. Courtney① 案中得以体现,该案中,原告主张的客户名单可以在公开网络中查询到,获取方式简单,因此法院认为不构成秘密性。实践中网络运营者还常常通过设置 robot 协议或其他技术障碍,防止对网页中本身公开的数据进行"爬虫",即自动抓取数据,此类公开数据并不因技术手段改变其已公开的属性,因此不符合保密性的要求,此类情形下,数据亦难以获得商业秘密保护,我国司法实践中往往通过审查抓取行为的正当性等其他角度,判断是否依据反不正当竞争法的原则性条款

① 2010 WL 3613855(E.D.N.Y. August 02, 2010).

进行规制，比较法上则可以非法入侵进行判断。

（二）公开数据基础上的衍生数据及大数据

数字时代产生海量数据，网络中大量零碎的单一数据利用价值十分有限。经营者通过投入大量的智力劳动成果，将单一数据组成衍生数据或大数据时，该过程往往并非数据的叠加或简单集合，而是以目的信息为核心，通过一定程序和算法获得，不仅需要一定的人力、物力、财力投入，更具备一定的逻辑，产生完全区别于原始内容的意义，[①]此时该数据内容并非当然为公众知悉，更非容易获取。因此，将原本不属于商业秘密的公开内容经过深度开发与系统整合，成为独立于网络公开数据的衍生数据甚至大数据时，权利人选择对此不予公开，则可能具备秘密性的要件。

实践中此类数据因与公开信息相关，易产生争议，在认定中需注意区分审查的对象。例如在谷米公司诉元光公司公交信息案中，作为公共交通工具，公交车的实时运行路线、运行时间等信息均为客观事实，本属于公共领域的信息，经营者以该信息主张，易得出并非秘密性之结论。然而当该信息经过人工收集、分析、编辑、整合并配合 GPS 精准定位等实质性投入和加工之后，产生区别于原始客观事实的形态和价值，由此可随时查询公交全面且精准的信息，远非“获取信息的渠道和方式简单，无须投入大量成本即可获取”，已经脱离“普遍知悉”与“容易获取”之范畴。此时，作为查询软件的后台信息，在原告选择对此公开之前，上述数据具备了秘密性的要求，而当原告以此作为竞争优势，免费提供公众查询，使之丧失秘密性时，原告同时丧失以商业秘密保护的请求权，而须以评价数据权益及被告获取方式的正当性作为依据。[②]当然不同经营者针对相同或同类的公开数据，通过各自独立的投入运营与开发，形成相同或近似的衍生数据时，权利人不予公开，则各自具备了秘密性要件，并非构成商业秘密的侵权。

---

① 杨雄文、黄苑辉：《论大数据的商业秘密保护》，载《重庆工商大学学报（社会科学版）》2019 年第 4 期。

② 深圳市中级人民法院民事判决书，(2017) 粤 03 民初 822 号。

(三)公开数据与非公开数据的组合数据

数据的秘密性并不要求其构成的每个要素均须符合秘密性,当部分内容可以在公开渠道获取,但该公开部分与其他尚未公开的内容相结合,构成的新信息整体上并不为公众知悉或获取,亦可构成商业秘密。这一点在欧盟委员会制定的《商业秘密集体豁免条例》中也有所体现,该条例定义商业秘密的“秘密性”是从商业秘密整体意义出发,因此该条例规定了“秘密性”不可理解为组成构成商业秘密的每个要素均须满足非公知性或者均无法获得。[①] 公开要素与非公开要素的结合并不妨碍秘密性的认定,商业秘密可能包含公开环境中的部分内容,如果其组成部分以相关公众难以知悉和获取的方式进行组合,为经营者带来竞争优势。而将公开数据与非公开数据结合,再投入一定的人力、物力,形成衍生数据时,则当然符合秘密性。因此,即使信息的部分内容已经公开,“但把这些组成部分进行机密的组合而产生了特殊的效果,构成一种特殊的秘密组合,他人不经一定的努力和付出代价不能获取的,该秘密组合同样可以成为商业秘密”[②],在前述主播打赏数据商业秘密案中,原告主张保护的数据中比如中奖礼物名称、分类、单价等可在平台参与互动获知部分内容,而各项打赏中奖实时数据则由经营者设定中奖算法,由后台程序根据该算法设置随机分配中奖索引,通过用户的实时操作相应产生,整合中奖礼物等内容与实时打赏内容进行程序编辑、加工产生的数据,系包含不同元素但较为系统的中奖数据,须登录平台管理人员账户查看或分析获得,则满足秘密性的要求。

三、数据的保密性要件适用

数据在逐渐成为企业核心竞争力的同时,其存储、流转、使用上也出现新的特征和挑战,针对数据类经营信息,特别是考虑数据本身的属性及其传输存储方式,如何认定权利人是否尽到合理措施存在难点,此处区分企业内部与外部防范上。

---

① 闫文军、吴安骐:《云计算环境下商业秘密保护问题探讨》,载《企业管理》2013 年第 9 期。

② 孔祥俊:《反不正当竞争法新原理》,法律出版社 2019 年版,第 365 页。

(一)内部保密措施之合理性审查

企业在对内防范上如何尽到保密措施,即在内部可能接触数据的群体上如何采取措施以认为尽到了合理防范,取决于公司如何在日常工作需要与商业秘密保护之间作出权衡,其保密措施的实施与评价也难以一概而论。

在评价权利人是否进行了合理的保密措施时,结合《商业秘密司法解释》第6条列举的情形:在主观层面,主要通过企业明确保密要求,与员工签订保密协议。此协议应注意以具体约定为必要,包括商业秘密的内容、范围、保密程度、储存方法,防范措施的方式和类型,违约责任等,笼统约定员工承担保密义务不足以谓之合理。在客观层面,主要通过法条列举的标记、分类、隔离、限制人员范围等方式,这些传统模式下对内规范上采取的保密措施,在针对数据类经营信息时也可采纳作为保密措施。而考虑数据的特殊性,除了上述措施之外,该解释也特别列举了针对数据类信息的防范措施,包括对存储或访问涉密数据的电子设备,如网络或存储设备、软件等,限制不同措施类型的权限,可作为数据类保密性措施的法条渊源。实践中,即主要是针对主体的不同,如数据传递、分析、存储不同环节中接触特定数据的员工的具体岗位及客体的不同,如秘密的属性和不同密级,对相关设备、软件等设置不同的技术措施及具体的限制权限,包括确定不同的访问和使用权限,设置不同的解密方式,对数据外发进行必要的审批授权和指定设备操作。除了访问控制体系、认证体系、网络监管体系上的措施外,还可通过数字签名、时间戳、VPN 等不同技术手段限制数据的访问和流转。[①] 因此,在个案保密措施的采纳和判断上,须结合这类秘密载体和形式的特性进行认定。

(二)外部保密措施之合理性审查

企业对外防范如何认为尽到保密措施,即如何防范外部人员获取企业数据,与数据的存储及由此带来的防范水平密切相关,所以,此处以实践中分歧较大的数据存储方式为角度展开分析。

---

① 崔敏龙:《商业秘密保护中数据脱敏技术研究》,西安电子科技大学2015年硕士学位论文,第12页。

1. 数据存储方式的不同选择

大数据背景下，数据的空间在逐渐扩展，传统上存储商业秘密的各项方式已经不足以保障企业基于数据获取及传播所需要的空间和效率，目前，企业对数据类商业秘密的存储主要是通过云数据的方式存储在云端。

对于大企业而言，基于其自身的经济实力和成熟的软硬件环境，往往选择设置自身的数据和网络中心，通过私有云的方式提高数据的保密性。私有云之优势在于其架构在企业自身的物理服务器和网络硬件上，企业可通过防火墙和物理访问控制阻挡外部的侵入，拥有较为完整的控制权，也更为安全，但不足则在于具有较高成本，难以被企业普遍选择。对于大量并无现有的基础设施和网络支持的小型企业或新成立的企业，选择公有云之优势在于其更高的性价比，成本较低且服务商会进行一些访问限制，具有一定程度的保密性，不足则在于云存储服务行业尚未达到较成熟的状态，产生的安全风险及法律问题也较多，一方面，云服务商自身存在技术和管理水平等方面的短板，对于因自身过失或恶意第三人的攻击导致的数据泄露难以有效防范。另一方面，鉴于云存储服务现阶段大多通过无偿使用的模式，因此，在存储服务合同中，服务提供者往往会设置减轻或免除己方责任的格式条款，企业则需面临数据存储和使用中产生的信息安全风险，以及数据迁移等环节存在的数据丢失的可能。

2. 数据存储角度的合理保密措施

数据如何存储方可认为达到合理保密措施，第一种观点认为，合理之要求应以一般限度为内涵，即较低标准。权利人之措施凡可使第三人知悉商业秘密的存在及权利人的保密意愿，即可以认为实施了“合理的”保密措施，这一观点由最初的主观说后来逐渐发展为主观意愿结合客观行为，比如设置账户名和密码，即表达了限制访问的意愿，可以构成“保密性”的要求。第二种观点认为，合理性应当采严格标准，保密行为的限度须达到能防范信息窃取行为的发生，该观点甚至认为权利人将数据通过云端进行云存储的行为，本身产生极大风险，该行为自身不应被认定为进行了“合理”保护措施，据此产生因权利人未能尽到保密义务造成这些数据信息难以通过商业秘密进行保护的局面。第三种观点认为，合理措施应当区分数据类型、存储位置，例如通过区分存储于私有云或公有云判断。鉴于公有云无论从客观的技术上，还是主观的自主性上都低于私有云，因此，企业将数据存储在私有云上，可认为针对外部侵权进行了合理的保密措施，而存储于公有云的行为，则不足以认定。

3. 数据保密措施之立法与现实性分析

如何评价经营者是否采取合理保密措施，应回到反不正当竞争法对保密措施的规定初衷及条文内涵上。反不正当竞争法关于保密措施的描述为“相应”，立法对此解释为“合理”，何种程度的措施谓之合理，依据司法解释的精神，法院应通过从商业秘密自身角度，包括该秘密的性质、商业价值等，与保密措施的角度，包括该措施是否可被他人识别、该措施是否体现了权利人具有保密措施及其措施程度与秘密的密级是否对称等，两个角度多个方面来区分“相应”。因此，其合理性须与商业秘密的性质和程度相一致，特别是针对数据类信息的不同属性，结合个案认定，但须肯定的是，实践中不断提高保密措施的水平是为了防止他人恶意访问，避免数据遭到黑客等恶意侵犯或损坏，并不是说法律对权利人的保密要求提高至此，法律保护商业秘密的目的是尊重权利人的诚实劳动，保障反不正当竞争法意义上的商业道德，促进科技创新和数据生产力。[①] 因此，在对商业秘密要件的构成认定上，应当注重平衡的基础上保障权利人的合法权益。

现阶段，私有云的保密措施对于大部分企业而言成本过高，不具有现实性，特别是正待发展的中小企业和新企业，如果在司法实践采纳前述的第二种观点严格说乃至第三种观点区分说，将“保密措施”严格限制到私有云此类较高的保密水准上才认为符合保密性，继而方给予保护，实际是对权利人提出过高要求，对于商业秘密权利人有失公允，既不符合商业秘密保护的宗旨，也不利于企业的发展。比较法针对保密措施逐渐从采纳权利人主观上可被他人察觉的保密意图，到主观意愿结合客观上实施的保密行为，[②] 依然强调保密措施在法律义务上的要求并非需要高到能预防或阻止所有侵犯商业秘密的行为，而是适当或合

---

① 周铭川:《云计算环境下的商业秘密保护》,载《暨南学报(哲学社会科学版)》2014 年第 1 期。
② 黄义金:《商业秘密保密措施合理性研究》,西南科技大学 2021 年硕士学位论文,第 15 页。

理即可。公有云的服务主体为使用者提供了账号和密码登录的防御机制，权利人的存储及访问限制可以使其他人能意识到存在保密意愿，并且客观上使存储内容不能被轻易通过引擎搜索或获取，应认为采取了合理措施。同时，数据存储角度展现的云服务行业规范、云服务合同认定、云服务商的监管责任也是后续数字经济下亟须完善的方面。

四、数据的商业价值要件适用

数据逐渐成为经营者重要的生产要素和互联网企业市场竞争的核心资源，数据的收集、挖掘、分析和整合往往产生难以估量的经济价值，在具体案件中，认定数据是否具备商业秘密所要求的商业价值，可从以下角度进行审查。

（一）从大数据时代数据本身的新价值角度

传统信息技术背景下的数据智能化程度较低，受限于体量和技术，难以汇聚以深度加工。随着信息均可数字化时代的到来，结合物联网、云计算等新技术的普及，数据具有了可供利用的多重价值，信息时代仍以数据转化的信息内容作为生产资料，而进入数据时代“……则直接将知识的‘原材料’——原始数据作为资源了”①。即数据时代的原始数据本身具有新的意义，甚至说，一些原本没有价值的原始数据集合可以随着数据分析水平的提高和算法运作的不断升级，得到重新利用，其商业价值也更为丰富。“数据经济使数据的生产、采集、汇集、整理、加工分析和应用成为经济发展的核心产业，用以支撑经济活动、社会治理、科学研究等等，形成了数据驱动的社会经济形态”②。因此，对数据商业价值的认知和判断上，需要注意区别于传统技术背景，突破孤立、静止、线性思维。

经营者在运营中投入大量的人力、物力对数据进行收集、编排、生成和呈现，甚至通过算法分析处理，通过额外的实质性付出产生独立于原始网络数据的内容，这些数据成了人工智能和经营决策的原材料，具有不同以往的商业利

---

① 高富平：《数据经济的制度基础——数据全面开放利用模式的构想》，载《广东社会科学》2019年第5期。

② 高富平：《数据经济的制度基础——数据全面开放利用模式的构想》，载《广东社会科学》2019年第5期。

益。因此，当企业在数据形成和运营过程中投入了技术、资金、人力成本时，其对由此形成的衍生数据或大数据产生的“是一种近似于所有权的法律地位……因为这种绝对化赋权立足劳动正当论，使得数据加工活动及其添附价值得到格外重视”①。企业数据应得到充分、合理、有效的法律保护，数据的经营行为应当得到鼓励。例如实践中的直播实时数据，往往系平台自主选择的经营策略与投入的技术成本，依托系统生成，并进行了一定程度的收集、汇总、整合，再予以呈现，这些数据既是影响平台正常运营的安全风险所在，亦是平台积累的数据资源优势所在，能为经营者带来商业利益。

（二）从数据转化为流量的互联网经济运营模式角度

互联网时代，事物和行为的规律、轨迹通过数据记录，在描述特征的同时，通过深度挖掘和提炼改善，可为不同主体发挥不同的利用价值，包括生产经营、科学研究、社会治理。数据分析实质在于利用技术手段从大量具备逻辑关系的符号和代码中提炼出所需要的信息内容。具体到企业经营层面，经营者通过跟踪程序的运作和数据的变化，关注用户参与度和活跃度，通过进一步分析数据，获取数据背后反映的行为模式和规律，可以实现对用户主体及用户行为的精准刻画，帮助企业科学决策，及时调整相关经营策略，优化经营资源，获得流量，发挥数据经济价值。数据挖掘的这一价值既可能是即时的，也可以是长久的；可以是现实可见的，也可以是潜在的。商业秘密的商业价值性即反映在竞争优势上，即使该信息可能对于权利人已经不具有当时的商业价值，但对于竞争对手依然具有意义，保持该信息不为对手所获得，有利于保持该竞争优势，亦是具有价值性的体现。数字经济下，数据的开发和市场应用已经成为行业的主要运营模式，通过深度挖掘平台实时数据，可帮助经营者进一步提高用户的黏性、刺激用户消费和再消费、培养用户群体，获取持续稳定的交易关系，而防止竞争对手获得这些数据，避免同业经营者以此获得相应的用户信息和经营策略，对于权利人具有重要意义。

---

① 龙卫球：《再论企业数据保护的财产化路径》，载《东方法学》2018 年第 3 期。

（三）从网络直播企业的商业模式和盈利模式角度

作为从事网络主播运营的平台企业，商业模式往往体现为主播与平台用户之间的互动，互动环节的积极性和趣味性对于直播运营尤为重要，既是其经营收益的核心环节，亦是平台竞争优势所在。不同平台公司通过设置不同的互动机制和算法，呈现不同的互动规则和场景，演绎出不同的直播实时数据，其具体操作往往是平台企业通过权衡用户与自身的收支比例进行设置，一定程度上反映了该企业的经营思路，该环节的算法设置结合用户的实时操作所产生的数据集合，更是能反映不同经营策略产生的不同效果，对于平台的发展经营产生关键的参考价值。在前述直播数据商业秘密案中，原告在互动环节通过嗨币打赏、嗨豆兑换方式获得收益，平台主要营业收入即来源于用户充值及打赏提成，该环节为公司经营的核心环节。平台在此环节设置中奖规则，记载并统计各礼物数据，该环节产生或体现中奖方式和进程的各项实时数据，包含了中奖分配数据和衍生组合信息，反映了中奖场景，体现了平台相应设定能否吸引用户，系为平台经营策略提供谋划的重要经营信息。通过对这些数据进行分析和利用，既可掌握消费者行为习惯和消费规律，获得经营信息，获取收益；亦可描绘场景，反推企业运行机制，初步了解特定平台的经营考量和盈利设定，以此作为经营参考，获得竞争优势。因此，数字经济下的数据往往具有经营策略和经营场景再现的功能，其本身既是获取收益的资源所在，也可以侧面反映企业的商业模式和盈利模式。

五、结语

数字经济形态下，数据特别是作为全新数据集合形态的大数据，引起了生产和利用方式的变革，在这一背景下，如何适用商业秘密条款，发挥司法服务保障企业经营和技术创新的价值，具有关键价值。在商业秘密条款的具体适用中，涉及其各项要件的准确把握，除了商业秘密本身是否成立层面上的三要件，亦包括该条款侵权责任构成的主体层面，特别是自然人包括企业员工或前员工的适格性；行为层面，包括以不正当的方式“获取”与不正当方式的“使用”，在当事人形态一致的行为中可能同时包含不同形态的侵权行为，行为的可归责点不同；结果层面，侵权带来的损害结果也不宜以传统的角度予以分析，而须以数据类商业秘密的特殊性考量对企业竞争优势的损害。2020年5月，《中共中央、国务院关于新时代加快完善社会主义市场经济体制的意见》中提出，要加快建立知识产权侵权惩罚性赔偿制度，加强企业商业秘密保护，完善新领域新业态知识产权保护制度。探讨数字经济下数据类经营信息在反不正当竞争领域中的商业秘密保护规则，正是契合制度构建，起到同时保障企业商业秘密、完善新领域新业态知识产权保护之效果。因此，在数据类知识产权案件的审理中，应当与时俱进，突破固有思维，符合新的生产方式和运行特征，以新的认知审查数据的秘密性、保密性特别是商业价值，完善商业秘密条款的适用，以期保护数据权益、完善数据秩序构建，为保障直播平台治理、服务数字经济提供新角度。